à conserver

L.1264.
6.12

COLLECTION
DES CHRONIQUES
NATIONALES FRANÇAISES.

— 9 —

CHRONIQUES DE FROISSART.

TOME IX.

TOUL, FONDERIE ET IMPRIMERIE DE J. CAREZ.

COLLECTION
DES CHRONIQUES
NATIONALES FRANÇAISES,

ÉCRITES EN LANGUE VULGAIRE

DU TREIZIÈME AU SEIZIÈME SIÈCLE;

AVEC NOTES ET ÉCLAIRCISSEMENTS,

PAR **J. A. BUCHON.**

TOME IX.

PARIS,
VERDIÈRE, LIBRAIRE, QUAI DES AUGUSTINS, N° 25.
J. CAREZ, RUE HAUTE FEUILLE, N°. 18.

1824.

LES CHRONIQUES
DE
JEAN FROISSART.

SUITE DU LIVRE SECOND.

CHAPITRE CCXV.

Comment messire Thomas Trivet et messire Guillaume Helmen (Elmham) furent prisonniers a Londres ; et comment trèves furent prises entre France et Angleterre. Et du trépas du duc de Brabant et du comte de Flandre.

Vous pouvez croire et devez savoir que le duc de Lancastre ne fut mie courroucé de cette armée de l'évêque de Norwich qui mal s'étoit portée et ainsi dérompue, car par eux avoit-il perdu son fait et son voyage en Espagne et en Portugal. Quand ces chevaliers d'Angleterre furent retournés ens (dans) ou (le) pays, ils furent accueillis du commun et leur fut dit que mal ils s'étoient acquitté de leur voyage, quand selon le bel commencement que ils avoient eu en Flandre ils n'avoient conquis tout le pays; et par spécial de ces amises (fautes) et malveillances en étoient plus demandés messire Thomas Trivet et messire Guillaume Helmen (Elmham) que tous les autres; car messire Hue de Caurelée (Calverly) n'en étoit en rien demandé ni du conseil du roi, ni du commun; car on savoit bien et avoit-on sçu que si on l'eût cru du commencement ils eussent mieux exploité et à leur honneur que ils ne firent, et leur mettoit-on sus que ils avoient vendu Bourbourg et Gravelines au roi de France; dont toute Angleterre en fut émue sur eux; et en furent en péril d'être morts. Si fut commandé de par le roi aux chevaliers dessus nommés que ils allassent tenir prison au châtel de Londres; et ils y allèrent.

En ce temps que ils tinrent prison en Angleterre se rapaisa la besogne; et quand ils furent délivrés ils s'obligèrent de demeurer en la volonté du roi et de son conseil. Adonc furent mis traités avant pour prendre une trève entre les Anglois et les François et étoient ceux de Gand en la trève; dont grandement déplaisoit au comte de Flandre; mais amender ne le pouvoit.

Au département de Bourbourg demeura le duc de Bretagne de-lez (près) le comte de Flandre son cousin en la ville de Saint-Omer, et eussent volontiers vu que une bonne paix ou unes longues trèves fussent adressées entre le roi de France son naturel et droiturier seigneur et le roi d'Angleterre; et pour entamer cette matière il en avoit parlé à aucuns chevaliers d'Angleterre le lundi que ils vinrent en la tente du roi de France devant Bourbourg, lesquels chevaliers Anglois à la prière du duc s'en étoient chargés et avoient répondu que, eux venus en Angleterre, ils en parleroient au roi et à ses oncles et à leurs consaulx (conseils); et pour mieux montrer que la besogne lui étoit plaisant, il envoya en Angleterre deux de ses chevaliers sur bonnes assurances, le seigneur de la Houssaye et le seigneur de Mailly, lesquels exploitèrent si bien que le duc de Lancastre et le comte de Bouquinghen (Buckingham) son frère, l'évêque de Hartfort (Hereford)[1], messire Jean de Hollande frère du roi

---

[1] Les traducteurs Anglois disent l'évêque de Suffolk, mais la leçon de Froissart doit être préférée. On retrouve en effet le même évêque de Hereford désigné comme un des commissaires chargés de la paix dans un acte du 4 novembre 1383, rapporté par Rymer: voici la partie de cet acte nécessaire à l'éclaircissement de notre sujet.

De tractando cum adversario Franciæ.

Le roy, à touz ceux qui cestes lettres verront ou orront, saluz.

Savoir vous faisons que

Come nous

A l'onur et révérence de Dieu, désirantz nostre people mettre en pées et en tranquillité, et eschiver l'effusion du sank cristien, et les tresgrantz malx, qui sont avenuz et purront avenir, par les guerres qui sont meues et continuées par entre nous et nostre *adversaire de France*,

Sumes enclinez et assentuz au tretée de bonne pées, et accord par entre nous et nostre dit adversaire,

Et, par celle encheson, envoions, de present, devers nostre ville de Caleys, et les parties de Picardie,

Pur y assembler et treter ovesque les messages et députez de nostre dit adversaire,

Nostre treschere uncle *Johan roy de Castelle et de Lion* duc de Lancastre: nostre treschere cousyn *Henri conte de Derby*: l'onurable pere en Dieu *l'évesque de Hereford*: nostre tres chere frère *Johan Holand*: nos tres chères cousins, *William de Beauchamp*, et *Thomas Percy*: nos tres cheres et foialx, *Johan sire de Cobeham*, *Johan Marmyon*, et

et messire Thomas de Persy et autres du conseil du roi et du pays d'Angleterre vinrent à Calais ayant pleine puissance de par le pays d'Angleterre de faire paix ou donner trèves à leur volonté.

D'autre part vinrent à Boulogne le duc de Berry, le duc de Bourgogne, l'évêque de Laons et le chancelier de France (1), ayants aussi pleine puissance

---

Johan Devereux, Banneretz noz; amez clers, meistre *Wauter Skirlawe* doctour en decrez et gardein de nostre prive seal, et mistre *Johan Shepeye*, dean de l'église de Nicole, doctour en leys; et, nostre chere et foial, *Johan Philepot* chivaler.

As queux, unze, dys, neof, oyt, sept, sys, cynk, quatre, troys, et deux de eux (des queux volons que nostre *dit uncle soit un*) nous avons donnez et commys, donnons et commettons, par cestes presentz, plein et franche poair, auctorité, et mandement espécial de treter, ovesque les dits messages et deputez de nostre dit adversaire, eiantz à ce plein et sufficiant poair et mandement, des trieves et abstinences de guerre, générales ou particulières, et par tant de temps, come ils porront entre acorder, etc, etc.

Don. à nostre palays de Westm. le quart jour de novembre, l'an de grâce, mille trois centz, quater-vintz et tierce, et de noz regnes septisme.

Per ipsum regem et concilium in parliamento.

(1) Le sauf-conduit rapporté par Rymer fait connoître leurs noms.
De conductu pro Ambaxatoribus Franciæ.

Le roi à touz noz lieutenantz, conestables, mareschaux, capitains, seneschaux, bailliffs, provotz, mairs, eschevins, gardeins des bones villes, chasteaux, forteresses, des pons, pors, passages, et à nos admiralx et visadmiralx, et à touz nos autres justicers, officers, et subgtz, ou à lour lieux tenantz, et autres nos bien veullantz, amys, alliez, et adherents, par moer et par terre, salutz et dilection.

Come

A l'onour de Dieu, faisans de toutz paix, et pur eschever l'effusion de sanc humain,

Nous eians grand affection au bien de la paix être entre nous et nostre *adversaire de France*.

Par quoi nous fusmes assentuz au treité d'icelle; et par ce que *Johan duc de Berry* uncle de nostre dit adversaire, de par le roi de France et son conseil de faire paix aux Anglois, ou de donner trèves à leur volonté.

Johan duc de Bretaigne,
Lays conte de Flandre } ses cousins
Pierre evesque de Laon,
Nicolas evesque de Baieux,
Pierre evesque de Maillefetz,
Johan conte de Santerre,
Raoul sire de Rayvenal,
Arnault de Corbie primer president en parlement,
Anceau de Salvis, sire de Montferrant, } Chivalers.
Johan Le Mercier sire de Nomant,

Et Johan Tabary secretaire de nostre dit adversaire,

Messagez deputez de nostre dit adversaire doivent venir prochainement ès parties de Picardie, si come entendu avons, à cause de dite treite.

Nous,

Veuillants purveoir à la seurté de eux, de leurs gens, familiers, chivalers, esquiers, clers, varlez, chivalx, hernois, et autres biens quelconques,

Avons pris, mis et receu, prenons, mettons et recevons, les dits ducs, contes, evesques, Raoul Arneault Anceau, Johan, et Johan, avec leurs gens, familiers, chivalers, esquiers, clers, et varlez, *jusques à nombre de cynque centz parsones*, a chival ou a pie, leurs chivaux, hernois, et biens quelconques, en nostre sauf et secure conduit, protection, tuition, sauvegarde, et defence espéciaux, en venant, alant, et passant, par nostre rioalme de France, et parties de Picardie, ou ailleurs ou mester sera pur la dite treite, et là de mourant, sejournant, et eux retournant vers les parties de France, par terre et par mer, ensemble, ou par parties, sicome il leur plerra, et auxi sovent come ils vendront et à faire serra, tant que à la feste del purificacion de Nostre-Dame, proschein venant.

Et par ces nous mandons et commandons à vous, etc, etc. Prout in similibus de conductu litteris.

Don. par tesmoignance de nostre grand seal, à nostre palays de Westm. le quart jour de mois de novembre, l'an de grâce mille, trois cents, quatervintz et tierce, et de noz regnes septisme.

Par le roi et son conseil en parlement. J. A. B.

Quand toutes ces parties furent assemblées à Calais et à Boulogne on surattendit encore un petit à parlementer, pour le conseil d'Espagne qui point n'étoit venu; car les François ne vouloient faire nuls traités que les Espagnols n'y fussent enclos dedans. Finalement ils vinrent de par le roi d'Espagne et le pays un évêque, un diacre et deux chevaliers. Or fut avisé de toutesparties et pour le plus sur, pourtant (attendu) que ils ne se osoient assurer bonnement l'un avecques l'autre, les seigneurs de France aller à Calais, ni les seigneurs d'Angleterre venir à Boulogne, que les parlements et les traités seroient assis et mis en-mi (milieu) le chemin de ces deux villes au dessus de Wissan en un village et une église que on appelle Lolinghen. Là vinrent toutes les parties et là furent les seigneurs et leurs consaulx (conseils) par plusieurs journées, et parlementèrent ensemble, et là étoient le duc de Bretagne, le comte de Flandre; et fut là sur les champs tendue la grand' tente de Bruges, et donna à dîner le comte de Flandre en cette tente au duc de Lancastre, au comte de Bouquinghen (Buckingham) et aux seigneurs d'Angleterre; et là furent tenus les états moult grands de l'une partie et de l'autre; mais tout considéré, et parlementé, on n'y put oncques trouver nulle paix; car les François vouloient ravoir Guines et Calais et toutes les forteresses que les Anglois tenoient à ce jour de çà la mer jusques à la rivière de Garonne, tant en Normandie comme en Bretagne, en Poitou, en Saintonges et en Rochellois, laquelle chose ni traité les Anglois n'eussent jamais fait, et par spécial rendu Guines, ni Calais, ni Cherbourg, ni Brest en Bretagne. Si furent-ils sur ces traités plus de trois semaines, et presque tous les jours ils parlementoient ou leurs consaulx (conseils) ensemble.

En ce temps trépassa de ce siècle en la duché et en la ville de Luxembourg le gentil duc Wincelant (Wenceslas) de Bouesme (Bohême) duc de Luxembourg et de Brabant [1], qui fut en son temps noble, joli, frisque (élégant), sage, armeret (vaillant) et amoureux; et quand il issit (sortit) de ce siècle on disoit adoncques que le plus haut prince et le mieux enlignagé de haut lignage et de noble sang et qui plus avoit de prochains étoit mort; Dieu en ait l'âme. Et git en l'abbaye de Vaulclerc de-lez (près) Luxembourg. Et demeura la duchesse madame Jeanne de Brabant vefve (veuve), et oncques depuis ne se remaria, ni n'en ot (eut) volonté. De la mort du noble duc furent courroucés tous ceux qui l'aimoient.

Or revenons aux traités et aux parlements qui étoient mis et assis entre les seigneurs de France et ceux d'Angleterre entre Calais et Boulogne en-mi (milieu) chemin au village dessus nommé, lesquels parlements et traités ne purent venir à nul effet de paix ni de profit pour l'une partie ni pour l'autre. Et veulent les aucuns dire que le comte de Flandre y avoit grand'coulpe; car nullement il ne voult (voulut) oncques consentir que ceux de la ville de

---

[1] Suivant l'art de vérifier les dates, il mourut le 7 décembre 1383. J. A. B.

Gand fussent appelés ens (dedans) ès traités, et par le pourchas (intrigue) et instigation de ceux de Bruges; dont les Anglois étoient courroucés; et ne s'en portoient point si bien ni si bel les traités; car ils avoient grandes convenances et alliances les uns avecques les autres; et ne pouvoient faire paix ni donner trève ni répits les Anglois et les François, que les Gantois ne fussent enclos dedans; ainsi l'avoient-ils promis et juré ensemble en la ville de Calais; et cette convenance et alliance rompit et brisa par plusieurs fois les traités. Finalement on ne put trouver entre ces parties nulle belle paix, ce sembloit-il à l'un et à l'autre; dont fut regardé et parlementé à prendre une trève; et sur cet état et traité persévérèrent les parlements. Et eut volontiers vu le comte de Flandre que ceux de Gand fussent demeurés en la guerre et mis hors des traités; mais nullement les Anglois ne s'y vouloient assentir (consentir), et convint la trève donner et accorder que Gand demeurât et fut enclose et annexée dedans. Et demeuroit chacun en sa teneur sans muer ni rendre forteresse l'un à l'autre. Et étoient Audenarde et Gauvre Gantoises.

Et quoique on parlementât ainsi sur la frontière de Calais et de Boulogne vinrent ardoir les Gantois, c'est à entendre ceux de la garnison d'Audenarde, Maire et les faubourgs de Tournay; et s'en retournèrent sauvement atout (avec) grand pillage en Audenarde; et vinrent par les fêtes de Noël les Gantois recueillir et lever les rentes et revenues du seigneur d'Escornay en sa propre ville; dont il fut moult merencolieux (fâché) et dit et jura, si Dieu lui put aider, quel traité ni accord qui put être ni avoir entre le pays de Flandre et les Gantois, il n'en tenroit (tiendroit) jà nul, mais leur feroit toujours la pire guerre qu'il pourroit; car ils lui tolloient (enlevoient) et avoient tollu tout son héritage, ni il ne savoit de quoi vivre si ses amis de Hainaut et de Brabant ne lui aidoient; tant l'avoient-ils près mené de son héritage.

Les traités et parlements qui furent en cette saison à Lolinghen entre les seigneurs et princes dessus nommés de France et d'Angleterre furent conclus à grand meschef que unes trèves seroient entre le royaume de France et le royaume d'Angleterre et tous leurs ahers (amis) et alliés; c'est à entendre de la partie de France, toute Espagne, Gallice et Castille étoient enclos dedans par mer et par terre; et aussi le royaume d'Écosse; et devoient les François signifier au plutôt qu'ils pourroient cette trève au roi et aux barons et prélats du royaume d'Écosse; et devoient les ambassadeurs, qui ce message de par le roi de France feroient en Écosse, avoir sauf-conduit allant et retournant parmi le royaume d'Angleterre. Et aussi de la partie des Anglois étoient compris en la trève tous leurs adhers (adhérents) et alliés en quelque lieu ni pays que ils fussent; et étoient ceux de Gand et toutes leurs teneurs expressément nommés et enclavés dedans; dont grandement déplaisoit au comte de Flandre; et duroient ces trèves tant seulement jusques à la Saint Michel que on compteroit l'an de grâce mil trois cent quatre vingt et quatre ⁽¹⁾. Et devoient les parties retourner, ou commis pour eux qui auroient pleine puissance de paix faire ou de attrieuver (mettre en trève) les royaumes et pays dessus nommés.

De toutes ces choses furent levées et prises lettres authentiques et instrument publiques à tenir et accomplir tout ce loyaument; et jurèrent les seigneurs les choses dessus dites à non enfreindre.

Ainsi se départit ce parlement, et retournèrent les seigneurs de France en France et ceux d'Angleterre à Calais; et le duc de Bretagne s'en retourna en son pays; et le comte de Flandre vint à Saint-Omer et là se tint-il : si lui prit assez tôt après une maladie de laquelle il mourut ⁽²⁾. Si fut ordonné qu'il seroit mis et enseveli en l'église Saint Pierre de Lille. Et trépassa de ce siècle le comte de Flandre l'an de grâce mil trois cent quatre vingt et trois le vingt huitième jour du mois de janvier⁽³⁾, et fut apporté à Los l'abbaye de-lez (près) Lille; et aussi y fut trap-

---

(1) Cette, trève, d'après l'acte authentique rapporté par Rymer, devoit durer depuis le 26 janvier 1383 ancien style (1384 nouveau style) jusqu'au premier octobre 1384. De nouveaux commissaires nommés par les rois d'Écosse, d'Angleterre, de France et de Castille prolongèrent cette trève jusqu'au premier mai 1385. On trouve aussi cet acte dans Rymer. Parmi les commissaires Castillans on trouve Pero Lopes de Ayala, sénéchal de Guipuzcoa et seigneur de Sauveterre, père du chroniqueur Fernan Lopes de Ayala. J. A. B.

(2) Quelques auteurs prétendent que le duc de Berry le tua d'un coup de poignard, parce qu'il exigeoit qu'il lui fit hommage du comté de Boulogne qu'il possédoit du chef de sa femme. (Voyez les notes des Annales d'Oudegherst, à cette date). J. A. B.

(3) 1383 ancien style ou 1384 nouveau style. J. A. B.

portée la comtesse sa femme⁽¹⁾ qui trépassée étoit cinq ans par avant en la comté de Rethel; et furent ensevelis ensemble en l'église de Saint Pierre de Lille.

Or vous en vueil (veux)-je recorder l'ordonnance comme elle fut.

CHAPITRE CCXVI.

Ci raconte l'ordonnance qui fut a l'obsèque du comte Louis de Flandre et de la comtesse sa femme.

Ci s'en suivent les ordonnances du comte de Flandre et de la comtesse sa femme dont les corps furent apportés à Loz une abbaye de-lez (près) Lille. Et quand ils durent entrer en Lille, grand'foison de seigneurs de Flandre, de France, de Hainaut et de Brabant y furent la vesprée (veille) de l'obsèque à venir de la porte des malades et à apporter le corps parmi la ville jusques à l'église Saint Pierre. Je vous dirai ceux qui y furent armés pour la guerre et les écuyers qui les menoient.

---

(1) La comtesse Marguerite, de laquelle il eut une fille Marguerite de Flandre, qui fut sa seule héritière. Ses onze autres enfants étoient bâtards. C'étoit premièrement Louis, dit le Haze tué à la bataille de Nicopolis en 1396; 2°. Louis, tige des seigneurs de Praet; 3°. Jean dit sans terre, tige des seigneurs de Drinkam; 4°. Robert, seigneur d'Everdinghe; 5°. Pierre dit Pieterkin; 6°. Victor d'Urselle; 7°. Charles, seigneur de Grutersalle; 8°. Marguerite, mariée à Florent de Maldeghem puis à Hector Wercboute et enfin à Sohier de Gand; 9°. Jeanne, mariée à Robert Tincke; 10°. Marguerite, mariée à Robert, seigneur de Vaurin. J. A. B.

Et premiers; messire Jean de Hallewyn le plus prochain du corps, mené de Enguerrant de Vallenne et de Rogier de Lespiere; le seigneur de Marcy devant le seigneur de Hallewyn, mené de Henri de Lambel et de Jean Gommer; le seigneur de Mamines devant le seigneur de Marke, mené de Jean de Lespiere et de Sauset de Fretin; messire Jean Dumoulin devant le seigneur de Mamines, mené de Godefroy de Noyele et de Henri de la Vacquerie.

Item s'en suivent ceux qui furent ordonnés pour le tournoy.

Messire Pierre de Bailleul prochain du corps devant messire Jean Dumoulin, mené de Jean de Quinghen et de Lambequin le maréchal; messire Sohier de Gand devant messire Pierre de Bailleul, mené de Guiot de Lompré et de Jean Lonis, le seigneur de Bethencourt devant messire Sohier de Gand, mené de Gérard de Quinghen et de Rollant d'Ysenghien; monseigneur l'Aigle de Sains devant le seigneur de Bethencourt, mené de Huart de Quinghen et de Michel de la Bare.

Après s'en suivent les bannières de la bière.

Et premier; messire François de Haveskerque; et puis messire Gossuin le Sauvage derrière messire François de Haveskerque; messire Lancelot la Personne derrière messire Gossuin le Sauvage; messire Jean de Halle derrière messire Lancelot la Personne.

Item s'en suivent ceux qui portèrent les bannières de la bière et du tournoy;

Messire Mathieu de Humières devant messire Jean de Halle; le seigneur des Obiaulx devant le dessus dit messire Mathieu, messire Tiercelet de la Barre devant le seigneur des Obiaulx; messire Jean de Paris devant messire Tiercelet.

Item ci après s'en suivent les noms des barons qui aidèrent à porter le corps du comte de la porte des malades mouvant en venant parmi la ville de Lille jusques à l'église Saint Pierre.

Et premiers: messire Jean de Vienne amiral de France au destre et le seigneur de Ghistelle après au senestre; messire Walerant de Raineval après au destre et le châtelain de Disquemne (Dixmude) après au senestre ; le seigneur d'Escornay après au destre, et messire Anceau de Salins au senestre.

Item ci s'en suivent les barons qui aidèrent à porter le corps de la comtesse de Flandre mouvant de la porte Saint Ladre en venant jusques à l'église Saint Pierre; et premiers: le seigneur de Sully au côté destre et le seigneur de Châtillon au côté senestre; messire Guy de Pontarlier maréchal de Bourgogne après au côté destre, et messire Gérard de Ghistelle au côté senestre; et puis messire Henry d'Antoing au destre, et le châtelain de Furnes au senestre.

Item ci après s'en suivent les ordonnances du jour de l'obsèque, lequel on fit le jour de lendemain en l'église Saint Pierre de Lille, et comment ces corps furent enterrés; les seigneurs qui y furent et les écus et aussi les noms des écuyers qui tinrent les écus toute la messe durant jusques à l'offertoire.

Le duc de Bourgogne tout seul; et le premier écu

fit porter devant lui de messire Raoul de Raineval et du seigneur de la Gruthuse; et fut soutenu l'écu de Lambequin de la Coustre et de Jean de Pontarlier frère au maréchal de Bourgogne.

Après, le second écu devant messire Jean d'Artois comte d'Eu et messire Philippe de Bar. L'écu fut soutenu de Walerant de la Salle et de l'Esclave d'Annekin.

Après, le comte de la Marche et messire Philippe d'Artois. L'écu fut tenu de Gillon de Brest et de Robin de Florigny.

Après, messire Robert de Namur; de-lez (près) lui messire Guillaume de Namur son neveu: l'écu fut tenu de Cambernart et de Girard de Sternaille.

Item pour les écus du tournoy:

Le seigneur d'Anghien; de-lez (près) lui messire Jean de Namur; l'écu fut de Alart de Loutres et de Henri de Mouchy.

Après, messire Hue de Châlons et le seigneur de Fère. L'écu fut tenu de Jean de Hallewyn et de Oudard de Castron.

Après, le seigneur d'Antoing et le seigneur de Ghistelles: l'écu fut tenu de Tristan de Lambres et de Jean du Verart.

Après, le seigneur de Moriennes et le seigneur de Sully: l'écu fut tenu de Jean de Fresinghes et de Damas de Bucy.

Item s'ensuivent ceux qui offrirent les destriers de la guerre.

Et premier le sire de Châtillon et messire Simon de Lalaing bailli de Hainaut; et étoient les seigneurs à pied et les chevaux armés et couverts. Pour le second messire Waleran de Raineval et le châtelain de Disquemude (Dixmude). Pour le tiers messire Hue de Melun et le seigneur d'Aussy. Pour le quart le seigneur de Briffeuil et le seigneur de Brimeu.

Item s'ensuivent ceux qui offrirent les destriers du tournoy.

Et premiers; messire Henri d'Antoing et messire Gérard de Ghistelle. Pour le second le seigneur de Montigny et le seigneur de Rasenghien. Pour le troisième le seigneur de la Hamaide et le châtelain de Furnes. Pour le quart le seigneur de Faignoelles et messire Rolant de la Clique.

Item s'ensuivent ceux qui offrirent les glaives de la guerre.

Et premier monseigneur l'amiral de France, le second le seigneur de Ray, le tiers le maréchal de Bourgogne, le quart le seigneur de Sempy.

Item s'ensuivent les noms de ceux qui offrirent les épées du tournoy.

Et premier, messire, Guillaume de Ponthieu; le second messire Guillaume de la Trémouille; le tiers le châtelain d'Ypres, et le quart messire Guy de Honcourt.

Item s'ensuivent ceux qui offrirent les heaumes de la guerre.

Et pour le premier, le seigneur de Williers, et deles (près) lui le seigneur de Mailli; pour le second messire Guillaume de Hornes et messire Anceau de Salins; pour le tiers messire Jean de Ophemont et le châtelain de Saint-Omer; pour le quart messire Guy de Ghistelles et le Gallois d'Aulnoy.

Item pour les heaumes du tournoy. Premier messire Josse de Hallewyn et messire Olivier de Guissy; pour le second le seigneur de la Chapelle et le seigneur de Mornay; pour le tiers le seigneur de Hillebecque et le seigneur de Lalaing; pour le quart messire Tristan du Roy et messire Jean de Jumont.

Item s'ensuivent ceux qui offrirent les bannières de la guerre.

Et pour la première le seigneur de Linchevalle; et pour la seconde messire Lyonnel d'Arainnes, pour la tierce messire Gilles de la Gruthuse, et pour la quarte messire Jean de Limossolon.

Item s'ensuivent ceux qui offrirent les bannières du tournoy.

Pour la première messire Arengoys de Rilly; pour la seconde le seigneur de La Mote; pour la tierce messire Jean de Disquemude (Dixmude); pour la quarte messire Guillaume de la Clique.

Item s'ensuivent les noms des seigneurs qui, après l'obsèque fait, mirent le corps du comte de Flandre en terre; messire Jean de Vienne amiral de France, le seigneur de Ghistelle, messire Walerant de Raineval, le châtelain de Disquemude (Dixmude), le seigneur de Ray et messire Anceau de Salins.

Item s'ensuivent les noms de ceux qui enterrèrent le corps de la comtesse, femme qui fut au comte: messire Guy de la Trimouille, le seigneur de Sully, le seigneur de Châtillon, le maréchal de Bourgogne, messire Gérard de Ghistelle, messire Henri d'Antoing et le châtelain de Furnes. Et est à savoir que tous ceux qui furent en office à l'entrer en l'églist de Saint Pierre de Lille, quand les corps y furene apportés la vesprée, ils demeurèrent chacun à l'office et lendemain à la messe, tant des chevaliers armés comme de ceux qui portoient bannières et aussi les écuyers qui menèrent les chevaux.

Item y ot (eut) à l'apporter les corps du comte de Flandre et de la comtesse sa femme parmi la ville de Lille, venant jusques à l'église de Saint Pierre, quatre cents hommes ou environ tous noirs vêtus; et portoit chacun ces dits hommes une torche pour convoyer les corps jusques à l'église de Saint Pierre; et ces quatre cents hommes dessus dits tinrent les torches à lendemain en la dite église durant la messe; et tous ceux qui les tenoient étoient échevins des bonnes villes ou officiers de son hôtel; et dit la messe l'archevêque de Rheims; et étoit accompagné de l'évêque de Paris, de l'évêque de Tournay, de l'évêque de Cambray, et de l'évêque d'Arras; et si furent avecques eux cinq abbés.

Item il est à savoir que il y ot (eut) en l'église à l'obsèque un travail auquel il y avoit sept cents chandelles ou environ, chacune chandelle de une livre pesant, et sur ce travail avoit cinq bannières; celle du milieu étoit de Flandre, la dextre d'Artois, la senestre au-dessous de la comté de Bourgogne, la quarte de la comté de Nevers, et la cinquième de la comté de Rethel; et étoit le travail armoyé d'un lez (côté) d'écussons de Flandre, et au lez (côté) senestre de madame d'écussons de Flandre et de Brabant; et aval le moûtier y avoit douze cent et vingt six chandelles ou environ, pareilles à celles du travail. Et n'y avoit dame ni damoiselle de par monseigneur le duc de Bourgogne ni de par madame sa femme, fors la gouverneresse de Lille, femme au gouverneur; et y fit-on un moult très bel dîner; et furent délivrés de tous coûtages et frais, tant de bouche comme aux hôtels, tous chevaliers et écuyers qui la nuit et le jour de l'obsèque y furent ensonniés (occupés). Si leur furent envoyés tous les noirs draps de quoi ils furent vêtus à l'obsèque.

Après toutes ces choses faites chacun retourna en son lieu; et laissa le duc de Bourgogne ès garnisons de Flandre et par toutes les villes chevaliers et écuyers, quoique les trèves fussent jurées, accordées et scellées entre France et Angleterre, et de tous les pays conjoints et adhers (alliés) avecques eux; et se tenoit chacun sur sa garde; et puis retourna le duc de Bourgogne en France; et madame sa femme demeura un temps en Artois.

CHAPITRE CCXVII.

Comment nonobstant ces trèves les Anglois coururent en Écosse où ils firent plusieurs maux ; et d'une ambassade envoyée par le roi de France en Écosse pour nuncier (annoncer) les dites trèves ; et comment aucuns François allèrent faire armes en Écosse.

Vous avez bien cy dessus ouï recorder (raconter) comment les seigneurs de France, qui au parlement étoient en cette ville que on dit Lolinghen qui siéd entre Calais et Boulogne, se chargèrent à leur département que ils signifieroient les trèves qui prises étoient de toutes parties entre eux et les Anglois, aux Escocs (Écossois) et au roi d'Écosse, par quoi nuls mautalens (mécontentements) ni guerre ne se émussent de pays à autre. Toutefois au voir (vrai) dire les consaulx (conseils) de France ne firent pas de ce si bien leur devoir ni si bonne diligence comme ils dussent, car tantôt ils y devoient envoyer, et non firent : ne sçais à quoi ce demeura ni périt fors en ce espoir (peut-être) que le duc de Bourgogne, puis les parlements faits, fut grandement chargé et ensonnié (occupé) pour la mort de son grand seigneur le comte de Flandre, et pour l'ordonnance de l'obsèque aussi ensuivant que on fit en la ville de Lille, si comme ci-dessus vous avez ouï recorder. Et ne cuidoient (croyoient) pas que les Anglois dussent faire ce qu'ils firent; car tantôt après la Pâque le comte de Northumberland, le comte de Notthinghen (Nottingham) et les barons de Northumberland mirent une chevauchée sus où il pouvoit avoir environ deux mille lances et six mille archers, et passèrent Berwick et Rosebourch (Roxburgh); et entrèrent en Écosse et ardirent la terre au comte de Douglas et celle au seigneur de Lindesée (Lindsay) et ne déportèrent (épargnèrent) rien à ardoir jusques à Haindebourch (Édimbourg).

Les barons et les chevaliers d'Écosse n'étoient point signifiés de cette avenue, et prindrent (prirent) cette chose en grand dépit, et dirent que ils l'amendroient à leur pouvoir; et outre ils disoient que les Anglois devoient avoir trèves à eux, si comme on leur avoit rapporté; mais rien n'en savoient, car encore au voir (vrai) dire ils n'en étoient point signifiés. Bien savoient que de leur côté ils n'avoient nul traité aux Anglois, si étoit la guerre ouverte; mais toutefois ils l'avoient premier comparé (payé) dont moult leur déplaisoit.

Vous savez bien que nouvelles s'épandent tantôt en plusieurs lieux; il fut sçu en Flandre et par spécial à l'Écluse, par marchands qui issirent (sortirent) hors d'Écosse, comment les Anglois étoient entrés en Écosse, et aussi le roi Robert d'Écosse et les seigneurs faisoient leurs mandements et leurs semonces très grandes pour venir combattre les Anglois.

Aussi fut-il sçu en France que les Anglois et les

Escocs (Écossois) étoient aux champs si comme on disoit l'un contre l'autre; et ne pouvoit demeurer qu'il n'y eut prochainement bataille. Les ducs de Berry, de Bourgogne et les consaulx (conseils) du roi de France, quand ils entendirent ces nouvelles, dirent que c'étoit trop foiblement exploité, quand on n'avoit encore envoyé signifier la trève en Écosse, ainsi comme on avoit promis à faire. Adonc furent ordonnés de par le roi et ses oncles et leurs consaulx (conseils) d'aller en Écosse messire Aymard de Masse sage chevalier et authentique et messire Pierre Fresnel et un sergent d'armes du roi, qui étoit de la nation d'Écosse et s'appeloit Janekin Crupenois; et y fut ordonné d'aller pourtant (attendu) qu'il savoit parler le langage et qu'il connoissoit le pays.

Entrementes (pendant) que ces ambassadeurs de France s'ordonnoient, et que pour venir en Angleterre ils s'appareilloient, et que les Anglois en Écosse couroient, dont les nouvelles en plusieurs lieux s'épandoient, avoit gens d'armes à l'Écluse, du royaume de France qui là dormoient et séjournoient, ni en quel lieu ni pays que ce fut, pour honneur acquerre et eux avancer, aller ni traire (rendre) ne savoient; car les trèves entre France, Flandre et Angleterre se tenoient. Si entendirent que les Escocs (Écossois) et les Anglois guerroyoient; et disoit-on à l'Écluse pour certain que hâtivement ensemble ils se combattroient. Chevaliers et écuyers qui ces nouvelles entendirent en furent tous réjouis et parlèrent ensemble, tels que messire Geoffroy de Chargny, messire Jean de Blasy, messire Hue de

Boulan, messire Sauvage de Villiers, messire Garnier de Quensignich, messire Odille de Moutin, messire Roger de Campighen, le Borgne de Montallier, Jacques de Montfort, Jean de Hallewyn, Jean le Merle, Michel de la Barre et Guillaume Gauwaert; et pouvoient être environ vingt hommes d'armes chevaliers et écuyers. Si orent (eurent) collation ensemble, pour l'avancement de leurs corps et pour ce que ils ne savoient où trouver les armes fors que en Écosse, que ils leveroient une nef pour l'accord de eux et s'en iroient en Écosse prendre l'aventure ensemble avecques les Escocs (Écossois). Si comme ils avisèrent ils firent, et se départirent de l'Écluse et se mirent en une bonne nef et tout leur harnois d'armes; et puis quand ils orent (eurent) le vent à leur volonté ils se partirent et laissèrent tous leurs chevaux pour les dangers de la mer et pour le voyage qui est trop long; car bien savoient les mariniers qui les menoient que ils ne pouvoient prendre port à Haindebourch (Edimbourg) ni à Dombarre (Dumbar), ni dedans les hâvres prochains; car aussi bien étoit la navie (flotte) d'Angleterre par mer comme par terre, et étoient les Anglois maîtres et seigneurs des premiers ports d'Écosse, pour les pourvéances qui les suivoient par mer.

En ce temps vinrent ces dessus dits ambassadeurs de France en Angleterre, et furent devers le roi et ses oncles qui leur firent très bonne chère et se dissimulèrent à ce premier un petit envers eux pour la cause de leurs gens qui faisoient guerre aux

Escocs (Écossois) ; et quand ils entendirent que eurs gens avoient fait leur fait et que ils se retraioient (retiroient) en Angleterre, ils firent partir les messages du roi de France, messire Aymard de Masse et les autres, et leur baillèrent deux sergents d'armes du roi d'Angleterre pour eux mener sauvement parmi Angleterre jusques en Écosse et faire ouvrir villes et châteaux encontre leur venue. Si se mirent au chemin les dessus dits pour venir vers Écosse.

Tant exploitèrent par mer les chevaliers de France dessus nommés, eux départis de l'Écluse en costiant (côtoyant) Hollande et Angleterre et en esloingnant (évitant) les périls du rencontre des Anglois sur mer, et firent tant que ils arrivèrent en Écosse sur un port que on dit Monstrez (Montrose). Quand les Escocs (Écossois) qui demeuroient en la ville entendirent que c'étoit François qui étoient là venus pour trouver les armes, si leur firent bonne chère et les adressèrent de tout ce qui leur besognoit à leur loyal pouvoir. Quand ces chevaliers et écuyers se furent rafraîchis en cette ville deux jours et ils orent (eurent) appris des nouvelles ils se départirent et montèrent sur hacquenées et vinrent à Dondieu (Dundee), et firent tant, à quelque peine que ce fut, que ils vinrent à Saint-Jean-Ston (Perth) une bonne ville en Écosse où la rivière de Tay cuert (court) ; et là a bon hâvre de mer pour aller par tout le monde. Eux venus en la ville de Saint-Jean (Perth) les entendirent que les Anglois étoient retraists et que le roi et les seigneurs d'Écosse étoient à Haindebourch (Édimbourg) en parlement ensemble. Adonc ordonnèrent-ils que messire Garnier de Quensignich et Michel de la Barre iroient devers le roi à Haindebourch (Édimbourg) et les barons et les chevaliers du pays pour savoir quelle chose ils pourroient faire, et leur remontreroient à tout le moins la bonne volonté qui les avoit mus de partir de Flandre pour venir en Écosse; et messire Geoffroy de Chargny et les autres demeureroient là tant que ils auroient ouï leur volonté et leur relation.

Si comme ils avoient ordonné ils firent: si se partirent de Saint-Jean (Perth) et firent tant que ils vinrent à Haindebourch (Édimbourg) où le roi et le comte de Douglas le jeune qui s'appeloit Jacques, car le comte son père qui s'appeloit Guillaume étoit nouvellement mort, et les comtes de Mouret (Moray), de la Mare et les comtes de Surlant (Sutherland) et de Dourquenay (Orkney), le seigneur de Versy, le sire de Lindesée (Lindsay); qui étoient six frères tous chevaliers étoient tous ensemble. Et firent ces seigneurs d'Écosse aux chevaliers de France et à Michel de la Barre très bonne chère. Messire Garnier remontra au roi et aux barons d'Écosse l'intention de ses compagnons, et pour quoi ils étoient venus en Écosse.

En ces jours tout nouvellement étoient venus à Haindebourch (Édimbourg) les ambassadeurs de France, messire Aymard de Masse et messire Pierre Fresnel et Janekin Crupenois qui avoient apporté les trèves dessus dites et devisées entre le roi de

France et le roi d'Angleterre ; mais les Escocs (Écossois) y étoient rebelles et s'en dissimuloient et disoient que trop tard on leur avoit signifié et que nuls ils n'en tenroient (tiendroient); car les Anglois leur avoient en cette saison porté et fait grand dommage. Le roi Robert leur brisoit leur propos ce qu'il pouvoit, et disoit que bonnement, puis que ils en étoient signifiés et certifiés, que ils ne se pouvoient dissimuler que les trèves n'y fussent. Ainsi étoient en différend le roi et les barons d'Ecosse et les seigneurs du pays l'un contre l'autre: et advint que les comtes de Mouret (Moray) et de Douglas et les enfants de Lindesée (Lindsay) et aucuns jeunes chevaliers et écuyers d'Ecosse qui désiroient les armes orent (eurent) un secret parlement en Haindebourch (Édimbourg) ensemble en l'église de Saint-Gille; et là leur fut dit que ils fissent traire (marcher) avant leurs compagnons et ils orroient (entendroient) bonnes nouvelles, et tout ce ils tinssent en secret. Sur cet état s'en retournèrent-ils à Saint-Jean-Ston (Perth) et recordèrent à leurs compagnons tout ce que ils avoient vu et trouvé.

CHAPITRE CCXVIII.

Comment aucuns François et les Escocs (Écossois), au desceu (insçu) du roi d'Écosse, entrèrent en Angleterre ou ils firent grands dommages; et comment le roi d'Écosse envoya un héraut en Angleterre soi excuser de ce et la confirmation des trèves.

De ces nouvelles furent messire Geoffroy de Chargny et les chevaliers et écuyers de France tous réjouis et se départirent de là et exploitèrent tant par leurs journées que ils vinrent à Haindebourch (Édimbourg), et ne firent nul semblant de chose qu'ils dussent faire. Ils n'eurent pas séjourné douze jours là que le comte de Douglas tout secrétement les manda, et leur envoya chevaux, que ils vinssent parler à lui en son châtel de Dalquest (Dalkeith); ils y vinrent. Au lendemain que ils furent là venus, il les emmena avecques lui sur un certain lieu et marche où les barons et les chevaliers d'Ecosse faisoient leur mandement; et se trouvèrent sous trois jours plus de quinze mille aux (avec) chevaux et tous armés selon l'usage de leur pays.

Adonc quand ils se trouvèrent tous ensemble vouldrent (voulurent)-ils faire leur chevauchée et dirent que ils se contrevengeroient des dépits et dommages que les Anglois leur avoient faits. Si se mirent au chemin, et passèrent les bois et les forêts de leur pays, et entrèrent en Northumberland en la terre au seigneur de Persy, et là commencèrent à piller et à ardoir, et là chevauchèrent moult avant, et puis s'en retournèrent par la terre au comte de Notthinghein (Nortingham) et du seigneur de Montbray (Mowbray) et y firent moult de desrois (désordres) et passèrent à leur retour devant Rosebourch (Roxburgh), mais point n'y assaillirent; et avaient grand pillage avecques eux de hommes et de bêtes; et entrèrent en leur pays, sans dommage, car les Anglois s'étoient retraiz (retirés). Si ne se fussent jamais sitôt remis ensemble que pour combattre les Escocs (Écossois); et leur convint porter et souffrir cette buffe (contrariété), car ils en avoient donné une autre aux Escocs (Écossois).

De cette chevauchée se pouvoit bonnement en excuser le roi d'Écosse car de l'assemblée ni du département il ne savoit rien; et puisque le pays en étoit d'accord il ne convenoit point que il le sçut; et si sçu l'eût, au cas qu'il n'y eût eu entre les Escocs (Écossois) et les Anglois autre convenant (arrangement) qu'il n'y avoit, si n'en eussent-ils rien fait pour lui. Et quoique ces barons et ces chevaliers d'Écosse, et les chevaliers et écuyers de France, chevauchassent et eussent chevauché en Angleterre, si se tenoient à Haindebourch (Édimbourg) de-lez (près) le roi Robert, messire Aymard de Marse, messire Pierre Fresnel et Janekin Crupenois [1], et

---

[1] On trouve dans Rymer sous la date du 13 février 1384 un sauf

laissoient les Escocs (Écossois) convenir, car ils n'en pouvoient autre chose avoir. Mais par conseil, et afin que les Anglois ne pussent mie dire que ce fut leur coulpe (faute) et que eux étant en Écosse et de-lez (près) le roi d'Écosse ces choses se fissent de leur accord et que ils voulsissent (voulussent) rompre les traités qui avoient été faits et accordés à Lolinghen de-lez (près) la ville de Wissan des nobles et con-saulx (conseils) de France, d'Angleterre et de Castille, le roi d'Écosse et les ambassadeurs de France envoyèrent un héraut des leurs en Angleterre devers le roi et ses oncles et le conseil d'Angleterre, chargé et informé quelle chose il diroit et devoit dire. Quand le héraut fut venu en Angleterre devers le roi et ses oncles il trouva tout le pays ému, et vou-loient chevaliers et écuyers de rechef mettre leur ar-mée sus et retourner sur Écosse. Le duc de Lancas-tre et le comte de Cantebruge (Cambridge) qui dé-siroient trop grandement à aller dedans l'an en Por-tugal et en Castille, ou l'un d'eux, atout (avec) grand' puissance de gens d'armes et d'archers, car ils se tenoient héritiers de par leurs femmes et leurs enfants de toute Castille; et la guerre se tailloit bien à renouveler entre le roi de Castille et le roi de Por-tugal; car le roi Damp (Don) Ferrand de Portugal étoit mort; si avoient les Portingalois (Portugais)

---

conduit donné à Guichard Marsey, chevalier, à maître Pierre Frise-velle conseiller du roi, à Jean Champeney seigneur d'armes et à qua-rante autres François, pour se rendre en Écosse et pour en revenir avec ordre de leur fournir des chevaux, de l'argent, des vivres et des har-nois sur la route. J. A. B.

couronné à roi Damp(Don)Jean, son frère bâtard[1], très vaillant homme qui ne désiroit que la guerre aux Espagnols, mais (pourvu) qu'il eut l'alliance et confort des Anglois. De tout ce étoient le duc de Lancastre et son frère le comte de Cantebruge (Cambridge) tous sûrs et certifiés; si se dissimuloient ce qu'ils pouvoient et faisoient dissimuler leurs amis, afin que nul emblaiement (entrave) ou empêchement de guerre ne se remît en Écosse.

Quand le héraut du roi d'Écosse fut venu en Angleterre devers le roi et ses oncles, bien informé de ce qu'il devoit dire, il se mit à genoux et pria et requit que comme héraut au roi d'Écosse, il put être ouï à faire son message. Le roi et les seigneurs lui accordèrent; ce fut raison. Là leur remontra-t-il sur quel état il étoit là venu et envoyé du roi singulièrement et des ambassadeurs du roi de France, et les excusa en disant: « Que le roi d'Écosse avoit bénignement reçu les messagers du roi de France et entendu à ces traités, tant que pour tenir la trève, il avoit fait à ce entendre et incliner ce qu'il avoit pu ses hommes; mais les marchissants[2] d'Écosse à la terre du seigneur de Persy et du comte de Nortinghein (Nottingham), tels que le comte de Douglas, le comte de la Mare (Már) son oncle, messire Archembaut (Archibald), messire James, messire Pierre, messire Guillaume et messire Thomas Douglas et tous ces frères de Lindisée (Lind-

---

(1) Jean Ier le grand maître d'avis, fils bâtard du roi D. Pèdre et de Thérèse Lourenço ne fut proclamé solennellement roi de Portugal que le 6 avril 1385. L'année 1385 commença au 2 avril. J. A. B.

(2) Les chefs féodaux limitrophes. J. A. B.

say) et tous ceux de Ramsay, et messire Guillaume Assueton (Seaton) avecques ni vouldrent (voulurent) oncques demeurer ens (dans) ès parlements pour accepter la trève, et disoient que on leur avoit fait et porté grand dommage en leurs terres, les quelles choses leur étoient déplaisants et à tous leurs amis, et s'en contrevengeroient quand ils pourroient. Et quand les seigneurs, mes chers seigneurs que je vous ai nommés, firent leur assemblée pour aller en Angleterre, si comme ils ont fait, oncques ils n'en parlèrent au roi ni à ceux de sa chambre; car bien savoient que on ne leur eût pas consenti, nonobstant que ils disent en Écosse que la première incidence de cette guerre meut de vous; car bien saviez, mes seigneurs, ce disent les maîtres, que la trève étoit prise et accordée de là la mer; et en devions être tantôt, vous retournés de Calais en Angleterre, signifiés. Et outre ils disent que les ambassadeurs de France qui par cy passèrent furent détriés (empêchés) à non venir devers nous en Écosse, si comme ils dussent, et trop longuement les tintes en séjour et en solas (plaisir), pour quoi le meschef avenu est encouru entre Écosse et Angleterre des parties qui se sont regardées et avisées; que sous ombre de dissimulation la plus grand' part de ces choses est faite et accomplie. Mais, mon très redouté seigneur le roi d'Écosse, et ceux de sa chambre, et les ambassadeurs du roi de France qui à présent séjournent de-lez (près) lui se excusent et veulent excuser et disent que la dernière armée que les barons et chevaliers aucuns d'Écosse ont fait en Angleterre ils n'en savoient, ni n'ont eçus, mais en ont ignoré et ignorent. Et pour dresser toutes choses et mettre et reformer en bon état, je suis chargé de vous dire que si vous voulez entendre aux traités qui furent faits darrenièrement (dernièrement) de là la mer par la haute et droite et noble discrétion du conseil du roi de France et le vôtre, à confirmer la trève à durer le terme que durer doit, mon très redouté seigneur le roi d'Écosse et ses nobles consaulx (conseils) la confirmeront et jureront à tenir entièrement; et la fera mon très redouté seigneur, pour la révérence du roi de France et de son noble conseil, tenir à ses hommes; et de ce il vous enplaise à moi donner réponse. »

Le roi d'Angleterre et ses oncles entendirent bien le héraut parler et l'ouïrent moult volontiers; et lui répondit le duc de Lancastre que voirement (vraiment) en seroit-il répondu. Adonc le firent-ils demeurer à Londres où il les avoit trouvés, pour attendre et avoir réponse du roi d'Angleterre.

Au chef de deux jours il fut répondu du conseil du roi, et me semble que messire Simon Burley chambellan du roi [1], fit la réponse et furent les choses touchées et mises en bon parti; car au voir (vrai) dire tout considéré, les seigneurs d'Angleterre qui, au parlement avoient été à Lolinghen n'avoient pas trop honorablement fait quand ils avoient consenti et envoyé leurs gens courir en

---

[1] Simon de Burley étoit alors gouverneur de Douvre et des cinq ports. J. A. B.

Écosse et ardoir le pays, quand ils savoient que trèves y avoit et devoit avoir. Et l'excusance la plus belle que ils pouvoient trouver ni prendre, elle étoit que ils ne le devoient pas signifier aux Escocs (Écossois), mais en devoient être certifiés par les François. Si fut dit au héraut que au nom de Dieu il fut le bien venu, et que c'étoit l'intention du roi d'Angleterre, de ses oncles et de leurs consaulx (conseillers) que ce qu'ils avoient juré, promis et scellé à tenir ne faisoit pas à enfreindre; mais le vouloient confirmer et par maintenir; et qui le plus y eut mis, plus y eut perdu.

De toutes ces choses demanda le héraut lettres afin qu'il en fût mieux cru. On lui bailla et de beaux dons et de bons assez avecques, tant qu'il s'en contenta grandement et en remercia le roi et les seigneurs; et se partit de Londres, et exploita tant par ses journées que il retourna en Écosse et vint à Haindebourch (Édimbourg) où le roi d'Écosse et les messagers de France l'attendoient pour avoir réponse, et désiroient à savoir comment les Anglois se voudroient maintenir. Quand il fut sçu entre eux les réponses du roi et de ses oncles, et par lettres scellées ils les virent apparents, si s'en contentèrent grandement et en furent tous réjouis. Ainsi demeura la trève pour cet an entre Angleterre et Écosse; et fut dénoncé et publié par les deux royaumes par voie et cause de plus grand'sûreté. Et retournèrent les ambassadeurs de France parmi Angleterre en leur pays arrière tout sûrement et sauvement et sans péril, et recordèrent au roi de

France et à ses oncles à leur retour comment ils avoient exploité, et les empêchements que ils avoient eus, et toute la chose si comme vous l'avez ouïe.

CHAPITRE CCXXIX.

Comment messire Geoffroy de Chargny et les François étournèrent d'Écosse; et du danger où ils furent en Zélande, dont un écuyer au comte de Bloisles délivra.

Quand messire Geoffroi de Chargny et les chevaliers et écuyers de France qui en Écosse étoient virent que les royaumes d'Écosse et d'Angleterre étoient attrèvés ensemble, si prindrent (prirent) congé aux barons d'Écosse, et par spécial au comte de Douglas et au comte de Mouret (Moray) qui leur avoient fait très bonne compagnie. Et me semble que ces barons d'Écosse leur dirent, et aucuns autres chevaliers, ainsi que on bourde (plaisante) et en langage d'armes ensemble: « Seigneurs, vous avez vu la manière et condition de notre pays, mais vous n'avez pas vu toute la puissance; et sachez que Écosse est la terre au monde que les Anglois craignent et doutent le plus; car nous pouvons si comme vous avez vu, entrer Angleterre à notre aise et chevaucher moult avant, sans nul danger de mer; et si nous étions forts assez de gens nous leur porterions plus de dommage que nous ne faisons. Si veuillez, quand vous serez retournés en France, tout ce dire et remontrer aux compagnons chevaliers et écuyers qui se désirent à avancer, et eux émouvoir à venir deçà pour quérir les armes. Nous vous certifions que si nous avions jà jusques à mille lances, chevaliers et écuyers de France, avecques les bonnes gens que nous trouverions par deçà, nous ferions un si grand trou en Angleterre que il y parroit (paroîtroit) quarante ans à venir : si vous en veuille souvenir quand vous viendrez par delà. » Les compagnons répondirent que aussi feroient-ils et que ce n'étoit pas chose que on dût mettre en oubli.

Sur ce se départirent-ils et entrèrent en mer et prirent et levèrent une nef qui les devoit mener à l'Écluse; mais ils orent (eurent) vent contraire quand ils furent en la mer, et leur convint prendre havre et terre en Zélande en une ville que on dit à la Brielle (Le Brill). Quand ils furent là venus et arrivés ils cuidoient (croyoient) être sauvement venus; mais non furent, car les Normands avoient nouvellement couru par mer cette bande là ; et porté, si comme on disoit, aux Zélandois grand dommage. Si en furent en trop grand péril ces chevaliers et écuyers de France, car entrementes (pendant) que ils se tenoient en la ville leur nef fut toute acquise et leurs coffres rompus et leurs armures prises; et eux encore furent en grand péril d'être tous occis.

A ce jour avoit en la ville un écuyer du comte de Blois qui s'appeloit Jacques, gracieux homme et sage durement, qui les aida et conforta en toutes choses, ainsi que il apparut; car il parla pour eux aux maîtres de la ville, et fit tant par sens et par langage que leurs choses en partie leur furent toutes restituées. Et pour les ôter du péril où il les sentoit et véoit, car bien connoissoit ces gens grandement émus sur eux et que se ordonnoient et étoient en grand'volonté pour eux attendre sur mer et forts assez, s'ils les pussent trouver, pour les combattre, car ils l'avoient jà signifié aux villes voisines, l'écuyer du comte de Blois leur fit cette courtoisie et leur dit tout bellement et par amour une partie du péril où ils étoient, et comment le pays étoit ému sur eux; mais pour l'honneur de son seigneur et du royaume de France, il les en délivreroit; et leur dit que par lui ils se laissassent ordonner et gouverner. Ils répondirent: « Volontiers. » Que fit Jacques? Il s'en vint à un maronnier (marin) et leva une nef pour aller où il lui plairoit et sa compagnie, et dit qu'il avoit intention d'aller à Dourdrech (Dordrecht). Le maronnier (marin) se aconvenança (engagea) à lui. Il entra, et tous entrèrent en la nef et prindrent (prirent) de premier le chemin de Dordrecht. Quand Jacques vit que il fut temps de retourner la voile et de prendre un autre chemin, si dit au maronnier (marin): « Entendez à moi, j'ai loué à mes deniers cette nef pour faire sur ce voyage ma volonté, et pour tourner où je vueil (veux) tourner; si tournez votre single (voile) devers Sconehone ; car je vueil (veux) aller cette part. » Les maronniers (marins) de ce faire furent tous rebelles et dirent que ils devoient aller à Dordrecht: « Écoutez, fit Jacques, faites ce que je vueil (veux) si vous ne voulez mourir. » Sur ces paroles n'osèrent plus les maronniers (marins) estriver (résister), car la force n'étoit pas leur: si tournèrent leur voile tout à une fois et leur gouvernail et singlèrent de bon vent devers la ville de Sconehone, et là vinrent sans péril, car elle est au comte de Blois. Si se rafraîchirent et puis s'en partirent quand bon leur sembla, et s'en retournèrent arrière en leur pays par Brabant et par Hainaut. Ce service leur fit Jacques écuyer de monseigneur le comte de Blois.

Quand messire Geoffroy de Chargny et messire Jean de Blaisy et les chevaliers et écuyers de France qui en Écosse cette saison avoient été furent retournés en France, si furent enquis et demandés des nouvelles et du royaume d'Écosse. Ils en recordèrent ce qu'ils en savoient et qu'ils en avoient vu et ouï dire aux barons et aux chevaliers d'Écosse. Messire Jean de Vienne, amiral de France en parla à messire Geoffroy de Chargny; et il lui dit tout ce que vous avez ouï. Adonc s'arrêta sus l'Amiral, et aussi firent plusieurs barons de France, et disoient ainsi ceux qui en cuidoient (croyoient) aucune chose savoir, que voirement (vraiment par Écosse pouvoient les François avoir une belle entrée en Angleterre; car par nature les Escocs (Écossois) ne pouvoient aimer les Anglois. Aussi repassa messire Aymard de Marse qui poursuivit ces paroles; car il étoit chargé du roi d'Écosse et de son conseil que il en parlât au roi et à ses oncles. Si orent (eurent) les François une imagination sur ce, que, les trèves faillies, ils envoyeroient en Écosse si puissamment que pour honnir (fatiguer) Angleterre. Et fut ce propos conclu à tenir entre le duc de Berry et le duc de Bourgogne, pour tant que ils avoient le gouvernement du royaume; et ce plut grandement au connétable de France, mais on tint toutes ces choses en secret afin que il ne fût révélé, et que les Anglois ne s'en aperçussent.

CHAPITRE CCXX.

Comment le seigneur d'Escornay nonobstant les trèves prit Audenarde d'emblée; et du discord qui en sourdit entre le seigneur de Harselles et François Ackerman; dont le dit de Harselles en fut occis.

Vous avez ci-dessus bien ouï recorder comment François Ackerman, entrementes (pendant) que on étoit au voyage de Flandre devant Berghes et devant Bourbourg, prit et embla (enleva) la ville d'Audenarde; dont ceux de Tournay et des villes voisines furent moult ébahis. La garnison d'Audenarde, avant que les trèves vinssent, avoit couru tout le pays et fait moult de dommage en Tournesis; et par spécial toute la terre au seigneur d'Estournay étoit en leur obéissance; et avoient au Noël recueilli ses rentes et ses chapons en ses villes; dont fort déplaisoit au dit seigneur et à ses amis. Et disoit bien que quelconques trèves ni répit que il y eut entre les rois de France et d'Angleterre et les Flamands, il n'en tiendroit nulles, mais leur porteroit toujours contraire et dommage; car ils lui avoient fait et porté, et encore faisoient et portoient, tant qu'il en étoit un poure (pauvre) homme. Et avint que le seigneur d'Escornay jeta son avis à prendre et embler (enlever) Audenarde. Si en vint à son entente (but) parmi l'aide d'aucuns chevaliers et écuyers de France, de Flandre et de Hainaut qui lui aidèrent à faire son fait. Et quand il escripsit (écrivit) devers eux et il les manda, les plusieurs ne savoient que il vouloit faire. Or cette chose avint au mois de mai le dix-septième jour. Et sçut le sire d'Escornay par ses certains espies que François Ackerman étoit à Gand et point ne se tenoit en Audenarde; car il s'affioit sur la trève que ils avoient ensemble, les François et eux; dont il fit folie quand il ne fut plus soigneux de garder Audenarde qu'il ne fut, si comme je vous dirai.

Le sire d'Escornay fit une embûche belle et grosse, de quatre cents compagnons chevaliers et écuyers et droites gens d'armes que tous avoit priés, et s'en vinrent bouter au bois de Lare vers la porte de Grantmont assez près d'Audenarde; et là étoient messire Jean du Moulin, messire Jacques de Listrenale, messire Gilbert de Lieureghien, messire Jean

Caquelan, messire Rolant d'Espiere; messire Blanchart de Calonne et le seigneur d'Astrepoule qui y fut fait chevalier. Or vous recorderai-je la manière de la devise, et comment ceux d'Audenarde furent déçus. On prit deux chars chargés de pourvéances atout (avec) quatre chartons (charretiers) vêtus de grises cottes et armés dessous, et étoient hardis varlets et entreprenants. Ces chartons et leurs chars s'en vinrent tout charriant vers Audenarde et signifièrent aux gardes que ils amenoient pourvéances de Hainaut pour avitailler la ville. Les gardes qui n'y pensoient que à tout bien si vont ouvrir leur porte, et le premier char passa avant et s'arrêta sous la porte coulisse et les autres sur le pont. Adonc s'ensonnièrent (empressèrent) les chartons autour de leurs chars et ôtèrent les deux marteaux où les traits sont, et les jetèrent dedans les fossés. Lors dirent les gardes aux chartons: « Pourquoi n'allez-vous avant? » Adonc prirent les gardes les chevaux et les chassèrent avant, et les chevaux passèrent outre et laissèrent les chars tous cois, car ils étoient dételés. Adonc aperçurent les gardes que ils étoient déçus et trahis; et commencèrent à frapper après les chartons, et les chartons à eux défendre, car ils étoient bien armés dessous leurs robes, et gens de fait et d'emprise. Si occirent deux des gardes: ils furent tantôt secourus; car le sire d'Escornay et sa route (troupe) les poursuivoit fort; et vinrent jusques à la ville. Les gardes s'enfuirent par la ville, criants: « Trahi, trahi! » Mais avant que la ville fut estourmie (réveillée) ni recueillie (assemblée) ces gens d'armes entrèrent ens (dedans) en occiant tous ceux que ils encontroient et qui à défense se mettoient; et crioient en venant sur la place : « Ville gagnée! » Ainsi fut Audenarde reprise; et y ot (eut) de Gantois, que morts que noyés, bien trois cents; et y fut trouvé grand avoir qui étoit à François Ackerman; et me fut dit que il y avoit bien quinze mille francs.

Les nouvelles furent sçues en plusieurs lieux, comment Audenarde en bonne trève avoit été prise des François. Si en furent ceux de Gand par spécial courroucés durement : ce fut bien raison car il leur touchoit moult de près; et en parlèrent ensemble et dirent que ils envoyeroient devers le duc de Bourgogne en remontrant comment en bon répit et sûr état, Audenarde étoit reprise, et que il leur fit ravoir, ou autrement là trève étoit enfreinte. Ils y envoyèrent; mais le duc ne s'excusa et dit que il ne s'en mêloit et que, si dieu lui pût aider, de l'emprise du seigneur d'Escornay il n'en savoit rien; et dit que il lui en escriproit (écriroit) volontiers, ainsi qu'il fit. Il lui en escripsit (écrivit) en mandant que il la voulut rendre arrière, car ce n'étoit pas honorable ni acceptable de prendre en trève et en répit ville, châtel ni forteresse. Le sire d'Escornay répondit aux lettres du duc de Bourgogne et aux messages et dit que toujours la garnison d'Audenarde lui avoit fait guerre en trèves et hors trèves et tollu (ravi) son héritage, et que à eux il n'avoit donné ni accordé nulles trèves, et que il avoit pris Audenarde en bonne guerre, si le tiendroit jusques à ce jour que Flandre et Gand seroient tout un, comme son bon héritage, car point n'en avoit ailleurs qui ne fut tout perdu pour la guerre. Les choses demeurèrent en cet état ni on n'en put autre chose avoir. De la petite garde François Ackerman en fut grandement blâmé, et par spécial du seigneur de Harselles; et tant que François s'en courrouça au chevalier et en prit paroles dures et haineuses, et dit que en tous cas il s'étoit mieux acquitté envers ceux de Gand que n'étoit le dit chevalier; et se monteplièrent (multiplièrent) les paroles entre eux deux tant que ils se démentirent. Assez tôt après le sire de Harselles fut occis; et veulent dire les aucuns que François Ackerman et Piètre Dubois le firent occire par envie.

En ce temps avoient requis les Gantois au roi d'Angleterre à avoir un gouverneur vaillant homme et sage qui fut du lignage et du sang du roi; si que le roi et son conseil envoyèrent à Gand un de leurs chevaliers, vaillant homme et sage assez, pour avoir le gouvernement de la ville, lequel étoit nommé messire Jean le Boursier (Bourchier). Celui ot (eut) le gouvernement de Gand plus d'un an et demi.

CHAPITRE CCXXI.

Comment le duc d'Anjou trépassa auprès de Naples. Et du mariage fait de Jean de Bourgogne et Marguerite sa sœur aux fils et fille du duc de Bavière comte de Hainaut.

Vous avez bien ci-dessus en cette histoire ouï recorder comment le duc d'Anjou qui s'escripsoit (appeloit) roi de Sicile et de Jérusalem alla en Pouille et conquit tout le pays jusques à Naples. Mais les Napolitains ne se vouldrent (voulurent) oncques tourner de sa partie, ainçois (mais) tenoient et soutenoient, et avoient toujours tenu et soutenu, la querelle de messire Charles de la Paix. Le duc d'Anjou demeura trois ans tous entiers sur ce voyage. Si pouvez bien croire que ce fut à grands coûtances et que il n'est finance nulle, tant soit grande, que gens d'armes ne exillent (détruisent) et mettent à fin, car qui veut avoir leur service, il faut qu'ils soient payés, autrement ils ne font chose qui vaille. Certes ils coutèrent tant au duc d'Anjou que on ne le pourroit nombrer ni priser; et ceux qui le plus effondroient (dissipoient) son trésor, ce furent le comte de Savoye et les Savoyens. Toutefois le comte de Savoye, dont ce fut dommage, et moult de sa chevalerie moururent en ce voyage; et affoiblit le duc d'Anjou grandement de gens et de finance; et renvoya à ces deux choses au secours en France. Ses deux frères le duc de Berry et le duc de Bourgogne ne lui vouldrent (voulurent) pas faillir à son besoin, et dirent que ils le reconforteroient et rafraîchiroient de gens et de finance. Si avisèrent ces deux ducs lesquels en France étoient taillés d'aller en ce voyage. Tout avisé, regardé et imaginé, on n'y peuvoit meilleurs ni plus propices envoyer, pour avoir connoissance de toutes gens d'armes, que le gentil seigneur de Coucy, et avecques lui le seigneur d'Enghien comte de conversan, lequel comté gît en Pouille. Ces deux seigneurs en furent priés et requis du roi de France et de ses oncles. A cette requête ils descendirent moult volontiers, car elle leur étoit hautement honorable; si ordonnèrent leurs besognes et se mirent au chemin tout au plutôt que ils purent avecques belle charge de gens d'armes. Mais quand ils furent venus jusques en Avignon, et entrementes (pendant) que ils entendoient à leurs besognes pour passer outre, et faisoient passer leurs gens, nouvelles certaines vinrent que le duc d'Anjou étoit mort en un châtel de-lez (près) Naples[1]. Le sire de Coucy pour ces nouvelles n'alla plus avant; car bien véoit que son voyage étoit brisé. Mais le comte de Conversan passa outre,

---

[1] Louis duc d'Anjou mourut à Biseglio dans la terre de Bari, suivant les grandes chroniques de France, le 7 septembre, suivant Giannone le 7 octobre, suivant Sismondi le 10 octobre et suivant l'art de vérifier les dates dans la nuit du 20 au 21 septembre 1384. J. A. B.

car il avoit à faire grandement en son pays en Pouille et en Conversan.

Ces nouvelles furent tantôt sçues en France et notifiées au roi et à ses oncles. Si portèrent et passèrent la mort du roi de Sicile au plus bel qu'ils purent.

Quand madame d'Anjou qui se tenoit à Angers entendit ces nouvelles de son seigneur que il étoit mort, vous pouvez et devez croire et savoir que elle fut moult troublée et déconfortée.

Si tôt que le comte Guy de Blois qui étoit cousin à la dite dame, lequel se tenoit pour le temps à Blois, sçut les nouvelles, il se partit de Blois atout (avec) son arroy et vint vers sa cousine à Angers et se tint de-lez (près) elle un grand temps en la conseillant et reconfortant à son loyal pouvoir. Depuis s'en vint en France la reine qui s'escripsoit (appeloit) reine de Naples, de Sicile, de Pouille, de Calabre et de Jérusalem, devers le roi et ses oncles, les ducs de Berry et de Bourgogne, pour avoir le conseil et le confort de eux; et amena ses deux enfants avecques elle, Louis et Charles.

La dame fut conseillée des nobles de France et de son sang que elle se trahit (rendit) en Avignon devers le pape et prensist (prit) la possession de la comté de Provence qui est terre appartenant au roi de Sicile, et se fit couronner du royaume de Arles. La royne (reine) crut ce conseil et se ordonna pour aller vers Avignon et de y mener son aîné fils le jeune Louis que partout on appeloit roi par la succession du roi son père. Mais ces choses ne se purent pas sitôt accomplir comme je le devise.

Tout cet hiver s'ordonnèrent les François pour envoyer en Écosse, et furent les trèves de France et d'Angleterre ralongées, et de tous les conjoints et adhers (alliés) à leur guerre, de la Saint Michel jusques au jour de mai. Si firent faire grandes pourvéances par terre et par mer; et étoit l'intention du conseil de France que à l'été qui venoit on feroit forte guerre à tous lez (côtés), et s'en iroit en Écosse l'amiral de France atout (avec) deux mille lances, chevaliers et écuyers; et d'autre part en Languedoc, en Auvergne et en Limousin, le duc Louis de Bourbon et le comte de la Marche iroient atout (avec) deux mille combattants pour reconquérir aucuns châteaux que Anglois et pillards tenoient qui moult travailloient le pays. Et faisoit-on faire et ordonner en Picardie et en Hainaut grand' foison de haches pour le voyage d'Écosse; et cuire en Artois, à Lille, à Douay et à Tournay grand' foison de biscuit; et toutes autres pourvéances appareiller selon la marine en mouvant de Harefleur [1] et venant toutes les bandes et les côtières de mer jusques à l'Écluse; car c'étoit le principal hâvre là où on tendoit à monter.

La duchesse Jeanne de Brabant qui étoit vefve (veuve) de son mari le duc Wincelent (Wenceslas) de Bohême qui mort étoit, pour lequel trépas elle avoit eu grand douleur, car elle avoit perdu bonne

---

(1) Le long de la côte en allant du côté de Harfleur. J. A. B.

compagnie et sollacieuse (agréable), se tenoit à Bruxelles entre ses gens. Si lui déplaisoit grandement le troublement que elle véoit en Flandre, et volontiers y eut mis conseil, ordonnance et attrempance (modération) si elle put; car elle véoit et entendoit tous les jours que les Gantois se fortifioient des Anglois, lesquels leur promettoient grand confort; et si véoit son neveu et sa nièce de Bourgogne qui devoient être par droit ses héritiers et qui étoient des plus grands du monde tant que des plus beaux héritages tenants et attendants, en grand touillement (embarras) par le fait de ceux de Gand. Outre encore véoit-elle le duc Aubert bail de Hainaut et la duchesse sa femme avoir de beaux enfants dont il en y avoit jusques à deux fils et une fille tous à marier; et entendoit que le duc de Lancastre rendoit et mettoit grand peine à ce que Philippe sa fille, qu'il ot (eut) de la bonne duchesse Blanche sa première femme, fut mariée à l'aîné fils du duc Aubert, qui par droit devoit être héritier de la comté de Hainaut, de Hollande et de Zélande. Si doutoit (craignoit) la dite dame, si ces alliances de Hainaut et d'Angleterre se faisoient, que les François n'en eussent indignation et que le bon pays de Hainaut couvertement et ouvertement des passants de France allants en Flandre ne fut grevé; avecques tout ce que le duc Aubert, pour la cause des Hollandois et des Zélandois ceux qui marchissoient [1] sur la mer, confortoit en plusieurs ma-

---

(1) Habitoient les pays limitrophes. J. A. B.

nières les Gantois; dont le duc de Bourgogne et son conseil étoient informés. Si n'en amoient (aimoient) mieux le duc Aubert, quoique à toutes ces choses il n'eut nulle coulpe (faute), car, si comme les Hollandois et les Zélandois disoient, la guerre de Flandre ne les regardoit en rien, ni ils ne pouvoient ni devoient défendre à courir marchandise.

La bonne dame dessus dite, considérant toutes ces choses et les périls qui en pouvoient naître et venir, s'avisa que elle mettroit ces deux ducs ensemble, le duc de Bourgogne et le duc Aubert, et elle seroit moyenne de tous les traités; et aussi elle prieroit au duc de Bourgogne pour ceux de Gand venir à merci. Adonc la bonne dame sur son avis et imagination ne se voult (voulut) mie endormir, mais mit clercs en œuvre et messagers, et fit tant par ses traités envers le duc de Bourgogne et le duc Aubert, que un parlement fut assigné à être en la ville de Cambray. Et l'accordèrent les deux ducs et leurs consaulx (conseils); et ne savoient encore nuls des deux ducs fors la bonne dame sur quel état et propos le parlement se tenroit (tiendroit).

A ce parlement pourtant que ils avoient scellé à être en la cité de Cambray au mois de janvier, si comme vers l'apparition des trois rois, vinrent le duc de Bourgogne et le duc Aubert et leurs consaulx (conseils); et là vint et fut la duchesse de Brabant qui ouvrit tous les traités; et remontra premièrement au duc de Bourgogne comment il étoit en ce monde un grand sire et avoit de beaux enfants; si étoit bien heure que l'un ou les deux fussent assignés et mis en lieu dont ils vaulsissent (valussent) mieux; et pour le présent elle ne pouvoit voir lieu ni assigner où ils fussent mieux que ès enfants de Hainaut pour reconfirmer tous les pays ensemble et pour donner grand cremeur (crainte) à ses ennemis. « Car beau niep (neveu), dit-elle au duc de Bourgogne, je sçais de vérité que le duc de Lancastre qui est fort et puissant en Angleterre procure fort que sa fille fut assignée à mon neveu Guillaume de Hainaut; et je aurois plus cher un profit pour vous et pour vos enfants que pour les Anglois. » — « Ma belle ante (tante), répondit le duc de Bourgogne, grand merci, et je vous croirai et lairai (laisserai) convenir de ma fille Marguerite au damoisel de Hainaut. »

Adonc la bonne dame alla de l'un à l'autre et commença à parlementer de ce mariage. Le duc Aubert auquel ces paroles étoient assez nouvelles en répondit moult courtoisement et dit que il n'avoit point là de son conseil tel que il vouloit avoir. « Et quel conseil, dit la duchesse, vous faut-il avoir pour bien faire et mettre et tenir en paix votre pays? » — « Ma femme, répondit le duc, car sans elle je n'en ferois rien; autant a-t-elle en mes enfants comme j'en ai. Et aussi, belle ante (tante), il appartient que les nobles de mon pays y soient et en soient informés. »

La duchesse répondit que Dieu y eut part; et s'avisa que bellement elle les feroit départir de là ensemble et leur prieroit que dedans le carême elle les put remettre en cette propre cité ensemble, et leurs femmes madame de Bourgogne et madame de Hainaut et leurs consaulx (conseils); et fit la dame tout ce si secrètement que planté (beaucoup) de gens ne pouvoient savoir pourquoi le parlement avoit là été. Sur cet état les deux ducs se départirent de Cambray, et s'en alla le duc de Bourgogne en la cité d'Arras où madame sa femme étoit: le duc Aubert s'en retourna en Hollande où la duchesse sa femme étoit; et la duchesse de Brabant s'en retourna en son pays, qui soigneusement et couvertement escripsoit (écrivoit) et envoyoit de l'un à l'autre. Et moult en ot (eut) de peine et de frais pour remettre ces seigneurs et ces dames en la cité de Cambray ensemble; car moult désiroit que les mariages se fissent pour confirmer en bon amour et en unité Flandre, Brabant et Hainaut ensemble.

. Tant exploita la duchesse de Brabant que ces parties et leurs consaulx (conseils), et elle aussi et son conseil, vinrent et furent tous à Cambray. Et là y ot (eut) fait moult de honneurs, car chacun de ces ducs s'efforçoit à faire honneur l'un pour l'autre. Là étoit la duchesse Marguerite de Bourgogne et la duchesse Marguerite de Hainaut qui se tenoit moult forte en ces traités, et disoit que si on vouloit que son fils eut Marguerite de Bourgogne, sa fille Marguerite aussi auroit Jean de Bourgogne; par quoi il y auroit plus grand' conjonction de tout amour. Enuis (avec peine) marioit et allioit en un hôtel le duc de Bourgogne deux de ses enfants à une fois; de sa fille ce lui sembloit assez au damoisel de Hainaut; et excusoit son fils Jean encore à trop jeune. Et avoit adonc le duc de Bourgogne imagination que il le marieroit à Catherine de France, sœur de son neveu le roi de France; et furent ces traités et parlements presque sur le point du faillir, car la duchesse de Bavière disoit que le mariage ne se feroit de l'un de ses enfants si il ne se faisoit de deux; et tint toujours ce propos, ni on ne le put oncques briser. La duchesse de Brabant avoit grand' peine d'aller de l'un à l'autre et de remettre les traités en état et ensemble; et tant exploita la bonne dame en remontrant raisons raisonnables et véritables, et par spécial au duc et à la duchesse de Bourgogne, que les besognes s'avancèrent et confirmèrent et furent les mariages enconvenancés (arrangés) du fils et de la fille du duc de Bourgogne au fils et à la fille du duc Aubert de Bavière. Et ce qui avoit détrié (différé) et empêché bien cinq jours les mariages à approcher, ce étoit un différend que le conseil du duc de Bourgogne y trouvoit et mettoit; car ceux du conseil véoient et entendoient que le duc Aubert n'étoit que bail de Hainaut, car encore vivoit le duc Guillaume de Hainaut son frère, lequel gissoit malade au Quesnoy, et pouvoit bien cil (ce) comte Guillaume survivre son frère le duc Aubert; et si il le survivoit, il étoit tout clair que ses autres frères auroient par droit le bail et le gouvernement de Hainaut et seroient déboutés les enfants du duc Aubert: pour cette doubte (crainte) et différend s'en détrièrent (retardèrent) ces mariages un terme; et furent à Cambray bien onze jours, tant qu'il fut éclairci et prouvé que le duc Aubert n'avoit nuls frères et que le comte de Hainaut ne lui pouvoit eslongnier (empêcher) que l'héritage ne lui revint et à ses enfants.

Quand ces choses furent sçues et trouvées en voir (vérité), on ne détria (différa) guères depuis; mais furent les mariages jurés et convenancés (arrangés) de Guillaume de Hainaut avoir à femme Marguerite de Hainaut; et devoient retourner à Cambray toutes ces parties pour faire les solemnités des noces et épousailles aux octaves de Pâques, l'an de grâce mil trois cent quatre vingt et cinq.

CHAPITRE CCXXII.

COMMENT AU JOUR QUI ORDONNÉ ÉTOIT LES NOCES SE FIRENT A CAMBRAY OU LE ROI DE FRANCE FUT; COMMENT LE DUC DE LANCASTRE ENVOYA DEVERS LE DUC AUBERT ET QU'IL FUT RÉPONDU: ET DES PARÇONS (DOTS) ET DOUAIRES QUI SE FIRENT DES DEUX CÔTÉS.

Sur cet état se départirent de Cambray toutes les parties et s'en retournèrent, le duc de Bourgogne en France devers le roi, et sa femme la duchesse à Arras, et le duc Aubert et la duchesse sa femme en la ville du Quesnoy, le comte et madame de Brabant en son pays. Adonc furent ouvriers, charpentiers et maçons mis en œuvre pour appareiller et mettre à point les hôtels en la cité de Cambray; et envoya-t-on gens pour faire les pourvéances si grandes et si grosses que merveille est à considérer; et furent criées et publiées au royaume de France et en l'Empire unes joutes si grandes et si belles que merveilles, à être à Cambray la semaine après les octaves de Pâques. Quand le roi de France en fut informé, si dit qu'il vouloit être aux noces de ses cousins et de ses cousines: si envoya tantôt ses maîtres d'hôtels pour faire à Cambray ses pourvéances si grandes et si grosses comme à roi de France appartenoit. Et avoit-on retenu le palais de l'évêque pour le duc de Bourgogne, et jà y faisoit-on ses pourvéances; mais il les en convint partir et vider pour le roi. Si furent au palais de Cambray charpentiers et maçons ensonniés (occupés) d'ouvrer et de mettre tout en état royal, ainsi comme encore il appert; car en devant de cette fête il n'étoit pas ainsi et n'étoit point en souvenance d'homme ni en mémoire que depuis deux cents ans si grand' fête eut été à Cambray comme elle se tailloit de avoir et être; ni les seigneurs pour eux appareiller et jolier et pour exaulcier (agrandir) leur état n'épargnoient or ni argent, non plus que dont si il plut des nues; et s'efforçoient tous l'un pour l'autre.

Les nouvelles vinrent en Angleterre de ces mariages comment le duc de Bourgogne et le duc Aubert marioient leurs enfants ensemble. Le duc de Lancastre, qui toujours avoit eu espérance que Guillaume de Hainaut prendroit à femme sa fille, à tout le moins on lui avoit fait et donné à entendre, si fut tout pensif et tout mérencolieux (triste) de ces nouvelles; et, tout imaginé, pour mieux en savoir la vérité, il envoya messages et écuyers de son hôtel à Gand et les enditta (instruisit) et informa de parler au duc Aubert. Quand ces gens de par le duc de Lancastre furent venus à Gand, ils trouvèrent messire Jean de Boursier (Bourchier) et les échevins de Gand, Piètre Dubois et François Ackerman qui leur firent bonne chère; et se rafraîchirent là deux ou trois jours, et puis s'en partirent et vinrent à Mons en Hainaut, et de là allèrent-ils au Quesnoy et se trahirent (rendirent) devers le duc; car il s'y tenoit pour le temps, et la duchesse sa femme et ses enfants. Pour l'honneur du duc de Lancastre ils recueillirent assez liement les Anglois et leur fit le duc bonne chère; aussi fit le sire de Gommignies.

Le maître de l'estaple des laines de toute Angleterre [1] parla premier, quand il ot (eut) montré ses lettres de créances, et recommanda moult grandement le duc de Lancastre à son cousin le duc Aubert; et puis parla de plusieurs choses dont ils étoient chargés. Entre les autres choses il demanda au duc Aubert, si comme je fus adonc informé, si c'étoit son intention de persévérer en ce mariage aux enfants du duc de Bourgogne. De cette parole le duc Aubert mua un petit couleur et dit: « Oy (oui), sire, par ma foi; pourquoi le demandez-

(1) Le mot Anglois *staple* signifie, tantôt un marché, et tantôt les matériaux employés dans une manufacture. Le mot François étape signifie aussi un entrepôt, un lieu où on dépose les marchandises. Le commerce des laines étoit d'une grande importance pour le Hainaut. J. A. B.

vous ? » — « Monseigneur dit-il, j'en parle pour ce que monseigneur le duc de Lancastre a toujours espéré jusques à ci que madamoiselle Philippe sa fille auroit Guillaume monseigneur votre fils. » Lors dit le duc Aubert : « Compaing (compagnon), dites à mon cousin que quand il aura marié ou mariera ses enfants que point je ne m'en ensoingnerai (embarrasserai); aussi ne se a-t-il que faire d'ensonnier (embarrasser) de mes enfants, ni quand je les vueil (veux) marier, ni où, ni comment, ni à qui. » Ce fut la réponse que les Anglois eurent adoncques du duc Aubert. Ce maître de l'estaple et ses compagnons prinrent (prirent) congé au duc après dîner et s'en vinrent gesir (coucher) à Valenciennes ; et à lendemain ils s'en retournèrent à Gand. De eux je ne sçais plus avant : je crois que ils retournèrent en Angleterre.

Or vint la Pâque que on compta l'an mil trois cent quatre-vingt et cinq, et le terme que le roi de France, le duc de Bourgogne, le duc de Bourbon, le duc Aubert, la duchesse sa femme, la duchesse de Brabant, la duchesse de Bourgogne, messire Guillaume et messire Jean de Namur vinrent à Cambray. Le roi se traist (rendit) au palais, car c'étoit son hôtel. Chacun seigneur et chacune dame se trahirent (rendirent) à leurs hôtels. Vous pouvez et devez bien croire et savoir, où le roi de France étoit et tant de hauts et de nobles princes et de hautes et de nobles dames, que il y avoit grand'foison de chevalerie. Le roi entra le lundi à heure de dîner à Cambray; et jà étoient tous les seigneurs venus et toutes les dames aussi. Tous allèrent à l'encontre de lui au dehors de la cité, et fut amené et convoyé à grand'foison de trompes et de menestrels jusques au palais.

Ce lundi, présents le roi et les hauts barons, furent renouvelées les convenances (promesses) des mariages. Et devoit Guillaume de Hainaut avoir la comté d'Ostrevant. Et fut madame Marguerite sa femme douée de toute la terre et châtellenie d'Ath que on dit en Brabant. Et donnoit le duc de Bourgogne à sa fille cent mille francs; et Jean de Bourgogne devoit être comte de Nevers, et en étoit madame Marguerite de Hainaut douée; et donnoit le duc Aubert à sa fille cent mille francs. Ainsi se faisoient les parçons (partages).

Le mardi à heure de la haute messe ils furent épousés en l'église cathédrale Notre-Dame de Cambray à grand'solemnité; et les épousa l'évêque du lieu qui ot (eut) en nom Jean, et étoit né de Bruxelles. Là ot (eut) au palais au dîner très grands noblesses et fit le roi de France seoir à table les deux mariés et les deux mariées; et tous les autres seigneurs servoient sur hauts destriers [1]. Et asséoit (étoit assis) à table le connétable de France; et l'amiral de France, et messire Guy de la Trémouille et messire Guillaume de Namur et plusieurs autres barons de France servoient. Oncques à Cam-

---

[1] Cet usage s'est conservé jusqu'ici en Angleterre et plusieurs des plus hauts dignitaires de la couronne d'Angleterre ont servi à cheval le roi Georges IV au dîner du couronnement. J. A. B.

bray n'ot (eut) puis cinq cents ans si haute solemnité ni si renommée comme il y ot (eut) en ces jours dont je parle.

Après ce noble et haut dîner fait, grand'foison de seigneurs et de chevaliers furent armés et appareillés pour la joûte, et joûtèrent sur le marché; et y avoit quarante chevaliers dedans. Et joûta le jeune roi Charles de France à un chevalier de Hainaut qui s'appeloit Nicole de Espinoy; et furent ces joûtes très belles et très bien joûtées, et furent très bien continuées; et en ot (eut) le prix un jeune chevalier de Hainaut qui s'appeloit Jean sire d'Oustiennes (Van-Oulter) de-lez (près) Beaumont en Hainaut; et joûta le chevalier au plaisir des seigneurs et des dames très bien; et ot (eut) pour le prix un fermail (agrafe) d'or à pierres précieuses, que madame de Bourgogne prit en sa poitrine, et lui présentèrent l'amiral de France et messire Guy de la Trémouille. Si se continua toute la semaine en grand revel (réjouissances), et se continuèrent les fêtes; et le vendredi après dîner on prit congé au roi et le roi aux seigneurs et aux dames, et se partit de Cambray: aussi firent tous les ducs et les duchesses. Si emmena madame de Bourgogne vers Arras Marguerite de Hainaut sa fille, et madame de Hainaut emmena au Quesnoy madame Marguerite de Bourgogne. Ainsi se persévérèrent ces besognes.

CHAPITRE CCXXIII.

Comment le mariage fut fait de la fille au duc de Berry au fils du comte de Blois et d'une grosse armée de François qui passèrent en Écosse pour aller en Angleterre.

En cette saison fut aussi fait et traité le mariage de Louis de Blois, fils au comte Guy de Blois, et de madame Marie de Berry fille au duc Jean de Berry; et environ le mois de mai s'en allèrent le comte de Blois et madame de Blois sa femme en la duché de Berry et emmenèrent Louis leur fils bien accompagné de grand'foison de seigneurs, de dames et de damoiselles et vinrent à Bourges en Berry où le duc et la duchesse étoient qui là les attendoient et qui là très puissamment les recueillirent (reçurent), conjoirent (accueillirent) et fêtèrent et toute leur compagnie. Si furent là confirmées toutes les convenances des fiançailles, et les fiança l'archevêque de Bourges; et là ot (eut) grand'foison de seigneurs. Et n'épousèrent pas lors; car le fils et la fille étoient pour lors moult jeunes; mais les convenances (promesses) du persévérer avant au mariage furent prises, présents plusieurs hauts barons et chevaliers; et y ot (eut) à ces fiançailles grands fêtes de dîners et de soupers, de danses et de caroles; et puis s'en retournèrent le comte et la comtesse de

Blois et leur fils arrière en la comté de Blois, et là se tinrent; et la fille demeura de-lez (près) sa dame de mère en Berry en un très bel châtel de-lez (près) Bourges que on dit Meun (Mehun) sur Yèvre [1].

En ce temps se partit le duc de Berry pour aller en Auvergne et en Languedoc et jusques à Avignon voir le pape Clément [2]. Et étoit ordonné en devant que le duc de Bourbon et le comte de la Marche atout (avec) deux mille hommes d'armes s'en iroient en Limousin et délivreroient le pays des Anglois et des pillards larrons qui pilloient et roboient le pays; car en Poitou avoit encore aucuns forts châteaux et en Saintonge que ils tenoient; et y faisoient moult de dommages; dont les plaintes en étoient venues au duc de Berry, lequel duc y vouloit remédier; et avoit prié le duc de Bourbon son cousin par spécial que la garnison de Breteuil, lui venu en Saintonge et en Limousin, il ne deportast (différât) nullement que elle ne fut conquise; car c'étoit le fort qui plus donnoit à faire et à souffrir au pays. Et le duc de Bourbon lui eut en convenant (promesse) que ainsi feroit-il. Si avoit fait son mandement à Moulins en Bourbonnois à là être le premier jour de juin, et là se trairoient (rendroient) sur le pays en allant vers Limoges toutes manières de gens d'armes. Et avoit pour le temps le duc de Bourbon de-lez (près) lui un écuyer, gen-

---

(1) Le château de Mehun étoit situé à quatre lieues de Bourges sur la route d'Orléans; il est aujourd'hui en ruines. J. A. B.

(2) Suivant le moine anonyme de Saint-Denis, ce voyage se fit en 1384. J. A. B.

tilhomme gracieux et vaillant homme d'armes durement, qui s'appeloit Jean Bonne-Lance maître et capitaine de ces gens d'armes; et certes l'écuyer valoit bien que il le fut. Si faisoit le comte de la Marche, qui devoit être en cette chevauchée et en la compagnie au duc de Bourbon, son mandement en la cité de Tours.

En cette saison s'en vinrent à l'Écluse en Flandre toutes gens d'armes qui étoient escrips (écrits), ordonnés et passés ès montres (revues) pour aller outre en Écosse en la compagnie de messire Jean de Vienne amiral de France; et devoit mener mille lances chevaliers et écuyers; et crois bien que tous y furent, car ils y alloient de si très grand'volonté que tel n'étoit mie prié ni mandé qui pour son avancement se mettoit en la route (troupe) de l'amiral et au voyage. Et étoit toute la navire (flotte) appareillée à l'Écluse, et les pourvéances toutes faites belles et grandes [1] ; et emportoient et faisoient emporter les seigneurs la garnison pour armer douze cents hommes d'armes de pied en cap; et avoit-on pris ce harnois d'armes au châtel de Beauté de-lez (près) Paris; et avoient été les armures de ceux de Paris, lesquelles, et encore grand' foison, on leur avoit fait porter au dit châtel.

En la compagnie de l'amiral avoit grand'foison

---

[1] Le moine anonyme de Saint-Denis dit que pour subvenir aux frais de cette expédition, Charles VI décrédita toutes les monnoies de ses prédécesseurs; mais que cette mesure si funeste au peuple, ne procura de profit qu'aux courtisans, par les mains desquels passoient ces monnoies. J. A. B.

de bonnes gens d'armes toute fleur de chevalerie et d'escuerie (écuyers); et étoit l'intention du connétable de France et de ceux qui en ce voyage alloient, pour ce que ceux qui en l'année devant y avoient été, messire Geoffroy de Chargny et les autres, avoient dit au roi et à son conseil que en Écosse on étoit pourement (pauvrement) et petitement armé de bon harnois, ces armures que faisoient emporter avecques eux ces seigneurs, ils les délivreroient aux chevaliers et écuyers du royaume d'Écosse pour mieux faire la besogne.

Or je vous nommerai une partie des seigneurs de France qui allèrent en cette saison en Écosse. Premièrement messire Jean de Vienne amiral de France, le comte de Grant-Pré, le seigneur de Wodenay, le seigneur de Sainte-Croix, le seigneur de Montbussy, messire Geoffroy de Chargny, messire Guillaume et messire Jacques de Vienne, le seigneur d'Espaigny, messire Gérart de Bourbonne, le seigneur de Hus, messire Florimont d'Ansy, le seigneur de Moreuil, messire Walleran de Raineval, le seigneur de Beau-Sault, le seigneur de Wauvrin, le seigneur de Rivery, le baron d'Yvry, le seigneur de Coursy, messire Perceval d'Aineval, le seigneur de Ferrières, le seigneur de Fontaines, messire Bracque de Bracquemont, le seigneur de Grant-Court, le seigneur de Landon Breton, messire Guy la Personne, messire Guillaume de Corroy, le seigneur de Hangest, messire Charles de Hangiers, messire Wertin de Winsellin cousin du haut maître de Prusse, et plusieurs autres bons chevaliers que je ne puis mie nommer tous ; et tant que ils furent mille lances, chevaliers et écuyers, sans les arbalêtriers et les gros varlets [1]. Et orent (eurent) bon vent et beau voyage de mer, car le temps étoit moult beau, si comme au mois de mai [2]. Et étoient les trèves faillies entre France et Angleterre, et les Gantois et les Flamands de toutes les parties; car de toutes parts, si comme ils le montroient, ils désiroient la guerre. Et très liement ces chevaliers et écuyers s'en alloient en Écosse; et disoient que avecques l'aide et confort des Escocs (Écossois) ils auroient une bonne saison et feroient un grand exploit d'armes sur leurs ennemis en Angleterre. Et sachez que les Anglois qui étoient informés de ce voyage s'en doutoient grandement [3].

(1) Jean de Fordun dans son Scotichronicon (année 1385) dit qu'ils étoient onze cents. Son continuateur dit que Jean de Vienne qu'il appelle *Comes de Valentinose*, en lieu de seigneur de Rollans, arriva en Écosse *cum duobus millibus armatorum proborum, de quibus octingenti milites, quorum banerati erant et vexilla levantes circum octoginta, de quibus viginti sex barones et proceres ducenti albalestrarii cum aliis valentibus armigeris et bellatoribus ducentes et quadraginta advecti navibus*. J. A. B.

(2) Ils débarquèrent en effet au mois de mai suivant, le continuateur du Scotichronicon, à Dunbar et à Leith. J. A. B.

(3) Le second livre de Froissart se termine ici dans plusieurs manuscrits, et dans la traduction de lord Berners. J. A. B.

CHAPITRE CCXXIII.

Comment aucuns pillards qui se nommoient les pourcelets de la Raspaille faisoient moult de maux en Flandre et ailleurs ; et d'une rencontre de François et de Gantois ou les François furent déconfits et d'autres incidents.

Messire Jean le Boursier (Bourchier) qui avoit en gouvernement de par le roi Richard d'Angleterre la ville de Gand, et les capitaines de la communauté de Gand, Piètre Dubois, François Ackerman et Piètre le Murtre (Nuitre) se tenoient tout pourvus, avisés et informés que ils auroient la guerre. Si s'ordonnèrent selon ce et avoient, les trèves durant, grandement ravitaillé et rafraîchi leur ville de pourvéances et de toutes choses nécessaires à guerre appartenants, et aussi le châtel de Gauvre (Gauray) et tout ce qui se tenoit pour eux. En ce temps avoit une manière de gens routiers (troupiers) ens (dans) ès bois de la Raspaille, que on appeloit les pourcelets de la Raspaille; et avoient en ce bois de la Raspaille fortifié une maison tellement que on ne les pouvoit prendre ni avoir; et étoient gens échassés de Grantmont et d'Alost et d'autres terres de Flandre, lesquels avoient tout perdu le leur et ne savoient de quoi vivre si ils ne le pilloient et roboient par tout où ils le pouvoient prendre; et ne parloit on alors fors des pourcelets de la Raspaille. Et siéd ce bois entre Regnay (Renai) et Grantmont, Enghien et Lessines; et faisoient moult de maux en la châtellenie d'Ath et en la terre de Floberghes (Flobeck) et de Lessines et en la terre d'Enghien; et étoient iceux avoués de ceux de Gand; car sous ombre d'eux ils faisoient moult de murdres (meurtres), de larcins, de roberies, et de pillages, et venoient en Hainaut prendre et querre les hommes en leurs lits et les emmenoient en leurs forts de la Raspaille et là les rançonnoient; et avoient guerre contre tout homme puis qu'ils le trouvoient en leur avantage. Le châtelain d'Ath qui étoit pour le temps sire Beaudoin de la Mote fit par plusieurs fois des aguets sur eux; mais il ne les pouvoit avoir ni attraper; car ils savoient trop de refuges. Et les ressongnoit (redoutoit) on tant en la frontière de Hainaut et de Brabant que nul n'osoit aller ce chemin ni ens (dans) ou (le) pays.

Le duc de Bourgogne d'autre part avoit garni et repourvu parmi Flandre, pour la guerre que il attendoit à avoir, ses villes et ses châteaux; et étoit capitaine de Bruges le sire de Ghistelle, et de l'Écluse messire Guillaume de Namur; car pour ce temps il en étoit sire; et du Dam messire Guy de Ghistelle, et de Courtray messire Jean de Jumont, et de Ypres messire Pierre de la Nièpe; et ainsi par toutes les villes et forteresses de Flandre y avoit gens d'armes de par le duc de Bourgogne.

En la ville d'Ardembourg pareillement se tenoient en garnison messire Guy de Pontarliers, maréchal de Bourgogne et messire Rifflard de Flandre, messire Jean de Jumont, messire Henri d'Antoing, le sire de Montigny; en Ostrevant, le sire de Longueval, messire Jean de Berlette, messire Pierre de Bailleul, et Belle-Fourière, Philippot de Grancy, Raulin de la Folie et plusieurs autres. Et étoient bien ces gens d'armes deux cents combattants. Si se avisèrent l'un pour l'autre et se mirent en volonté de chevaucher ens (dans) ès Quatre Métiers et détruire celui pays; car moult de douceurs en venoient à ceux de Gand. Si se partirent un jour tous armés et apprêtés pour faire leur emprise, et chevauchèrent cette part pour bien besogner.

Ce propre jour que les François chevauchoient, environ deux mille hommes de Gand étoient issus hors, tous apperts compagnons, desquels François Ackerman étoit conduiseur et capitaine, et se trouvèrent d'aventure ces gens d'armes de France et ces Gantois en un village. Quand ils sçurent l'un de l'autre, il convint que il y eut bataille. Là mirent les François pied à terre vaillamment et empoignèrent leurs glaives et approchèrent leurs ennemis; et les Gantois eux, qui étoient grand'foison. Là commencèrent-ils à traire (tirer) et à lancer l'un contre l'autre; et étoient sus un pas où les Gantois ne pouvoient passer à leur avantage. Là ot (eut) dure rencontre et faites maintes grands appertises d'armes et rués jus (à bas) des uns et des autres; et là fut messire Rifflard de Flandre très bon chevalier et y fit plusieurs grands prouesses et de belles appertises; et se combattoient très vaillamment chevaliers et écuyers à ces Gantois, et faire leur convenoit; car là n'avoit nulle rançon. Finalement les Gantois étoient si grand'foison que ils obtinrent la place; et convint les François partir et monter à cheval; autrement ils eussent été tous perdus; car les Gantois les efforcèrent. Et y furent morts messire Jean de Berlette, messire Jean de Bailleul, Belle-Fourière, Philippot de Grancy et Raulin de la Folie et plusieurs autres, dont ce fut dommage; et convint le demeurant (reste) fuir et rentrer en Ardembourg, autrement ils eussent été tous morts et perdus sans recouvrer (remède). Depuis cette avenue fut envoyé le vicomte de Meaux en garnison en Ardembourg à (avec) toute sa charge de gens d'armes: si aida à remparer et fortifier la ville de Ardembourg, et se tenoient avecques lui plusieurs chevaliers et écuyers, lesquels étoient bien cent lances de bonnes gens d'armes. Et pour ce temps étoit messire Jean de Jumont grand baillif de Flandre, et avoit été bien deux ans en devant, lequel étoit moult cremeu (redouté) et ressongnié (craint) par toute Flandre pour les prouesses et appertises que il faisoit; et quand il pouvoit attraper des Gantois il n'en prensist (prenoit) nulle rançon que il ne les meist (mit) à mort, ou fit crever les yeux, ou couper les poings, ou les oreilles, ou les pieds, et puis les laissoit aller en cet état, pour exemplier les autres, et étoit si renommé par toute Flandre que de tenir justice sans point de pitié, et de corriger cruellement les Gantois que on ne parloit d'autrui en Flandre que de lui.

Ainsi par toutes terres étoit en ce temps le monde en tribulation et en guerre, tant entre le roi de France et le roi d'Angleterre, comme entre le roi Jean de Castille et celui de Portugal; car là étoit la guerre renouvelée; et étoit madame d'Anjou qui s'escripsoit (appeloit) reine de Naples et de Jérusalem, venue en Avignon devers le pape, et tenoit son hôtel, et son fils le roi Louis avecques li (elle) qui s'appeloit roi de Sicile; car son père l'avoit conquis et avoit intention la royne (reine) de Naples de faire guerre en Provence, si les Provençaux ne la reconnoissoient à dame et ne venoient en son obéissance. Et jà étoit messire Bernard de la Salle entré en Provence et y faisoit guerre pour elle. Et se tenoit pour le temps le sire de Coucy en Avignon, car bien quinze semaines y fut au lit d'une chute de cheval, dont il eut la jambe durement mésaisée. Quand il fut guéri, il visitoit souvent la reine et la reconfortoit, ainsi que bien faire le savoit; et attendoit la reine le duc de Berry, qui s'étoit mis au chemin et s'en venoit en Avignon pour parler au pape et pour aider sa belle-sœur la reine; car le roi de France et ses oncles envoyoient messire Louis de Sancerre maréchal de France en Provence atout (avec) cinq cents hommes d'armes pour guerroyer les Provençaux, si ils ne venoient à obéissance. Les aucuns y étoient venus, et non pas tous; mais toutefois la cité de Marseille et la greigneur (majeure) partie de Provence se rendoient à la reine: mais la cité d'Aix en Provence et Tarascon et aucuns chevaliers du pays ne s'y vouloient rendre, car ils disoient que elle n'y avoit nul droit de challangier (réclamer) ni demander la comté de Provence jusques adonc qu'elle seroit paisiblement reçue à dame et son fils reçu à roi de Pouille, de Calabre, de Naples et de Sicile; et quand elle en montreroit possession paisible, toute Provence obéiroit à elle, et ce seroit raison.

Ens (dans) ès guerres de par de là faisoient guerre pour elle le comte de Conversan contre Charles de la Paix et les Napolitains: et si faisoit messire Jean de Luxembourg son fils. Et de-lez (près) la reine en Avignon, de son spécial conseil se tenoit messire Jean de Beuil.

CHAPITRE CCXXIV.

Comment messire Galéas duc de Milan fit prendre par embuche messire Barnabo son oncle, lequel il fit mourir en prison pour avoir sa seigneurie.

En cette saison avint une autre incidence merveilleuse en Lombardie; et de la quelle on parla moult par le monde; et fut du comte de Vertus [1] qui s'ap-

---

[1] Jean Galéaz qui prenoit le titre de comte de Vertus avoit succédé en 1378 à son père Galéaz dans le gouvernement de la moitié de la Lombardie. Il résidoit à Pavie, tandis que son oncle Barnabo demeuroit à Milan. J. Galéaz avoit reçu de son père le gouvernement des villes de Pavie, Asti, Verceil Novare, Plaisance, Alexandrie, Bobbio, Alba, Come, Casal, Saint Évasio, Valence et Vigevano. Barnabo possédoit Lodi, Crémone, Parme, Borgo-san-Donnino, Crème, Bergame et Brescia. (Sismondi, Repub. ital. 7. P. 254.) J. A. B.

peloit Galéas à son oncle le plus grand seigneur de lors en Lombardie, messire Barnabo. Messire Galéas (1) et messire Barnabo qui avoient été frères et régné ensemble assez paisiblement et gouverné fraternellement toute Lombardie; l'un y tenoit de seigneurie neuf cités et l'autre dix: et Milan alloit au gouvernement de l'un un an et puis retournoit l'autre an au gouvernement de l'autre. Quand messire Galéas père au comte de Vertus fut mort (2), si se éloignèrent les amours de l'oncle au neveu; et se douta le jeune Galéas, quand son père fut mort, de son oncle messire Barnabo que il ne lui voulsist (voulut) soustraire et tollir (ravir) ses seigneuries, ainsi comme son père et son oncle avoient du temps passé tolli (ravi) la seigneurie à leur frère messire Maulfe (Mathieu) et l'avoient fait mourir (3). Icelui comte de Vertus s'en douta trop grandement et bien montra que il n'en étoit pas assuré; toutefois du fait et de l'emprise qu'il fit il ouvra moult soubtivement (subtilement), je vous dirai comment.

Messire Barnabo avoit un usage que toute la terre de Lombardie dont il étoit sire il rançonnoit trop durement et tailloit les hommes dessous lui deux ou trois fois l'an du demi ou du tiers de leur che-

---

(1) Père de J. Galéaz dont il est question dans ce chapitre. J. A. B.
(2) Il mourut le 4 août 1378 (Sismondi). J. A. B.
(3) Les Visconti répandirent que leur frère aîné Matteo étoit mort d'épuisement à la suite de ses débauches; mais il paroît qu'ils le firent empoisonner, par crainte que le peuple poussé à bout par sa tyrannie ne s'en vengeât sur eux trois à la fois. (Sismondi Répub. ital. T. 6. P. 261.) J. A. B.

vanche; et si n'en osoit nul parler; mal pour celui qui s'en plaignit. Messire Galéas comte de Vertus, pour grâce acquerre et louange en toute sa terre, ne prenoit ni levoit nulles aides ni nulles tailles, ainçois (mais) vivoit de ses rentes singulièrement; et tint cette ordonnance depuis la mort son père bien cinq ans; et avoit telle grâce de toutes gens en Lombardie que chacun l'aimoit et disoit bien de lui, et demeuroit volontiers dessous lui; et toutes gens disoient mal et se plaignoient couvertement de messire Barnabo; car il ne leur laissoit rien. Avint que le comte de Vertus qui tiroit à faire son fait et qui se doutoit trop grandement de son oncle; et jà en avoit vu aucunes apparences, si comme on disoit, fit un mandement secrètement de tous ceux où il se confortoit le plus, et dit à aucuns son entente (intention), et non pas à tous, qu'il ne fut sçu et révélé; et sçut une journée que messire Barnabo son oncle devoit chevaucher en ses déduits de châtel à autre. Sur cet état et ordonnance il mit sus trois embûches; et convenoit que messire Barnabo passât du moins parmi l'une des embûches. Il étoit ordonné de le prendre vif et non pas mort, si il ne se mettoit trop grandement à défense.

Ainsi que messire Barnabo chevauchoit de ville à autre, qui nullement n'y pensoit et qui tout assuré cuidoit (croyoit) être, ni de son neveu nulle doute il ne faisoit, véez-ci (voici) qu'il s'embat (rencontre) sur une de ces embûches, laquelle se ouvrit tantôt sur lui, et vinrent tantôt en brochant (piquant) chevaux de l'éperon et les lances abaissées.

Là ot (eut) un chevalier Allemand qui étoit à messire Barnabo et lui dit: « Sire, sauvez-vous, je vois sur vous venir gens de très mauvais convenant, et sont de par votre neveu messire Galéas. » Messire Barnabo répondit que il ne se sauroit où sauver si on avoit aucune male volonté sur lui, et qu'il ne cuidoit (croyoit) en rien avoir forfait à son neveu, pourquoi il lui convint fuir. Et toujours ceux de l'embûche approchoient et venoient au plus droit que ils pouvoient fendant parmi les champs sur messire Barnabo. Là ot (eut) un chevalier d'Allemagne, homme d'honneur étoit et chevalier du corps à messire Barnabo; quand il vit approcher ceux qui venoient sur son maître et seigneur, il portoit l'épée à messire Barnabo devant lui, tantôt il la traist (tira) hors du fourrel et la mit au poing de messire Barnabo; tout ce lui virent faire ceux qui venoient pour le prendre; et puis traist (tira) le chevalier son épée comme vaillant homme, pour lui mettre à défense. Ce ne lui valut rien; car tantôt il fut environné, et messire Barnabo aussi; et là fut le chevalier occis pourtant (attendu) qu'il avoit fait semblant et contenance de lui défendre; dont messire Galéas fut depuis pour la mort du chevalier trop durement courroucé. Là fut pris messire Barnabo; oncques n'y ot (eut) défense en lui ni en ses gens, et mené en un châtel où son neveu étoit qui ot (eut) grand'joie de sa venue.

En ce jour aussi furent pris sa femme et ses enfants ceux qui à marier étoient et les tint le sire de Milan en prison, qui prit tantôt toutes les seigneuries villes, châteaux et cités que messire Barnabo tenoit en Lombardie. Et se tenoit le pays à lui; et demeura messire Galéas sire de toute Lombardie par la manière que je vous dis; car son oncle mourut. Je ne sçais mie de quelle mort; je crois bien que il fut saigné au hasterel (cou), ainsi comme ils ont d'usage à faire leurs saignées en Lombardie, quand ils veulent à un homme avancer sa fin [1].

Ces nouvelles s'épandirent tantôt partout: les aucuns en furent liés (joyeux) et les autres courroucés, car messire Barnabo avoit fait en son temps tant de si cruels et de si horribles faits et de piteuses justices sans raison, que trop petit de gens qui en oyoient parler le plaignoient; mais disoient que c'étoit bien employé. Ainsi fina, ou aucques (aussi) près, messire Barnabo qui en son temps avoit régné au pays de Lombardie si puissamment.

[1] Barnabo fut arrêté le 6 mai par son neveu qui avoit prétexté un pélerinage à la Madonna del-monte près de Varese. Il fut retenu en prison pendant sept mois avec ses deux fils après trois tentatives d'empoisonnement, il finit par succomber le 18 décembre 1385. (Sismondi P. 251 et 256. v. 7.) J. A. B.

CHAPITRE CCXXV.

Comment les François prindrent (prirent) plusieurs forts sur les Anglois ès marches de Poitou et de Saintonge ; et comment le duc de Bourbon et le comte de la Marche mirent le siége devant le chateau de Taillebourg.

Nous retournerons à l'armée que le duc de Bourbon et le comte de la Marche firent en Poitou et en Limousin. Il se départit de Moulins en Bourbonnois et chévaucha à (avec) belle route (troupe) de chevaliers et d'écuyers pour parfournir son voyage ; et avoit Jean de Harcourt son neveu en sa compagnie. Le duc de Bourbon avoit fait son souverain et spécial mandement de ceux de Berry, d'Auvergne, de Poitou, de Rouergue et de Saintonge et de Limousin à être à Niort à quatre lieues de Poitiers. Entrementes (pendant) que ces gens d'armes s'assembloient et que ces mandements se faisoient, se tenoit messire Guillaume de Lignac, un moult vaillant chevalier, sénéchal de Saintonge de par le roi de France et gouverneur de la Millau ens (dans) ès marches de par de là. Si s'en vint en Angoulemois à (avec) toute sa charge de gens d'armes où bien avoit deux cents combattants, et s'arrêta devant le châtel de l'Aigle que Anglois tenoient qui tout l'hiver et l'été ensuivant avoient moult hérié (harassé) le pays.

Quand messire Guillaume fut là venu il mit tantôt pied à terre et fit mettre ses gens en ordonnance et approcher ce châtel que ses gens assaillirent de grand'volonté. Et là ot (eut) dur assaut et fort et bien continué; car ceux qui dedans étoient se défendoient pour leurs vies. Là fut messire Guillaume bon chevalier et y fit moult d'armes; et quoiqu'il fut capitaine de tous il leur montroit bonne volonté et comment on devoit assaillir; car nullement ne s'épargnoit. Tant fut l'assaut fort et bien continué que le châtel fut conquis de force; et entrèrent ens (dedans) les François par échelles; et furent morts et pris ceux qui dedans étoient. Ce premier conquêt en cette saison fit messire Guillaume de Lignac, en attendant le duc de Bourbon et sa route (troupe).

Quand le duc de Bourbon fut venu à Niort, si trouva là grand'foison de gens d'armes qui l'attendoient et désiroient sa venue. Et là étoit son cousin le comte de la Marche à (avec) grand'route (troupe) de gens d'armes, le vicomte de Thouars, messire Aimery de Touillart, sénéchal de Limousin, le sire de Pons, le sire de Parthenay, le sire de Tors, le sire de Poissances et plusieurs autres barons et chevaliers de Poitou et de Saintonge. Et là vint devers le duc messire Guillaume de Lignac qui avoit pris et tourné François le châtel de l'Aigle; dont le duc lui en sçut bon gré.

Quand toutes ces gens d'armes furent mis ensemble, ils se trouvèrent bien sept cents lances, sans les Gennevois (Génois) et les gros varlets; et étoient bien en somme deux mille combattants. Adonc jetèrent-ils leur avis où ils se trairoient (rendroient) premièrement, ou devant Breteuil, ou devant Taillebourg, ou devant Montleu. Tout considéré, et pour le meilleur, ils dirent que ils iroient devant Montleu, pourtant (attendu) que c'est un châtel sur les landes de Bordeaux et au chemin de Bordeaux: à tout le moins si ils l'avoient les autres en seroient plus foibles, et ne pourroit nul issir (sortir) de Bordeaux que ils ne le sçussent. Si cheminèrent cette part et passèrent Angoulême et vinrent devant Montleu, et là mirent le siége, et étoient conduiseurs des gens d'armes du duc de Bourbon et de tout l'ost messire Jacques Poussart et Jean Bonne-Lance. Ces gens d'armes n'arrêtèrent guères devant Montleu, quand ils s'ordonnèrent pour l'assaillir; et apprêtèrent leurs atournements (préparatifs) d'assaut et leurs échelles et commencèrent à environner ce châtel et l'assaillir de grand'manière, et eux à défendre de grand'volonté. Là ot (eut), je vous dis, assaut dur et fier, et bien continué, et fait de grands appertises d'armes sur échelles; car les François montoient délivrément et se combattoient sur les murs main à main d'épées et de dagues. Et firent tant les François que par bon assaut le châtel fut pris et conquis, et ceux de dedans morts; petit en y ot (eut) de sauvés. Quand les seigneurs de France orent (eurent) la possession de Montleu, ils le remparèrent et rafraîchirent de nouvelles gens et de pourvéances et puis s'en vinrent le chemin de Taillebourg sur la Charente, de laquelle forteresse Durandon de la Pérade étoit capitaine, lequel étoit Gascon et appert homme d'armes; et ne fit point grand compte des François quand ils vinrent. En venant vers Taillebourg le duc de Bourbon et ses routes (troupes) prirent deux petits forts Anglois, lesquels toute la saison avoient moult hérié (harcelé) les frontières de Poitou et de Limousin: et s'appeloit l'un la Trouchette et l'autre Archiac; et furent morts tous ceux qui dedans étoient; et les châtels rendus à ceux du pays environ qui les abattirent tous deux.

Or fut mis le siége devant le châtel de Taillebourg et fut assis par quatre bastides et par quatre lieux. A Taillebourg a un pont qui siéd sur la Tarente (Charente); et l'avoient les Anglois et les Gascons qui le tenoient fortifié; et toute la saison point de navire allant en la Rochelle et en Saintonge n'avoit pu passer, fors en grand danger et par trevage (trève).

Lors s'avisèrent les seigneurs que ils prendroient le pont, si auroient moins à faire, et se logeroient plus sûrement en leurs bastides. Adonc ordonnèrent-ils par quelle manière. Si firent venir de la Rochelle nefs armées et toutes appareillées contre mont la Tarente (Charente), et mirent dedans grand' foison d'arbalêtriers et de Gennevois (Génois) et envoyèrent ces gens escarmoucher à (avec) ceux du pont. Là ot (eut) dur assaut; car les Anglois et les Gascons avoient malement le pont fortifié; si se défendoient aigrement et vaillamment; et aussi il étoit assailli de grand' volonté par terre et par la rivière. Et là fut fait chevalier à cet assaut l'aîné fils au comte de Harcourt, Jean, et bouta bannière hors; et le fit chevalier son oncle le duc de Bourbon. Cil (cet) assaut au pont de Taillebourg fut moult beau et moult fort et bien continué, et y ot (eut) fait maintes appertises d'armes; et traioient (tiroient) ces Gennevois (Génois) et arbalêtriers qui étoient en ces nefs à ceux du pont si roide et si dru et si ouniement (à la fois) que à peine osoit nul apparoir ni soi montrer aux défenses. Que vous ferois-je long compte? Par bel assaut le pont de la rivière sur le passage de Taillebourg fut conquis, et tous ceux occis ou noyés qui dedans furent trouvés; oncques nul n'en échappa. Ainsi orent (eurent) les François le pont de Taillebourg. Si en fut plus beau leur siége; car il siéd à trois lieues de Saint Jehan l'Angelier (Saint-Jean-d'Angely) et à deux lieues de Saintes au meilleur pays du monde.

De la prise du pont de Taillebourg furent ceux du châtel Durandon et les autres tous ébahis et courroucés, et bien y avoit cause, car ils avoient perdu le passage de la rivière. Non-pour-quant (néanmoins) ils ne se vouloient pas rendre; car ils se sentoient en forte place et si attendoient confort de ceux de Bordeaux; car on disoit adonc en cette saison sur les frontières de Bordelois, et si assuroient les Gascons et les Anglois des forteresses, que le duc de Lancastre ou le comte de Bouquinghen (Buckingham) atout (avec) deux mille hommes d'armes et quatre mille archers venroient (viendroient) à Bordeaux pour combattre les François et pour lever tous les siéges. En ce avoient-ils grand espérance; mais les choses se taillèrent autrement, si comme je vous dirai; car voirement (vraiment) avant que l'armée de l'amiral de France se appareillât pour aller en Écosse, étoit-il ordonné en Angleterre que le duc de Lancastre et messire Jean de Hollande frère du roi et messire Thomas de Persy, messire Thomas Trivet, le sire de Filwatier (Fitzwalter), messire Guillaume de Windsore, messire Yon Filvarin (Fitzwaren) et autres barons et chevaliers, atout (avec) mille lances et trois mille archers, venroient (viendroient) prendre terre à Bordeaux et là se tiendroient tout un été et rafraîchiroient Mortaigne, Bouteville et tous les forts qui se tenoient pour eux en Gascogne et en Languedoc, et combattroient les François si ils les trouvoient au pays; et quand ils se seroient là tenus une saison, ils s'en iroient en Castille par Bayonne et par Navarre; car ils étoient en traités devers le roi de Navarre.

Tout iansi l'avoient en leur imagination et propos jeté les Anglois; mais tout tourna au néant. Et quand ils scurent de vérité que l'amiral de France atout (avec) mille lances, chevaliers et écuyers gens d'élite, venroient (viendroient) en Ecosse, leur propos et consaulx (conseils) se transmuèrent et ne osèrent bouter ni mettre hors de leur pays nulles gens d'armes ni archers, ni eux affoiblir; car ils doutoient grandement le fait des Escocs (Écossois) et des François ensemble.

Encore couroit une voix en Angleterre que en cette saison ils seroient assaillis des François par trois parts, l'une par Bretagne et que le duc de Bretagne étoit bon François; et l'autre par Normandie et que le connétable de France faisoit ses pourvéances à Harrefleu (Harfleur) et à Dieppe et tout sur la marine (côte) jusques à Saint Valery et au Crotoi; et la tierce par Écosse.

Ces doutes ne laissèrent oncques en cet an partir ni vider chevalier ni écuyer d'Angleterre; mais entendirent à pourvoir et à garnir leurs hâvres et leurs ports de bons chefs à l'entour d'Angleterre; et fut pour cette saison le comte Richard d'Arundel amiral de la mer en Angleterre, et tenoit sur la mer entre cent et six vingt gros vaisseaux tous armés, pourvus de gens d'armes et d'archers; et avoient baleniers (corsaires), qui couroient sur les bondes (frontières) des Iles de Normandie pour savoir des nouvelles.

Nous nous souffrirons un petit à parler du duc de Bourbon et du siége de Taillebourg où il fut plus de neuf semaines, et recorderons comment l'amiral de France et l'armée de mer Françoise prindrent (prirent) terre en Écosse; et quel semblant de belle recueillette (accueil) on leur fit au pays.

CHAPITRE CCXXXV.

Comment messire Jean de Vienne amiral de France et les François passèrent en Écosse; et des termes que les Escoçois (Écossois) leur tinrent; et le méchef et peine qu'ils y souffrirent.

L'armée de France qui s'en alloit en Écosse avoit vent à volonté; car il étoit le mois de mai que les eaues (eaux) sont en leur douceur et si est l'air serein et coi (tranquille). Si costièrent (côtoyèrent) de commencement Flandre, et puis Zélande, Hollande et Frise; et exploitèrent tant que ils approchèrent Écosse et que ils la virent. Mais ainçois (avant) qu'ils y pussent parvenir, il mésavint par grand infortuneté à un bon et jeune chevalier de France, appert homme d'armes, qui s'appeloit messire Aubert de Hangest. Le chevalier étoit jeune et de grand volonté; et pour montrer appertise de corps, tout armé il se mit à monter à mont et à ramper contre la cable de la nef où il étoit: en ce faisant le pied lui faillit, il fut renversé en la mer; et là périt, ni oncques on ne lui put aider; car tantôt il fut effondré pour les armures dont il étoit vêtu; et aussi la nef fut tantôt éloignée; à ce n'avoit nul remède. De la mort et de la mésaventure du chevalier furent tous les barons et les chevaliers courroucés; mais passer leur convint, car amender ne le purent.

Depuis singlèrent-ils tant que ils arrivèrent et prindrent (prirent) terre à Haindebourch (Édimbourg)[1] la souveraine cité et ville d'Écosse et là où le roi se tient le plus quand il est au pays. Le comte de Douglas et le comte de Mouret (Moray) qui les attendoient et qui étoient tous avisés et informés de leur venue se tenoient en la ville de Haindebourc (Édimbourg). Sitôt qu'ils sçurent que l'armée de France étoit venue, ils vinrent contre eux sur le hâvre et les recueillirent moult doucement et leur di-

(1) C'est-à-dire à Leith, port à une demi-lieue de là. J. A. B.

rent que bien fussent-ils venus et arrivés au pays. Et reconnurent ces barons d'Écosse tout premier messire Geoffroy de Chargny; car il avoit été la saison passée en Écosse et bien deux mois en leur compagnie. Messire Geoffroy qui bien le sçut faire, les accointa de l'amiral et des barons de France. Pour le temps le roi d'Écosse n'étoit pas encore venu à Haindebourch (Édimbourg), mais se tenoit en la sauvage Écosse [1] où par usage il se tenoit plus volontiers que ailleurs; mais il y avoit là trois ou quatre de ses fils qui reçurent ces seigneurs moult doucement et leur dirent que le roi venroit (viendroit) temprement (bientôt).

De ces paroles ils se contemptèrent (contentèrent); et se logèrent les seigneurs et leurs gens en Haindebourch (Édimbourg), au mieux qu'ils purent; et qui ne pouvoit être logé en la ville il se logeoit ens (dans) ès villages environ; car Haindebourc (Édimbourg), combien que le roi y tienne son siége et que ce soit Paris en Écosse, si n'est-ce pas une telle ville comme Tournay ou Valenciennes; car il n'y a pas en toute la ville quatre cents maisons [2]. Si convint leurs seigneurs prendre leurs logis aux villages environ à Domfremelin (Dunfermline), à Guine Ferry (Queens

---

[1] Froissart donne ce nom à la partie montagneuse de l'Écosse. La ville de Stirling résidence ancienne des rois d'Écosse est en effet voisine des Highlands. J. A. B.

[2] Édimbourg a bien changé de face aujourd'hui. Sans y comprendre le port et la ville de Leith, qui ne sont en quelque sorte qu'un des faubourgs de cette capitale intellectuelle de la grande Bretagne, Édimbourg contient près de cent mille âmes. J. A. B.

Ferry), à Cassuelle (Kelso), à Dombure (Dunbar), à Dalquest (Dalkeith) et ens (dans) ès autres villages; et ne les laissoit-on entrer en nuls des forts.

Ces nouvelles s'épandirent parmi Écosse que il y avoit grand'foison de gens d'armes venus en leur pays. Si commencèrent à murmurer les aucuns et à dire: « Quel diable les a mandés? Ne sçavons-nous pas bien faire notre guerre sans eux aux Anglois? Nous ne ferons jà bonne besogne tant comme ils soient avec nous: on leur dise que ils s'en revoisent (aillent) et que nous sommes gens assez en Écosse pour parmaintenir notre guerre, et que point nous ne voulons leur compagnie. Ils ne nous entendent point, ni nous eux; nous ne sçavons parler ensemble; ils auront tantôt riflé et mangé tout ce qui est en ce pays: ils nous feront plus de contraires, de dépits et de dommages, si nous les laissons convenir, que les Anglois ne feroient si ils s'étoient embattus (arrivés) entre nous sans ardoir. Et si les Anglois ardent nos maisons, que peut il chaloir (importer)? Nous les aurons tantôt refaites à bon marché; nous n'y mettons au refaire que trois jours, mais (pourvus) que nous ayons quatre ou six estaches (pieux) et de la ramée pour lier par dessus. »

Ainsi disoient les Escocs (Écossois) en Écosse à la venue des seigneurs de France; et n'en faisoient nul compte, mais les hayoient (haïssoient) en courage (cœur) et les diffamoient en leur langage ce qu'ils pouvoient, ainsi comme rudes gens et san-honneur certes que ils sont. Et vous dis, à tout considérer, que ce fut de tant de nobles gens que il y ot (eut) en cette saison de France en Écosse une armée sans raison; et mieux y vaudroient vingt ou trente chevaliers de France que si grand'route (troupe) que cinq cents ni mille: raison pourquoi. En Écosse ils ne virent oncques nul homme de bien, et sont ainsi comme gens sauvages qui ne se sçavent avoir ni de nulli (personne) accointer; et sont trop grandement envieux du bien d'autrui; et si se doutent de leurs biens perdre; car ils ont un poure (pauvre) pays. Et quand les Anglois y chevauchent ou que ils y vont, ainsi que ils y ont été plusieurs fois, il convient que leurs pourvéances, si ils veulent vivre, les suivent toujours au dos; car on ne trouve rien sur le pays: à grand peine y recuevre-l'en (trouve-t-on) du fer pour ferrer les chevaux ni du cuir pour faire harnois, selles ni brides. Les choses toutes faites leur viennent par mer de Flandre et quand cela leur deffaut (manque), ils n'ont nulle chose.

Quand ces barons et ces chevaliers de France qui avoient appris ces beaux hôtels à trouver, ces salles parées, ces châteaux et ces bons mols lits pour reposer, se virent et trouvèrent en cette poureté (pauvreté), si commencèrent à rire et à dire: « En quel pays nous a ci amenés l'amiral ? Nous ne sçumes oncques que ce fut de poureté (pauvreté) ni de dureté fors maintenant. Nous trouvons bien les promesses que nos seigneurs de pères et nos dames de mères nous ont promis du temps passé en disant: Va, va, tu auras encore en ton temps, si tu vis longuement, de durs lits et de poures (pauvres) nuits.

De tout ce sommes-nous bien apparants de l'avoir. » — « Pour Dieu, disoient les compagnons l'un à l'autre, délivrons-nous de faire notre reze (expédition), chevauchons sur Angleterre. Le longuement séjourner en cette Écosse ne nous est point profitable ni honorable. » Et tout ce remontrèrent les chevaliers à messire Jean de Vienne leur capitaine et l'amiral les rapaisoit ce qu'il pouvoit, et leur disoit : « Beaux seigneurs, il nous faut souffrir et attendre et parler bellement, puisque nous nous sommes mis en ce danger : il y a un trop grand rieu (rivière) à repasser ; et si ne pouvons retourner par Angleterre, prenez en gré ce que vous trouvez, vous ne pouvez pas toujours être à Paris, ni à Dijon, ni à Beaune, ni à Châlons : il faut, qui veut vivre en ce monde et avoir honneur, avoir du bien et du mal. »

Ainsi rapaisoit messire Jean de Vienne et d'autres telles paroles, lesquelles je ne puis mie toutes recorder (rapporter), les seigneurs de France en Écosse ; et se accointoit ce qu'il pouvoit des barons et des chevaliers d'Écosse ; mais il en étoit si petit visité que rien, car, si comme je vous ai dit, il y a petit d'amour et sont gens mal accointables. Et la greigneur (plus grande) visitation et compagnie que ces seigneurs de France avoient, c'étoit du comte Douglas et du comte de Mouret (Moray). Ces deux seigneurs leur faisoient plus de soulas (plaisir) que tout le demeurant d'Écosse.

Encore y ot (eut) pis, et une trop grand dureté pour les François ; car quand ils furent venus en

Écosse et ils se vouldrent (voulurent) monter, ils trouvèrent les chevaux si chers, que ce qui ne dut valoir que dix florins il en valoit soixante ou cent: encore à grand' peine en pouvoit-on recouvrer, et quand on étoit monté on ne pouvoit trouver point de harnois, si ils ne l'avoient fait venir avecques eux de Flandre. En ce danger se trouvoient les François; et outre, quand leurs varlets alloient en fourrage pour fourrager, on leur laissoit bien charger leurs chevaux de tout ce qu'ils vouloient prendre et trouver; mais au retour on les attendoit sur un pas où ils étoient vaillamment détroussés et battus et souvent occis; et tant que nul varlet n'osoit aller fourrager, pour la cremeur (crainte) d'être mort: car sous un mois les François perdirent plus de cent varlets; et quand ils alloient en fourrage trois ou quatre ensemble nul n'en retournoit.

Ainsi étoient-ils menés, et avec tout ce le roi d'Écosse faisoit danger (difficulté) de soi traire (marcher) avant : aussi faisoient chevaliers et écuyers d'Écosse par la cause de ce que ils disoient que ils ne vouloient point cette saison faire guerre aux Anglois, afin que ils fussent priés et achaptés (achetés) bien et cher. Et convint, avant que le roi voulsist (voulut) issir (sortir) hors de la sauvage Écosse et venir à Haindebourch (Édimbourg), que il eut une grande somme de florins pour lui et pour ses gens; et promit et scella messire Jean de Vienne, qui étoit le souverain chef de tous les François, que point il ne videroit du pays, si seroient le roi et toutes ses gens satisfaits ; autrement ils n'eussent eu nulle aide des Escocs (Écossois): si lui convenoit faire ce marché ou pieur (pire); et encore quand il ot (eut) tout le meilleur accord et la greigneur (plus grand), amour qu'il put avoir à eux, si ne firent-ils guères de profit, si comme je vous recorderai avant en l'histoire. Mais je veuil (veux) retourner à parler un petit des avenues de Flandre et du mariage du jeune roi Charles de France qui se maria en cette saison; et comment Ardembourg où le vicomte de Meaux et messire Jean de Jumont se tenoient en garnison fut près emblé (enlevé).

CHAPITRE CCXXXVI.

COMMENT FRANÇOIS ACKERMAN ATOUT (AVEC) SIX MILLE GANTOIS FAILLIT A PRENDRE ARDEMBOURG. COMMENT MESSIRE CHARLES DE LA PAIX MOURUT. POURQUOI LOUIS DE VALOIS S'ESCRIPSIT (APPELA) ROI DE HONGRIE; ET COMMENT LE ROI CHARLES VI VOULT (VOULUT) AVOIR A FEMME MADAME YSABELLE FILLE AU DUC ÉTIENNE DE BAVIÈRE.

Depuis la déconfiture qui fut faite des gens que messire Rifflard de Flandre mena ens (dans) ès Quatre Métiers [1] outre Gand, vint en Ardembourg et fut envoyé en garnison messire Robert de

---

(1) Les villes et plats pays de Bouchoute, Assenede, Axele et Hulst. J. A. B.

Bethune vicomte de Meaux, et trouva là messire Jean de Jumont et les compagnons ; et aussi il amena environ quarante lances, chevaliers et écuyers qui moult se desiroient à aventurer. Quand le vicomte fut là venu, si entendit à remparer le lieu et à fortifier la ville de tout points. François Ackerman et ceux de Gand soubtilloient (imaginoient) et visoient nuit et jour comment ils pourroient nuire à leurs ennemis et porter dommage ; et pourtant besognoit-il bien à ceux qui leur étoient prochains, comme ceux d'Audenarde, de Tenremonde, de Bruges, d'Ardembourg, du Dam et de l'Écluse étoient, que ils fussent sur leur garde et soigneux de leurs villes. Car au voir (vrai) dire ce François Ackerman étoit moult habile pour embler (enlever) et pour écheller et pour faire de soubtives (subtiles) emprises ; et tenoit et avoit de-lez (près) lui compagnons moult habiles et subtils à ce faire. Et advint que, environ l'issue de mai, François Ackerman atout (avec) sept mille hommes tous armés se départit de Gand sur cette entente (intention) que pour embler (enlever) et écheller Ardembourg, pour la convoitise de prendre et avoir les chevaliers et écuyers qui dedans étoient ; et par spécial le capitaine messire Jean de Jumont, lequel il desiroit plus à tenir que nul des autres ; car il leur avoit porté et fait tant de contraires et de dommages, de occire et de meshaigner (blesser) leurs gens, ou de créver leurs yeux, ou de couper pieds, poings ou oreilles que ils ne le pouvoient aimer. Et sur cette entente (intention) s'en vinrent ils par un mercredi droit au point du jour à Ardembourg, et avoient avec eux leurs échelles toutes pourvues. Et dormoient en leurs lits tout paisiblement sur la fiance de leur guet le vicomte de Meaux, messire Jean de Jumont, messire Rifflard de Flandre, le sire de Daymart, messire Tiercelet de Montigny, messire Perducas du Pont-Saint-Marc, le sire de Longueval et messire Jean son fils, messire Hue d'Esnel, le sire de Lalain et messire Raoul de Lommel et plusieurs autres. Or regardez la grand'aventure; car jà étoit le guet de la nuit presque tout retrait (retiré) et la guète montoit en sa garde, quand François Ackerman et ses Gantois furent venus, échelles à leurs cols, et entrèrent ens (dans) ès fossés, et passèrent outre et vinrent jusques aux murs et dressèrent échelles contremont et commencèrent à ramper et monter. D'aventure à cette heure par dedans la ville étoient le sire de Saint-Aubin, messire Gossiaux et un écuyer de Picardie qui s'appeloit Enguerrand Zendequin et deux ou trois picquenaires [1] avec eux; et alloient tout jouant selon les murs; et crois que la nuit ils avoient été du guet, mais ils n'étoient encore retrais (retirés), car au voir (vrai) dire, si ils n'eussent là été, sans nulle faute Ardembourg étoit prise, et tous les chevaliers et écuyers en leurs lits.

Quand messire Gossiaux de Saint-Aubin et Enguerrand Zendequin virent le convenant (arrangement) et que ces Gantois montoient par échelles

---

(1) Soldats armés de piques. J. A. B.

aux creneaux, et jà en avoit un qui devoit mettre la jambe outre pour entrer en la ville, si furent tous ébahis, et non pas si que ils ne prensissent (prissent) confort en eux, car ils véoient bien et connoissoient que si ils fuyoient la ville étoit prise et perdue; car ils venoient si à point que entre le guet faillant et rallant et la guette montant en sa garde: « Avant, avant ! dirent le sire de Saint-Aubin et Enguerrand Zendequin, qui virent le convenant (arrangement), aux picquenaires. Vez ci (voici) les Gantois, défendons notre ville, ou elle est prise. » Lors s'en vinrent ces quatre à l'endroit où les échelles étoient dressées et où ils vouloient monter et dedans entrer. Et l'un des picquenaires escueult (agite) sa picque et lance et renverse celui ès fossés qui s'avançoit d'entrer dedans.

A ces coups monta la guette, qui se aperçut comment ils étoient sur les fossés et dedans les fossés une grosse bataille; si sonna en sa trompette: « Trahi, trahi! » La ville s'émut, les chevaliers qui étoient en leurs hôtels et en leurs lits entendirent l'effroi et le haro et le convenant (arrangement) des Gantois qui vouloient embler (enlever) leur ville. Si furent tous émerveillés et saillirent sus, et s'armèrent du plutôt qu'ils purent, et sonnèrent parmi la ville leurs trompettes de reveillement.

Nonobstant toutes ces choses si mettoient et rendoient grand'peine les Gantois de entrer en la ville; mais ces quatre se tinrent et tenoient vaillamment plus de demi-heure contre tous et y firent de grands appertises d'armes, et leur doit bien être tourné à louange. Adonc vinrent les seigneurs en bonne étoffe et en grand arroi ; le vicomte de Meaux sa bannière devant lui, messire Jean de Jumont son pennon devant lui, messire Rifflart de Flandre et tous les autres, et trouvèrent le chevalier et l'écuyer et les picquenaires, comment ils se combattoient et défendoient l'entrée vaillamment. Là crièrent-ils leurs cris à la rescousse. Et quand François Ackerman et ces Gantois aperçurent l'affaire que ils failloient à faire leur entente(but), si se trahirent(marchèrent) tout bellement et recuillirent (ramassèrent) leurs gens et se départirent de (Ardembourg et s'en rallèrent ens (dans) ès Quatre Metiers. Et furent ceux de la garnison d'Ardembourg plus soigneux de garder leur ville et d'ordonner leurs gens que ils n'eussent été par avant, et honorèrent grandement entre eux les trois dessus dits, car si ils n'eussent été, Ardembourg étoit perdue, et ils avoient tous les gorges coupées.

Vous avez bien ci-dessus ouï recorder comment le duc d'Anjou qui se disoit roi de Naples, de Sicile et de Jérusalem fit, le terme de trois ans, guerre en Pouille, en Calabre et à Naples à messire Charles de la Paix ; et comment en cette guerre faisant il mourut [1]. Aussi fit messire Charles de la Paix ; et veulent aucuns dire que il fut murdri (tué) au royaume de Hongrie par le conseil de la reine [2].

---

(1) Le 21 septembre 1384, suivant le moine anonyme de Saint Denis, et l'art de vérifier les dates. J. A. B.

(2) Froissart veut parler ici d'Élisabeth, épouse de Louis de Hongrie,

Car après la mort du roi de Hongrie, pourtant (attendu) que il avoit été fils de son frère, il vouloit maintenir que le royaume lui devoit retourner; car de son oncle le roi Louis de Hongrie n'étoient demeurées que filles. Si s'en douta la reine que il ne voulsist (voulut) deshériter ses filles: si fit occire messire Charles [1]; de laquelle mort il fut grand nouvelle partout et en fut embellie la guerre de la reine de Naples et de son fils le jeune roi Louis, qui se tenoient en Avignon et faisoient guerre en Provence.

Le roi de Hongrie vivant, les hauts barons et les prélats de Hongrie avoient jeté leur avis que l'aînée de leurs filles madame Marguerite [2], qui étoit belle damoiselle et héritière du grand royaume, on la don-

---

protecteur et père adoptif de Charles de la Paix. Ce roi étoit mort le 11 septembre 1382, et sa fille aînée Marie, contre la coutume de Hongrie, avoit été couronnée avec le titre de roi. J. A. B.

(1) Les nobles Hongrois fatigués de la domination de deux femmes (Élisabeth épouse de Louis, et Marie sa fille) et de celle de leurs favoris, firent appeler secretement Charles de Duras qui, malgré les sollicitations de Marguerite sa femme qu'il laissa régente du royaume de Naples, s'embarqua le 4 septembre 1385, pour Signa en Esclavonie et fut proclamé unanimement roi par la noblesse dans une diète à Alberoyale. Mais au mois de février 1385, ancien style ou 1386 nouveau style. (L'année 1386 ne commença que le 22 avril, dans l'ancien style), il fut surpris par des assassins appostés par les favoris de la reine, renversé d'un coup de sabre sur la tête, et tous ses partisans massacrés. Il ne mourut cependant pas des suites de ces blessures; mais enfermé à Visgrade, le poison acheva le 3 juin 1386 ce que le fer avoit commencé. (Sismondi, Rép. It. V. 7. P. 244. 245.) J. A. B.

(2) Louis roi de Hongrie n'eut aucune fille de ce nom. Ses trois filles étoient Catherine morte en 1376, Marie femme de Sigismond marquis de Brandebourg et Hedwige mariée à Jagellon duc de Lithuanie et de puis roi de Pologne. J. A. B.

neroit à Louis de France comte de Valois fils et frère du roi de France, pour la cause de ce que il leur sembloit que il demeureroit entre eux en Hongrie et auroient le roi Louis recouvré. Quand le roi de Hongrie fut mort, on envoya grands messages en France devers le roi et ses oncles, en montrant que la reine de Hongrie pour sa fille aînée vouloit avoir Louis comte de Valois [1]. Cette requête sembla au roi et à ses oncles et aux barons de France moult haute et moult noble, excepté une chose, que le comte de Valois eslongnoit (quittoit) trop sa nation et le noble royaume de France. Néanmoins, tout considéré, on ne pouvoit voir que ce ne fut très haute chose et grand profit pour le comte de Valois d'être roi de Hongrie, qui est l'un des grands royaumes chrétiens du monde. Si furent les Hongrois, qui là étoient envoyés de par la reine et le pays, grandement recueillis, et leurs furent donnés de beaux dons et grands présents et avecques eux en Hongrie s'en allèrent ambassadeurs de France, l'évêque de Massères et messire Jean la Personne, lequel, par procuration générale, quand il fut venu en Hongrie, épousa au nom du comte de Valois Marguerite de Hongrie, laquelle après sa mère de-

---

[1] Je ne trouve ni dans les grandes chroniques ni dans tout autre historien aucune indice que cette alliance fut jamais proposée avec Marie, qui devoit succéder à son père et qui avoit été fiancée en bas âge avec Sigismond, marquis de Brandebourg, second fils de l'empereur Charles IV. Jean de Thwrocz n'en dit pas un mot dans sa *chronica Hungarorum*. J. A. B.

voit être reine de Hongrie [1]. Et puis s'en retourna l'évêque en France, et aussi fit messire Jean la Personne qui avoit épousé la dame et geu (couché de-lez (près) li (elle) tout courtoisement sur un lit. Et de tout ce montroient-ils lettres patentes et instruments publics; et tant que ils s'en contentèrent bien en France. Et s'escripsi (appela) un long-temps le comte de Valois Louis de France roi de Hongrie [2].

Encore avez-vous ci-dessus ouï recorder comment le duc de Bourgogne et le duc Aubert de Bavière et sire de Hainaut, de Hollande, de Zélande et de Frise par bail, avoient en la cité de Cambray marié leurs enfants, chacun fils et fille, auquel mariage le jeune roi de France vint; et fut de grand' abondance. Or veulent les aucuns dire, si comme je fus adonc informé, que en cette semaine que le roi de France et ses oncles les ducs de Bourgogne et le duc de Bourbon étoient là, et le duc Aubert, et les dames, madame de Bourgogne, madame de Brabant et madame de Hainaut, que par le promouvement de la duchesse de Brabant on traita là un mariage secrètement du jeune roi de France et de madame Isabelle fille au duc Étienne de Bavière; car le roi Charles de France de bonne mémoire, au lit de la mort avoit ordonné que Charles son fils fut assigné et marié, si on en pouvoit voir lieu pour

---

(1) Toute cette relation est évidemment erronée, puisqu'il n'y avoit pas de Marguerite de Hongrie à marier. J. A. B.

(2) Je ne trouve aucune trace de tous ces faits. J. A. B.

lui, en Allemagne; pourquoi des Allemands plus grands alliances se fissent aux François; car il véoit que le roi d'Angleterre étoit marié à la sœur du roi d'Allemagne, dont il valoit mieux.

La duchesse de Brabant, qui étoit une dame bien imaginant toutes ces choses, remontra aux oncles du roi et à son conseil en la cité de Cambray, comment cette jeune dame étoit fille d'un grand seigneur en Allemagne et le plus grand des Bavières et que grands alliances s'en feroient aux Allemands; et pouvoit le duc Étienne rompre trop de propos de hauts seigneurs en l'Empire; car il y étoit aussi grand ou plus que le roi d'Allemagne. Ce fut la condition qui plus inclina le roi de France et son conseil à persévérer en cette besogne; et toutefois il fut moult secrètement demené; et en savoient trop petit de gens parler jusques à tant qu'il fut fait. La raison pourquoi, vous l'orrez; je la vous dirai. Il est d'usage en France que quelconque dame, comme fille de haut seigneur qu'elle soit, que l'on veut marier au roi, il convient que elle soit regardée et avisée toute nue par dames à savoir si elle est propice et formée à porter enfants. Outre plus, pour ce que cette dame étoit de lointain pays et tant que de Bavière, elle amenée en France, on ne savoit si elle seroit à la plaisance du roi de France: autrement c'étoit tout rompu. Pour ces raisons furent toutes ces choses tenues en secret, et fut la dame environ la Pentecôte amenée en Brabant delez (près) la duchesse qui la reçut liement et l'ordonna à l'usage de France. Et étoit le duc Frédéric de Bavière son oncle en sa compagnie, et par lequel au voir (vrai) dire le mariage étoit premièrement promu, pour la manière et raison que je vous dirai.

Quand le duc Frédéric de Bavière vint premièrement en France et il fut devant Bourbourg au service du roi de France, voir (vrai) est que il fut festoyé et conjoui (accueilli) des oncles du roi et des royaux (princes) moult grandement, pour la cause de ce qu'il étoit venu servir le roi de lointain pays de Bavière et de plus de deux cents lieues loin. Si tinrent du dit duc le service à grand; et fut logé toujours près du roi en cause d'amour et accompagné des oncles du roi. Et quand il se partit de Bavière, il cuidoit (croyoit) certainement que le roi de France et le roi d'Angleterre dussent avoir en la marche de Flandre ou de France bataille adressée ensemble, si comme la voix et renommée couroit adonc par toute Allemagne; et pour ce lui en savoient le roi de France et ses oncles plus grand gré. Et étoit avenu, eux étants en ce voyage de Berghes et de Bourbourg, que les oncles du roi, ainsi que seigneurs se devisent ensemble, lui avoient demandé moult bien si il avoit nulle fille à marier, et que il convenoit une femme au roi de France; et plus cher auroient-ils à le marier en Bavière que ailleurs; car les Bavières anciennement ont été toujours du conseil du roi. A ces paroles avoit répondu le duc Frédéric que nennil; mais son frère aîné le duc Étienne en avoit une belle.

« Et de quel âge, demandèrent les oncles du roi? »

— « Entre treize et quatorze ans, avoit répondu le duc Frédéric. » Donc dirent les oncles du roi : « C'est tout ce que il nous faut : vous revenu en Bavière, parlez-en à votre frère et amenez votre nièce en pélerinage à Saint-Jean d'Amiens ; et le roi sera là. S'il la voit, espoir (peut-être) la convoitera-t-il ; car il voit volontiers toutes belles femmes et les aime ; et si elle lui eschiet (parvient) au cœur, elle sera reine de France. »

Ainsi allèrent les premières convenances ; ni plus n'y ot (eut) dit ni fait ; et n'en savoit rien le roi de France que on eut parlé de son mariage. Et quand le duc Frédéric fut retourné en Bavière, il remontra à son frère le duc Étienne toutes ces choses, lequel pensa moult longuement sur ce et lui répondit : « Beau frère, je crois moult bien qu'il soit ainsi comme vous me dites, et seroit ma fille bien heureuse si elle pouvoit escheoir (parvenir) ni venir à si haut honneur comme d'être reine de France ; mais il y a moult loin d'ici, et si y a trop grand regard à faire une reine et femme d'un roi[1]. Si serois trop courroucé, si on avoit mené ma fille en France et puis que elle me fut ramenée ; j'ai assez plus cher que je la marie à mon aise de-lez (près) moi. »

Ce fut la réponse que le duc Étienne avoit donnée à son frère. De quoi le duc Frédéric se contentoit assez ; et avoit escript (écrit) aucques (aussi) sur cette forme aux oncles du roi ; à son oncle le

---

(1) Il veut faire allusion à la cérémonie de la visite mentionnée plus haut. J. A. B.

duc Aubert et à madame de Brabant, auquel il en avoit parlé à son retour, et cuidoit (croyoit) bien que on eut mis toutes ces choses en non-chaloir (oubli). Et aussi on parloit du mariage du roi ailleurs; et se fut assez tôt le roi accordé à la fille du duc de Lorraine; car elle étoit moult belle damoiselle et de son âge ou assez près et de grand' et noble génération de ceux de Blois. Et aussi parlé fut de la fille du duc de Lancastre [1], qui puis fut reine de Portugal; mais on n'y pouvoit trouver nul bon moyen, pour leur guerre; si convint la chose demeurer.

Or remit sus la duchesse de Brabant le mariage de Bavière, quand elle fut à Cambray aux mariages dessus dits de Bourgogne et de Hainaut; et le roi de France et ses deux oncles y furent, le duc de Bourgogne et le duc de Bourbon, et dit bien que c'étoit le plus profitable et le plus honorable, pour la cause des alliances qui en pouvoient descendre et venir des Allemands, que elle sçut à présent pour le roi. « Voire, dame, répondirent les oncles du roi, mais nous n'en oyons nulles nouvelles. » — « Or vous taisiez, dit la duchesse, je le ferai traire (marcher) avant, et en orrez nouvelles en cet été sans nulle faute. » Les promesses de la duchesse

___

(1) Suivant le moine de Saint Denis on hésita entre Isabelle de Bavière, une fille d'Autriche et la fille de Jean duc de Lorraine, mais on se décida à s'en remettre à l'inclination du roi. Un peintre habile fut envoyé sur les lieux pour faire le portrait des trois princesses, et Isabelle ayant paru la plus belle au roi, on se décida à la demander à son père. J. A. B.

furent avérées; car elle fit tant que le duc Frédéric son oncle en fina à son frère le duc Étienne de la amener, si comme vous orrez en suivant; et sur leur chemin disoient que ils alloient en pélerinage à Saint-Jean d'Amiens. Toutes gens le supposoient ainsi; car Allemands vont volontiers en pélerinage, et l'ont eu et le tiennent d'usage.

Quand le duc Frédéric et sa nièce damoiselle Isabelle de Bavière orent (eurent) été trois jours à Bruxelles de-lez (près) la duchesse, ils s'en partirent et prindrent (prirent) congé. Mais ce fut bien l'intention de la duchesse, et leur promit à leur departement, que elle seroit aussitôt à Amiens comme eux, ou devant; et que elle y vouloit aussi aller en pélerinage. Sur cet état faisoit-elle ordonner ses besognes. Or vinrent le duc Frédéric et sa nièce en Hainaut et droitement au Quesnoy, où ils trouvèrent le duc et la duchesse et Guillaume de Hainaut qui se nommoit et escripsoit (appeloit) comte d'Ostrevant, et madame sa femme fille au duc de Bourgogne, lesquels et lesquelles reçurent liement et doucement le duc Frédéric de Bavière; car le duc Aubert en étoit oncle, et leur nièce aussi. « Et comment en avez-vous finé de l'amener, demandèrent le duc Aubert et sa femme; car bien savoient que leur frère le duc Étienne, pour les incidences dessus dites, y avoit jà été grandement rebelle? » — « Je vous dirai, répondit le duc Frédéric, je en ai eu moult de peine; et toutefois j'ai tant mené et tanné (fatigué) mon frère que je l'ai en ma compagnie [...] prendre, après ce qu'il ot (eut)

7

baisé sa fille, il me appela à part et me dit ainsi: Or, Frédéric, Frédéric, beau frère, vous emmenez Isabel ma fille, et sans nul sûr état; car si le roi de France ne la veut, elle sera vergondée (deshonorée) à toujours mais tant qu'elle vivra: si vous avisez au partir; car si vous la me ramenez vous n'aurez pire ennemi de moi. Or regardez donc, beaux (bel) oncle et vous belle ante (tante), en quel parti je me suis mis pour l'avancement de ma nièce. » Donc répondit la duchesse: « Beau neveu, n'en faites nulle doute, Dieu y ouvrera, elle sera reine de France; si serez quitte de ces menaces et aurez le gré et l'amour de votre frère. »

Ainsi se tinrent au Quesnoy en Hainaut le duc Frédéric et sa nièce de-lez (près) leur oncle et la duchesse et leurs enfants bien trois semaines. Et endoctrinoit la duchesse qui fut moult sage tous les jours en toutes manières et contenances la jeune fille de Bavière, quoique de sa nature elle étoit propre et pourvue de sens et de doctrine; mais point de François elle ne savoit. La duchesse de Hainaut madame Marguerite ne laissa mie sa nièce en l'habit ni en l'arroy où elle étoit venue; car il étoit trop simple selon l'état de France; mais la fit parer, vêtir et ordonner de toutes choses aussi richement et aussi grandement que donc si elle fut sa fille. Et quand tout fut accompli et le jour vint que on deubt (dût) partir, la duchesse et elle et sa fille de Bourgogne à (avec) grand arroy se départirent du Quesnoy et prindrent (prirent) le chemin de Cambray; et exploitèrent tant le duc Aubert, le duc Frédéric, Guillaume de Hainaut et leur compagnie, que ils vinrent à Amiens.

Là étoit venue par un autre chemin la duchesse de Brabant: aussi étoient le roi de France, le duc, la duchesse de Bourgogne et le conseil du roi. Le sire de la Rivière et messire Guy de la Trémouille, barons, chevaliers et écuyers issirent hors de la cité d'Amiens contre la venue de la duchesse de Hainaut et la convoyèrent (accompagnèrent) jusques à son hôtel. Or furent ces seigneurs et ces dames enclos dedans Amiens et commencèrent à visiter et conjouir l'un l'autre et à faire des honneurs grand' foison. Et trop petit de gens savoient, fors les trois ducs qui là étoient et les trois duchesses et leurs enfants et le sire de la Rivière et messire Guy de la Trémouille et le sire de Coucy, car le duc de Berry l'avoit un petit par avant envoyé environ la Saint-Jean et de ce parlé en Avignon, si étoit là venu en grand' hâte, pourquoi ces seigneurs et ces dames étoient là assemblés. Mais à peine pouvoit le roi dormir pour faim (désir) de voir celle qui puis fut sa femme; et demandoit au seigneur de la Rivière: « Et quand la verrai-je ? » De ces paroles avoient les dames bons ris.

Le vendredi quand la jeune dame fut parée et ordonnée ainsi comme à elle appartenoit, les trois duchesses l'amenèrent devant le roi. Quand elle fut venue devant le roi, elle se agenouilla devant lui tout bas. Le roi vint vers elle et la prit par la main et la fit lever et la regarda de grand' manière : en ce regard plaisance et amour lui entrèrent au cœur;

car il la vit belle et jeune et si avoit grand désir du voir et de l'avoir. Adonc dit le connétable de France au seigneur de Coucy et au seigneur de la Rivière : « Cette dame nous demeurera ; le roi n'en peut ôter ses yeux. »

Adonc commencèrent à parler ces dames et ces seigneurs ensemble, et la jeune dame en estant (debout) se tenoit toute coie (immobile) et ne mouvoit œil ni bouche ; et aussi à ce jour elle ne savoit point de François.

Quand on ot (eut) là été une espace, les dames prindrent (prirent) congé au roi et se retrairent (retirèrent) et ramenèrent leur fille, et retourna en la compagnie de madame de Hainaut et de sa fille d'Ostrevant. Encore ne savoit-on point l'intention du roi ; mais on la sçut tantôt ; car le duc de Bourgogne enchargea le sire de la Rivière, quand le roi fut retrait (retiré), que il en parlât et lui demandât quelle chose il lui sembloit de cette jeune dame et si elle lui plaisoit pour la prendre à femme : et le fit le duc pour ce que le roi se découvroit plus hardiment au seigneur de la Rivière que à nul autre. Si lui demanda en son retrait (cabinet) : « Sire, que dites-vous de cette jeune dame ? Nous demeurera-t-elle ? Sera-t-elle reine de France ? » — « Par ma foi, dit le roi, oil ; nous ne voulons autre ; et dites à mon oncle de Bourgogne pour Dieu, que on s'en délivre (dépêche). »

Le sire de la Rivière issit (sortit) tantôt hors de la chambre, et entra en une autre où le duc de Bourgogne étoit, si lui fit cette réponse. « Dieu y ait part, dit le duc de Bourgogne, et nous le voulons aussi. » Tantôt il monta à cheval accompagné de hauts barons et s'en vint en l'hôtel de Hainaut et y rapporta ces nouvelles, dont on fut tout réjoui; ce fut raison. A ces mots on cria Noël! or furent les seigneurs et les dames ensemble ce vendredi pour avoir conseil où on épouseroit. Si fut ordonné que on se départiroit d'Amiens et venroit (viendroit)-on à Arras pour épouser et faire les fêtes des noces. C'étoit l'intention des oncles du roi et du conseil de France; et sur cet état le vendredi au soir on se arrêta et alla-t-on coucher. Le samedi au matin chambellans et varlets de chambre se départirent pour chevaucher vers Arras pour prendre les hôtels et appareiller les chambres; et cuidoient (croyoient) les seigneurs et les dames partir après dîner et venir gésir (coucher) à Encre, ou à Bapaumes où à Beauquesne. Mais ce conseil se transmua; car quand le roi ot (eut) ouï sa messe, il vit que varlets se troussoient et appareilloient pour aller leur chemin. Si demanda au sire de la Rivière: « Bureau, quel part irons-nous? » — « Sire, il est ordonné de monseigneur votre oncle que vous irez à Arras, et là épouserez et tiendrez les noces. » — « Et pourquoi, dit le roi? ne sommes-nous pas bien ici? autant vaut épouser ici comme à Arras. » A ces mots vint le duc de Bourgogne et entra en la chambre du roi. Adonc dit le roi : « Beaux (bel) oncle, nous voulons ci épouser en cette belle église d'Amiens. Nous n'avons que faire de plus detrier (différer). » — « Monseigneur, dit le duc, à la bonne heure; il me faut donc aller devers ma cousine de Hainaut; car elle étoit informée de partir de ci et traire (aller) autre part. » Adonc se départit le duc de Bourgogne, et le comte de Saint Pol s'en alla devers la duchesse de Brabant dire ces nouvelles.

Or vint le duc de Bourgogne devers madame de Hainaut, le connétable, messire Guy de la Trémouille, le seigneur de Coucy et plusieurs autres en sa compagnie; si entra le duc en la chambre de la duchesse, et la mariée qui seroit sa nièce de-lez (près) lui. Le duc les inclina et salua, si comme il appartenoit, car bien le sçut faire; et puis dit à la duchesse, tout en riant : « Madame et ma belle cousine, monseigneur a brisé notre propos d'aller à Arras; car la chose lui touche de trop près de ce mariage. Il m'a connu qu'il ne pot (peut) ennuit (avec peine) dormir de penser à sa femme qui sera; si que vous vous reposerez meshuy (aujourd'hui) et demain en cette ville; et lundi nous guérirons ces deux malades. » La duchesse commença à rire et dit : « Dieu y ait part. » Le duc se départit et retourna devers le roi. Ainsi demeura la chose en cet état le samedi et le dimanche tout le jour et se ordonna-t-on pour épouser à lendemain.

CHAPITRE CCXXVIII.

Comment François Ackerman et les Gantois prindrent (prirent) la ville du Dam, quand ils eurent failli a prendre la ville d'Ardembourg et Bruges.

Ce propre samedi au soir étoit parti des Quatre Métiers François Ackerman, là où il s'étoit retraist (retiré) atout (avec) bien sept mille hommes quand il ot (eut) failli à prendre Ardembourg; et avoit en convenant (promesse) à ceux de Gand, à messire Jean de Boursier (Bourchier), à Piètre Dubois et aux autres capitaine que jamais ne retourneroit en Gand, si auroit pris ou Bruges, ou Ardembourg, ou le Dam, ou l'Écluse. Car les Gantois qui étoient informés du voyage d'Écosse de l'amiral de France et grand' foison de bonne chevalerie en sa compagnie pour guerroyer en Angleterre, mettoient grand' peine que le roi de France et les gens d'armes de France qui étoient demeurés au royaume fussent si ensonniés (embarassés) que plus n'en passassent la mer; car voix et commune renommée couroit, et on en véoit aucuns apparences, que le connétable et le comte de saint Pol et le sire de Coucy et grand' foison de Génevois (Génois) et de gens d'armes devoient entrer en Angleterre pour reconforter leurs gens. François Ackerman qui étoit appert homme en armes et subtil mettoit toutes ses ententes (intentions) à grever ses ennemis, pour avoir la grâce et l'amour de ceux de Gand; et issit (sortit) hors ce samedi, si comme je vous ai dit, de un pays que on dit les Quatre Métiers, et vint toute nuit costier (côtoyer) Bruges et le cuida (crut) prendre embler (enlever), mais il ne put, car elle étoit trop bien gardée. Quand il vit qu'il avoit failli, il s'en alla vers le Dam, et vint là au point du jour, et encontra ses espies que il y avoit envoyés le samedi; car en un bosquet près de là, entre le Dam et Ardembourg, il avoit jeté une embûche. Ses espies lui dirent quand ils l'encontrèrent: « Sire il fait bon au Dam; messire Roger de Ghistelle le capitaine n'y est point; il n'y a que dames! Et ils disoient voir (vrai); car ce samedi il étoit venu à Bruges atout (avec) vingt lances; si n'en étoit pas encore retourné; dont il fut grandement blâmé, car au partir il se confioit en ceux de la ville qui étoient, ce lui sembloit, gens assez, et en son lieutenant.

Quand François Ackerman entendit par ses espies que messire Roger de Ghistelle n'étoit point au Dam et qu'il y avoit foible garde, si en fut tout réjoui; et partit ses gens en deux et prit la meudre (moindre) part pour faire moindre friente (bruit) et leur dit: « Allez tout le pas vers cette porte et ne faites point de noise (bruit). Quand vous orrez corner si vous troiez (rendez) devers les bailles (portes) et rompez et découpez tout. Nous abattrons d'autre part la porte, tant de gens que nous sommes n'y entrerions jamais par échelles: la ville est nôtre, je n'en fais nulle doute. » Il fut fait ainsi qu'il ordonna:

il s'en vint avecques ceux qu'il voult (voulut) prendre et laissa la greigneur (majeur) part de ses gens derrière. Et s'en vinrent les premiers atout (avec) échelles parmi les fossés; oncques n'y ot (eut) contredit, et passèrent la boue (fossés) et apposèrent leurs échelles aux murs et y montèrent; oncques nul ne s'en aperçut. Si furent en la ville et vinrent sans danger, en sonnant leurs cornes, à la porte, et en furent seigneurs; car encore dormoient les bons hommes de la ville en leurs lits et le guet de la nuit s'étoit retrait (retiré) car le jour étoit bel et clair. Ce fut le dix septième jour de juillet que François Ackerman échella la ville du Dam.

Quand ils furent venus à la porte, de bonnes cognées que ils avoient ils coupèrent le flaiel (traverse); et ceux de dehors coupèrent aussi les bailles (portes) et firent voie toute appareillée. La ville du Dam se commença à émouvoir et à réveiller; mais ce fut trop tard; car les hommes furent pris en leurs hôtels et en leurs lits; et ceux que ils trouvoient armés occioient sans merci. Ainsi conquirent ce dimanche au matin les Gantois la bonne ville du Dam et grand avoir dedans, et par spécial de vins et de Malvoisies et de Grenaches les celliers tous pleins : si orent (eurent) lesquels que ils vouldrent (voulurent) ni il n'y avoit point de contredit. Et me fut dit que de l'avoir de ceux de Bruges ils trouvèrent assez dedans, que ils y avoient mis et porté sur la fiance du fort lieu; et par spécial les riches hommes de Bruges, pour la doubtance (crainte) des rebellions du menu peuple.

François Ackerman quand il se vit sire du Dam fut grandement réjoui et dit: « Or ai-je bien tenu à nos gens de Gand ce que je leur ai promis, que jamais en Gand je n'entrerois, si aurois pris une bonne ville en Flandre: cette ville de Dam est bonne assez; elle nous venra (viendra) bien à point pour mestrier (dominer) Bruges et l'Écluse et Ardembourgt et tout le pays jusques à Ypres.

Et fit tantôt un ban et un commandement, et sur la tête, que aux gentilles dames et damoiselles qui dedans le Dam étoient nul n'atouchât ni ne fît mal. Si en y avoit-il des dames jusques à sept, toutes femmes de chevaliers de Flandre, qui étoient venues voir la dame de Ghistelle femme à messire Roger de Ghistelle, qui étoit si enceinte que sur ses jours [1].

Les hommes du Dam qui ne voulurent être de la partie François Ackerman furent morts. La ville conquise on entendit tantôt à la remparer.

Quand les nouvelles furent venues à Bruges de la ville du Dam comment elle étoit prise, si en furent grandement ébahis, et à bonne cause; car elle leur étoit trop prochaine. Tantôt, si comme pour la rescouvre (recouvrer), on cria à l'arme; et s'armèrent tous ceux de la ville et les chevaliers qui dedans étoient, et s'en vinrent, bannières déployées, jusques au Dam et commencèrent à escarmoucher aux barrières et à livrer assaut; mais ils trouvèrent gens assez pour la garder et défendre, et perdirent plus à l'assaillir que ils n'y gagnèrent. Quand ils virent que

---

[1] C'est à dire si enceinte qu'elle était presque arrivée à terme. J. A. B.

ils n'y feroient autre chose si retournèrent; car ils perdoient là leur temps, ni elle n'étoit pas à prendre si légèrement sans long siége. Quand les nouvelles en vinrent en la ville de Gand, vous pouvez bien croire et savoir que ils en furent grandement réjouis; et tinrent cette emprise à hautaine, et François Ackerman à vaillant homme et sage guerroyeur.

CHAPITRE CCXXIX.

COMMENT LE ROI DE FRANCE ÉPOUSA A AMIENS MADAME ISABEL DE BAVIÈRE. COMMENT IL VINT ASSIÉGER LE DAM; DE LA TRAHISON DE CEUX DE L'ÉCLUSE ET D'AUTRES CHOSES.

Nous retournerons aux épousailles du roi Charles de France et conterons comment on y persévéra. Quand ce vint le lundi la duchesse Marguerite de Hainaut qui avoit en son hôtel la jeune dame qui devoit être reine de France, ordonna et appareilla la mariée ainsi comme à elle appartenoit et que bien le savoit faire. Et là vint la duchesse de Brabant bien accompagnée de dames et de damoiselles; et puis vint aussi madame la duchesse de Bourgogne. Ces trois duchesses amenèrent la jeune dame Isabel de Bavière en chars couverts si riches qu'il ne fait pas à demander comment, la couronne au chef, qui valoit l'avoir d'un pays, que le roi le dimanche lui avoit envoyée. Et là étoient en grand arroy le duc

Aubert, le duc Frédéric, Guillaume de Hainaut et plusieurs barons et chevaliers de leur côté, et descendirent devant la belle église cathédrale d'Amiens. Tantôt vint le roi et le duc de Bourgogne et la grand' baronie de France. Si fut la jeune dame amenée de ces dames et de ces seigneurs très excellentement; et là furent épousés solemnellement le roi et elle; et les épousa l'évêque du dit lieu (1).

Après la haute messe et les solemnités faites qui au mariage appartenoient à faire, on se retraist (retira) au palais de l'évêque où le roi étoit logé; et là fut le dîner des dames appareillé, et du roi et des seigneurs à part eux; et ne servoient que comtes et barons. Ainsi se continua cette journée et persévéra en grands solas (plaisirs) et en grands reveaulx (réjouissances); et au soir les dames couchèrent la mariée; car à elles appartenait l'office; et puis se coucha le roi qui la désiroit à trouver en son lit. S'ils furent cette nuit ensemble en grand déduit, ce pouvez vous bien croire.

Ordonné étoit ce lundi au soir que le mardi après boire seigneurs et dames se partiroient et s'en iroient chacun et chacune en son pays, et prendroient congé au roi et à la reine. Ce mardi, environ neuf heures, nouvelles vont venir à Amiens que François Ackerman avoit pris la ville du Dam. Ces nouvelles s'épandirent partout. Les François en furent troublés, mais par semblant ils n'en firent compte.

(1) Le mariage entre Charles VI et Isabelle de Bavière eut lieu le 18 juillet 1385. J. A. B.

Le roi de France après sa messe le sçut, si pensa sus un petit; aussi firent le duc de Bourgogne et le connétable de France; et tantôt ils n'en firent compte; car en cette propre heure autres nouvelles vinrent de Poitou, qui firent entre-oublier celles de la prise du Dam, car un héraut, de par le duc de Bourbon, vint là qui apporta lettres au roi, au duc de Bourgogne et au connétable, qui faisoient mention et certifioient que Taillebourg Pont et Châtel sur la Tarente (Charente) étoient rendus; et s'en alloient le duc de Bourbon et ses routes (troupes) mettre le siége devant Breteuil, et avoient en Poitou, en Saintonge et en Limousin reconquis six forteresses Anglesches (Angloises).

Ces nouvelles réjouirent la cour du roi et les seigneurs, et mit-on en non-chaloir (oubli) celles du Dam, fors tant que il fut là conseillé que le roi n'entendroit à autre chose si auroit été en Flandre et reconquis le Dam; car c'étoit un trop périlleux voisin pour eux, c'est à savoir pour ceux de Bruges et de l'Écluse; et iroit si avant en ces Quatre Métiers dont ce venin étoit issu, qu'il n'y demeureroit maison ni buiron [1] que tout ne fut ars et exillié (détruit).

Adonc furent mis clercs en œuvre et messagers envoyés par toutes les mettes (frontières) et chaingles (limites) du royaume de France, en mandant et commandant que le premier jour d'août chacun fût venu en Picardie pour aller au Dam.

Ces mandements s'épandirent parmi le royaume

---

[1] Instrument servant à la pêche. J. A. B.

de France; si s'ordounèrent et appareillèrent chevaliers et écuyers pour être devers le roi. Ce mardi que les nouvelles vinrent à Amiens au roi se partirent tous seigneurs et toutes dames après dîner et prindrent (prirent) congé au roi et à la reine.

Au congé prendre le roi requit à Guillaume de Hainaut qu'il voulsist (voulût) venir avecques lui devant le Dam, par amour et par lignage; et Guillaume qui étoit jeune Bachelier lui accorda liement: et se partirent seigneurs et dames et retournèrent en leurs lieux. Le duc Frédéric s'en retourna en Hainaut avecques son bel oncle et sa belle ante (tante); et quand il ot (eut) là séjourné dix jours, il prit congé et s'en retourna en Bavière devers le duc Étienne son frère qui le reçut liement; car il avoit, par la grâce de Dieu, si bien exploité que sa fille Isabel étoit une des plus grands dames du monde.

Le roi de France qui avoit fait son mandement partout son royaume, et dit que jamais ne retourneroit à Paris si auroit été devant le Dam, se partit d'Amiens le vingt cinquième jour du mois de juillet, son oncle, le comte de Saint Pol, le connétable, le sire de Coucy et grand' baronie en sa compagnie, et vint à Arras et ne fut là que une nuit, et vint à lendemain gesir (coucher) à Lens. Et toudis (toujours) venoient gens d'armes de tous côtés. Puis vint le roi à Seclin et à Lille, et passa outre et vint à Ypres; et à lendemain, le premier jour d'août, il fut devant le Dam et se logea si près de la ville que le trait passoit par-dessus sa tente. Trois jours après vint Guillaume de Hainaut qui fut le bien venu du roi et de monseigneur de Bourgogne. Là fut mis le siége devant le Dam grand et beau, et fut enclos François Ackerman dedans qui s'y porta vaillamment, et tous les jours si il n'y avoit trèves ou répits, il y avoit assaut ou escarmouche. Et fut le sire de Clary, Vermendisieu, qui étoit maître des canonniers au sire de Coucy, en allant vers la ville voir les canons, trait (tiré) et atteint d'un quarrel (carreau) de canon de ceux de dedans, duquel trait il mourut, dont ce fut dommage.

Au siége de Dam vinrent ceux des bonnes villes de Flandre, de Ypres, de Bruges et de tout le Franc de Bruges; et y avoit à ce siége plus de cent mille hommes. Et étoit le roi logé entre le Dam et Gand; et étoit capitaine de toutes ces communautés de Flandre, le seigneur de Sempy, et avoit à compagnon le seigneur de Ghistelle atout (avec) vingt et cinq lances, et étoient logés droit en-my (au milieu) eux, afin que ils ne se revélassent.

A un assaut qui fut fait devant le Dam où tous les seigneurs furent, qui fut très grand et dura un jour tout entier, fut fait chevalier nouveau, Guillaume de Hainaut, de la main et de la bouche du roi de France; et bouta hors ce jour sa bannière; et fut très bon chevalier en sa nouvelle chevalerie.

A cet assaut ne conquirent rien les François; mais y perdirent plus que ils y gagnèrent; car François Ackerman avoit là avecques lui archers d'Angleterre qui grevoient moult les assaillants. Et aussi il y avoit grand'foison d'artillerie; car la ville, en devant que elle fut prise, en étoit bien pourvue; et aussi ils en avoient fait venir et apporter de Gand, quand ils sçurent que ils auroient le siége.

Entrementes (pendant) que on séoit devant le Dam, ceux de l'Écluse, voire (même) les aucuns et les plus notables de la ville qui pour le temps l'avoient à gouverner, furent inculpés d'une grand'trahison que ils vouloient faire au roi de France; car ils devoient livrer l'Écluse à ses ennemis, et devoient le seigneur de Herbannes capitaine de la ville et toutes ses gens meurdre (tuer) en leurs lits, et devoient bouter le feu en la navie (flotte) du roi de France qui là s'arrêtoit à l'ancre, qui étoit grande et grosse, et moult y avoit de belles pourvéances; car en devant la prise du Dam le roi de France avoit intention d'aller en Écosse après son amiral. Encore devoient ces males gens de l'Écluse rompre les digues de la mer pour noyer tantôt l'ost; et de ce avoient-ils marchandé à ceux de Gand, si comme il fut sçu depuis. Et devoient toutes ces trahisons faire sous une nuit, et l'eussent fait; mais un prudhomme de la ville, si comme Dieu le voult (voulut) consentir, entendit en un hôtel, où ils pourparloient de leur trahison, toutes leurs paroles: si vint tantôt au seigneur de Herbannes, et lui dit ainsi: « Tels gens et tels, et les nomma par nom et sur nom car bien les connoissoit, doivent faire telle trahison. » Et quand le chevalier l'entendit si fut tout ébahi et prit ceux de sa charge où bien avoit soixante lances, et s'en alla de maison en maison à ceux qui la trahison avoient pourpensée, et les prit tous; et les fit mettre en divers prisons et bien garder; et puis monta tantôt à cheval et vint devant le Dam en la tente du roi. A cette heure y étoit le duc de Bourgogne, là leur recorda le chevalier toute l'affaire ainsi comme il alloit et comment la ville de l'Écluse avoit été en grand' aventure d'être prise et trahie et tout l'ost sous une nuit d'être en l'eau jusques à la boudine (nombril).

De ces nouvelles furent les seigneurs moult émerveillés, et dit le duc de Bourgogne au capitaine : « Sire de Herbannes, retournez à l'Écluse et ne les gardez point longuement; faites les tous mourir, ils ont bien desservi (mérité) mort. » A ces paroles se partit le chevalier et s'en retourna à l'Écluse; et furent tantôt décolés ceux qui cette trahison avoient pourparlée.

En cette propre semaine jeta son avis le duc de Bourgogne à faire traiter devers son cousin messire Guillaume de Namur pour avoir l'Écluse en héritage et ajouter avecques la comté de Flandre; et lui rendre terre ailleurs en France ou en Artois, par manière d'échange, qui lui fût aussi profitable en rentes et en revenues comme la terre de l'Écluse est. Et de tout ce avisa le dit duc messire Guy de la Trémouille; car en l'été, atout (avec) grands gens d'armes, il avoit séjourné à l'Écluse. Si en fit traiter le duc devers son cousin par ceux de son conseil; car il étoit en l'ost à (avec) grands gens d'armes venu servir le roi.

Quand messire Guillaume de Namur fut premièrement aparlé (averti) de cette matière et marchandise ce lui vint à grand contraire et déplaisance ; car la ville de l'Écluse et les appendances, parmi les avenues de la mer, est un moult bel et grand et profitable héritage ; et si étoit venu à ceux de Namur par partage de frères ; car le comte Guy de Flandre et le comte Jean de Namur avoient été deux frères : si en aimoit mieux la terre messire Guillaume de Namur. Nonobstant tout ce, puisque le duc de Bourgogne l'avoit enchargé, il convenoit qu'il le fît ; et étoit l'intention du duc, mais (pourvu) que il en fût sire, et de son conseil, que il feroit là faire l'un des forts châteaux et des beaux du monde, ainsi comme il y a à Calais, à Cherbourg, où à Harfleur, pour maistrier (dominer) la mer et les allants et venants et entrants au hâvre de l'Écluse et en issant (sortant) aussi et courant parmi la mer, et le feroit toujours bien garder de gens d'armes et d'arbalêtriers, de barges (bateaux) et de baleniers (corsaires), ni nul n'iroit ni ne courroit par mer que ce ne fût par leur congé, si ils n'étoient plus forts d'eux ; et seroit fait si haut que pour voir vingt lieues en la mer. Tant fut messire Guillaume de Namur mené et prié du duc et de son conseil qu'il s'accorda à ce, et faire lui convenoit, autrement il eut eu le maltalent (mécontentement) du duc, que il rendit et hérita le duc de Bourgogne de la terre de l'Écluse et de toute la seigneurie. Et le duc lui rendit en ce lieu toute la terre de Béthune qui est un des beaux et grands héritages du pays, pour lui et ses hoirs. Ainsi fut fait l'échange de ces deux terres. Et tantôt le duc de Bourgogne mit ouvriers en œuvre ; et fut commencé à édifier le châtel de l'Écluse.

CHAPITRE CCXXX.

Comment François Ackerman abandonna le Dam, et le roi de France le conquit; et comment il défit son armée et retourna en France.

Nous parlerons du siége du Dam et conterons comment il se persévéra. Presque tous les jours y avoit assaut, ou de jour à autre; et entre les assauts il y avoit aussi aux portes et aux barrières escarmouches et moult de gens morts et blessés. Et ne pouvoit-on aisément avenir aux murs de la ville, pour les fossés qui étoient pleins de bourbe et d'ordure. Et s'il eut fait un temps pluvieux, ceux de l'ost eussent eu fort à faire, et les eut convenu déloger, voulsissent (voulussent) ou non. Mais un mois ou environ que le siége fut là devant oncques ne plut, mais faisoit bel, chaud et sec; et avoient en l'ost assez largement de tous vivres; et pour la puantise des bêtes que on tuoit en l'ost et des chevaux qui y mouroient, l'air en étoit ainsi que à demi corrompu, dont moult de chevaliers et écuyers furent malades; et s'en alloient les aucuns rafraîchir à Bruges. Et vint le roi loger, telle fois fut, à Male pour eslongier (quitter) ce mauvais air: mais toujours étoient ses tentes et ses pavillons tendus sur les champs. L'intention de François Ackerman étoit telle que il tiendroit là le

8*

roi si longuement que secours d'Angleterre lui viendroit pour lever le siége; et il est certain que sur cet espoir se tenoit-il dedans le Dam, et avoit envoyé en Angleterre quérir confort et secours. Et y fussent venus les oncles du roi, il n'est nulle doute, forts assez à leur avis de gens d'armes et d'archers pour combattre le roi et les François, si l'amiral de France et sa charge de gens d'armes ne fut en Écosse. Mais ce que les seigneurs d'Angleterre sentoient les François au royaume d'Écosse et leur disoit-on encore que le connétable de France atout (avec) grands gens d'armes venoit par mer en Angleterre, les détria (retarda) non venir en Flandre; et n'en furent point confortés ceux du Dam, dont il leur convint faire un mauvais marché.

Le vingt septième jour d'août, l'an dessus dit, fut la ville du Dam reprise du roi de France et des François: je vous dirai par quelle manière. Quand François Ackerman ot (eut) là tenu le roi de France à siége environ un mois, et que il vit que artillerie leur failloit (manquoit) en la ville, et que nul secours ne leur apparoît de nul côté, si se commença à ébahir, et dit à ceux de son conseil, le jour au soir dont il se partit la nuit: « Je vueil (veux) que entre nous de Gand nous en allons notre chemin à mie-nuit arrière en notre ville, et le dites aussi l'un à l'autre, et tout ce soit tenu en secret; car si les hommes de cette ville savoient que nous les voulsissions (voulussions) laisser, ils feroient, pour eux sauver et leurs femmes et leurs enfants et le leur, aucun traité mauvais pour nous au roi de France, et nous rendroient, parmi tant que ils demeureroient en paix ; et nous serions tous morts. Mais je les en garderai bien ; nous nous tenrons (tiendrons) tous ensemble et irons autour de la ville voir le guet et mettrons hommes et femmes ens (dans) ou (ce) moûtier, et leur dirons que nous les mettons là pour la cause de ce que à lendemain nous devons avoir l'assaut, et dirons à ceux du guet, à mie-nuit quand je ferai ouvrir la porte, que nous allons hors pour réveiller l'ost. Quand nous serons aux champs nous nous en irons à coite (pointe) d'éperons à Gand, ainsi n'aurons-nous garde des François. » Ceux de son conseil répondirent : « Vous avez bien parlé. »

Adonc s'ordonnèrent-ils sur cet état, et firent trousser le soir toutes leurs bonnes choses, et mirent femmes et enfants prisonniers dedans le moûtier ; et proprement ils firent entrer les dames chevaleresses qui là étoient, madame de Douzielles, madame D'escornai, madame de Hezebethe et autres et leurs damoiselles, et leur dirent : « Nous vous mettons ici pour la cause de ce que demain nous devons avoir un trop grand assaut, si ne voulons pas que vous vous ébahissiez du trait et des canons. » Tous et toutes se appaisèrent et cuidèrent (crurent) que il fût ainsi. Avecques tout ce, après jour faillant, François Acremen (Ackerman) et sa route (troupe) allèrent autour de la ville pour voir le guet ; et n'y avoit en ce guet nul Gantois fors ceux de la ville. Si leur dit François : « Seigneurs, or faites anuit (cette nuit) bon guet et ne vous partez point des créneaux pour choses que vous oyez ni voyez ; car le matin nous aurons l'assaut; mais je veuil (veux) cette nuit aller réveiller l'ost. »

Il étoit cru de sa parole, car tous cuidoient (croyoient) que il dist (dit) voir (vrai). Quand François Ackerman ot (eut) ainsi ce fait et ordonné, il s'en vint en la place où tous leurs chevaux étoient ensellés, et montèrent à cheval et issirent (sortirent) hors par la porte devers Gand et se mirent au chemin. Ils n'orent (eurent) pas la ville éloignée demi-lieue qu'il fut jour; et s'aperçurent ceux du Dam que François Ackerman et les Gantois s'en alloient. Adonc se tinrent-ils pour deçus, et commencèrent les capitaines de la ville à traiter devers les gens du roi; et disoient que ils avoient le soir occis François Ackerman.

Quand plusieurs gens de la ville du Dam aperçurent que François Ackerman et les Gantois s'en alloient sans retourner, et que la porte étoit ouverte, si se mirent au chemin après eux, chacun qui mieux mieux. On sçut ces nouvelles en l'ost: plusieurs gens d'armes Bretons et Bourguignons, et par spécial ceux qui désiroient à gagner, montèrent sur leurs chevaux et se mirent en chasse et poursuivirent les Gantois jusques à deux lieues de Gand. Si en y ot (eut) des fuyants occis grand'foison, et pris plus de cinq cents; mais en ceux là y ot (eut) petit de Gantois; fors de ceux du Dam qui s'en fuyoient. Et entrementes (pendant) que la chasse se faisoit de toutes parts on assailloit la ville où point de défense n'avoit: si entrèrent ens (dedans) les François par échelles et passèrent les fossés à (avec) grand'peine. Quand ils furent dedans ils cuidèrent (crurent) avoir merveilles gagné; mais ils ne trouvèrent rien dedans que poures (pauvres) gens, femmes et enfants et grand'foison de bons vins. Donc par dépit et par envie Bretons et Bourguignons boutèrent le feu en la ville, et fut presque toute arse; de quoi le roi et le duc de Bourgogne furent durement courroucés; mais amender ne le purent: si leur en convint passer. Si furent les gentilles dames sauvées et gardées sans nul mal avoir.

Après la prise du Dam que le roi de France et les François reprendirent (reprirent), si comme ci-dessus est contenu, on ot (eut) conseil que on se délogeroit, et iroit le roi loger à d'Artevelle à deux petites lieues près de Gand, et entrementes (pendant) que le roi se tenroit (tiendroit) là les gens d'armes efforcément chevaucheroient outre ens (dans) ou (le) pays des Quatre Métiers, et détruiroient tout icelui pays, pour la cause que toutes douceurs en étoient du temps passé venues à Gand; et avoient ceux de ce pays, que on dit les Quatre Métiers, plus conforté les Gantois que nulles autres gens. Adonc se départit-on du Dam et prit-on le chemin de d'Artevelle; et là vint le roi loger.

Entrementes (cependant) entrèrent ces gens en ce pays des Quatre Métiers et l'ardirent et détruisirent tout entièrement et abatirent tours et forts moûtiers qui toudis (toujours) s'étoient tenus, et n'y laissèrent oncques entière maison ni hamel, hommes ni femmes ni enfants; tout fut chassé ens (dans) ès bois, ou tout occis.

Quand les François orent (eurent) fait cette envahie (invasion), il fut ordonné que on iroit mettre le siége devant le châtel de Gauvre (Gauray), et puis retourneroit-on devant Gand; mais il n'en fut rien; je vous dirai pourquoi. Le roi de France étant à d'Artevelle, qui y fut environ douze jours, nouvelles lui vinrent de Hongrie de par la reine; car là vint l'évêque de Bausseres (Waradin) en ambassaderi et plusieurs chevaliers et écuyers de Hongrie en sa compagnie, et apportoient lettres de créance, et venoient querre leur seigneur le frère du roi, Louis de France à ce jour comte de Valois, pour l'emmener en Hongrie à sa femme laquelle par procuration messire Jean La Personne, un chevalier de France avoit, épousée. Ces nouvelles plurent grandement bien au roi de France et au duc de Bourgogne, et fut regardé adonc que pour entendre à l'état du jeune comte de Valois, on retourneroit en France et que on en avoit assez fait pour cette saison [1].

(1) J'ai déjà dit que je ne trouvois rien dans les historiens hongrois sur ce sujet. J. A. B.

CHAPITRE CCXXXI.

Comment le marquis de Blanqueboug (Brandebourg) fut couronné roi de Hongrie pour supplanter le jeune comte de Valois de son épouse et du royaume de Hongrie.

Lors se départit le roi de d'Artevelle le douzième jour de septembre, et orent (eurent) congé toutes manières de gens d'armes, et s'en r'alla chacun en son lieu. Et jà étoit retraist (retiré), tantôt après la prise du Dam, Guillaume de Hainaut arrière en son pays et avoit pris congé au roi. De ce département furent les Gantois tous réjouis; car ils cuidoient (croyoient) bien avoir le siége. Or s'en retourna le roi de France et vint à Craail (Creil) où la reine sa femme étoit, car quand il se partit d'Amiens pour aller en Flandre on l'envoya là tenir son état. Le roi fut, ne sais quans (combien de) jours à Graail (Creil) et la reine; si s'en partirent et approchèrent Paris; et vint la reine au bois de Vinchaines (Vincennes) et là se tint, et le roi vint à Paris. Et étoit-on embesongné d'entendre à l'ordonnance et arroy du comte de Valois; car on vouloit que très étofféments il s'en allât en Hongrie dont on le tenoit pour roi. Mais les choses se transmuèrent dedans breefs jours au royaume de Hongrie, si comme je vous recorderai présentement.

Bien est vérité que la reine de Hongrie, mère à la jeune dame qui héritière étoit de Hongrie et laquelle le comte de Valois par procuration, si comme s'y dessus est dit, avoit épousée, avoit grandement son affection et plaisance à Louis de France comte de Valois, et tenoit sa fille à très hautement et bien assignée, et ne désiroit autre voir ni avoir que le jeune comte à fils et à roi ; et pour ce y avoit elle envoyé [1] l'évêque de Basseres (Waradin) et grand'foison de ses chevaliers afin que les besognes se approchassent. Or avint, entrementes (cependant) que ces ambassadeurs vinrent en France, que le roi d'Allemagne qui roi des Romains s'escripsoit (appeloit) avoit un frère qui s'appelloit Henri [2] mais né (puîné) de lui, lequel étoit marquis de Blanquebourc (Brandebourg). Le roi des Romains entendit et étoit tout informé de l'état et des traités de Hongrie, et comment son cousin le frère du roi de France devoit avoir à femme l'héritière et reine de Hongrie, et jà l'avoit épousée par procuration, et que l'évêque de Basseres (Waradin) et aucuns chevaliers de Hongrie l'étoient allé querir. Ce roi d'Allemagne qui ot (eut) plus cher un profit pour son frère que pour son cousin de France jeta son

---

[1] Je ne vois aucune mention de cette ambassade, ni d'aucun de ces faits ni dans Thwrocz, ni dans P. Ranzan ni dans aucun chroniqueur Hongrois de l'époque ni des temps postérieurs. J. A. B.

[2] Le marquis de Brandebourg ne s'appeloit pas Henry, mais Sigismond, fils de l'empereur Charles IV et il étoit frère de l'empereur Wenceslas. Sigismond avoit été fiancé dans son enfance à Marie reine de Hongrie. Son mariage fut conclu depuis en 1386. Il étoit alors âgé de vingt ans. J. A. B.

avis sur ce, et avoit jeté jà long-temps: et tout son propos, son conseil et ses affaires étoient demenés sagement et secrètement; et bien le montrèrent en Allemagne; car si la reine de Hongrie la mère en eut été en rien avisée ni informée, elle y eut trop bien pourvu de remède. Mais nennil, ainsi comme il apparut.

Le conseil du roi d'Allemagne sçut que la reine de Hongrie et ses filles étoient en ébattement en un châtel sur les frontières d'Allemagne: ces choses sçues, le marquis de Blanquebourc (Brandebourg) mit tantôt sus une grand' chevauchée de gens d'armes; et étoient bien dix mille hommes; et s'en vint mettre le siége devant ce châtel et enclorre ces dames dedans (1). Quand la reine de Hongrie se vit ainsi assiégée, si fut toute ébahie et envoya devers Henri (Sigismond) le marquis de Blanquebourc (Brandebourg) à savoir qu'il lui demandoit. Le marquis, par le conseil qu'il ot (eut), lui manda que ce n'étoit pour autre chose que pour ce qu'elle vouloit marier sa fille en une étrange terre au frère du roi de France dont elle ne pouvoit jamais avoir nul confort; et mieux lui valoit, et plus profitable lui étoit pour elle et pour le royaume de Hongrie, que il l'eut à femme, lui qui étoit son voisin et frère du roi des Romains, que le comte de Valois. La reine s'excusa et dit que de lui oncques n'avoit ouï requête ni nouvelle, et pour ce avoit-elle sa fille accordée au frère du roi de France; et le roi de

(1) Ces évènements sont aussi peu historiques que tout ce qui est relatif au reste de cette affaire. J. A. B.

Hongrie son mari vivant ce lui avoit ordonné. Le marquis de Blanquebourc (Brandebourg) répondit à ce, que de tout ce ne faisoit-il compte et qu'il avoit l'accord et la voix de la greigneur (majeure) partie de Hongrie, et que bellement ou autrement il l'auroit et bien étoit en sa puissance. La dame fut toute ébahie de ces paroles; non-pour-quant (néanmoins elle se tint ce que elle put et manda secours à ses gens dont elle pensoit à être aidée; mais oncques nul n'apparut ni ne se mit sur les champs contre le marquis de Blanquebourc (Brandebourg), et montrèrent les seigneurs de Hongrie que ils avoient aussi cher la marchandise aux Allemands comme aux François. Quand la dame vit qu'il n'en seroit autre chose et qu'elle ne seroit autrement confortée de ses gens, si se laissa conseiller; car le marquis lui promettoit que si par force il la prenoit il la feroit enmurer en une tour et la tenir au pain et à l'eau, et vesquist (vécut) tant qu'elle put. De ces nouvelles fut la reine toute effrayée; car elle se sentoit en trop foible lieu et si étoit là venue sans nulles pourvéances, ni de gens, ni de vivres. Si traita et bailla sa fille au marquis de Blanquebourc (Brandebourg), qui tantôt l'épousa et geut (coucha) avecques elle charnellement. Si fut roi de Hongrie.

Ainsi vint messire Henri (Sigismond) de Bohême, marquis de Blanquebourc (Brandebourg) à l'héritage du royaume de Hongrie, dont il fut roi le plus par force, et le moins par amour, tant que au consentement de la vieille reine; mais faire lui convint ou écheoir en pire marché.

Ces nouvelles furent tantôt avolées en France devers l'évêque et les chevaliers et écuyers de Hongrie qui là étoient et qui au chemin mettre se vouloient. Et jà étoit le comte de Valois parti et venu à Troyes en Champagne, et avoit pris congé au roi et à son oncle de Bourgogne. Quand ces nouvelles lui vinrent en la main, lui convint porter; car autre chose n'en put avoir. Si s'en partirent les Hongrois tous courroucés et bien y avoit cause; et le comte de Valois retourna à Paris devers le roi. Et plusieurs grands seigneurs de France et du sang du roi ne firent compte de ce contre-mariage de Hongrie et dirent que le comte de Valois étoit bien heureux quand on lui avoit tollu (ôté) sa femme; car Hongrie est un trop lointain pays et mal à main pour les François; ni jà n'en eussent été aidés ni confortés. On mit ces choses en non-chaloir (oubli) et pensa-t-on à un autre mariage pour le dit comte: ce fut à la fille du duc de Milan qui seroit héritière de toute Lombardie, laquelle est plus riche et plus grasse que n'est Hongrie, et mieux à main pour les François. Nous lairons (laisserons) à parler de ce mariage et parlerons du duc de Bourbon qui étoit en Poitou à siége devant Breteuil; et puis retournerons à l'amiral de France messire Jean de Vienne qui étoit en Écosse, et conterons comment il s'y porta.

CHAPITRE CCXXXII.

Comment le duc de Bourbon prit en Poitou plusieurs forteresses, et entre les autres le fort chateau de Breteuil.

En cette saison que le roi de France fut en Flandre, tant devant le Damme comme ailleurs, le duc de Bourbon, à belle charge de gens d'armes, fit sa chevauchée en Limousin et en Poitou et y prit plusieurs forts et garnisons Anglesches (Angloises) qui s'y tenoient, tels que Le San, Tronchette, Archiac, Garnace, Montleu à huit lieues de Bordeaux et Taillebourg sur Tarente (Charente); et puis s'en vint mettre le siége devant Breteuil, un moult bel et fort châtel en Poitou sur les marches de Limousin et de Saintonge. De Breteuil étoient capitaines Andrieu Privas Anglois et Bertran de Montrivet Gascon, et avoient là dedans avecques eux grand' foison de bons compagnons. Si y ot (eut) plusieurs assauts et escarmouches et faites plusieurs grands appertises d'armes ; et presque tous les jours aux barrières y avoit de ceux de dehors à ceux de dedans escarmouches et faits d'armes où il avoit souvent des morts et des blessés. Et bien disoit le duc de Bourbon que point de là ne partiroit si auroit le châtel à sa volonté; et ainsi l'avoit-il promis au duc de Berry la darrenière (dernière) fois que il avoit parlé à lui. Et avint, le siége étant devant Breteuil, que Bertran de Montrivet qui étoit l'un des capitaines devisoit à faire un fossé par dedans le fort, pour eux mieux fortifier; et ainsi comme il montroit et devisoit l'ouvrage à ses gens et vez-ci (voici) venir le trait d'une dondaine [1] que ceux de l'ost laissèrent aller, duquel trait et par mésaventure Bertran fut aconsuivi (atteint) et là occis ; lequel étoit en son temps échappé de seize siéges tous périlleux.

De la mort de Bertran furent les compagnons effrayés et courroucés; mais amender ne le purent. Si demeura Andrieu Privas capitaine. Depuis, environ quinze jours après, fut fait un traité de ceux du fort à ceux de l'ost; et rendirent le châtel et les pourvéances, sauves leurs vies; et furent conduits jusques à Bouteville dont Durandon de la Perrade étoit capitaine. Ainsi orent (eurent) les François le châtel de Breteuil: si le remparèrent et rafraîchirent de nouvelles pourvéances, d'artillerie et de gens d'armes, et puis s'en partirent et s'en vinrent rafraîchir à Carons une belle et grosse abbaye [2], et là environ sur le pays. Et puis s'en vinrent à Limoges, et là se tint le duc de Bourbon huit jours et ot (eut) conseil de retourner en France, ainsi qu'il fit et trouva le roi à Paris et son neveu de Valois et tous ses mariages brisés. Or reviendrons-nous aux

---

(1) Machine à jeter de grosses pierres. J. A. B.
(2) Je trouve dans un autre manuscrit « à une bonne ville près d'Illecques qui est appelée Escures. » J. A. B.

besognes d'Écosse et de l'amiral de France, qui toutes avinrent en cette saison.

CHAPITRE CCXXXIII.

Comment l'amiral de France et les Écossois entrèrent en Angleterre ardant et exillant (ravageant) le pays. Et de la mort du fils au comte de Stafford.

Vous avez bien ci-dessus ouï recorder comment l'amiral de la mer atout (avec) grand' charge de gens d'armes arriva au hâvre de Haindebourc (Édimbourg) en Écosse [1], et comment ses gens trouvèrent autre pays et autre gens que ils ne cuidoient (croyoient). Les barons d'Écosse et le conseil du roi, l'année passée, avoient informé les chevaliers qui y avoient été, messire Geoffroy de Chargny et messire Aymard de Marse que si l'amiral de France, ou le connétable, ou les maréchaux passoient la mer en Écosse atout (avec) mille lances de bonnes gens et cinq cents arbalêtriers, et eussent avecques eux le harnois d'armes pour armer eux mille en Écosse, avecques l'aide et le demeurant (reste) du royaume d'Écosse ils combattroient bien les Anglois, et feroient un si grand escrau (ravage) en Angleterre que

(1) C'est-à-dire à Leith. J. A. B.

jamais ne seroit recouvré. Sur cet état avoient l'amiral de France et les François passé la mer et étoient venus en Écosse. Si ne trouvèrent pas en voir (vrai) assez de ces promesses: tout premier il trouvèrent dures gens et mal amis et poure (pauvre) pays; et ne sçurent tantôt les seigneurs, chevaliers et écuyers de France qui là étoient, où envoyer leurs varlets sur le pays pour fourrager; ni aller ils n'y osoient fors en grands routes (troupes), pour les malandrins du pays qui les attendoient aux pas et les ruoient jus, meshaignoient (blessoient) et occioient.

Or vint le roi Robert d'Écosse, un grand bon homme à (avec) uns (des) rouges yeux rebraciés (renfrognés): ils sembloient fourrés de sendail [1]; et bien montroit qu'il n'étoit pas aux armes trop vaillant homme et qu'il eut plus cher le séjourner que le chevaucher; mais il avoit jusques à neuf fils, et ceux aimoient les armes. Quand le roi d'Écosse fut venu à Haindebourc (Édimbourg), ces barons de France se trairent (rendirent) devers lui et s'accointèrent de lui, ainsi comme il appartenoit et que bien le savoient faire, et étoient avecques eux à ces accointances le comte de Douglas, le comte de Mouret (Moray), le comte de la Mare, le comte de Surlant (Sutherland) et plusieurs autres. Là requit l'amiral et pria au roi que sur l'état pourquoi ils là venus au pays étoient on leur accomplit et dit qu'il vouloit chevaucher en Angleterre. Les barons et les

---

[1] Sorte d'étoffe écarlate fort estimée alors. J. A. B.

chevaliers d'Écosse qui se désiroient à avancer en furent tous réjouis, et répondirent que si à Dieu plaisoit ils feroient un tel voyage où ils auroient honneur et profit. Le roi d'Écosse fit son mandement grand et fort; et vinrent à Haindebourc (Édimbourg) et là environ au jour qui assigné y fut plus de trente mille hommes, et tous à cheval, et ainsi qu'ils venoient ils se logeoient à l'usage de leur pays et n'avoient pas tous leurs aises.

Messsire Jean de Vienne qui grand désir avoit de chevaucher et d'employer ses gens en Angleterre pour faire aucun bon exploit d'armes, quand ils vit ces Escocs (Écossois) venus, dit qu'il étoit temps de chevaucher, et que trop avoient là séjourné. Si fut le département signifié à toutes gens. Adonc se mirent-ils à voie et prindrent (prirent) le chemin de Rosebourcq (Roxburgh). A cette chevauchée n'étoit point le roi; mais étoit demeuré en Haindebourch (Edimbourg), et étoient tous ses enfants en l'armée. Et sachez que jusques à douze cents pièces de harnois pour armer en bon arroi de pied en cap furent délivrées aux chevaliers et écuyers d'Ecosse et de Norvège [1] qui étoient mal armés, lesquels harnois l'amiral avoit fait venir de Paris: dont les compagnons qui en furent revêtus orent (eurent) grand'joie. Or chevauchèrent ces gens d'armes vers Northumberland et exploitèrent tant qu'ils vinrent à l'abbaye de Maures (Melrose)

---

[1] Peut-être Froissart entendit par là les troupes venues des îles Orkney. J. A. B.

et se logèrent les seigneurs et toutes manières de gens autour sur la rivière. A lendemain ils s'en vinrent sur la Morlane (Lambirlaes), et depuis devant Rosebourcq (Roxburgh).

Du châtel de Rosebourcq (Roxburgh), de par messire Jean de Montagu à qui le châtel est et toute la terre de là environ, étoit le gardien et capitaine un chevalier qui se appeloit messire Édouard Clifford. L'amiral de France et tous ceux de sa route (troupe) et les Escocs (Écossois) s'arrêtèrent devant et bien l'avisèrent: si regardèrent, tout considéré, que à l'assaillir ils ne pourroient rien conquester (conquérir); car le châtel est bel, grand et fort et bien pourvu d'armes et d'artillerie. Si passèrent outre et vinrent tout contreval cette rivière de Tuide (Tweed) en approchant Bervich (Berwick) et la mer, et chevauchèrent tant que ils vinrent devant deux tours carrées, fortes assez. Au dedans avoit deux chevaliers, le père et le fils, qui s'appelóient tous deux messire Jean Strand. A ces tours avoit adonc bon herbergage (logement) de une plate maison qui fut tantôt arse et les tours assaillies; et là ot (eut) fait de grandes appertises d'armes, et plusieurs Écossois blessés au trait et du jet des pierres. Finalement les tours furent prises et les chevaliers dedans, par bel assaut, qui les défendoient et qui vaillamment se défendirent tout comme ils purent durer.

Après la conquête de ces deux tours et que les Escocs (Écossois) et les François en furent seigneurs on s'en vint devant un fort châtel d'autre part que on appelle au pays Werk (Wark), et est de l'héritage messire Jean de Montagu. Si en étoit gardien et capitaine de par lui messire Jean de Lusseborne, lequel avoit là dedans sa femme et ses enfants et tout son cariage; et bien sçavoit en devant que les François devoient venir; si avoit à son pouvoir grandement bien pourvu le châtel de gens d'armes et d'artillerie pour attendre l'assaut. Devant le châtel de Werk (Wark) s'amenagèrent et s'arrêtèrent tous ceux de l'ost, car il siéd sur une belle rivière qui rentre en la mer par le Tinde (Tweed) dessous Berwick. A ce châtel de Werk ot (eut) un jour grand assaut; et moult bien s'y portèrent les François, trop mieux que les Escocs (Écossois); car ils entroient dedans les fossés et les passoient à grand'peine tout outre. Et là ot (eut) fait de ceux d'amont à ceux d'aval grandes appertises d'armes; car les François montoient à mont sur les échelles et s'en venoient combattre main à main de ceux du fort. Là fut messire Jean Lusseborne très bon chevalier et se combattit moult vaillamment aux chevaliers François qui montoient sur ces échelles; et là, à cet assaut, fut occis un chevalier Allemand qui s'appeloit messire Werry (Alberic) Gasselin, dont ce fut dommage; et moult en y ot (eut) ce jour de navrés et de blessés. Mais finalement il y avoit si grand peuple et fut l'assaut si continué que le châtel fut pris et le chevalier, sa femme et ses enfants dedans; et orent (eurent) les François qui premiers y entrèrent plus de quarante prisonniers. Puis fut le châtel ars et détruit, car ils véoient qu'il ne faisoit pas à tenir, ni garder ne le pourroient si avant en Angleterre comme il étoit.

Après le conquêt du châtel de Werk (Wark) et la prise de messire Jean de Lusseborne, l'amiral de France et les barons de France et d'Ecosse chevauchèrent vers Annich (Alnwick) en la terre du seigneur de Percy, et se logèrent tout en-mi (milieu), et ardirent et exillièrent (ravagèrent) aucuns villages, et furent jusques à Broel un bel châtel et fort qui est sur la marine (côte) au comte de Northumberland; mais point n'y assaillirent, car ils savoient bien qu'ils y perdroient leur peine: et chevauchèrent toute cette frontière jusques à Mourepas (Morpeth) en-mi (milieu) chemin de Berwick et de Neufchâtel (Newcastle) sur Thin (Tyne), et là entendirent que le duc de Lancastre, le comte de Northumberland, le comte de Northinghen (Nottingham), le sire de Neufville (Nevill), et les barons de la marche et de la frontière de Northumberland et de l'archevêché d'York et de l'évêché de Durem (Durham) venoient à grand'effort. Quand les nouvelles en furent venues jusques à l'amiral, si en fut tout réjoui; aussi furent tous les barons et chevaliers de France qui en sa compagnie étoient; car ils désiroient à avoir bataille; mais les Ecossois n'en faisoient nul compte.

Là fut conseillé à Mourepas (Morpeth) qu'ils se trairoient (rendroient) vers la marche de Berwick, pour la cause de leurs pourvéances qui les suivoient et pour avoir leur pays au dos et là sur leurs marches ils attendroient leurs ennemis. Messire Jean de Vienne qui point ne vouloit issir (sortir) hors de conseil les crut. Adonc ne chevauchèrent-ils plus avant en Northumberland, et s'en vinrent devers Berwick, de laquelle cité messire Mathieu Rademen (Redman) étoit capitaine, et avoit là dedans avecques lui grand'foison de bonnes gens d'armes. Les François et les Écossois furent devant; mais point n'y assaillirent; ainçois passèrent outre et prindrent (prirent) le chemin de Dombare (Dumbar) pour rentrer en leur pays.

Les nouvelles étoient venues en Angleterre que les François et les Escocs (Écossois) étoient entrés en la marche de Northumberland et détruisoient et ardoient tout le pays. Et sachez que en devant ces nouvelles le royaume d'Angleterre étoit tout pourvu et avisé de la venue de l'amiral et des François en Écosse; si étoient tous les seigneurs sur leurs gardes; et avoit le roi fait son mandement par toute Angleterre; et étoient tous traits (rendus) sur les champs comtes, barons, chevaliers et écuyers; et prenoient ainsi comme ils venoient leur chemin vers Écosse, et menaçoient fort les Escocs (Écossois); et avoient fait les Anglois tout cet été les plus belles pourvéances que oncques mais ils fissent pour aller en Écosse, tant par mer comme par terre; car ils avoient sur la mer jusques à six vingt gros vaisseaux chargés de pourvéances, qui les suivoient frontiants [1] Angleterre pour venir au Umbre (Hum-

---

[1] En suivant les frontières d'Angleterre. J. A. B.

ber). Et venoit le roi accompagné de ses oncles, le comte de Cantebruge (Cambridge) et le comte de Bouquinghen (Buckingham) et de ses deux frères le comte de Liem (Kent) et messire Thomas de Holland. Là étoient le comte de Sallebery (Salisbury), le comte d'Arundel, le comte d'Asquesuffort (Oxford), le jeune comte de Pennebroch (Pembrock), le jeune sire d'Espenser, le comte de Stamfort, le comte de Dennesère (Devonshire) et tant de barons et de chevaliers que ils étoient bien quatre mille lances, sans ceux que le duc de Lancastre, le comte de Northumberland, le comte de Northinghen (Nottingham), le sire de Lacy, le sire de Neufville (Nevill) et les barons des frontières d'Ecosse avoient, qui jà poursuivoient les Escocs (Écossois) et les François, où bien avoit deux mille lances et vingt mille archers. Et le roi et les seigneurs qui venoient avoient en leurs routes (troupes) bien cinquante mille archers sans les gros varlets.

Tant exploitèrent le roi d'Angleterre et ses osts en venant après le duc de Lancastre et les autres qui étoient premiers, que ils vinrent en la marche d'Yorck; car sur le chemin nouvelles étoient venues au roi et à ses gens que leurs gens se devoient combattre aux Escocs (Écossois) en la marche de Northumberland; et pour ce se hâtoient-ils le plus. Et s'en vint le roi loger à Saint-Jean de Buvrele (Beverley) outre la cité d'Yorck et la cité de Durem (Durham); et là leur vinrent nouvelles, que les Escocs (Écossois) étoient retraits (retirés) vers leur pays: si se logèrent toutes manières de gens d'armes en la marche de Northumberland. Or vous vueil (veux)-je recorder une aventure assez dure qui avint en l'ost du roi d'Angleterre, parquoi son voyage en fut presque rompu, et les seigneurs en guerre mortelle l'un à l'autre.

En la marche de Saint-Jean de Buvrele (Beverley) en la diocèse d'Yorck étoit le roi d'Angleterre logé, et grand'foison de comtes, de barons et de chevaliers de son royaume; car chacun se logeoit au plus près de lui qu'il pouvoit par raison, et par spécial ses deux oncles, et messire Thomas de Holland comte de Kent et messire Jean de Holland ses frères étoient là en belle compagnie de gens d'armes. En la route (troupe) du roi avoit un chevalier de Bohême qui étoit venu voir la reine d'Angleterre; et pour l'amour de la reine le roi et les barons lui faisoient fête: ce chevalier appeloit-on messire Nicle, fresque (gai) et joli chevalier étoit à l'usage d'Allemagne. Et avint que sus une remontée (soir) et sur les champs au dehors d'un village assez près de Saint-Jean de Buvrele (Beverley) deux écuyers qui étoient à messire Jean de Holland frère du roi s'entreprirent de paroles pour leurs logis à messire Nicle, et le poursuivirent de près pour lui faire un grand déplaisir. Sur ces paroles que le chevalier avoit aux écuyers s'embatirent (arrivèrent) deux archers à messire Richart de Staffort fils au comte de Staffort, et tant que de paroles ils commencèrent à aider au chevalier pour la cause de ce que il étoit étranger, et blâmèrent les écuyers en reprenant leurs paroles et en disant: « Vous avez grand tort qui vous prenez à ce chevalier; jà sçavez-vous qu'il est à madame la reine et de son pays; si fait mieux à déporter (épargner) que un autre. » — « Voire, dit l'un de ces écuyers à l'archer qui avoit dit cette parole, et tu, herlos (maraut), en veux-tu parler ? A toi qu'en monte, si je lui blâme ses folies ? » — « A moi qu'en monte, dit l'archer ? Il en monte assez; car il est compaing (compagnon) à mon maître; si ne serai jà en lieu où il reçoive blâme ni vilenie. » — « Et si je cuidois (croyois), herlos (maraut), dit l'écuyer, que tu le voulsisses (voulusses) aider ni porter encontre moi, je te bouterois cette épée dedans le corps. » Et fit semblant en parlant de le férir. L'archer recula qui tenoit son arc tout appareillé et encoche bonne saiette (flèche) et laist (laisse) aller et férit l'écuyer de visé, et lui met la saiette (flèche) tout parmi la mamelle et le cœur, et l'abat tout mort.

L'autre écuyer, quand il vit son compagnon en ce parti, s'en foui (fuit); messire Nicle étoit jà parti et r'allé en son logis. Les archers s'en vinrent vers leur maître et lui contèrent l'aventure. Messire Richard en fit bien compte et dit que ils avoient mal exploité. « Par ma foi, dit l'archer, il convenoit que ce advenist (advînt), si je ne voulois être mort; et encore ai-je plus cher que je l'aie mort que ce qu'il m'eut mort. » — « Or va, va, dit messire Richard, ne te mets point en voie qu'on te puis (puisse) trouver; je ferai traiter de la paix à messire Jean de Holland par monseigneur mon père ou par autrui. » L'archer répondit et dit: « Sire, volontiers. »

Nouvelles vinrent à messire Jean de Holland

que un des archers à messire Jean de Stafford avoit tué son écuyer celui au monde qu'il aimoit mieux, et la cause pourquoi, on lui dit que ce avoit été par la coulpe (faute) de messire Nicle ce chevalier estraigne (étranger); quand messire Jean de Holland fut informé de cette aventure, si cuida (crut) bien forcener (devenir fou) d'anoy (ennui) et dit: « Jamais ne beuvrai (boirai) ni ne mangerai si sera ce amendé. » Tantôt il monte à cheval et fait monter aucuns de ses hommes et se part de son logis, et jà étoit tout tard, et se trait (rendit) sur les champs et fit enquérir où ce messire Nicle étoit logé. On lui dit que on pensoit bien qu'il étoit logé en l'arrière-garde avecques le comte d'Ennezières (Devonshire) et le comte de Stafford et leurs gens. Messire Jean de Holland prit ce chemin et commença à chevaucher à l'aventure pour trouver messire Nicle. Ainsi comme il et ses gens chevauchoient entre haies et buissons, sur le détroit d'un pas où on ne se pouvoit détourner que on n'encontrât l'un l'autre, messire Richard de Stafford et lui s'entrecontrèrent: pour ce que il étoit nuit ils demandèrent en passant: « Qui est là ? » Et entrèrent l'un dedans l'autre : « Je suis Estanfort (Stafford); » — « Et je suis Holland; » Donc dit messire Jean de Holland qui étoit encore en sa félonie (colère): « Estanford (Stafford), Estanfort, aussi te demandois-je ; tes gens m'ont tué mon écuyer que je tant aimois. » Et à ces mots il lance une épée de Bordeaux qu'il tenoit toute nue. Le coup chey (tomba) sur messire Richard de Stafort (Stafford); si lui bouta au corps et l'abattit mort; dont ce fut grand' pitié; et puis passa outre, et ne savoit pas encore qu'il eut assené; mais bien savoit qu'il en avoit l'un mort. Là furent les gens messire Richard de Stafford moult courroucés, ce fut raison, quand ils virent leur maître mort; et commencèrent à crier: « Ha ha! Holland, Holland, vous avez mort le fils du comte de Stafford: pesantes nouvelles seront au père quand il le saura. » Aucunes gens de messire de Holland entendirent ce; si le dirent à leur maître: « Sire, vous avez mort messire Richard de Stafford. » — « A la bonne heure, dit messire Jean, j'ai plus cher que je l'aie mort que moindre de lui: or ai-je tant mieux vengé mon écuyer. »

Adonc s'en vint messire Jean de Holland en la ville de Saint Jean de Buvrelles (Beverley) et en prit la franchise; et point ne s'en départit, car la ville est franche; et bien savoit qu'il y auroit pour la mort du chevalier grand trouble en l'ost. Et ne savoit que son frère le roi d'Angleterre en diroit. Donc pour eschiver (éviter) tous périls il s'enferma en la dite ville.

Les nouvelles vinrent au comte de Stafford que son fils étoit occis par grand' mésaventure. « Occis? dit le comte; et qui l'a mort? » On lui recorda, ceux qui au fait avoient été: « Monseigneur, le frère du roi, messire Jean de Holland. » Adonc lui fut recordé la cause et comment et pourquoi. Or devez-vous penser et sentir que cilz (celui-ci) qui aimoit son fils, car plus n'en avoit, et si étoit beau chevalier, jeune et entreprenant, fut courroucé outre mesure; et manda, quoiqu'il fut nuit, tous ses amis pour avoir conseil comment il en pourroit user ni soi contrevenger. Toutefois les plus sages et les mieux avisés de son conseil le refrenèrent et lui dirent que à lendemain on remontreroit ce au roi d'Angleterre, et seroit requis que il en fit loi et justice.

Ainsi se passa la nuit; et fut messire Richard de Stafford enseveli au matin en une église d'un village qui là est; et y furent tous ceux de son lignage, barons, chevaliers et écuyers qui en cette armée étoient.

Après l'obsèque, fait le comte de Stafford et eux bien soixante de son lignage et du lignage son fils montèrent sur leurs chevaux et s'en vinrent vers le roi qui jà étoit informé de cette avenue. Si trouvèrent le roi et ses oncles et grand' foison d'autres seigneurs de-lez (près) lui. Le comte de Stafford, quand il fut venu devant le roi, se mit à genoux, et puis parla tout en pleurant, et dit en grand' angoisse de cœur: « Roi, tu es roi de toute Angleterre et as juré solemnellement à tenir le royaume d'Angleterre en droit et à faire justice; et tu sçais comment ton frère, sans nul titre de raison, a mort mon fils et mon héritier. Si te requiers que tu me fasses droit et justice, ou autrement tu n'auras pire ennemi de moi et vueil (veux) bien que tu saches que la mort de mon fils me touche de si près que si je ne cuidois (croyois) rompre et briser le voyage auquel nous sommes, et recevoir par le trouble que je mettrois en notre ost plus de dommage et de paroles que d'honneur, il seroit amendé et contrevengé si hautement que à cent ans à venir on en parleroit en Angleterre. Mais à présent je m'en souffrirai tant que nous serons sur ce voyage d'Écosse, car je ne vueil (veux) pas réjouir nos ennemis de mon ennoy (ennui). » — « Comte de Stafford, répondit le roi, soyez tout certain que je tendrai justice et raison si avant que les barons de mon royaume ne oseroient ou voudroient juger; ni jà pour frère que j'aie je ne m'en feindrai (épargnerai). » Adonc répondirent ceux du lignage au comte de Stafford: « Sire, vous avez bien parlé; et grand merci. »

Ainsi furent les proesmes (parents) de messire Richard de Stafford rapaisés; et se parfit le voyage allant en Écosse, si comme je vous recorderai; ni oncques sur tout le chemin le comte de Stafford ne montra semblant de la mort de son fils; dont tous les barons le tinrent à moult sage [1].

---

[1] Le comte de Stafford fit, l'année suivante, un pélerinage à Jérusalem, probablement à l'occasion de la perte de son fils, et mourut l'année d'après à son retour à Rhodes. J. A. B.

CHAPITRE CCXXXIV.

Comment l'amiral de France et les Écossois se déconseillèrent de combattre les Anglois. Comment ils entrèrent en Galles et ardirent le pays; et les Anglois par semblable en Écosse.

Or s'avancèrent ces osts du roi d'Angleterre où bien avoit sept mille hommes d'armes et soixante mille archers. Ni rien n'étoit demeuré derrière; car on disoit parmi Angleterre que messire Jean de Vienne les combattroit. Et voirement (vraiment) en étoit-il en grand' volonté et le disoit aux barons d'Écosse par telles manières: « Seigneurs, faites votre commandement le plus grand que vous pourrez; car si les Anglois viennent si avant que jusques en Écosse, je les combattrai. » Et les Escocs (Écossois) répondirent de premier: « Dieu y ait part. » Mais depuis orent (eurent)-ils autre avis.

Tant exploitèrent les osts du roi d'Angleterre que ils passèrent Durem (Durham) et le Neuf-Châtel (Newcastle) [1] et la rivière du Thin (Tyne) et toute la Northumberland et vint le roi en la cité de Berwick de laquelle messire Mathieu Rademen (Redman) étoit capitaine, qui reçut le roi liement; car

---

(1) Newcastle est situé sur la Tyne entre Berwick et Durham que Froissart devoit placer en dernier lieu. J. A. B.

la cité étoit à lui. Guères ne séjourna le roi à Berwick quand il passa outre, et tout l'ost; et passèrent la rivière de Tinde (Tweed) qui vient de Rosebourch (Roxburgh) et d'amont des montagnes de Northumberland[1]; et s'en vint l'avant-garde loger en l'abbaye de Maures (Melrose). Oncques en devant, par toutes les guerres d'Écosse et d'Angleterre, cette abbaye n'avoit eu nul dommage; mais elle fut adonc toute arse et exillée (ravagée); et étoit l'intention des Anglois que ainçois (avant) que ils rentrassent en Angleterre ils détruiroient toute Écosse, pour la cause de ce qu'ils s'étoient fortifiés en cette saison des François.

Quand l'amiral de France sçut les nouvelles que le roi d'Angleterre et les Anglois avoient passé la rivière du Thin (Tyne) et celle aussi de la Tinde (Tweed) et qu'ils étoient à la Morlane (Lamberlaes) et entrés en Écosse, si dit aux barons d'Écosse: «Seigneurs, pourquoi séjournons-nous ci? Que ne nous mettons-nous en lieu pour voir et aviser nos ennemis, et eux combattre? On nous avoit informés, ainçois (avant) que nous vinssions en ce pays, que si vous aviez mille lances ou environ de bonnes gens de France vous seriez forts assez pour combattre les Anglois : je me fais fort que vous en avez bien mille et plus, et cinq cents arbalêtriers; et vous dis que les chevaliers et écuyers qui sont en ma compagnie sont droites gens d'armes et fleur de chevalerie, et point

[1] La Tweed ne sort pas des montagnes du Northumberland, mais du comté de Peebles, autrement appelé Tweedsdale (vallée de la Tweed.) J. A. B.

ne fuiront, mais attendront l'aventure telle que Dieu la nous voudra envoyer. »

A ces paroles répondirent les barons d'Écosse qui bien connoissance avoient des Anglois et de leur puissance, et qui nulle volonté n'avoient de combattre: « Par ma foi, monseigneur, nous créons bien que vous et les vôtres sont toutes gens de fait et de vaillance; mais nous entendons que toute Angleterre est widiée (vidée) pour venir en ce pays, ni oncques ne se trouvèrent les Anglois tant de gens ensemble comme il sont ores (maintenant); et nous vous mettrons bien en tel lieu que vous les pourrez bien voir et aviser; et si vous conseillez qu'ils soient combattus ils n'en seront jà de par nous refusés, car voirement (vraiment) toutes les paroles que vous avez dites et mises avant avons-nous dites. » — « De par Dieu, dit l'amiral, et je le veuil (veux). »

Depuis ne demeura mie longuement que le comte de Douglas et les autres barons d'Écosse menèrent l'amiral de France sus une forte montagne en leur pays; au dessous avoit un pas par où il convenoit passer les Anglois leur cariage et tout l'ost. De cette montagne où l'amiral étoit, et grand'foison de chevalerie de France en sa compagnie, virent-ils tout clairement les Anglois et leur puissance :.si les avisèrent au plus justement qu'ils purent et les nombrèrent à six mille hommes d'armes et bien, que archers que gros varlets, à soixante mille. Si dirent en eux-mêmes, tout considéré, que ils n'étoient pas assez gens pour eux combattre; car des Escocs (Écossois) ils ne se trouvoient point mille lances et autant de leur côté et environ trente mille hommes des autres gens et moult mal armés. Si dit l'amiral au comte de Douglas et au comte de Mouret (Moray) : « Vous avez assez raison de non vouloir combattre ces Anglois; mais avisez-vous que vous voudrez faire; ils sont bien si forts que pour chevaucher parmi votre pays et du tout détruire; et puisque combattre ne les pouvons, je vous prie que vous me menez, parmi votre pays et parmi chemins non hantés, en Angleterre; si leur ferons guerre à l'autre part, ainsi comme ils nous la font ici, s'il est ainsi que ce se puist (puisse) faire. » — « Oïl, sire, ce répondirent les barons d'Écosse. »

Messire Jean de Vienne et les barons d'Écosse orent (eurent) là conseil ensemble que ils guerpiroient (quitteroient) leur pays et lairoient (laisseroient) les Anglois convenir, et chevaucheroient outre, et entreroient en Galles (Galloway) et iroient devant la cité de Carlion (Carlisle), et trouveroient là assez de bon pays où ils se contrevengeroient. Ce conseil et avis, par l'accord de tous, fut arrêté entre eux. Si se trahirent (rendirent) toutes gens d'armes à l'opposite des Anglois et prindrent (prirent) les forêts et les montagnes; et ainsi comme ils chevauchoient parmi Écosse, eux mêmes détruisoient leur pays et ardoient villages et manoirs, et faisoient hommes et femmes et enfants et pourvéances retraire (retirer) ès forêts d'Écosse; car bien savoient que les Anglois ne les iroient jamais là quérir; et passèrent tout à travers leurs pays. Et s'en alla le roi, pourtant (attendu) qu'il n'étoit pas en bon point pour chevaucher, en la sauvage Écosse, et là se tint toute la guerre durant, et en laissa ses gens convenir. Si passèrent les François et les Escocs (Écossois) les montagnes qui sont à l'encontre du pays de Northumberland et d'Écosse et entrèrent en la terre de Galles (Galloway), et commencèrent à ardoir le pays et les villages et à faire moult de desrois (désordres) en la terre de Montbray (Mowbray) qui est au comte de Nottingham et en la comté de Stafford et en la terre du baron de Grisop (Greystoch) et du seigneur de Moussegrave (Musgrave), et prindrent (prirent) leur chemin par ces terres et pays pour venir devant la cité de Carlion (Carlisle).

Entrementes (pendant) que l'amiral de France, et ceux qui en sa compagnie étoient, le comte de Grand-Pré, le sire de Vodenay, le sire de Sainte Croix, messire Geoffroy de Chargny, messire Guillaume de Vienne, messire Jacques de Vienne seigneur d'Épagny, le sire de Hacz, le sire de Moreuil, messire Waleran de Raineval, le sire de Beausault, le sire de Wauvrin, messire Perceval d'Ayneval, le baron d'Ivry, le baron de Fontaines, le sire de Rivery, messire Bracquet de Bracquemont, le seigneur de Landury et bien mille lances de barons, de chevaliers et d'écuyers de France et les seigneurs d'Écosse et leurs gens ardoient et chevauchoient en Northumberland entre ces montagnes et alloient ardant et exillant (ravageant) villes, manoirs et pays sur les frontières de Galles (Galloway). Aussi étoient le roi d'Angleterre et ses oncles et les barons et chevaliers d'Angleterre et leurs routes (troupes) entrés en Écosse et ardoient et pilloient d'autre part; et s'en vinrent le roi et les Anglois loger à Haindebourc (Édimbourg) la souveraine cité d'Écosse, et là fut le roi cinq jours. A son département elle fut toute arse que rien n'y demeura [1]; mais le châtel n'ot (eut) garde, car il est bel et fort, et si étoit bien gardé. En ce séjour que le roi Richard fit en Haindebourc (Édimbourg) les Anglois coururent tout le pays d'environ et y firent moult de desrois (désordres); mais nullui (personne) n'y trouvèrent; car tout avoient retrait (retiré) ens (dans) ès forts et ens (dans) ès grands bois, et là chassé tout leur bétail.

En l'ost du roi d'Angleterre avoit plus de cent mille hommes et bien autant de chevaux; si leur convenoit grands pourvéances; car nulles n'en trouvoient en Écosse; mais d'Angleterre leur en venoient grand'foison par mer et par terre. Si se départirent le roi et les seigneurs de Haindebourc (Édimbourg) et chevauchèrent vers Donfremelin (Dunfermline), une ville assez bonne où il y a une belle et assez grosse abbaye de noirs moines; et là sont ensevelis par usage les rois d'Écosse. Le roi d'Angleterre se logea en l'abbaye, car ses gens prirent la ville, ni rien ne leur dura. A leur département elle fut toute arse, abbaye et ville, et puis cheminèrent outre vers Strumelin (Stirling), et passèrent

---

[1]. Walter Bower, dans la continuation du Scotichronicon de Jean de Fordun dit que l'église de St. Gilles d'Édimbourg fut consumée par cet incendie. J. A. B.

au dessus de Strumelin (Stirling) la rivière de Tay [1] qui cuert (coule) à Saint Jean Ston (Perth).

Au châtel de Strumelin (Stirling) ot (eut) grand assaut ; mais ils n'y conquirent rien, ainçois (mais) y ot (eut) de leurs gens morts et blessés assez. Si s'en partirent et ardirent la ville et toute la terre au seigneur de Versy et cheminèrent outre.

L'intention du duc de Lancastre et de ses frères et de plusieurs barons et chevaliers d'Angleterre étoit telle qu'ils passeroient tout parmi Écosse et poursuivroient les François et les Escocs (Écossois), car bien étoient informés par leurs coureurs que ils avoient pris le chemin de Galles (Galloway) pour aller vers la cité de Carlion (Carlisle), et les meneroient si avant que ils les enclourroient (enfermeroient) entre Écosse et Angleterre, et par ainsi les auroient-ils à leur avantage, ni jamais ne retourneroient que ils ne fussent morts ou pris, car bien étoit en leur puissance, mais (pourvu) que leurs pourvéances fussent venues. A ce conseil se tenoient-ils entre eux et l'avoient arrêté. Si couroient leurs gens à leur volonté parmi Écosse, ni nul ne leur alloit au devant ; car le pays étoit tout vuiz (vide) de gens d'armes qui étoient avecques l'amiral de France. Et ardirent les Anglois la ville de Saint Jean Ston (Perth) en Écosse où la rivière du Tay cuert (court) et y a un bon port pour aller partout le monde ; et puis la ville de Donde (Dundee) ; et n'é-

---

(1) Le Tay coule en effet à Perth, mais à une assez grande distance de Stirling et dans une autre direction. J. A. B.

pargnoient abbayes ni moûtiers: tout mettoient les Anglois en feu et en flamme; et coururent jusques à Abredemen (Aberdeen) les coureurs et l'avant-garde, laquelle cité siéd sur mer et est à l'entrée de la sauvage Écosse, mais nul mal n'y firent. Si en furent ceux du lieu assez effrayés, et cuidèrent (crurent) bien avoir l'assaut et que le roi d'Angleterre y dut venir.

Tout en telle manière que les Anglois se demenoient en Écosse se demenoient les François et les Escocs (Écossois) en Angleterre en la marche de Northumberland et de Galles (Galloway); et ardirent et exillièrent (ravagèrent) un grand pays au département de Northumberland en entrant en Galles, que on dit Weselant (Westmoreland); et passèrent parmi la terre du baron de Graiscop (Gleystock) et du baron de Clifford et ardirent en cette marche là en cheminant plusieurs gros villages où nul homme de guerre n'avoit oncques mais été, car le pays étoit tout vuiz (vide) de gens d'armes; car tous étoient en la chevauchée du roi, si ne leur alloit nul au devant. Et firent tant qu'ils vinrent devant la cité de Carlion (Carlisle) en Galles (Galloway), laquelle étoit bien fermée de portes, de murs, de tours et de bons fossés; car jadis le roi Artus [1] y séjournoit plus volontiers que ailleurs, pour les beaux bois qui y sont environ, et pour ce que les grands merveilles d'armes y avenoient.

---

(1) Voyez ce que j'ai dit sur cette erreur de Froissart. P. 8. note 2. du 1er. Vol. de cette édition. J. A. B.

En la cité de Carlion (Carlisle) étoient en garnison messire Louis Clifford frère au seigneur, messire Guillaume de Neufville (Nevill), messire Thomas Montsegrave (Musgrave) et son fils, David Houlegrane (Holegrave), messire d'Angorisse (Angus) et plusieurs autres qui étoient des marches et frontières de Galles (Galloway), car la cité de Carlion (Carlisle) en est la clef. Et bien leur besogna qu'il y eut gens d'armes pour la garder; car quand l'amiral de France et ses gens furent venus devant, il la fit assaillir par grand' ordonnance, et y ot (eut) assaut dur et fier; et aussi ils étoient gens dedans de grand' défense; et là furent faites devant Carlion (Carlisle) plusieurs grands appertises d'armes.

CHAPITRE CCXXXV.

Comment le roi Richard d'Angleterre fut conseillé de retourner en Angleterre; et comment il parla fièrement à son oncle le duc de Lancastre.

Bien supposoient les oncles du roi d'Angleterre et les seigneurs que l'amiral de France et les Escocs (Écossois) tenoient ce chemin que ils avoient pris, et que en la marche de Galles (Galloway) et du Northumberland ils feroient du pis qu'ils pourroient. Si disoient entre eux les Anglois: « Nous ne pouvons faire meilleur exploit, mais (pourvu) que nos pourvéances soient toutes venues, que de aller ce chemin que nos ennemis sont allés, et tant les cerchier (chercher) que nous les trouvons et eux combattre. Ils ne nous peuvent par nul chemin du monde fuir ni éloigner que nous ne les ayons à notre aise et volonté. »

En ce propos étoient le duc de Lancastre et ses frères et plusieurs hauts barons d'Angleterre et la greigneur (majeure) partie de la communauté de l'ost; et jà étoient toutes leurs pourvéances venues, tant par mer comme par terre, et le roi l'avoit mêmement, présents ses oncles, accordé et arrêté; et tous étoient en cette volonté quand une nuit le comte d'Asquesuffort (Oxford) qui étoit pour ce temps tout le cœur et le conseil du roi, ni le roi n'avoit nul homme où il eut parfaitement fiance fors en lui, détourna et déconseilla tout. Je ne sçais mie sur quelle entente (but), mais il informa le roi, si comme on sçut depuis, et lui dit: « Ha, monseigneur, à quoi pensez-vous qui voulez faire ce chemin que vos oncles vous conseillent à faire? Sachez que si vous le faites ni allez aucunement jamais vous ne retournerez; ni le duc de Lancastre ne tire à autre chose que à ce qu'il soit roi et que vous soyez mort. Comment vous peut, ni ose-t-il conseiller à aller sur l'hiver en pays que point ne connoissez et passer les montagnes de Northumberland? Il y a tels trente passages et détroits que si nous étions enclos dedans jamais n'en serions hors fors par le danger (pouvoir) des Escocs (Écossois); nullement ne vous boutez en ce danger ni péril, pour chose que on vous ait dit; et si le duc de Lancastre y veut aller, si y voise (aille) lui et sa charge; car jà, par mon conseil, vous n'y entrerez : vous en avez assez fait pour une saison. Oncques le bon roi Édouard votre tayon (ayeul) ni monseigneur le prince votre père ne furent si avant en Écosse comme vous avez été à cette fois; si vous doit bien suffire: gardez votre corps, vous êtes jeune et à venir; et tel vous montre beau semblant qui vous aime moult petit. » Le roi d'Angleterre entendit aux paroles de ce comte dessus nommé si parfaitement que oncques puis ne lui purent issir hors de la tête, si comme je vous dirai ci-après ensuivant.

Quand ce vint au matin les seigneurs d'Angleterre et leurs gens s'ordonnoient au partir et tenir le chemin de Galles (Galloway) pour là aller devant Carlion (Carlisle) ou ailleurs combattre les François et les Escocs (Écossois), ainsi que le soir devant ils avoient en conseil eu, proposé et arrêté; et vint le duc de Lancastre devers son neveu le roi, qui rien ne savoit de ce trouble. Quand le roi le vit qui étoit en sa mélancolie et yreux (courroucé) pour l'information dessus dite, si lui dit tout acertes (sérieusement): « Oncle de Lancastre, vous ne venrez (viendrez) pas encore à votre entente (but); pensez-vous que pour vos paroles nous nous veuillions perdre ni nos gens aussi? Vous êtes trop oultragieux (téméraire) de nous conseiller follement, et plus ne croirai ni vous ni vos consaulx (conseillers); car en ce je y vois plus de dommage et de péril que de profit, d'honneur ni d'avancement pour nous et pour nos gens. Et si vous voulez faire le voyage que vous nous mettez avant si le faites; car point ne le ferons; ainçois (mais) retournerons en Angleterre; et tous ceux qui nous aiment si nous suivent. »

Adonc dit le duc de Lancastre: « Et je vous suivrai; car vous n'avez homme de votre compagnie qui tant vous aime comme je fais et mes frères aussi; et si nul vouloit dire ni mettre outre, excepté votre corps, que je voulsisse (voulusse) autre chose que bien à vous et à vos gens, j'en baillerois mon gage. » Nul ne releva cette parole. Et le roi se tut et parla à ceux qui le servoient d'autres paroles, en lui ordonnant pour retourner en Angleterre le chemin qu'il étoit venu. Et le duc de Lancastre se départit du roi pour l'heure, tout merencolieux (triste); et retourna entre ses gens, et fit nouvelles ordonnances; car au matin ils cuidoient (croyoient) poursuir (poursuivre) les François et les Escocs (Écossois) jusques en Galles (Galloway): mais non firent, ainçois (mais) se mirent tous au retour vers Angleterre. Or regardez comment le comte d'Asquesuffort (Oxford), qui étoit pour le temps tout le cœur du roi, rompit ce voyage. Et bien disoient les aucuns seigneurs que le roi étoit mal conseillé, au cas qu'il avoit toutes ses pourvéances avecques lui de ce qu'il ne poursuivoit les Escocs (Écossois) jusques en Galles (Galloway); car toujours en faisant ce chemin rapprochoit-il Angleterre. Et les autres qui resongnoient (craignoient) la peine, tout considéré, disoient que non, et qu'il faisoit, pour si grand ost comme ils étoient, trop dur chevaucher sur le temps d'hiver à passer les montagnes entre Northumberland et Galles (Galloway), et que plus y pouvoit on perdre que gagner à faire ce voyage.

CHAPITRE CCXXXVI.

Comment l'amiral de France et toute sa route (troupe) furent durement traités en Écosse; et a quel meschef ils retournèrent en France et racontèrent au roi la condition et puissance d'Écosse et tout ce qu'il leur en sembloit.

Ainsi se portèrent en cette saison ces besognes, et se dérompit cette chevauchée; et s'en retournèrent le roi d'Angleterre et les barons arrière, tout le chemin que ils étoient venus, en Angleterre. Mais ils avoient détruit la greigneur (majeure) partie du royaume d'Écosse. Ces nouvelles vinrent à l'amiral de France et aux François et aussi aux barons d'Écosse que les Anglois s'en retournoient et s'en r'alloient en leur pays: si eurent entre eux conseil comment ils se maintiendroient. Conseillé fut et arrêté que ils s'en retourneroient; car pourvéances leur commençoient à faillir, et si se trouvoient en poure (pauvre) pays; car ils avoient tout détruit la marche de Carlion (Carlisle) et la terre du baron de Clifford et du seigneur de Montbray (Mowbray) et l'évêché de Carlion (Carlisle); mais la cité ne purent-ils avoir. Et disoient les François entre eux que ils avoient ars en l'évêché de Durem (Durham) et en l'évêché de Carlion (Carlisle) telles quatre villes qui mieux valoient que toutes les villes du royaume d'Écosse ne faisoient. Si retournèrent en leur pays les Escots (Écossois), et les François aucques (aussi), le chemin qu'ils avoient fait; et quand ils retournèrent en la douce Écosse ils trouvèrent tout le pays détruit; mais les gens du pays n'en faisoient nul compte et disoient que sur six ou huit estançons (pieux) ils auroient fait tantôt nouvelles maisons. De bêtes pour vivres trouvoient-ils assez; car les Escocs (Écossois) les avoient sauvées ens (dans) ès hautes forêts. Mais sachez que tout ce que les François prenoient il leur convenoit payer et acheter bien cher; et furent, telle fois fut, en grand'aventure les François et les Escocs (Écossois) de eux mêler, par riote (dispute) et débat avoir l'un à l'autre. Et disoient les Escocs (Écossois) que les François leur avoient plus porté de dommage que les Anglois; et quand on leur demandoit en quoi, ils répondoient : en ce que en chevauchant parmi notre pays ils ont foulé et abattu les blés, les orges et les avoines, et qu'ils ne daignoient chevaucher les chemins ; desquels dommages ils vouloient avoir recouvrée (réparation) ainçois (avant) que ils partissent d'Écosse; et que ils ne trouveroient vaissel ni maronnier (marin), outre leur volonté, qui les mit outre la mer. Et plusieurs chevaliers et écuyers se plaignoient des bois que on leur avoit coupés et désertés; et tout ce avoient fait les François pour eux loger.

Quand l'amiral de France et les barons, chevaliers et écuyers de France qui étoient en sa compagnie furent retournés en la marche de Haindebourc (Édimbourg), ils orent (eurent) moult de disettes et de souffretés, et ne trouvoient à peine rien pour leurs deniers à vivre. De vins n'avoient-ils nuls; à grand' peine pouvoient-ils avoir de la petite cervoise (bière) et du pain d'orge ou d'avoine; et étoient leurs chevaux morts de faim et enfondrés de poureté (pauvreté). Et quand ils les vouloient vendre ils ne savoient à qui, ni ils ne trouvoient qui leur en donnât maille ni denier; ni de leurs harnois aussi. Et remontrèrent ces seigneurs à leur capitaine l'amiral comment ils étoient menés; et il aussi le savoit bien de lui-même; et lui dirent qu'ils ne pouvoient longuement vivre en cette peine, car le royaume d'Écosse n'étoit pas un pays pour hiverner ni hostier, et que avant l'été revenu, si ils demeuroient là, ils seroient tous morts de pauvreté; et si ils s'épandoient sur le pays pour querre (chercher) leur mieux, ils faisoient doute que les Escocs (Écossois) qui les haïoient pour leurs varlets qui les avoient battus et villennés en fourrageant ne les murdrissent (tuassent) en leurs lits quand ils seroient asseulés (isolés); car ils en oyoient aucune nouvelle.

L'amiral considéra bien toute ces choses et véoit bien assez clairement qu'ils avoient droit et raison de ce remontrer, quoique il eut imagination et propos de là hiverner et de remander tout son état au roi de France et au duc de Bourgogne; et devisoit que pour eux rafraîchir à l'été on lui renvoieroit gens, or et argent et pourvéances, et feroient bonne guerre aux Anglois. Mais bien véoit, tout considéré, la mauvaiseté des Écossois et la pauvreté du pays et le péril où ses gens seroient qui demeureroient là, et il même, qu'ils ne pouvoient là hiverner: si donna congé à tous ceux qui partir vouloient, qu'ils partissent. Mais au département fut le grand meschef; car les barons ne pouvoient trouver passage pour eux ni pour leurs gens. On vouloit bien en Écosse que les pauvres compagnons et aucuns petits chevaliers et écuyers qui n'avoient nulle grand' charge se partissent, pour plus affoiblir et maistrier (dominer) le demeurant (reste) des seigneurs de France, de Bourgogne, de Normandie, de Picardie et de Bretagne qui là étoient; et leur fut dit: « Vos gens se départiront bien quand ils voudront; mais point de ce pays ne partirez ni isterez (sortirez), si serons tous satisfaits des dommages que en cette saison pour faire votre armée avons eus. »

Ces nouvelles et remontrances furent moult dures à messire Jean de Vienne, au comte de Grand-pré, au seigneur de Vodenay et aux barons du royaume de France, et remontrèrent au comte de Douglas et au comte de Mouret (Moray) qui par semblant étoient courroucés de la dureté qu'ils trouvoient aux Escocs (Écossois), que ils ne faisoient mie en Écosse ainsi que bonnes gens d'armes et amis au royaume de France devoient faire, quand ainsi les vouloient mener et appaticer (gêner); et que ils se mettoient bien en parti que jamais chevalier d'Écosse n'auroit que faire de venir en France. Ces deux comtes dessus nommés qui assez propices étoient aux barons de France le remontrèrent à leurs gens. Les aucuns disoient que ils se dissimuloient avecques eux et que ils étoient participants à toutes ces besognes; car autant bien y avoient-ils perdu que les autres; et répondirent à l'amiral et aux barons de France qu'ils n'en pouvoient rien faire, et convenoit, si ils vouloient issir (sortir) d'Écosse, à ce s'étoit tout le pays arrêté, que les dommages fussent recouvrés. Quand l'amiral vit qu'il n'en auroit autre chose, si ne voulut pas perdre le plus pour le moins; car il se trouvoit hors de tout confort et enclos de la mer, et véoit les Escocs de sauvage opinion. Si descendit à toutes leurs ententes (intentions) et fit faire un cri parmi le royaume d'Écosse que quiconque lui sauroit rien que demander ni à ses gens, mais (pourvu) que les dommages on lui put remontrer justement, on se trait (rendit) devers lui, et tout seroit satisfait, payé et restitué. Ces paroles amollirent moult ceux du pays; et en fit l'amiral sa dette envers tous, et dit bien que jamais d'Écosse ne partiroit ni istroit (sortiroit) si seroient tous les plaignants payés et pleinement satisfaits.

Adonc orent (eurent) plusieurs chevaliers et écuyers passage et retournèrent en Flandre à l'Écluse et là où arriver pouvoient, tous affamés sans monture et sans armure. Et maudissoient Écosse quand oncques ils y avoient entré, et disoient que oncques si dur voyage ne fut, et qu'ils verroient volontiers que le roi de France s'accordât ou attrievât (prît trêve) aux Anglois un an ou deux, et puis allât en Écosse pour tout détruire; car oncques si males gens que Écossois sont, en nul pays ils ne virent, ni ne trouvèrent si faux ni si traîtres ni de si petite connoissance.

L'amiral de France, par les premiers retournants deçà la mer et par ceux de son hôtel escripsit (écrivit) tout son état au roi de France et au duc de Bourgogne; et comment les Escocs (Écossois) le menoient et avoient mené; et si on le vouloit r'avoir on lui envoyât toute la somme telle comme il l'avoit faite aux Escocs et dont il s'étoit endetté tant de gages qu'il étoit tenu par promesses aux chevaliers et écuyers du pays d'Écosse; car les Escoçois disoient que cette saison ils avoient guerroyé pour le roi de France, non pour eux; et que les dommages que les François leur avoient faits, tant en bois couper pour eux loger et ardoir, que les blés et les avoines et les fourrages des champs que ils avoient pris et foulés à chevaucher parmi en séjournant au pays et en faisant leur guerre; et que sans tout ce satisfaire il ne pouvoit retourner; car ainsi il avoit juré et promis aux barons d'Ecosse; et que du roi d'Écosse en toutes ces demandes il n'avoit en rien été aidé.

Le roi de France, le duc de Bourgogne et leurs conaulx (conseillers) étoient tenus de rachapter (racheter) l'amiral, car ils l'avoient là envoyé; si firent tantôt finance en deniers appareillés, et en furent paiements faits en la ville de Bruges, et toutes les demandes des Escocs là payées et satisfaites, tant que tous s'en contentèrent. Et se départit d'Écosse l'amiral amiablement quand il ot (eut) bien payé; autrement ne l'eut-il pu ni sçu faire; et prit congé au roi qui étoit en la sauvage Écosse, là se tient-il trop volontiers, et puis au comte James de Douglas et au comte de Mouret (Moray) qui le reconvoyèrent jusques à la mer. Et monta en mer à Haindebourc (Édimbourg) et ot (eut) vent à volonté et arriva en Flandre à l'Écluse. Aucuns chevaliers et écuyers qui en sa compagnie avoient allé ne tinrent pas son chemin, mais voulurent voir le pays outre Écosse. Si s'en allèrent aucuns en Norwège, en Dannemarck, en Suède, ou en Irlande voir le purgatoire Saint Patrick [1]; et aussi les aucuns retournèrent par mer cette saison par Prusse. Mais la greigneur (majeure) partie revinrent en France et arrivèrent à l'Écluse et au Crotoy; et quelle part qu'ils arrivassent ils étoient si pauvres que ils ne se savoient de quoi monter; et se montoient les aucuns, spécialement les Bourguignons, les Champenois, les Barrois et les Lorrains des chevaux des ahaniers (laboureurs) qu'ils trouvoient sur les champs. Ainsi se porta la reze (retour) d'Écosse.

Quand l'amiral de France fut arrière retourné en France devers le jeune roi Charles et le duc de Bourgogne, on lui fit bonne chère, ce fut raison, et lui demanda-t-on des nouvelles d'Écosse et de la condition et de la nature du roi et des barons.

---

(1) L'espèce de caverne, appelée le purgatoire de St. Patrick, est sur les bords du lac Dergh. J. A. B.

Il en recorda assez et dit bien que Escocs se retraient (copient) par nature aucques (aussi) sur la condition des Anglois [1]; car ils sont envieux sur les étrangers, et que à grand' peine il les avoit émus à faire chevauchée. Et leur dit que si Dieu lui aidât, il auroit plus cher à être comte de Savoie, ou d'Artois, ou de un tel pays que roi d'Écosse; et que toute la puissance d'Écosse il la vit en un jour ensemble, si comme les Escots le disoient; mais de chevaliers et d'écuyers ils ne se trouvèrent oncques cinq cents lances, et environ trente mille hommes pouvoient-ils être d'autres gens, si mal armés que contre les archers d'Angleterre ou contre gens d'armes n'auroient-ils nulle durée. Adonc fut à l'amiral demandé s'il avoit vu les Anglois et leur puissance. Il répondit: « Oïl; car quand, dit-il, je vis la manière des Escots qu'ils refusoient et fuyoient les Anglois, je leur priai qu'ils me missent en lieu où je les pusse aviser; aussi firent-ils. Je fus mis sur un détroit par où ils passèrent tous; et pouvoient bien être soixante mille archers et gros varlets et six mille hommes d'armes; et disoient les Escots que c'étoit toute la puissance d'Angleterre et que nul n'étoit demeuré derrière. Adonc pensèrent un petit les seigneurs de France, et puis dirent: « C'est grand' chose de soixante mille archers et de six ou de sept mille hommes d'armes. »—« Tant peuvent-ils bien être ou plus,

---

[1] C'est-à-dire que le caractère des Écossois ressemble beaucoup à celui des Anglois. J. A. B.

dit le connétable de France [1], mais je les aurois plus cher à combattre, pour eux légèrement ruer jus, en leur pays que je ne ferois la moitié moins de çà, et ce me disoit toujours mon maître le duc Henri de Lancastre qui me nourrit de ma jeunesse. »—« Par ma foi, connétable, dit messire Jean de Vienne, si vous eussiez été atout (avec) une bonne charge de gens d'armes et de Gennevois (Génois), si comme je le supposois et que conseillé fut, quand je emprins (entrepris) le voyage, nous les eussions combattus en-mi (milieu) le royaume d'Écosse ou affamés de leurs pourvéances; car il fut telle fois que ils en avoient grand' faute; et nous n'étions pas gens pour les tollir (enlever) ni enclorre (cerner). » Ainsi se dévisoient le connétable et l'amiral ensemble et mettoient le duc de Bourgogne en grand' volonté de faire un voyage grand et étoffé en Angleterre.

Nous nous souffrirons un petit à parler de eux, et retournerons aux besognes de Flandre.

CHAPITRE CCXXXVII.

COMMENT AUCUNS PRUDHOMMES DE LA VILLE DE GAND S'ENTREMIRENT D'ACQUÉRIR MERCI ET PAIX A LEUR SEIGNEUR NATUREL ET DE FINIR LA GUERRE.

Bien est vérité que le duc de Bourgogne avoit grand' imagination de faire à la saison qui retourne-

---

(1) Olivier de Clisson. J. A. B.

roit que on compteroit l'an mil trois cent quatre vingt six, un voyage grand et étoffé, de gens d'armes et de Gennevois (Génois); et y émouvoit le duc ce qu'il pouvoit le roi de France, qui pour ce temps étoit jeune et de grand' volonté et ne désiroit autre chose fors qu'il put aller voir le royaume d'Angleterre et ses ennemis. D'autre part aussi le connétable de France, qui étoit un chevalier de haute emprise et bien cru au royaume de France et qui de sa jeunesse avoit été nourri au royaume d'Angleterre, le conseilloit tout entièrement, et aussi faisoient messire Guy de la Trémouille et l'amiral de France.

Pour ce temps le duc de Berry étoit en Poitou et sur les marches de Limousin, si ne savoit rien de ces consaulx (conseils) ni de ces emprises. Le duc de Bourgogne qui étoit en France un grand chef et le plus grand après le roi, et qui tiroit à faire ce voyage de mer, avoit plusieurs imaginations; car bien savoit que tant que la guerre se tint en Flandre et que les Gantois lui fussent contraires le voyage de mer ne se pourroit faire; si étoit assez plus doux et plus enclin aux prières et aux traités de ceux de Gand. Car quoiqu'ils eussent alliances au roi d'Angleterre, et là avecques eux messire Jean de Boursier (Bourchier), un chevalier que le roi Richard leur avoit envoyé pour eux conseiller et gouverner, si désiroient-ils à venir à bonne paix; car ils étoient si menés de la guerre que les plus riches et les plus notables de la ville n'étoient pas maîtres ni seigneurs du leur, mais méchants gens et soudoyers par lesquels il convenoit que ils fussent menés et gouvernés. Et bien savoient les sages que en fin de temps ils ne pourroient tant durer que ils ne fussent en trop grand péril d'être tous perdus. Encore s'émerveilloient les aucuns, quand ils étoient tous ensemble et ils en parloient, comment en unité ils se pouvoient si longuement être tenus: mais les aucuns savoient bien, quand ils en parloient ensemble, que l'unité qui y étoit leur venoit plus par force et cremeur (crainte) que par amour; car les mauvais et les rebelles avoient si surmonté les paisibles et les bons que nuls n'osoient parler à l'encontre de ce que Pietre Dubois volsist (voulut) mettre et porter sus. Et bien savoit celui Pietre Dubois que si ceux de Gand venoient à paix que il en mourroit; si vouloit persévérer en sa mauvaiseté (méchanceté), et de paix ni de traité il ne vouloit, fors de guerre et de monteplier (multiplier) toujours mal. On n'osoit parler devant lui ni en derrière lui où on le sçut; car sitôt qu'il savoit quiconque en parloit, comme (quelque) prudhomme ni sage homme qu'il fut, il étoit tantôt mort sans merci.

Cette guerre que ceux de Gand avoient maintenue contre leur seigneur le comte Louis de Flandre et le duc de Bourgogne avoit duré près de sept ans; et tant de maléfices en étoient venus et descendus que ce seroit merveilles à recorder. Proprement les Turcs, les Payens et les Sarrasins s'en doutoient; car marchandises par mer en étoient toutes refroidies et toutes perdues. Toutes les bandes (côtes) de la mer, dès soleil levant jusques à soleil escoussant (couchant) et tout le septentrion s'en sentoient; car voir (vrai) est que de dix et sept royaumes chrétiens les avoirs et les marchandises viennent et arrivent à l'Écluse en Flandre, et tous ont la délivrance ou au Damme ou à Bruges. Or regardez donc à considérer raison, quand les lointains s'en doutoient, si les pays prochains ne le devoient pas bien sentir. Et si n'y pouvoit nul trouver moyens de paix; et crois, quand la paix y fut premièrement avisée, que ce fut par la grâce de Dieu et inspiration divine; et que Dieu ouvrit ses oreilles à aucunes prières de bonnes gens et eut pitié de son peuple; car moult de menu peuple gissoient et étoient en grand' pauvreté en Flandre ès bonnes villes et au plat pays par le fait de la guerre. Et comment la paix de ceux de Gand envers leur seigneur le duc de Bourgogne vint, je vous le recorderai de point en point, si comme au commencement des haines parquoi les guerres s'émurent: je vous ai dit et causé toutes les avenues de Jean Bar, de Jean Piet, de Ghisebrest Mathieu et de Jean Hyon et de leurs complices; et je vous prie que vous y veuilliez entendre.

En la ville de Gand, pour les jours que je vous parle, messire Jean le Bourchier régnant pour le roi d'Angleterre et Piètre Dubois qui lui aidoit à soutenir son fait et l'opinion des mauvais, avoit aucuns sages et prudhommes auxquels ces dissentions et haines déplaisoient trop grandement et leur touchoient moult de près au cœur; et si ne s'en osoient découvrir fors l'un à l'autre quoiement (tranquillement) et secrètement, car si Piètre Dubois l'eut sçu, que nul fit semblant de paix avoir ni vouloir, il fut mort sans merci, comme lui et Philippe d'Artevelle firent occire sire Simon Bete et sire Ghisebrest Gruthe; et encore depuis, pour ceux de Gand tenir en cremeur (crainte) en avoient-ils maints fait mourir.

En cette saison après ce que le roi de France ot (eut) bouté hors François Atremen (Ackerman) de la ville du Damme, et tout ars et détruit les Quatre-Métiers, et qu'il fut retourné en France, si comme ci-dessus est dit, ceux de Gand se commencèrent à douter; et supposoient bien les notables de la ville que à l'été le roi de France à puissance retourneroit devant la ville de Gand. Piètre Dubois ni ceux de sa secte n'en faisoient nul compte et disoient que volontiers ils verroient le roi de France et les François devant leur ville; car ils avoient si grandes alliances au roi d'Angleterre que ils en seroient bien confortés. En ce temps que je dis avoit en la ville de Gand deux vaillants hommes sages et prudhommes, de bonne vie et de bonne conversation, de nation et de lignage moyen, ni des plus grands ni des plus petits, auxquels par spécial déplaisoit trop grandement le différend que ils véoient et la guerre que en la ville ils sentoient envers leur naturel seigneur le duc de Bourgogne; et ne l'osoient remontrer pour les exemples dessus dits. L'un étoit des plus grands naviers qui fut entre les autres, quoique les naviages en la ville de Gand, la guerre durant, ne valoient rien; et s'appeloit sire Roger Eurewin: et l'autre étoit boucher le plus grand de la boucherie et qui le plus y avoit de voix, de lignage et d'amis; et l'appeloit-on sire Jacques de Ardembourg.

Par ces deux hommes fut la chose premièrement entamée, avecques ce que un chevalier de Flandre, qui s'appeloit messire Jean Delle, sage homme et traitable, y rendit grand' peine; mais sans le moyen des dessus dits il ne fut jamais entré ens (dans) ès traités ni venu: aussi ne fussent tous les chevaliers de Flandre; c'est chose possible à croire. Ce messire Jean Delle étoit de plusieurs gens bien aimé en la ville de Gand, et y alloit et venoit à la fois quand il lui plaisoit, ni nul soupçon on n'en avoit; ni aussi à nullui (personne), au commencement, de guerre ni de paix il ne parloit, ni n'eut osé parler si les mouvements ne fussent premièrement issus (sortis) des dessus dits sire Roger Eurewin et sire Jacques d'Ardembourg. Et la manière comment ce fut je la vous dirai.

Ces deux bourgeois dessus nommés prenoient grand' déplaisance au trouble que ils véoient au pays de Flandre, et tant que ils en parlèrent ensemble; et dit Roger à Jacques: « Qui pourroit mettre remède et attrempance (modération) entre la ville dont nous sommes de nation qui gît en dur parti et monseigneur de Bourgogne notre naturel seigneur, ce seroit grand' aumône, et en auroient ceux qui ce feroient grâce à Dieu et louange au monde; car le différend et le trouble n'y sont pas bien séants. » — « Vous dites voir (vrai), Roger, répondit Jacques;

mais c'est dur et fort à faire; car Piètre Dubois est trop périlleux : si n'ose nul mettre avant paix, amour ni concorde pour la doubtance (crainte) de lui; car là où il le sauroit on seroit mort sans merci; et jà en ont été morts tant maints prud'hommes qui pour bien en parloient et ensonnier (prendre soin) vouloient, si comme vous savez. » — « Adonc, dit Roger, demeurera la chose en cet état : toudis (toujours) il faut que, comment que ce soit, elle ait une fin, et par Dieu qui l'y pourroit mettre, onques si bonne journée ne fut. » — « Or me montrez, dit Jacques, une voie, et je l'orrai (entendrai) volontiers. » Roger répondit : « Vous êtes en la boucherie un des plus notables et des cremus (craints) qui y soit, si pourrez tout secrètement parler et remontrer votre courage (dessein) à vos plus grands amis; et quand vous verrez que ils y entendront, petit à petit vous entrerez eus (dedans). Et je d'autre part je suis bien de tous les navieurs, et sçais tant de leurs courages (intentions), que la guerre leur déplaît grandement; car ils ont grand dommage; ce je remontrerai à aucuns; et ceux retrairont (ameneront) les autres et mettront en bonne voie et quand nous aurons ces deux métiers d'accord, qui sont grands et puissants, les autres métiers et les bonnes gens qui désirent paix à avoir s'y inclineront. » — « Or bien, répondit Jacques, j'en parlerai volontiers aux miens, or en parlez aux vôtres. »

Ainsi fut fait comme proposé ils l'avoient, et en parlèrent si sagement et si secrètement chacun aux siens, que par la grâce du Saint-Esprit Jacques d'Ardembourg trouva ceux de la boucherie enclins à sa volonté; et Roger Eurewin d'autre part, par ses beaux langages, trouva aussi les naviers qui désiroient à ravoir leur naviage (1) dont il n'étoit nulle nouvelle, car il étoit clos, tous enclins et appareillés à ce qu'il voudroit faire.

CHAPITRE CCXXXVIII.

COMMENT LE DUC DE BOURGOGNE PARDONNA AUX GANTOIS TOUS MALÉFICES ET REBELLIONS; ET COMMENT CETTE PAIX FUT TRAITÉE ET DÉMENÉE.

On se mirent ces deux prud'hommes ensemble en eux découvrant de leurs besognes, et montrèrent l'un à l'autre comment ils trouvoient leurs gens appareillés et desirants de venir à paix. Si dirent: « Il nous faut un moyen (médiateur), sage homme et secret et de créance, qui notre affaire remontre à monseigneur de Flandre. » Messire Jean Delle leur chey (tomba) en la main, et tantôt l'avisèrent; et pour ce qu'il étoit hantable (habitué) de la ville de Gand, si parlèrent à lui et se découvrirent féalement de leurs secrets en disant: « Messire Jean, nous avons tant fait et labouré (travaillé) envers ceux de nos métiers qu'ils sont tous enclins à la

(1) Commerce par eau. J. A. B.

paix, là où monseigneur de Bourgogne voudroit tout pardonner et nous tenir ens (dans) ès franchises anciennes dont nous sommes chartrés et bullés et elles renouveller. » Messire Jean Delle répondit: « J'en traiterai devers lui volontiers; et vous dites bien. »

Lors se départit le chevalier de la ville et vint vers le duc de Bourgogne qui se tenoit en France de-lez (près) le roi, et lui remontra tout bellement et sagement les paroles dessus dites, et fit tant par beau langage que le duc s'inclina à ce qu'il y entendit volontiers; car pour le fait dessus dit de mener le roi en Angleterre et de faire là un grand voyage et exploit d'armes, il désiroit de venir à paix à ceux de Gand; et ses consaulx (conseillers), messire Guy de la Trémouille et messire Jean de Vienne, lui conseilloient, et aussi faisoient le connétable de France et le sire de Coucy; si répondit au chevalier: « Je ferai tout ce que vous ordonnez; et retournez devers ceux qui ci vous envoient. » Adonc lui demanda le duc si François Acremen (Ackerman) avoit été à ces traités. Il répondit: « Monseigneur, nennil; il est gardien du châtel de Gaure (Gauray), je ne sçais si ils voudroient que il en sçut rien. » — « Dites-leur, ce dit le duc, qu'ils lui en parlent hardiment; car il ne me portera nul contraire: je sens et entends qu'il désire grandement de venir à paix et à amour à moi. » Tout ce que le duc dit le chevalier fit et retourna à Gand et apporta ces deux bonnes nouvelles, tant qu'ils s'en contentèrent; et puis alla à François Ackerman au châtel de Gaure et se découvrit de toutes ses besognes secrètement à lui. François répondit après ce qu'il ot (eut) pensé un petit et dit liement: « Là où monseigneur de Bourgogne voudra tout pardonner et la bonne ville de Gand tenir en ses franchises je ne serai jà rebelle, mais diligent grandement de venir à paix. » Le chevalier se partit de Gaure et de François et s'en retourna en France devers le duc de Bourgogne et lui remontra tout son traité. Le duc l'ouït et l'entendit volontiers et escripsi (écrivit) lettres ouvertes et lettres closes qui furent scellées de son scel, moult douces et moult amiables à ceux de Gand adressants. Et les apporta le chevalier, et retourna en Flandre et vint, à Gand; mais il n'avoit point les lettres adoncques avecques lui, mais il s'en fit fort à sire Roger Eurewin et à sire Jacques d'Ardembourg par lesquels la chose étoit toute demenée. Or regardez le grand péril où le chevalier et eux se mettoient; car si par nulle suspeccion (soupçon) ni par quelconque autre voie messire Jean Bourchier ou Piètre Dubois l'eussent sçu, il n'étoit rien de leurs vies. Oncques chose périlleuse ne fut plus sagement demenée; et Dieu proprement y ouvra.

Or dirent sire Roger Eurewin et sire Jacques d'Ardembourg à messire Jean Delle: « Vous viendrez jeudi en cette ville sur le point de neuf heures et apporterez avecques vous les lettres de monseigneur de Bourgogne; si les montrerons, si nous pouvons venir à notre entente (but), à la communauté de Gand et leur ferons lire, parquoi ils y ajouteront plus de foi et de créance; car à l'heure que nous vous disons nous serons tous seigneurs de la ville ou tous morts. Si vous ouez (entendez) dire, à l'entrer en la ville, que nous soyons au-dessous, vous n'y aurez que faire d'entrer, mais retournerez-vous du plutôt que vous pourrez; car si on trouvoit les lettres sur vous, si vous aviez mille vies, si seriez-vous mort. Et si vous ouez (entendez) dire que nos choses soient en bon point, si venez hardiment avant, vous serez liement recueilli. » Messire Jean Delle répondit que ainsi seroit fait. Atant (alors) fina leur conseil; et ce fut le lundi: si se départirent l'un de l'autre et s'en alla chacun en son hôtel. Et messire Jean Delle vida la ville, tout informé et avisé de ce qu'il devoit faire. Les deux dessus nommés entrèrent en grand soin pour traire (tirer) leur besogne à bon chef et s'ensonnièrent (occupèrent) le mardi et le mercredi d'aller et de parler à leurs plus féables amis les doyens des métiers; et tant firent qu'ils en orent (eurent) grand' quantité de leur accord. Et avoient d'ordonnance que ce jeudi sur le point de huit heures ils se départiroient de leurs hôtels, la bannière du comte de Flandre en leur compagnie et auroient un cri en criant: « Flandre au Lion! Le seigneur au pays, paix en la bonne ville de Gand, quitte et pardonne tous malefices faits! » Oncques ne purent les dessus dits cette chose demener si sagement ni si secrètement que Piètre Dubois ne le sçut. Sitôt qu'il en fut informé il s'en vint devers messire Jean le Bourchier, le souverain capitaine pour lors de par le roi d'Angleterre, et lui dit: « Sire, ainsi et ainsi va; Roger Eurewin et Jacques d'Ardembourg doivent demain sur le point de huit heures venir au marché, la bannière de Flandre en leurs mains, et doivent là parmi la ville crier: Flandre au lion! Le seigneur au pays, paix en la bonne ville de Gand et tenue en toutes ses franchises, et quitte et pardonne tous malefices faits. Ainsi serons-nous et le roi d'Angleterre, si nous n'allons au devant, boutés hors de nos jurisdictions. » — « Et quelle chose, dit le sire de Bourchier, est bonne à faire? » — « Il est bon, dit Piètre, que demain au matin nous nous assemblons en l'hôtel de la ville, et faites armer toutes vous gens et nous en venrons (viendrons) fendants parmi la ville, les bannières d'Angleterre en notre compagnie, et crierons ainsi: Flandre au Lion! le roi d'Angleterre au pays, paix et seigneur en la ville de Gand, et meurent tous les traîtres! Et quand nous serons venus au marché des denrées, ceux qui sont de notre accord se treyent (rendent) avecques nous; et là occirons-nous tous les rebelles et les traîtours (traîtres) envers le roi d'Angleterre à qui nous sommes. » — « Je le vueil (veux), dit le sire de Bourchier, et vous avez bien visé, et ainsi sera-t-il fait. »

Or regardez si Dieu fut bien pour les deux prud'-hommes dessus dits, sire Roger et sire Jacques; car de toute cette ordonnance et de tout ce que ils devoient faire ils furent informés. Quand ils le sçurent, si ne furent-ils pas ébahis, ni point ne leur convenoit être, mais fermes et forts et tous conseillés. Le soir ils allèrent et envoyèrent devers les doyens et leurs amis en disant : « Nous devions aller au marché des denrées à huit heures, mais il nous faut là être à sept. » Et tout ce firent-ils pour rompre le fait de Pietre Dubois. Tous s'y accordèrent, ceux qui signifiés en furent, et le firent en après savoir l'un à l'autre.

Quand ce vint le jeudi au matin messire Jean le Bourchier et sa route (troupe) s'en vinrent en l'hôtel que on dit Le Valle, et pouvoient être parmi les archers, environ soixante; et là vint Pietre Dubois qui étoit espoir (peut-être) lui quarantième: tous s'armèrent et mirent en bonne ordonnance; Roger Eurewin et Jacques d'Ardembourg s'assemblèrent sur un certain lieu où ils devoient être; et là vint la greigneur (majeure) partie des doyens de Gand. Adonc prindrent (prirent)-ils les bannières du comte et se mirent à voie parmi la ville en criant: « Flandre au Lion, le seigneur au pays, paix à la ville de Gand, quitte et pardonne tous maléfices, et Gand tenue en toutes ses franchises. » Ceux qui oyoient ce cri et qui véoient les doyens de leurs métiers et les bannières du comte se boutoient en leur route (troupe) et les suivoient le plutôt que ils pouvoient. Si s'en vinrent sur le point de sept heures au marché des denrées, et là s'arrêtèrent et mirent les bannières du comte devant eux; et toujours leur venoient gens qui s'ordonnoient avecques eux.

Nouvelles vinrent à messire Jean le Bourchier et à Pietre Dubois, qui étoient en La Valle et là faisoient leur assemblée, comment Roger Eurewin et Jacques d'Ardembourg avoient fait leur assemblée et pris le marché des denrées. Adonc se départirent-ils et se mirent au chemin, les bannières du roi d'Angleterre en leurs mains; et ainsi comme ils venoient ils crioient et disoient: « Flandre au Lion et le roi d'Angleterre notre seigneur au pays, et morts tous les trahitours (traîtres) qui lui sont ou seront rebelles ni contraires! Ainsi s'en vinrent-ils jusques au marché des denrées et là s'arrêtèrent-ils et se rangèrent devant les autres et mistrent (mirent) les bannières du roi d'Angleterre devant eux, et attendoient gens; mais trop peu de ceux qui venoient se boutoient en leur route (troupe), ainçois (mais) se traioient (rendoient) devers les bannières du comte; et tant que Roger Eurewin et Jacques d'Ardembourg en orent (eurent) de cent les quatre vingts, et plus encore, et fut tout le marché couvert de gens d'armes; et tous se tenoient quoys (calmes) en regardant l'un l'autre.

Quand Piètre Dubois vit que tous les doyens des métiers de Gand et toutes leurs gens se traioient (rendoient) devers Roger Eurewin et Jacques d'Ardembourg, si fut tout ébahi et se douta grandement de sa vie; car bien véoit que ceux qui le souloient (avoient coutume de) servir et incliner (saluer) le fuioient: si se bouta tout quoyement (tranquillement) hors de la presse, sans dire : « Je m'en vois (vais). » Et se dissimula et ne prit point congé à messire Jean le Bourchier ni aux Anglois qui là étoient et s'en alla mucier (cacher) pour doubte (crainte) de la mort.

Quand sire Roger Eurewin et Jacques d'Ardembourg virent le convenant (arrangement) et que presque tout le peuple de Gand étoit trait (rendu) dessous leurs bannières, si en furent tous réjouis et reconfortés et à bonne cause ; car ils connurent bien que les choses étoient en bon état et que le peuple de Gand vouloit venir à paix envers leur seigneur ; adonc se départirent-ils tous deux de là où ils étoient, une grande route (troupe) de gens en leur compagnie ; et portoient bannières de Flandre devant eux ; et la grosse route (troupe) demeuroit derrière ; et s'en vinrent devers messire Jean le Bourchier et les Anglois qui ne furent pas trop asseurs (assurés) de leurs vies quand ils les virent venir. Roger Eurewin s'arrêta devant messire Jean le Bourchier et lui demanda : « Quelle chose avez-vous fait de Piètre Dubois, ni quelle est votre entente (but) ? Nous êtes-vous amis ou ennemis ? Nous le voulons savoir. » Le chevalier répondit qu'il cuidoit (croyoit) Piètre Dubois de-lez (près) lui, quand il vit qu'il étoit parti. « Je ne sçais, dit-il, que Piètre est devenu, je le cuidois (croyois) encore en ma compagnie ; mais je vueil (veux) demeurer au roi d'Angleterre mon droiturier et naturel seigneur à qui je suis, et vueil (veux) obéir, et qui m'a ci envoyé à la prière et requête de vous ; si vous en vueil (veuille) souvenir. » — « C'est vérité, répondirent les dessus dits ; car si la bonne ville de Gand ne vous eût mandé vous fussiez mort ; mais pour l'honneur du roi d'Angleterre qui ci vous envoye à notre requête, vous n'aurez garde, ni tous les vôtres ;

mais vous sauverons et garderons de tous dommages et vous conduirons et ferons conduire jusques en la ville de Calais, si vous partez d'ici, vous et vos gens tout paisiblement et vous retrayez (retirez) en vos hôtels, et ne vous mouvez pour chose que vous oyez ni véez; car nous voulons être et demeurer de-lez (près) notre naturel seigneur, monseigneur le duc de Bourgogne et ne voulons plus guerroyer. » Le chevalier qui fut tout joyeux de cette parole répondit : « Beaux seigneurs, puisqu'il ne peut être autrement, Dieu y ait part; et grand merci de ce que vous nous offrez et présentez. »

CHAPITRE CCXXXIX.

Comment lettres patentes furent octroyées du duc de Bourgogne aux Gantois et publiées a Gand et comment Piètre Dubois se retraist (retira) en Angleterre avec messire Jean Le Bourchier Anglois.

Adonc se départirent de la place tout paisiblement messire Jean le Bourchier et les Anglois de sa route (troupe). Et les Gantois qui étoient en sa compagnie se commencèrent à demucier (montrer) et se retrairent (retirèrent) tout bellement entre les autres et se boutèrent dessous leurs bannières.

Assez tôt après entra en la ville de Gand messire Jean Delle, si comme il devoit faire, et s'en vint au marché des denrées, pourvu et conforté de belles lettres scellées et ordonnées de beaux langages et de beaux traités, qui étoient envoyées par manière de moyen (indication) de par le duc de Bourgogne à la ville de Gand; et là furent lues, montrées et ouvertes à tous gens, lesquelles choses plurent moult au peuple. Adonc fut François Ackerman mandé au châtel de Gaure, lequel vint tantôt et s'accorda à tous ces traités, et dit que c'étoit très bien fait; et que d'avoir paix par cette manière à son naturel seigneur, il n'étoit point bon ni loyal qui le déconseilloit.

Sur cet état fut renvoyé messire Jean Delle devers monseigneur de Bourgogne qui se tenoit à Arras et la duchesse aussi. Si leur recorda toute l'ordonnance de ceux de Gand; et comment ils avoient exploité et été armés sur le marché des denrées, et comment ils étoient tous désirants de venir à paix; et comment Pietre Dubois n'y avoit mais ni voix ni audience, mais avoit été sur le point d'être occis si il fut demouré au marché, mais François Ackerman s'acquittoit vaillamment et loyalement de la paix.

Toutes ces choses plaisirent (plurent) grandement au duc de Bourgogne, et scella une trève et un répit à durer jusques au premier jour de janvier; et ce terme pendant, un parlement et une journée de paix devoit être assigné en la cité de Tournay. Et tout ce rapporta-t-il écrit et scellé en la ville de Gand, dont toutes gens orent (eurent) grand' joie; car à ce qu'ils montroient ils désiroient moult à venir à paix; et François Ackerman s'y inclina grandement, et montroit bien en toutes ses paroles que il étoit pour le duc de Bourgogne.

Encore se tenoit messire Jean le Bourchier et les Anglois aussi et Piètre Dubois en la ville de Gand; mais on ne faisoit rien pour eux des ordonnances de la ville ni de tous ces traités, car ils vouloient demeurer Anglois; et étoit tenu Piètre Dubois en paix, parmi tant qu'il avoit juré qu'il ne traiteroit jamais ni ne procureroit nulle guerre ni rancunes des bonnes gens de Gand envers le duc de Bourgogne leur seigneur; et de ces doutes et périls l'avoit ôté François Ackerman qui avoit parlé pour lui et remontré à ceux de Gand qu'ils se forferoient trop grandement et amoindriroient de leur honneur s'ils travailloient ni occioient Piètre Dubois qui leur avoit été si bon et si loyal capitaine que oncques en nul suspecion (soupçon) ni trahison ni le desvièrent (égarèrent).

Par ces paroles et par autres demeura Piètre Dubois en paix envers ceux de Gand; car bien savoient toutes gens que François Ackerman disoit vérité, et que Piètre Dubois leur avoit été tenant leur opinion bon capitaine.

Les trèves durants qui furent prises, jurées et scellées entre le duc de Bourgogne et la ville de Gand, furent ordonnés tous ceux qui iroient à Tournay de par la bonne ville de Gand; et par spécial François Ackerman y fut élu au premier chef, pour tant (attendu) qu'il étoit gracieux homme et traitable et bien connu des seigneurs. Aussi y furent principalement avecques lui Roger Eurewin et Jacques d'Ardembourg; et vinrent aux octaves de la saint Andrieu (André) à Tournay, à (avec) cinquante chevaux; et logèrent tous ensemble en l'hôtel du Saumon, en la rue St. Brice.

Le cinquième jour de décembre vinrent le duc de Bourgogne, madame sa femme, madame de Nevers leur fille, et entrèrent en Tournay par la porte de Lille. Et yssirent (sortirent) à l'encontre d'eux sur les champs les Gantois tous bien montés; ni oncques ne descendirent de sus leur chevaux quand le duc et les dames vinrent; mais à nuds chefs sur les champs et sur leurs chevaux ils inclinèrent le duc et les dames.

Le duc de Bourgogne passa legèrement outre, car il se hâtoit pour aller contre la duchesse de Brabant qui venoit; et vint ce jour et entra en la cité de Tournay par la porte de Malignes, et fut logée en l'hôtel de l'évêque.

Or s'entamèrent ces traités en ce parlement, qui jà étoient tous accordés entre le duc de Bourgogne et la ville de Gand, et alloit messire Jean Delle, qui les traités avoit faits et portés, de l'un à l'autre, et en ot (eut) moult de peine. A la prière de madame de Brabant, de madame de Bourgogne et de madame de Nevers, le duc de Bourgogne pardonna tout; et fut la paix faite, criée et accordée, écrite et scellée entre toutes parties, par la manière et ordonnance qui ci après s'ensuivent

« Philippe fils de roi de France, duc de Bourgogne, comte de Flandre, d'Artois et de Bourgogne, Palatin, sire de Salins, comte de Rethel et seigneur de Malignes, et Marguerite duchesse et comtesse et dame des dits pays et lieux; à tous ceux qui ces présentes lettres verront et orront salut.

« Savoir faisons que comme nos bien amés et sujets les échevins, doyens, consaulx (conseillers) et communauté de notre bonne ville de Gand ayent humblement supplié à notre seigneur le roi et à nous que de eux voulsissions (voulussions) avoir pitié, merci et miséricorde, et que notre dit seigneur et nous leur voulsissions (voulussions) pardonner toutes les offenses et méfaits par eux et leurs complices commis, et perpétrés contre notre dit seigneur et nous. Et il soit ainsi que notre dit seigneur et nous ayants pitié et compassion de nos dits sujets, par les autres lettres d'icelui notre seigneur et les nôtres, et pour les causes contenues en icelles ayons remis et pardonné à nos dits sujets de Gand et leurs complices les dits offenses et méfaits, et aussi leur ayons confirmé leurs priviléges, franchises, coutumes et usages, au cas qu'il venront (viendront) pleinement à l'obéissance de notre dit seigneur et la nôtre, laquelle grâce et pardon les dits de Gand et leurs complices ont reçu très humblement de notre dit seigneur et de nous, et par leurs lettres et messages solemnels en grand nombre qu'ils ont envoyés devers nous et les gens de notre dit seigneur étants à Tournay, ont renoncé à tous débats et guerres et sont retournés de bon cœur à la vraie obéissance de notre dit seigneur et de nous, en promettant que dorénavant ils seront bons amis et loyaux et vrais sujets à notre dit seigneur le roi comme leur seigneur souverain, et à nous comme à leur seigneur naturel, à cause de Marguerite notre compagne, et de nous Marguerite comme leur dame naturelle et héritière: pourquoi notre dit seigneur et nous, nos dits sujets de Gand et leurs complices avons reçus en notre grâce et miséricorde et obéissance et donné lettres de grâce, pardon et rémission purement et absolument avecques la restitution de leurs priviléges, coutumes et usages, si comme ces choses et autres peuvent plus pleinement apparoir par le contenu des dites lettres. Après lesquelles grâces et rémissions nos dits sujets de notre bonne ville de Gand nous ont fait plusieurs supplications, lesquelles nous avons reçues, fait voir et visiter diligemment par les gens de notre conseil, par grand' et mûre délibération; lesquelles vues, pour le dit commun de tout le pays, pour eschiver (éviter) toutes dissentions qui d'ores-en-avant s'en pourroient suivre, de notre grâce, pour amour et comtemplation de nos bons sujets, avons ordonné sur les dites supplications par la manière qui s'ensuit.

«Premièrement sur ce qu'ils nous ont supplié que nous voulsissions (voulussions) confirmer les priviléges des villes de Courtray, d'Audenarde, de Grantmont, Nieule, Tenremonde, Rupelmonde, Alost, Halst, Axele, Beverlies, Douse (Deynze) et des châtellenies et plat pays d'icelles villes, nous avons ordonné que les habitants d'icelles villes venront (viendont) par devers nous et nous apporteront leurs dits priviléges, lesquels nous ferons voir par les gens de notre conseil, et iceux vus, nous ferons tant que nos dits bons sujets de Gand et ceux des autres bonnes villes en devront par raison être contents. Et si aucuns des dits priviléges étoient perdus pour cas de fortune ou autrement, nous en ferons faire bonne information, et icelle vue y pourverrons comme dit est.

«*Item*, sur ce qu'ils nous ont supplié du fait de la marchandise, avons voulu et consenti que la marchandise ait cours franchement et licitement par tout notre pays de Flandre et payant les deniers accoutumés.

«*Item*, sur ce qu'ils supplient que si aucuns des habitants de notre dite ville de Gand ou de leurs complices étoient arrêtés au temps avenir en aucuns pays hors de notre dit pays de Flandre pour occasion des guerres, débats et dissentions desus dits, que de icelles fissions eux tenir paisibles; nous leur avons octroyé que si aucun de eux étoient arrêtés, comme dit est, nous les aiderions, défendrions et conforterions de notre pouvoir contre tous ceux qui par voie de fait les voudroient grever ou empêcher, comme bons seigneurs doivent faire à leurs bons sujets.

«*Item*, sur ce qu'ils nous ont supplié que tous les prisonniers qui ont tenu leur parti qui sont détenus par nous ou nos sujets fissions délivrer; nous avons ordonné et ordonnons que les dits prisonniers, si ils se sont mis à rançon, soient délivrés en payant leurs rançons et dépens raisonnables, parmi ce que si aucuns des dits prisonniers ou de leurs parents ou amis charnels tiennent contre nous aucunes forteresses, ils les mettront avant toute œuvre en notre main; et pareillement seront délivrés les prisonniers détenus par nos dits sujets de Gand ou leurs complices.

« *Item*, en ampliant notre dite grâce, avons ordonné et ordonnons que tous ceux qui pour occasion des débats et dissentions qui ont été dernièrement en notre dit pays de Flandre ont été bannis de nos dites bonnes villes de Bruges, d'Ypres ou du pays du Franc ou d'autres villes ou lieux de notre dit pays de Flandre soient remis et restitués franchement aux villes et lieux desquels ils ont été bannis; et aussi tous ceux qui ont été bannis par la justice et loi de notre dite ville de Gand, ou mis ou jugés hors loi, ou qui se sont absentés seront restitués et pourront rentrer et demeurer en notre dite ville, pourvu que ceux qui ont tenu la partie de Gand et seront restitués ès villes et lieux du dits pays, comme dit est, feront en la ville de Gand le serment ci-dessous escript (écrit), et aussi celui serment ès mains de nos officiers quand ils devront entrer ès villes ès quelles ils devront être restitués. Et en outre ils jureront que ils garderont la paix et sûreté des dites villes, et des habitants d'icelles et ne pourchasseront (intrigueront), par aucune voie directe ni oblique, mal ni dommage aux dites villes ni aux habitants d'icelles, et pareillement le jureront ceux qui rentreront en notre dite ville de Gand.

«*Item*, que tous ceux de notre dite ville de Gand et leurs complices qui obéiront à la grâce de notre dit seigneur et à la notre venront (viendront) présentement à notre obéissance ; et quant aux absents, dedans le temps qui ci-après sera ordonné, seront restitués à leurs fiefs, maisons rentes, et héritages en quelque lieu qu'ils soient, nonobstant quelconques maléfices ou forfaitures pour l'occasion des dissentions dessus dites ; ainsi qu'ils les tenoient avant icelles dissentions.

« *Item*, que si aucuns des dits habitants de la ville de Gand ou leurs complices sont hors de la ville dessus dite ès pays de Brabant, de Hainaut, de Hollande, de Zélande, de Cambrésis et de l'évêché du Liége et venront (viendront) en l'obéissance de notre dit seigneur et la nôtre, et feront les sermentsqui ci-après sont déclarés à nous ou à ceux que nous y commettrons, dedans deux mois après la publication de la paix dessus dite, ils jouiront des pardons et des grâces dessus dites. Et ceux qui sont ès pays d'Angleterre, de Frise ou d'Allemagne et autres pays de çà de la grand' mer et venront (viendront) à l'obéissance dedans quatre mois après la publication dessus dite; et ceux qui sont outre la grand' mer, ou à Rome ou à Saint Jacques et venront (viendront) à icelle obéissance dedans un an après la dite supplication sans fraude, et jureront comme dessus est dit, ils jouiront des grâces et pardons dessus dits. Et aussi ceux qui auront été bannis, jugés hors loi, ou absents de notre dite ville de Gand pour occasion des dites, dissentions seront restitués en leurs fiefs, maisons, rentes et héritages toutes fois que il leur plaira.

« *Item*, que des biens meubles qui ont été pris d'une part et d'autre ne sera faite aucune restitution, mais en demeureront quittes tous ceux qui les ont pris; et aussi pour les obligations faites pour l'occasion de ces biens meubles, si ce n'étoit pour décharger leurs consciences que aucuns ne voulsissent (voulussent) aucune chose rendre.

« *Item*, que les possesseurs ou détenteurs des maisons dessus dites auxquelles seront restitués, tant ceux d'une partie comme de l'autre, ne pourront d'icelles maisons rien ôter tenant à plomb, à cloux ou à chevilles; et seront tenus les possessions d'icelles maisons, sans rentes et revenus des héritages demeurants sans restitution. Et ce qui en est dû, et aussi dorénavant les frais, rentes, revenues dessus dits seront levés paisiblement par ceux à qui ils doivent appartenir.

« *Item*, jà-soit-ce-que (quoique) plusieurs de nos dits sujets de Gand et leurs complices ayent fait hommage des fiefs qu'ils tiennent à autres seigneurs que à ceux à qui ils appartient; et par ce leurs dits fiefs peuvent être forfaits, ce nonobstant, nous voulons de notre grâce que iceux fiefs leur demeurent, en faisant hommage à nous de ce qui est tenu de nous sans moyen, et à nos vassaux de ce qui est tenu d'eux; et aussi nous autorisons de grâce spéciale les deshéritements et adhéritements et reconnoissances faites par loi, parties présentes.

« *Item* que nos dits sujets, de Gand, échevins, doyens, consaulx (conseillers) et toutes la communauté de notre dite ville de Gand et leurs complices, par notre ordonnance, de leur bonne volonté ont renoncé et renoncent à toutes alliances, serments, obligations et hommages que eux ou aucuns d'eux avoient fait au roi d'Angleterre, à ses gens, commis et députés ou à leurs officiers et à tous autres qui ne seroient bienveillants de notre dit seigneur et de nous, et nous ont fait serment d'être dorénavant perpétuellement bons, vrais et loyaux sujets et obéissants à notre dit seigneur comme à leur seigneur souverain, et à ses successeurs rois de France et à nous comme leurs droituriers seigneurs et dame, et à nos successeurs comtes de Flandre, et de nous faire tels services et à nos successeurs comme bons sujets doivent faire à leurs bons seigneurs et dames, et de garder nos corps, honneurs et héritages et droits, et empêcher tous ceux qui pourchasser voudroient le contraire, et le faire savoir à nous ou à nos officiers, sauf leurs priviléges et franchises.

« *Item* que afin que nos dits sujets de notre dite bonne ville de Gand demeurent à toujours en bonne paix et vraie obéissance de notre dit seigneur le roi et de nous et de nos hoirs comtes de Flandre, pour eschiver (éviter) tous autres débats et dissentions qui pourroient survenir, nous voulons et ordonnons que tous les articles et points dessus dits soient tenus et gardés sans enfreindre, et défendons à tous nos sujets sur quanque (tout ce que) ils se peuvent méfaire envers nous, que pour occasion des débats et dissentions dessus dits ils ne méfassent ou fassent méfaire par voie directe ou oblique, de fait ni de parole aux dits de Gand ni à leurs complices et ne leur disent aucuns opprobres, reproches ni injures.

« *Item* que si aucun faisoit le contraire de ce que dessus est dit et que pour nous il injuriât ni portât dommage à aucuns des dits de Gand ou à leurs complices; ou que aucuns de ceux de Gand ou de leurs complices injuriât ou fit dommage à aucuns de ceux qui ont tenu notre partie, pour occasion des débats et dissentions dessus dits, de cette offense que par la connoissance des officiers du seigneur et des lois à qui il appartiendra le fait soit criminel; le malfaiteur, ses aidants et complices et ceux qui le recevront, sans fraude soient punis en corps et en biens comme de paix enfreinte, tant par la justice et officiers de nous ou d'autres seigneurs, comme par les lois du pays, si comme à chacun appartiendra; et soit faite satisfaction raisonnable à la partie blessée des biens du malfaiteur, et le surplus appliqué à nous ou aux seigneurs où il appartiendra, sauf les priviléges des villes.

« *Item* si aucuns des bourgeois de notre dite ville de Gand étoient faits hors loi ni bannis pour fraction de la dite paix, supposé que par les priviléges d'icelle ville par avant ces présentes ne dussent perdre leur biens, néaumoins pour mieux tenir cette présente paix ils les perdront, et sur iceux biens sera faite satisfaction à la partie qui aura été blessée, comme dit est, et le résidu venra (viendra) aux droits hoirs d'iceux comme s'ils fussent trépassés, sauf en tous autres cas les priviléges de notre dite ville de Gand. Et si tels malfaiteurs ne peuvent être pris ils soient bannis et faits hors loi et privés de leurs biens et en soit ordonné comme dit est. Outre voulons et ordonnons que en l'absence des officiers et ministres de justice chacun puisse prendre tels malfaiteurs et les mener aux officiers et ministres de justice à qui il appartiendra.

« *Item* si aucun par parole ou autrement que dessus est dit à la connoissance des officiers et lois des lieux venoit contre notre ordonnance, nous voulons et ordonnons qu'il soit puni d'amende arbitraire telle et si grande qu'il soit exemplaire à tous autres par les officiers et lois des lieux, ainsi que à chacun de droit peut appartenir, sauf les priviléges et franchises des lieux.

« *Item* que si aucune personne d'église venoit contre la paix dessus dite elle soit baillée à son ordinaire, et ils en prennent une vengeance comme de paix enfreinte, selon ce que le cas le requiert.

« *Item* que cette dite paix d'entre nous et nos bons sujets de notre dite bonne ville de Gand et leurs complices sera criée et publiée solemnellement en icelle ville et en nos autres villes de notre dit pays de Flandre.

« *Item* que si aucuns doutes ou obscurités survenoient au temps à venir sur les articles et points dessus dits, circonstances et dépendances d'iceux, nous les déclarerions et ferions déclarer et interpréter par notre conseil raisonnablement et tellement que tous ceux à qui il appartiendroit en devroient être contents.

« Et nous, Echuvins doyens et communautés de la

dite ville de Gand, pour nous et nos complices avons reçu et recevons humblement les grâces, pardons et clémences dessus dits à nous faits par le roi Charles notre souverain seigneur, et par les dits duc et duchesse, comte et comtesse de Flandre et nos droituriers et naturels seigneur et dame; et des dites grâces et pardons remercions de bon cœur tant que plus pouvons le roi notre souverain seigneur et nos dits seigneur et dame. Et promettons loyalement pour nous et pour nos dits complices, sur les peines dessus déclarées, tenir, entretenir et accomplir fermement et sans enfreindre tous les articles dessus dits, lesquels et chacun d'eux nous avons pour agréables. Et au cas que aucun ou aucuns voudroient venir à l'encontre, nous promettons à aider et pourchasser de tout notre pouvoir qu'ils soient punis par la forme et manière que il appartiendra, et mis en la vraie obéissance du roi et de nos dits seigneur et dame, comme dessus est dit; et renonçons à toutes alliances, serments, obligations, fois et hommages que nous ou aucuns de nous avons faits au roi d'Angleterre, ou à ses commis et députés gens et officiers et à tous autres qui ne seroient bien voulants de notre dit souverain seigneur ou de nos dits naturels seigneur et dame.

« *Itèm* nous avons juré et jurons en nos loyautés que dorénavant perpétuellement nous sommes et serons bons, vrais et loyaux sujets au roi notre souverain seigneur et à ses successeurs rois de France et à nos droituriers et naturels seigneur et dame dessus dits et à leurs successeurs comtes et comtesses de

Flandre; et que à nos seigneur et dame dessus dits et à leurs successeurs comtes et comtesses de Flandre nous ferons les serments que bons et loyaux sujets doivent faire à leur droiturier seigneur, et garderons leurs corps et honneurs.

« En témoin desquelles choses, nous duc et duchesse dessus dits, avons fait mettre nos sceaux à ces lettres, et nous échevins, doyens et communautés de la ville de Gand, y avons aussi mis le grand scel d'icelle ville.

« Et en outre, nous duc et duchesse dessus dits, avons prié et requis, prions et requérons à notre très chère et très amée ante (tante) la duchesse de Luxembourg et de Brabant et à notre très cher et très amé frère le duc Aubert de Bavière; et aussi nous échevins, doyens, consaulx (conseillers) et communauté de la dite ville de Gand, supplions à très haute et puissante princesse madame la duchesse de Luxembourg et de Brabant et à très haut et puissant prince le duc Aubert de Bavière dessus nommés;

« Et en outre nous duc et duchesse de Bourgogne, requérons; et nous échevins, doyens, conseil et communauté de Gand prions aux barons et nobles du pays de Flandre qui ci-après sont nommés, et aux bonnes villes de Bruges, d'Ypres, au terroir du Franc; et aux bonnes villes de Malignes et d'Anvers que pour bien de paix et pour plus grand'sûreté et en témoignage de vérité de toutes les choses dessus dites et de chacunes d'icelles ils veuillent mettre leurs sceaulx et les sceaulx des dites villes à ces présentes.

« Et nous Jeanne, par la grâce de Dieu duchesse de Luxembourg, de Brabant et de Lunebourg; nous duc Aubert de Bavière, bail et gouverneur et héritier du pays de Hainaut, de Hollande, de Zélande et de la seigneurie de Frise; nous Guillaume aîné fils du comte de Namur, seigneur de l'Écluse; Hue seigneur d'Antoing châtellain de Gand; Jean seigneur de Ghistelle et de Horne; Henri de Bruges sire de Disquemue (Dixmude) et de Aure; Jean sire de Grimberghe; Philippe sire d'Axelles; Louis de la Hazel bâtard de Flandre; Gérard de Rassenghien sire de Basserode; Gaultier sire de Hallewyn; Philippe de Manimes [1] sire de Eque (Eck); Jean Villain sire de Saint Jean à La pierre [2]; Jean d'Oultre (Van-Oulten) châtellain d'Ypres; et Louis sire de Lambres (Boullers), chevaliers.

« Et nous Burghemaistres (Bourguemaîtres) avoués échevins et consaulx (conseillers) des villes de Bruges et d'Ypres; et nous Philippe de Zeldequien, Mont Franc d'Essines, Philippe de Mont Canart chevaliers échevins du terroir du Franc, pour et au nom d'icelui tarouer (terroir), lequel n'a point de scel commun; et nous comme maîtres, échevins et conseil des villes de Malignes et d'Anvers, avons à la dite prière et requête pour bien de paix et en plus grand' sûreté et témoignage de vérité de toutes ces choses dessus dites et de chacune d'icelles fait mettre et mis nos sceaux et les sceaux des villes dessus dites à ces présentes lettres faites et don-

---

(1) Oudegherst l'appelle Philippe de Massenée seigneur d'Ecke. J.A.B.
(2) Le nom Flamand est St. Jean-te-Steene que Froissart a traduit ici. J. A. B.

nées à Tournay le dix huitième jour du mois de décembre, l'an de grâce mil trois cent quatre vingt et cinq. »

Après toutes ces ordonnances faites et cette charte de la paix grossée et scellée, elle fut publiée par devant les parties; et en eut le duc de Bourgogne une et la ville de Gand pareillement une autre. François Ackerman et le commun de la ville de Gand qui là étoient prindrent (prirent) moult humblement congé au duc de Bourgogne et à la duchesse; et aussi à madame de Brabant, et la remercièrent moult grandement de ce que tant elle s'étoit travaillée de venir pour leurs besognes à Tournay et se offrirent du tout à être toujours mais à son service. La bonne dame les remercia et leur pria moult doucement que ils voulsissent (voulussent) tenir fermement la paix et amener toutes manières de gens à ce que jamais ne fussent rebelles envers leurs seigneur et dame, et leur remontra comment à grand'peine ils étoient venus à paix. Ils lui eurent tout en convenant (promesse) de bonne volonté.

Adonc se départirent toutes parties et r'alla chacun en son lieu. Le duc de Bourgogne et la duchesse retournèrent en la ville de Lille et là se tinrent un terme, et ceux de Gand retournèrent en leur ville.

Quand Piètre Dubois vit que c'étoit tout acertes (sérieux) que la paix étoit faite et confirmée par les moyens dessus dits, et toutes gens en Gand en avoient grand' joie, et ne se tailloit pas que jamais guerre, rebellion ni maultalent (mécontentement) s'y boutât ni mît, si fut tout abus (honteux), et eut plusieurs imaginations à savoir s'il demeureroit en Gand avecques les autres, car tout étoit pardonné, et par la teneur et scel du duc de Bourgogne on n'en devoit jamais montrer semblant ni faire fait, ou si il s'en iroit en Angleterre avecques messire Jean le Bourchier et les Anglois qui se appareilloient de y aller. Tout considéré il ne pouvoit voir en lui-même que il se osât affier sur cette paix ni demeurer dedans Gand ; car il avoit été toujours si contraire aux opinions des bons, et si avoit mis sus et conseillé tant de choses dont plusieurs maléfices étoient avenus et adressés que ces choses lui sembloient exemples et miroir de grands doutes (craintes) tant pour les lignages de Gand qui seroient plus forts que lui au temps à venir, desquels il avoit donné conseil de faire mourir ou d'occire de sa main les pères, que ces choses le mettoient en doute.

Bien est vérité que François Ackerman lui dit, quand il vouloit partir et issir (sortir) de Gand : « Piètre, tout est pardonné, vous savez, parmi les traités faits et scellés de monseigneur de Bourgogne, et que de chose qui avenue soit jamais, on ne peut ni doit montrer nul semblant. » — « François, François, répondit Piètre, en lettres escriptes (écrites) ne gissent pas tous les vrais pardons : on pardonne bien de bouche et en donne-t-on lettres ; mais toujours demeurent les haines en couraiges (cœurs). Je suis en la ville de Gand un homme de petite venue et de bas lignage, et ai soutenu à mon loyal pouvoir la guerre pour tenir en droit les libertés et franchises de la bonne ville de Gand; pensez-vous que dedans deux ans ou trois il en doye (doive) souvenir au peuple? Il y a des grands lignages en la ville; Ghisebrest Mahieu et ses frères retourneront; ils furent ennemis à mon bon maître Jean Hyon; jamais volontiers ne me verront, ni les proesmes (parents) de sire Ghisbrest Grutte ni de sire Simon Bethe qui par moi furent occis. Jamais sur cet état je ne m'y oserois assurer. Et vous voulez demeurer avecques ces faux traîtres qui ont leur foi mentie envers le roi d'Angleterre: je vous jure loyalement que vous encore en mourrez[1]. » — « Je ne sais, dit François, je me confie tant en la paix et ens (dans) ès promesses de monseigneur de Bourgogne et de madame que voirement (vraiment) y demeurerai. »

Piètre Dubois fit une requête et prière aux échevins et doyens, conseil et maîtres de la ville, en eux remontrant et disant: « Beaux seigneurs, à mon loyal pouvoir j'ai servi la bonne ville de Gand et me suis moult de fois aventuré pour vous; et pour les beaux services que je vous ai faits, en nom de guerredon (récompense), je ne vous demande autre chose que vous me veuilliez conduire ou faire conduire sûrement et paisiblement moi et le mien, ma femme et mes enfants et en la compagnie de messire Jean le Bourchier que vous mandâtes, en An-

---

[1] Ackerman fut en effet assassiné plus tard par un bâtard du sire de Herselles. J. A. B.

gleterre, et je ne vous demande autre chose. » Tous répondirent que ils le feroient volontiers. Et vous dis que sire Roger Eurewin et Jacques d'Ardembourg par lesquels cette paix avoit été toute traitée et demenée, si comme ci-dessus est dit, étoient plus joyeux de son département que courroucés; et aussi étoient aucuns notables de Gand qui ne vouloient que paix et amour à toutes gens.

Lors se ordonna Piètre Dubois et se partit de Gand en la compagnie de messire Jean le Bourchier et des Anglois, et emmena tout le sien. Et vous dis qu'il s'en alla bien pourvu d'or et d'argent et de beaux joyaux. Si le convoia (accompagna) messire Jean Delle sur le sauf-conduit du duc de Bourgogne jusques en la ville de Calais; et puis retournèrent les Gantois.

Messire Jean le Bourchier et Piètre Dubois s'en allèrent en Angleterre au plutôt comme ils purent, et se representèrent au roi et à ses oncles, et leur recordèrent l'ordonnance et l'affaire de ceux de Gand et comment ils étoient venus à paix. Le roi fit bonne chère à Piètre Dubois; aussi firent le duc de Lancastre et ses frères, et lui sçurent grand gré de ce que il étoit là trait (venu) et avoit laissé pour l'amour d'eux ceux de Gand. Si le retint le roi et lui donna tantôt cent marcs de revenue par an, assignés sur l'estape des laines, à prendre à Londres.

Ainsi demeura Piètre Dubois en Angleterre, et la bonne ville de Gand à paix. Et fut sire Roger Eurewin doyen des navieurs de Gand qui est un moult bel office et de grand profit, quand la navire cueurt (court) et marchandise; et sire Jacques d'Ardembourg fut doyen des menus métiers, qui est aussi un grand office en la ville de Gand.

FIN DU DEUXIÈME LIVRE DES CHRONIQUES DE FROISSART.

TABLE GÉNÉRALE

DES MATIÈRES

DU LIVRE SECOND DE FROISSART.

TOME SEPTIÈME.

CHAPITRE PREMIER. Comment le duc de Bourgogne retourna en France; d'aucuns incidents et du grand amas et assemblées de gens que le duc d'Anjou fit pour assiéger Bergerac. Page 1

CHAP. II. Comment Guillaume seigneur de Pommiers atteint de trahison et un sien clerc furent décollés en la cité de Bordeaux, et d'autres chargés pour tels faits.................. 5

CHAP. III. Comment le duc d'Anjou vint à grand ost assiéger Bergerac; de la prise du seigneur de l'Espare; et comment les Anglois cuidèrent gréver le dit duc d'Anjou........... 7

CHAP. IV. Des escarmouches qui se faisoient devant Bergerac et comment les Anglois et les François, Gascons et autres se rencontrèrent durement..................... 9

CHAP. V. Comment messire Thomas de Felton sénéchal de Bordeaux et autres furent à un rencontre pris et tenus par les François....................................... 12

CHAP. VI. Comment les Anglois furent rués jus et les plus grand seigneurs de Gascogne pris; et de Bergerac qui se tourna Françoise et plusieurs villes et châteaux ès dites marches se rendirent Françoises par l'armée que fit lors le duc d'Anjou... 13

CHAP. VII. Comment Bergerac se rendit aux François; la venue du sire de Coucy, et la prise de Sainte Foy............. 16

CHAP. VIII. Comment Châtillon sur Dordogne fut assiégée; de la rançon messire Thomas de Felton, et de la délivrance de ses compagnons...................................... 20

CHAP. IX. Comment Châtillon sur Dordogne se rendit et Sauveterre, Sainte Bazile, Monségur et Auberoche............. 23

TABLE.

CHAP. X. Comment la ville de Saint Macaire se rendit Françoise et après le château. . . . . *Page* 25

CHAP. XI. Comment la ville de Duras fut assiégée et prise d'assaut par les François et le château après par composition. . . . 29

CHAP. XII. Comment le duc d'Anjou donna congé à ses gens d'armes et comment le fort château de Mortagne fut assiégé. 33

CHAP. XIII. Comment le roi d'Écosse fit une grosse armée pour aller en Angleterre, et comment un écuyer d'Écosse prit le château de Berwick en Angleterre. 37

CHAP. XIV. Comment le château de Berwick fut assiégé par les Anglois, et comment les Écossois qui devoient lever le siége s'en retournèrent sans rien faire; et comment le dit château fut pris d'assaut. 40

CHAP. XV. Comment le comte de Nortumberland reprit le châtel de Berwick et comment il entra en Écosse puissamment. . . 43

CHAP. XVI. Comment les Anglois poursuivoient les Écossois pour les combattre; et comment deux écuyers Anglois furent pris par une embûche d'Écossois. 49

CHAP. XVII. Comment les Anglois qui avoient pris le château de Berwick furent par les Écossois déconfits, et y fut pris prisonnier messire Thomas Monsegrave. 52

CHAP. XVIII. Comment messire Thomas Monsegrave et les Anglois furent déconfits par les Escots. 55

CHAP. XIX. Comment l'armée du comte de Northumberland fut rompue, et du trépas de la reine de France et de la reine de Navarre, et de plusieurs autres incidents. 58

CHAP. XX. De la mort du pape Grégoire onzième de ce nom. De l'élection du pape Urbain cinquième; et comment il mourut; et comment Urbain sixième fut élu à pape. 65

CHAP. XXI. Des orgueilleuses paroles que les Romains disoient à l'élection du pape. 71

CHAP. XXII. Comment le roi de Navarre envoya quérir ses deux fils en la cour du roi de France, lesquels il ne put avoir, et comment il fit garnir ses places en Normandie; et comment le roi de France fit mettre en sa maison la baronnie de Montpellier appartenant au roi de Navarre, et d'autres incidents. . . 73

CHAP. XXIII. Comment le roi de France saisit toute la terre au roi de Navarre. 80

CHAP. XXIV. Comment le siége fut mis de par le roi de France devant la ville d'Évreux; et comment le roi de Navarre alla en Angleterre faire alliances aux Anglois. 81

CHAP. XXV. Des alliances que le roi de Navarre fit au roi d'Angleterre, et comment le roi de France étoit garni de gens d'armes en plusieurs lieux. 83

CHAP. XXVI. Comment Carentan, Conches et autres villes en Normandie se rendirent Françoises, et comment le siége fut mis à Évreux; et de l'armée du duc de Lancastre. . . . . . *Page* 87

CHAP. XXVII. Du siége que le sire de Coucy et le sire de La Rivière tenoient à Évreux et des châteaux et villes que le roi de Navarre perdit lors en Normandie. 88

CHAP. XXVIII. Comment l'emprise du siége de Bordeaux fut rompue par le mandement du roi de France; et du siége mis devant Bayonne par le roi de Castille; et comment le duc de Lancastre assiégea la ville de Saint Malo de l'Isle. 95

CHAP. XXIX. Des issues et chevauchées que les Anglois firent en cette saison en divers lieux parmi France. 100

CHAP. XXX. Comment Yvain de Galles, tenant le siége devant Mortagne, fut par un sien serviteur occis et Mardry en trahison. 103

CHAP. XXXI. Comment la ville d'Évreux fut rendue en l'obéissance du roi de France; des deux osts assemblées devant saint Malo qui se départirent du siége sans bataille. 109

CHAP. XXXII. Comment le roi de France envoya une grosse armée de gens d'armes pour lever le siége que tenoient les Anglois devant saint Malo de l'Isle; et de plusieurs escarmouches qui s'y firent. 113

CHAP. XXXIII. Comment les François qui tenoient siége devant Mortagne s'en allèrent sans rien faire; et comment les Bretons qui s'étoient retraits dedans le fort de Saint Léger se rendirent aux Anglois et Gascons. 118

CHAP. XXXIV. Comment les Anglois recouvrèrent plusieurs forts châteaux sur les François au pays de Bordelois. 123

CHAP. XXXV. Comment le fort de saint Maubert fut rendu par les Bretons aux Anglois et Gascons qui y tenoient siége. 124

CHAP. XXXVI. Comment ceux de saint Malo rompirent la mine que les Anglois faisoient; et comment les dits Anglois levèrent leur siége sans rien faire. 127

CHAP. XXXVII. D'une rencontre où messire Oliviers de Glayaquin fut pris prisonnier par les Anglois de la garnison de Cherbourg. 131

CHAP. XXXVIII. Comment le fort de Besac fut rendu aux Anglois, et le capitaine pris prisonnier; et comment le roi de Navarre alla à Bordeaux quérir secours des Anglois pour lever le siége de Pampelune. 136

CHAP. XXXIX. Comment les Anglois prirent plusieurs forts en Gascogne; et comment les Espagnols sçachants la venue des Anglois levèrent leur siége de l'ampelune 141

CHAP. XL. Comment les Espagnols partirent du siége de Pampelune; et comment les Anglois arrivèrent en Navarre; et comment ils s'y maintinrent.................... Page 145.
CHAP. XLI. De plusieurs chevauchées que firent les Anglois et Navarrois sur les Espagnols....................... 149.
CHAP. XLII. De la paix qui fut faite entre le roi d'Espagne et celui de Navarre; et de la mort du roi Henri d'Espagne et du couronnement de Jean son fils....................... 154.
CHAP. XLIII. Comment le seigneur de Mucident se rendit Anglois; et comment le seigneur de Langurant fut occis par le capitaine de Cavillac; et la prise de Bouteville par les François. ... 161
CHAP. XLIV. Du retour de messire Thomas Trivet en Angleterre.. 168
CHAP. XLV. Comment le seigneur de Bournesel fut ordonné de par le roi de France pour aller en Écosse; et comment, lui étant à l'Écluse, le comte de Flandre le manda; et des paroles que lui et le duc de Bretagne lui dirent.................. 172
CHAP. XLVI. Comment le roi de France escrivit au comte de Flandre qu'il éloignât de lui le duc de Bretagne; dont le comte ne voult rien faire; et comment le dit duc passa en Angleterre; et du mariage du comte de Saint Pol à la sœur du roi Richard... 176.
CHAP. XLVII. Comment ceux de la garnison de Cherbourg déconfirent les François. Comment le fort château de Mont-Ventadour fut par trahison livré à Geffroy Tête Noire; et comment Aymerigot Marcel prit plusieurs forts au pays d'Auvergne....... 185
CHAP. XLVIII. Comment Clément fut tenu à pape par le roi de France; et comment il envoya en France le cardinal de Poitiers.. 192
CHAP. XLIX. Comment messire Sevestre Bude et aucuns Bretons entrèrent en Rome et tuèrent plusieurs Romains.......... 198
CHAP. L. Comment la reine de Naples donna et résigna au pape Clément toutes ses seigneuries; et comment depuis le dit Clément les redonna au duc d'Anjou.................... 201.
CHAP. LI. Comment messire Jean Hacconde fut fait chef de la guerre, d'entre le pape Urbain et le pape Clément; et comment le dit Clément fit décoller messire Sevestre Bude, Breton..... 211.
CHAP. LII. Comment le comte Louis de Flandre fit occire un bourgeois en Gand par Jean Lyon; comment Gisebrecht Mathieu machina contre Jean Lyon, émut les Gantois à porter les blancs chaperons; dont la guerre commença en Flandre..... 215.
CHAP. LIII. Comment les Gantois conclurent d'envoyer devers le comte remontrer leurs affaires. Comment le comte leur ac-

corda ce qu'ils demandoient; et comment les blancs chaperons ne furent point mis jus.................................. *Page*

CHAP. LIV. Comment Roger d'Auterme ballif de Gand fut occis en Gand par Jean Lyon et ses compagnons, la bannière du comte en sa main........................

CHAP. LV. Comment douze hommes de Gand furent envoyés devers le comte pour l'apaiser et pour mettre la ville en son amour; et comment Jean Lyon, pour toujours empirer la besogne, fut cause de rober et bouter le feu en la maison du comte nommée Andrehen...........................

CHAP. LVI. Comment les messagers Gantois retournèrent à Gand. Comment ceux de Gand et ceux de Bruges promirent ensemble; et la mort de Jean Lyon..................

CHAP. LVII. Comment ceux de Gand après la mort de Jean Lyon firent entr'eux quatre capitaines; et comment, eux venus moult forts devant Courtray et Ypres, ouverture et recueil leur fut partout fait............................

CHAP. LVIII. Comment les Gantois et les Flamands assiégèrent Audenarde; et comment ils allèrent réveiller le comte à Tenremonde; et comment le duc de Bourgogne traita et pacifia les Flamands au comte leur seigneur....................

CHAP. LIX. Comment le duc de Bretagne retourna en son pays. La mort de l'empereur de Rome. Comment on envoya en Allemagne pour mariage au roi d'Angleterre; et comment le duc de Bretagne faillit au secours d'Angleterre..........

CHAP. LX. Comment le comte Louis de Flandre alla à Gand. Comment il s'y conduisit. Des termes que on lui tint. Comment il s'en partit; et comment les Gantois pensèrent à leur affaire.

CHAP. LXI. Comment messire Olivier d'Auterme et autres découpèrent aucuns bourgeois de Gand; et comment Jean Pruniaux et les blancs chaperons prirent Audenarde et y abattirent deux portes............................

CHAP. LXII. Comment il appert que les Gantois étoient cause d'icelle guerre. Comment Audenarde fut rendue au comte; et comment messire Olivier d'Auterme et autres furent bannis de Flandre et Jean Pruniaux aussi....................

CHAP. LXIII. Comment Jean Pruniaux fut décollé à Lille. Comment les Gantois ardirent autour de Gand: comment ils sommèrent aucuns chevaliers de service; et comment ils cuidèrent assiéger Lille.........................

CHAP. LXIV. De la mort messire Bertran de Guesclin connétable de France, et de l'honneur que le roi lui fit; et comment le Château-neuf de Randon se rendit....................

TABLE.

CHAP. LXV. Comment messire Thomas comte de Bouquinghen mainsné fils du roi Édouard d'Angleterre à grosse armée passa la mer et entra en Artois pour aller par terre en l'aide du duc de Bretagne................................ *Page* 310.

CHAP. LXVI. Comment le comte de Bouquinghen et son arroi traversèrent Artois, Vermandois, et Champagne et passèrent la rivière de Seine en allant emprès Troyes; et de leurs aventures en celui voyage... 320.

CHAP. LXVII. Comment le comte de Bouquinghen fit requerre au duc de Bourgogne étant en Troyes d'avoir bataille; et de la conduite qui y fut.. 329.

CHAP. LXVIII. Comment le roi de France averti du fait des Anglois rescripsit à la cité de Nantes; et comment il en fut content. 349.

CHAP. LXIX. Comment le comte de Bouquinhen et sa route passèrent le Gatinois et vinrent jusques auprès de Vendôme...... 352.

CHAP. LXX. Comment le roi Charles de France aperçut sa fin approchant terme et comment il ordonna du royaume avant sa mort.. 362.

CHAP. LXXI. Comment le comte de Bouquiuhen et sa route tirèrent pays pour venir en Bretagne, et la mort du roi Charles de France.. 396.

CHAP. LXXII. Comment le comte de Bouquinghen et son armée exploitèrent tant qu'ils vinrent à Chatelbourg en Bretagne, et là s'arrêtèrent.. 376.

CHAP. LXXIII. Comment le comte de Bouquinghen et le duc de Bretagne conclurent de mettre le siége devant Nantes qui leur étoit contraire.. 379.

CHAP. LXXIV. Comment le jeune roi Charles fut couronné roi de France, et des ordonnances qui se firent tantôt après son couronnement.. 386.

CHAP. LXXV. Comment le comte de Bouquinghen mit le siége devant Nantes en Bretagne; et de plusieurs saillies et escarmouches durant le siége; et comment le dit comte s'en alla sans rien faire.. 391.

CHAP. LXXVI. Des empêchements que le duc de Bretagne avoit alors, pourquoi il ne pouvoit venir au siége de Nantes; et des escarmouches qui là se faisoient....................... 395.

CHAP. LXXVII. Comment quatre barons de Bretagne remontrèrent au duc leur seigneur que il se deportât de l'acointance des Anglois, et la cause pourquoi; et d'aucuns faits d'armes qui furent accordés à faire.. 411.

CHAP. LXXVIII. Comment aucuns François et Anglois firent armes en Bretagne, et comment aucuns Haynuiers et autres eurent volonté d'en faire. . . . . Page 413

CHAP. LXXIX. Comment les trois chevaliers de Hainaut allèrent à Vannes en Bretagne pour faire arme contre trois chevaliers Anglois. 419

CHAP. LXXX. Comment à Vannes en Bretagne furent faites armes par Haynuyers, Anglois et François devant le comte de Bouquinghen. 418

CHAP. LXXXI. Comment Guillaume de Fermiton chevalier Anglois navra Jean de Chastelmorant François par coup de meschief. 421

CHAP. LXXXII. Comment un traité de paix et accord fut trouvé entre le roi de France et le duc de Bretagne. 424

CHAP. LXXXIII. Comment après le traité fait du roi de France et du duc de Bretagne, les Anglois partirent de Bretagne pour retourner en Angleterre. 427

CHAP. LXXXIV. Comment un écuyer François nommé Jean Bourcinel oppressa de faire armes un écuyer Anglois qui fort y obvia. 430

CHAP. LXXXV. Comment un écuyer Anglois nommé Nicolas Cliffort occit un écuyer François nommé Jean Bourcinel en fait d'armes dont Nicolas ne se sçut excuser. 434

CHAP. LXXXVI. Comment ceux de la ville de Bruges et du Franc mandèrent le comte Louis; et de l'entreprise qu'il fit sur ceux de la ville d'Ypres. 438

CHAP. LXXXVII. Comment ceux d'Ypres se mirent sur les champs en armes pour aller avec les Gantois combattre le comte Louis leur seigneur; et comment ils furent rués jus par le bâtard de Flandre, par le seigneur d'Enghien et autres. 441

CHAP. LXXXVIII. Comment Jean Boulle fut par les Gantois occis à Courtray; et comment Jean de Launoy eut la garde du château de Gaures 445

CHAP. LXXXIX. Comment ceux de la ville d'Ypres se rendirent au comte Louis leur seigneur; et comment plenté de peuple fut décollé à Ypres. 446

CHAP. XC. Comment ceux de Courtray furent reçus à merci du comte leur seigneur; et comment le comte alla mettre le siége à grand effort devant Gand; et du confort que les Gantois avoient des Brabançons et Liégeois. 448

CHAP. XCI. Comment messire Josse de Hallewin chevalier fut occis devant Gand à un passage nommé le Long-Pont. 450

CHAP. XCII. Comment six mille compagnons partirent de Gand durant le siége et allèrent par assaut gagner et piller et ardoir les villes de Alost, Tenremonde, et Grantmont; puis retournèrent à Gand. . . . . *Page* 452

CHAP. XCIII. Comment le comte Louis de Flandre voyant l'hiver approcher et la ruine de Alost, de Tenremonde de Grantmont et du plat pays, leva son siége de devant Gand; et comment au printemps il se remit aux champs et les Gantois aussi. 454

CHAP. XCIV. Comment le comte de Flandre assembla en bataille contre les Gantois dont étoient capitaines Rasse de Harselles et Jean de Launoy et comment les Gantois furent reculés. 458

CHAP. XCV. Comment Rasse de Harselles et Jean de Launoy furent occis et bien six mille Gantois à un village en Flandre, appelé Beyeule. 461

CHAP. XCVI. Comment les Gantois furent avertis de la mort Rasse de Harselles et Jean de Launoy; et comment ils conclurent d'occir Piètre Dubois et puis de traiter au comte de Flandre leur seigneur. 463

CHAP. XCVII. Comment Piètre Dubois fut par le seigneur d'Anghien et autres chevauché et poursuivi jusques auprès de Gand. 465

CHAP. XCVIII. Comment les Gantois mirent le siége devant Courtray. Comment ils s'en partirent; et comment ils endommagèrent les gens du comte par deux fois. 467

CHAP. XCIX. Comment le seigneur d'Anghien, le bâtard de Flandre, messire Daniel de Hallewin et leurs routes déconfirent Arnoux Clerc et sa sieute en l'abbaye de champ. 471

CHAP. C. Comment les Gantois se prirent les plusieurs à ébahir de leur conduite et devises en requois. 474

CHAP. CI. Comment Piètre Dubois doutant la fin de sa condition émorta Philippe d'Artevelle de prendre le gouvernement des Gantois, et comment il émorta et avertit le peuple de Gand. 477

CHAP. CII. Comment Philippe d'Artevelle fut par le pourchas de Piètre Dubois allé querre en son hôtel à Gand et amené sur le grand marché et illec fait par toute la ville capitaine et chef des Gantois. 481

TOME VIII.

CHAPITRE CIII. Comment le roi Jean de Castille émut guerre au roi Ferrant de Portugal; et comment le roi de France et le roi d'Angleterre y tinrent la main. . . . . Page 1

CHAP. CIV. Comment par le conseil des princes d'Angleterre, le comte de Cantebruge fut élu pour envoyer en Portugal, avec grand' puissance de gens en l'aide du roi. 5

CHAP. CV. Comment le duc de Lancastre et le comte de Cantebruge frères se partirent pour aller en Écosse et en Portugal, et d'autres faits avenus. 9

CHAP. CVI. Comment un prêtre nommé Jean Balle mit en grand' commotion le menu peuple d'Angleterre. 13

CHAP. CVII. Comment ce menu peuple d'Angleterre s'émurent bien environ soixante mille; et comment à la mère du roi et à la princesse de Galles ils firent grand' rudesse. 18

CHAP. CVIII. Comment ce peuple d'Angleterre dévoyé et forcenné pilloient le pays et les bonnes maisons, et par spécial des gens de pratique, et contraindroient les nobles à les conduire dans leurs folies. 22

CHAP. CIX. Comment messire Jean Mouton chevalier fut par ce peuple d'Angleterre envoyé à Londres; et comment le roi promit de parler à celui peuple. 25

CHAP. CX. Comment le roi et son conseil vinrent sur la Tamise, puis retourna; et comment le peuple paysan vint devant Londres et entrèrent dedans; et des outrages qu'ils y firent. . . 31

CHAP. CXI. Comment ce désolé peuple Anglois s'en vint loger devant la tour de Londres; et de ce qu'il fut conseillé et avisé pour lors. 35

CHAP. CXII. Comment ces paysans Anglois occirent au château de Londres l'archevêque de Cantorbie et autres; et de leurs dérisions. 37

CHAP. CXIII. Comment le roi Anglois abandonné de ses frères et autres parla à son peuple rebelle dont il contenta une partie, et une partie non. 40

CHAP. CXIV. Comment messire Robert Salles chevalier fut par une grand' multitude de vilains requis d'être leur capitaine; et comment il leur refusa, si l'occirent. 45

CHAP. CXV. Comment le roi Richard fut en grand péril, en la cité de Londres. Comment ces gloutons paysans furent desbaretés; et comment leurs capitaines furent décapités et tout le royaume recouvré pour le roi et les siens. 49

CHAP. CXVI. Comment le duc de Lancastre retourna d'Écosse en Angleterre quand il y eut besogne; et comment le capitaine de Berwick lui refusa la cité et le passage........... *Page* 59

CHAP. CXVII. Comment le duc de Lancastre s'en alla tenir en Écosse; et comment il fut chargé de déshonneur sans cause.. 63

CHAP. CXVIII. Comment le roi d'Angleterre punit les mutins qui avoient ému le peuple contre les nobles. Comment il remanda le duc son oncle; et la mort du comte Guichard de Hostidonne.. 66

CHAP. CXIX. Comment le duc de Lancastre vint d'Écosse à la cour où le roi étoit, qui excusa le comte de Northumberland et fit sa paix au duc de Lancastre................... 71

CHAP. CXX. Comment le comte de Cantebruge arriva à grand travail et son armée par mer au port de Lusebonne......... 75

CHAP. CXXI. Comment Philippe d'Artevelle étant élu capitaine en Gand fit décolier le doyen des tisserands de Gand; et comment le comte de Flandre assiégea la ville de Gand....... 80

CHAP. CXXII. Comment le siége étant devant Gand, le seigneur d'Enghien alla assiéger la ville de Grantmont qu'il conquit et fit ardoir et exillier........................... 83

CHAP. CXXIII. Comment messire Gaultier seigneur d'Enghien fut par les Gantois surpris, enclos et occis, et plusieurs autres à une course qu'ils firent, dont ils ne sçurent retourner...... 85

CHAP. CXXIV. Comment à la requête du comte de Flandre les Gantois n'eurent nuls vivres de Hainaut, ni de Brabant; et comment on traita pour leur paix...................... 88

CHAP. CXXV. Comment Pière Dubois Gantois s'efforça de rompre tout ce qui étoit traité pour la paix et de troubler le comte de Flandre et la ville de Gand................. 91

CHAP. CXXVI. Comment Pière Dubois et Philippe d'Artevelle occirent en la maison du conseil à Gand Ghisbrest Grutte et Symon Bethe....................................... 94

CHAP. CXXVII. Comment les gens du comte de Flandre gardoient que vivres ne se menassent à Gand; et comment ceux de Paris se rebellèrent contre le roi lequel s'en alla lors à Meaulx.. 96

CHAP. CXXVIII. Comment ceux de Paris étant en rebellion contre le roi, le roi envoya le seigneur de Coucy pour apaiser la communauté de Paris; et comment ceux de Rouen rebellèrent, que le roi même r'apaisa............................ 100

CHAP. CXXIX. Comment le duc d'Anjou se mit sus en grand appareil pour soi aller couronner roi de Naples et de Cecile et recevoir les duchés de Pouille, de Calabre et de Provence..... 104

CHAP. CXXX. Comment à Lusebonne en Portingal le mariage fut

fait de Jean fils au comte de Cantebruge et de madame Béatrix fille au roi de Portugal; et comment les gens d'armes furent distribués. . . . . *Page* 106

CHAP. CXXXI. Comment le chanoine de Robertsart, un capitaine Anglois, chevaucha outre le gré du roi de Portugal devant le château de la Fighière et comment il l'assaillit et conquit tout en un jour. 109

CHAP. CXXXII. Comment après la conquête de la Fighière les Anglois se mirent en trois routes. Comment l'une route fut vue des ennemis; et comment les François allèrent en Espagne . . . 114

CHAP. CXXXIII. Comment le roi Richard d'Angleterre prit à femme madame Anne sœur au roi Charles d'Allemagne; et comment elle fut amenée par Brabant et Flandre jusques à Calais. . 118

CHAP. CXXXIV. Comment la jeune dame partit de Calais et arriva à Douvres, et de là à Londres où le roi Richard l'épousa, et d'autres avenues. 121

CHAP. CXXXV. Comment les Parisiens refusèrent au roi cent mille florins. Comment ils les délivrèrent au duc d'Anjou; et comment icelui duc, à grand' armée, passa jusques près de Rome. 124

CHAP. CXXXVI. Comment le duc d'Anjou ne demanda rien à Rome. Comment il passa outre en Pouille; et comment Charles de la Paix pourveyt à son fait, et ce que de son adversaire pourroit avenir. 128

CHAP. CXXXVII. Comment le duc d'Anjou ayant conquis la plaine de Pouille et de Naples, un grand enchanteur s'envint offrir à lui et enseigna par quel moyen l'on auroit le château de l'Œuf qui étoit imprenable. 131

CHAP. CXXXVIII. Comment le comte de Savoie fit à un enchanteur trancher la tête, qui offroit au duc d'Anjou de lui faire avoir le fort château de l'Œuf. 133

CHAP. CXXXIX. Comment la garnison de Ville Vesiouse délibéra de chevaucher sur les ennemis, voulsist le roi de Portugal ou non, à qui ils étoient soudoyers. 136

CHAP. CXL. Comment le chanoine de Robertsart et sa route prirent la ville du Ban et le château, et un autre fort nommé la Courtoise, puis tournèrent vers Séville. 140

CHAP. CXLI. Comment le chanoine de Robertsart et sa route prindrent la ville et le château de Jaffre; et comment ils gagnèrent grand' proie de bestiail. 142

CHAP. CXLII. Comment les chevaliers et les compagnons du comte de Cantebruge se rebellèrent à leur capitaine et firent un nouvel capitaine qui se nommoit Soustrée; et comment le chanoine de Robertsart détourna la besogne. 144

TABLE.

CHAP. CXLIII. Comment après la remontrance du chanoine de Robertsart et l'avis du comte de Cantebruge trois chevaliers de par eux furent envoyés au roi de Portugal. . . . . *Page* 148

CHAP. CXLIV. Comment le roi de Castille et le roi de Portugal conclurent de combattre l'un l'autre, puissance contre puissance, et comment place et journée furent prises entr'eux pour combattre. 153

CHAP. CXLV. Comment le roi d'Espagne et le roi de Portugal étant logés, et leurs puissances, aux champs, une bonne paix fut entr'eux trouvée sans combattre. 157

CHAP. CXLVI. Comment Tristan de Roye et Miles de Windsor coururent trois lances à fers acérés devant la cité de Badeloque en Portugal. 161

CHAP. CXLVII. Comment la femme au fils du comte de Cantebruge par dispense papale fut remariée au roi d'Espagne; le couronnement de D. Jean maître Devis; et du retour des Anglois en Angleterre. 163

CHAP. CXLVIII. Comment les Gantois en soutenant leurs opinions contre leur seigneur se trouvèrent en grand' nécessité; et comment ils pouvoient être secourus. 168

CHAP. CXLIX. Comment la duchesse de Brabant promit aux Gantois de parler pour eux au comte. Comment les vivres du Liége entrèrent en Gand; et comment le comte délibéra de assiéger la ville de Gand. 172

CHAP. CL. Comment ceux du Liége, la duchesse de Brabant et le duc Aubert envoyèrent à Tournay pour pacifier les Gantois à leur seigneur; et comment le comte Louis leur fit décarrer pour tout ce qu'il en feroit. 177

CHAP. CLI. Comment ceux de Paris se rebellèrent de rechef au roi. 181

CHAP. CLII. Comment cinq mille Gantois se partirent de Gand pour aller assaillir le comte de Flandre après la réponse que Philippe d'Artevelle leur avoit faite. 182

CHAP. CLIII. Comment Philippe d'Artevelle recorda à ceux de Gand la finale conclusion où le comte leur seigneur étoit arrêté; et comment les Gantois conclurent de combattre leur seigneur. 185

CHAP. CLIV. Comment les Gantois partirent de Gand et cheminèrent jusques à une lieue de Bruges, attendants leurs ennemis. . . . 190

CHAP. CLV. Comment les Gantois étant venus en tout cinq mille logés auprès de Bruges furent envahis par le comte et assaillis par les Brugeolins qui se desroyèrent et leur seigneur; et en tuant et chassant reboutèrent les Gantois leurs ennemis jusques aux portes de Bruges. 195

CHAP. CLVI. Comment le comte Louis de Flandre cuidant garder Bruges contre les Gantois fut en grand péril; et comment le comte se esseula.................................... Page ...

CHAP. CLVII. Comment le comte Louis de Flandre fut préservé d'un grand péril en la maison d'une pauvre femme à Bruges qui borne lui fut.................................... ...

CHAP. CLVIII. Comment ceux de Gand firent grands murdres et dérobements en Bruges; et comment ils repourvèyrent leur ville de vivres qu'ils prirent au Dam et à l'Écluse........... ...

CHAP. CLIX. Comment le comte Louis de Flandre échappa hors de Bruges et chemina à pied vers Lille; et comment en moult de lieux on murmuroit sur son fait................... ...

CHAP. CLX. Comment Philippe d'Artevelle et les Gantois mirent la ville de Bruges et la plupart de Flandre en leur obéissance; et comment Audenarde ne voult mie obéir aux Gantois. ...

CHAP. CLXI. Comment Philippe d'Artevelle étant à Gand, fut envoyé messire Daniel de Hallewyn en Audenarde pour être capitaine, et comment Philippe d'Artevelle l'assiégea avec grand quantité de Gantois.................................... ...

CHAP. CLXII. Comment un nombre de Flamands partirent du siége devant Audenarde, et des maux qu'ils commirent en Flandre et en Tournesis.................................... ...

CHAP. CLXIII. Comment le comte de Flandre averti des outrages des Gantois se recommanda à son gendre le duc de Bourgogne; et lui et Berry en parlèrent au roi et ce qu'il en répondit.. ...

CHAP. CLXIV. De une très merveilleuse vision, que le jeune roi de France eut de nuit en dormant en la ville de Senlis sur le fait de son entreprise.................................... ...

CHAP. CLXV. Comment les Flamands maintenoient leur siége devant Audenarde; et comment Philippe d'Artevelle se contenoit avec les Anglois.................................... ...

CHAP. CLXVI. Comment Philippe d'Artevelle étant à siége devant Audenarde rescripvit au roi de France; et comment lui et son conseil conclurent d'envoyer en Angleterre pour traiter d'alliances et autrement.................................... ...

CHAP. CLXVII. Comment les Flamands envoyèrent en Angleterre. Comment messire Perducas de la Breth fut hérité de la terre de Chaumont en Gascogne; et comment il en hérita un sien cousin.................................... ...

CHAP. CLXVIII. Comment l'ambassade des Flamands fut ouïe des princes et du conseil d'Angleterre; et comment ils se retirèrent à Londres, en attendant leur réponse............... ...

CHAP. CLXIX. Comment le roi de France étoit averti de la conduite des Flamands, et l'échange des Flamands et Tournesiens prisonniers.................................... *Page* 252

CHAP. CLXX. Comment le roi de France envoya trois évêques vers Flandre pour mieux entendre l'état des Flamands; comment ils y besognèrent, et comment ils trouvèrent les Flamands opiniâtifs et arrogants contre leur seigneur souverain et contre leur naturel seigneur.................................... 256

CHAP. CLXXI. Comment Philippe d'Artevelle voulut récrire à ceux de la cité de Tournay par feintise; et la copie de ces lettres. 265

CHAP. CLXXII. Comment les prélats et seigneurs commissaires ordonnés par le roi de France conseillèrent aux Tournesiens d'eux non accointer des Flamands.................... 267

CHAP. CLXXIII. Comment le comte Louis fut parler au roi à Péronne, qui le reconforta; et du grand mandement que le roi fit pour aller en Flandre........................... 269

CHAP. CLXXIV. Comment le comte Louis de Flandre fit hommage au roi de France de la comté d'Artois; et comment Philippe d'Artevelle pourvut à la garde des passages de la rivière du Lys.. 271

CHAP. CLXXV. Comment le Hazle de Flandre et plusieurs chevaliers et écuyers jusques à six vingt passèrent la rivière du Lys à Menin; et comment à leur retour il leur en mescheyt par faute de conduite.. 275

CHAP. CLXXVI. Comment Philippe d'Artevelle vint à Ypres prêcher et remontrer au peuple auquel il fit lever la main d'être certain à lui et au pays de Flandre......................... 278

CHAP. CLXXVII. Comment le roi venu à Seclin et son baronnage, fut fort débattu pour aller en Flandre; et comment ils conclurent de venir le droit chemin de Comines................ 280

CHAP. CLXXVIII. Comment les princes de France ordonnèrent surtout à chacun chef qu'il devoit faire eux combattus; et comment le roi marcha sur Flandre et son ost sur Comines...... 285

CHAP. CLXXIX. Comment le connétable de France atout l'avant-garde vint devant le pont à Comines où il fut moult en souci... 289

CHAP. CLXXX. Comment aucuns chevaliers de France s'avisèrent de passer la rivière de la Lys au-dessous du pont de Comines. 292

CHAP. CLXXXI. Comment ce lundi le connétable de France fit de trait escarmoucher aux Flamands; et comment Piètre Dubois aperçut les François passés outre la rivière de la Lys et venants vers eux et ce qu'il conclut......................... 295

CHAP. CLXXXII. Comment les François qui étoient passés outre la rivière de la Lys se mirent en ordonnance de bataille devant les Flamands................................... 297

CHAP. CLXXXIII. Comment le connétable de France regretta la noblesse qu'il véoit outre la Lys. Comment il abandonna le passage et comment il fut conforté.................. Page 300

CHAP. CLXXXIV. Comment à l'emprise du seigneur de Sempy et d'autres le passage à Comines fut conquis sur les Flamands qui y furent occis par milliers et tous déconfits.......... 304

CHAP. CLXXXV. Comment le roi averti de la victoire de Comines voult passer en Flandre; et Philippe d'Artevelle sachant la perte à Comines alla vers Gand pour élever l'arrière-ban......... 310

CHAP. CLXXXVI. Comment le roi de France vint à Comines, et tout son arroy, et delà devant Ypres; et comment la ville d'Ypres se rendit à lui par composition................ 314

CHAP. CLXXXVII. Comment le roi de France fut averti de la rebellion des Parisiens et d'autres; et de leur intention lui étant en Flandre......................... 319

CHAP. CLXXXVIII. Comment les Châtellenies de Cassel, de Berghes, de Bourbourg, de Gravelines et autres se mirent en l'obéissance du roi; et comment le roi entra en la ville d'Ypres; et du convenant de ceux de Bruges................ 321

CHAP. CLXXXIX. Comment les messagers de Gand arrivèrent et un messager Anglois à Calais; et comment Philippe d'Artevelle fit grand amas de gens pour aller combattre les François.. 325

CHAP. CXC. Comment le roi averti que Philippe d'Artevelle l'approchoit, se partit d'Ypres et son arroy, et tint les champs pour le combattre.......................... 327

CHAP. CXCI. Comment à un souper ce Philippe d'Artevelle arrangea ses capitaines; et comment ils conclurent ensemble.... 328

CHAP. CXCII. Comment la nuit dont lendemain fut la bataille à Rosebecque avint un merveilleux signe au-dessus de l'assemblée des Flamands.......................... 331

CHAP. CXCIII. Comment le jeudi au matin environ deux heures devant l'aube du jour fut la bataille; et comment les Flamands se mirent en fort lieu en conroi; et de leur conduite....... 333

CHAP. CXCIV. Comment le roi se mit aux champs emprès Rosebecque, où il fut sur tout ordonné; et comment le connétable s'excusa au roi........................... 336

CHAP. CXCV. Comment le jeudi au matin les Flamands partirent d'un fort lieu; et comment ils s'assemblèrent sur le Mont d'or; et là furent ce jour combattus et déconfits.............. 340

CHAP. CXCVI. Comment le jeudi les François se mirent en toute ordonnance pour combattre les Flamands qu'ils tenoient incrédules............................ 344

CHAP. CXCVII. Comment le jeudi au matin Philippe d'Artevelle et les Flamands furent combattus et déconfits par le roi de France sur le Mont d'or et au val emprès la ville de Rosebecque.................................... *Page* 347

CHAP. CXCVIII. Comment après la déconfiture des Flamands le roi vit mort Philippe d'Artevelle qui fut pendu à un arbre.... 351

CHAP. CXCIX. Comment les Gantois partirent de devant Audenarde; et comment ce Piètre Dubois reconforta la ville de Gand qui étoit toute éperdue............................. 355

CHAP. CC. Comment le roi entra en Courtray; comment il menaça Courtray de ruine; et comment ceux de Bruges vinrent à merci à lui.................................. 357

CHAP. CCI. Comment au pourchas du comte Guy de Blois le pays de Hainaut et Valenciennes furent préservés de grand pillage et travail................................. 362

CHAP. CCII. Comment Piètre Dubois revenu à Gand reconforta les Gantois qui reprindrent courage fior et rebelle......... 365

CHAP. CCIII. Comment les Flamands ambassadeurs partirent du roi Anglois à petit d'exploit. Comment le roi n'assiégea point Gand. Comment il fit embraser Courtray; et comment il se retraist et les seigneurs à Tournay................. 367

CHAP. CCIV. Comment le roi chevaucha vers Paris. Comment il éprouva les Parisiens; et comment les Parisiens se mirent en armes aux champs à sa venue...................... 375

CHAP. CCV. Comment les Gantois prindrent et détruisirent Ardembourg et tuèrent ceux de la garnison; et comment le comte de Flandre fit bannir aucuns Anglois demeurants à Bruges.... 391

CHAP. CCVI. Comment le pape Urbain octroya un dixième à être cueilli en Angleterre, et bulles d'absolution de peine et de coulpe pour détruire les Clémentins; et de l'armée des Anglois sur ce...................................... 396

CHAP. CCVII. Comment l'évêque de Norwich et les Anglois coururent le pays de Flandre; et de la bataille qu'ils eurent ensemble où les Flamands furent déconfits; et de la prise de Dunkerque...................................... 413

CHAP. CCVIII. Comment l'évêque de Norwich et les Anglois Urbanistes prirent plusieurs villes en Flandre; et comment ils mirent le siége devant Ypres; et d'autres incidences...... 419

CHAP. CCIX. Comment le roi de France assembla grand'armée pour aller lever le siége d'Ypres tenu par les Anglois et les Gantois; et de plusieurs rencontres qui y furent........... 43o

CHAP. CCX. Comment les Anglois qui tenoient le siége devant Ypres, sentants le roi de France approcher, levèrent leur siége; et comment les François prirent aucunes garnisons d'Anglois..... 47o

CHAP. CCXI. Comment les Anglois, voyants l'armée du roi de France, se partirent de Berghes; et comment le roi alla mettre le siége devant Bourbourg, et de l'ordonnance du dit siége. *Page* 441

CHAP. CCXII. Comment François Ackerman et les Gantois prindrent de nuit la ville d'Audenarde et boutèrent hors tous les habitants d'icelle, de laquelle prise ceux de Gand furent moult réjouis.................................. 452

CHAP. CCXIII. Comment Aymerigot Marcel et ses gens prindrent le château de Mercœur en Auvergne; et comment il le rendit par composition.............................. 459

CHAP. CCXIV. Comment après plusieurs escarmouches les Anglois rendirent Bourbourg et Gravelines au roi de France; et d'autres incidents pour lors avenus................... 463

TOME IX.

CHAPITRE CCXV. Comment messire Thomas Trivet et messire Guillaume Helmen furent prisonniers à Londres; et comment trèves furent prises entre France et Angleterre. Et du trépas du duc de Brabant et du comte de Flandre....... *Page* 1

CHAP. CCXVI. Ci raconte l'ordonnance qui fut à l'obsèque du comte Louis de Flandre et de la comtesse sa femme........ 11

CHAP. CCXVII. Comment nonobstant ces trèves les Anglois coururent en Écosse où ils firent plusieurs maux; et d'une ambassade envoyée par le roi de France en Écosse pour nuncier les dites trèves; et comment aucuns François allèrent faire armes en Écosse... 19

CHAP. CCXVIII. Comment aucuns François et les Escocs, au desceu du roi d'Écosse, entrèrent en Angleterre où ils firent grands dommages; et comment le roi d'Écosse envoya un héraut en Angleterre soi excuser de ce et la confirmation des trèves... 26

CHAP. CCXIX. Comment messire Geoffroy de Charguy et les François retournèrent d'Écosse; et du danger où ils furent en Zélande, dont un écuyer au comte de Blois les délivra....... 33

CHAP. CCXX. Comment le seigneur d'Escornay nonobstant les trèves prit Audenarde d'emblée; et du discord qui en sourdit entre le seigneur de Harselles et François Ackerman; dont le dit de Harselles en fut occis.............................. 37

CHAP. CCXXI. Comment le duc d'Anjou trépassa auprès de Naples. Et du mariage fait de Jean de Bourgogne et Marguerite sa sœur aux fils et fille du duc de Bavière comte de Hainaut. *Page* 42

CHAP. CCXXII. Comment au jour qui ordonné étoit les noces se firent à Cambray où le roi de France fut; comment le duc de Lancastre envoya devers le duc Aubert et qu'il fut répondu: et des parçons et douaires qui se firent des deux côtés. 51

CHAP. CCXXIII. Comment le mariage fut fait de la fille au duc de Berry au fils du comte de Blois et d'une grosse armée de François qui passèrent en Écosse pour aller en Angleterre. . . . 57

CHAP. CCXXIV. Comment messire Galéas duc de Milan fit prendre par embuche messire Barnabo son oncle, lequel il fit mourir en prison pour avoir sa seigneurie. 67

CHAP. CCXXV. Comment les François prindrent plusieurs forts sur les Anglois ès marches de Poitou et de Saintonge; et comment le duc de Bourbon et le comte de la marche mirent le siège devant le château de Taillebourg. 72

CHAP. CCXXVI. Comment messire Jean de Vienne amiral de France et les François passèrent en Écosse; et des termes que les Escoçois leur tinrent; et le méchef et peine qu'ils y souffrirent. 78

CHAP. CCXXVII. Comment François Ackerman atout six mille Gantois faillit à prendre Ardembourg. Comment messire Charles de la paix mourut. Pourquoi Louis de Valois s'escripsit roi de Hongrie; et comment le roi Charles VI voult avoir à femme madame Isabelle fille au duc Étienne de Bavière. 85

CHAP. CCXXVIII. Comment François Ackerman et les Gantois prindrent la ville du Dam, quand ils eurent failli à prendre la ville d'Ardembourg et Bruges. 103

CHAP. CCXXIX. Comment le roi de France épousa à Amiens madame Isabel de Bavière. Comment il vint assiéger le Dam; de la trahison de ceux de l'Écluse et d'autres choses. 107

CHAP. CCXXX. Comment François Ackerman abandonna le Dam, et le roi de France le conquit; et comment il défit son armée et retourna en France. 115

CHAP. CCXXXI. Comment le marquis de Blanquebourg fut couronné roi de Hongrie pour supplanter le jeune comte de Valois de son épouse et du royaume de Hongrie. 121

CHAP. CCXXXII. Comment le duc de Bourbon prit en Poitou plusieurs forteresses, et entre les autres le fort château de Bouteil. 126

CHAP. CCXXXIII. Comment l'amiral de France et les Écossois entrèrent en Angleterre ardant et exillant le pays. Et de la mort du fils au comte de Staffort. 128

CHAP. CCXXXIV. Comment l'amiral de France et les Écossois se déconseillèrent de combattre les Anglois. Comment ils entrèrent en Galles et ardirent le pays; et les Anglois par semblable en Écosse... *Page* 142

CHAP. CCXXXV. Comment le roi Richard d'Angleterre fut conseillé de retourner en Angleterre; et comment il parla fièrement à son oncle le duc de Lancastre............................ 150

CHAP. CCXXXVI. Comment l'amiral de France et toute sa route furent durement traités en Écosse; et à quel meschef ils retournèrent en France et racontèrent au roi la condition et puissance d'Écosse et tout ce qu'il leur en sembloit............ 154

CHAP. CCXXVII. Comment aucuns prud'hommes de la ville de Gand s'entremirent d'acquérir merci et paix à leur seigneur naturel et de finir la guerre................................. 162

CHAP. CCXXVIII. Comment le duc de Bourgogne pardonna aux Gantois tous maléfices et rebellions; et comment cette paix fut traitée et démenée.. 169

CHAP. CCXXIX. Comment lettres patentes furent octroyées du duc de Bourgogne aux Gantois et publiées à Gand et comment Pietre Dubois se retraist en Angleterre avec messire Jean de Bourchier Anglois... 177

FIN DE LA TABLE GÉNÉRALE DU SECOND LIVRE.

LES CHRONIQUES
DE
JEAN FROISSART.

LIVRE TROISIÈME.[1]

CHAPITRE PREMIER.

COMMENT MESSIRE JEAN FROISSART ENQUÉROIT DILIGEM-
MENT COMMENT LES GUERRES S'ÉTOIENT PORTÉES PAR
TOUTES LES PARTIES DE LA FRANCE.

Je me suis longuement tenu à parler des besognes des lointaines marches, mais les prochaines, tant qu'à maintenant, m'ont été si fraîches et si nouvelles et si inclinants à ma plaisance que pour ce les ai mises arrière. Mais pourtant ne séjournoient pas les

---

[1] La copie de ce livre a été originairement faite sur le manuscrit de St. Vincent de Besançon, perdu depuis la révolution (Voyez la préface du premier vol. de Froissart) mais en collationnant cette copie, très exacte puisqu'elle étoit faite sous les yeux de M. Dacier, avec les manuscrits 8325 et 8328 de la bibliothèque du roi j'ai trouvé d'assez nombreuses améliorations à y faire, dans ce livre comme dans les précédents le texte de Sauvage est entièrement incorrect. J. A. B.

vaillants hommes, qui se désiroient à avancer ens (dans) ou (le) royaume de Castille et de Portugal et bien autant en Gascogne et en Rouergue, en Quersin (Quercy), en Auvergne, en Limousin et en Toulousain et en Bigorre; mais visoient et subtilloient (imaginoient) tous les jours l'un sur l'autre comment ils se pussent trouver en parti de fait d'armes, pour prendre, embler (enlever) et écheller villes et châteaux et forteresses. Et pour ce, je sire Jean Froissart, qui me suis ensoingné (étudié) et occupé de dieter et écrire cette histoire, à la requête et comtemplation de haut prince et renommé messire Guy de Châtillon, comte de Blois, seigneur d'Avesnes, de Beaumont, de Scoonhort et de la Gende, mon bon et souverain maître et seigneur [1]; considérai en moi-même, que nulle espérance n'étoit que aucuns faits d'armes se fissent ès parties de Picardie et de Flandre, puisque paix y étoit, et point ne voulois être oiseux; car je savois bien que encore au temps à venir et quand je serai mort, sera cette haute et noble histoire en grand cours, et y prendront tous nobles et vaillants hommes plaisance et exemple de bien faire; et entrementes (pendant) que j'avois, Dieu merci, sens, mémoire et bonne souvenance de toutes les choses passées, engin (esprit) clair et aigu pour concevoir tous les faits dont je pourrois être informé touchants à ma principale matière, âge, corps et membres pour souffrir peine,

---

[1] A la mort de Venceslas de Luxembourg duc de Brabant en 1384, Froissart passa auprès de Guy comte de Blois en qualité de clerc de sa chapelle. J. A. B.

me avisai que je ne voulois mie séjourner de non poursieure (poursuivre) ma matière; et pour savoir la vérité des lointaines besognes sans ce que j'y envoyasse aucune autre personne en lieu de moi, pris voie et achoison (occasion) raisonnable d'aller devers haut prince et redouté seigneur messire Gaston comte de Foix et de Berne (Béarn); et bien sçavois que si je pouvois venir en son hôtel et là être à loisir, je ne pourrois mieux cheoir au monde pour être informé de toutes nouvelles; car là sont et fréquentent volontiers tous chevaliers et écuyers étranges pour la noblesse d'icelui haut prince. Et tout ainsi comme je l'imaginai il m'en advint; et remontrai ce, et le voyage que je voulois faire, à mon très cher et redouté seigneur, monseigneur le comte de Blois, lequel me bailla ses lettres de familiarité adressants au comte de Foix. Et tant travaillai et chevauchai en quérant de tout côtés nouvelles, que par la grâce de Dieu, sans péril et sans dommage, je vins en son châtel à Ortais (Orthez), au pays de Béarn, le jour de Sainte Catherine que on compta pour lors en l'an de grâce mil trois cent quatre-vingt et huit [1]; lequel comte de Foix, si très tôt comme il me vit, me fit bonne chère et me dit en riant en bon François: que bien il me connoissoit, et si ne m'avoit oncques mais vu, mais plusieurs fois avoit ouï parler de moi. Si me retint de son hôtel

---

[1] Froissart avoit passé les années 1385, 1386 et 1387, tantôt dans le Blaisois et tantôt dans la Touraine. Il arriva comme on voit dans le Béarn, en passant par Avignon, dans le mois de novembre 1388. J. A. B.

et tout aise, avec le bon moyen des lettres que je lui avois apportées, tant que il m'y plut à être; et là fus informé de la greigneur (majeure) partie des besognes qui étoient avenues au royaume de Castille, au royaume de Portugal, au royaume de Navarre, au royaume d'Aragon et au royaume d'Angleterre, au pays de Bordelois et en toute la Gascogne; et je même, quand je lui demandois aucune chose, il le me disoit moult volontiers; et me disoit bien que l'histoire que je avois fait et poursuivois seroit au temps à venir plus recommandée que mille autres: « Raison pourquoi, disoit-il, beau maître: puis cinquante ans en ça sont avenus plus de faits d'armes et de merveilles au monde qu'il n'étoit trois cents ans en devant. »

Ainsi fus-je en l'hôtel du noble comte de Foix recueilli et nourri à ma plaisance. Ce étoit ce que je désirois à enquerre toutes nouvelles touchants à ma matière: et je avois prêts à la main barons, chevaliers et écuyers qui m'en informoient et le gentil comte de Foix aussi. Si vous voudrois éclaircir par beau langage tout ce dont je fus adonc informé, pour rengrosser notre matière et pour exemplier les bons qui se désirent à avancer par armes. Car si ci-dessus j'ai prologué grands faits d'armes, prises et assauts de villes et de châteaux, batailles adressées et durs rencontres, encore en trouverez-vous en-suivant grand'foison, desquelles et desquels par la grâce de Dieu je ferai bonne et juste narration.

CHAPITRE II.

COMMENT APRÈS CE QUE LE COMTE DE FOIX OT (EUT) REÇU SIRE JEAN FROISSART EN SON HÔTEL MOULT HONORABLEMENT, LE DIT SIRE JEAN ÉCRIVIT LES FAITS D'ARMES QUE ON LUI NOMMOIT.

Vous savez que quand messire Aymon fils, du roi Édouard d'Angleterre comte de Cantebruge (Cambridge), si comme il est ci-dessous contenu en notre histoire, se fut parti du royaume de Portugal et monté en mer à Lussebonne (Lisbonne) avecques ses gens, quoique il eut enconvenancé (fiancé) Jean son fils, que il avoit de madame Ysabel d'Espagne, fille au roi Dam Piètre qui fut, à la jeune fille du roi Ferrant de Portugal, laquelle s'appeloit mademoiselle Bietrix (Béatrice), le comte qui mal se contentoit du roi Ferrant (Ferdinand), pour tant (attendu) que il et sa puissance avoient logé plus de quinze jours aux champs devant le roi Jean de Castille et si ne l'avoit voulu combattre, mais avoit fait son accord au roi de Castille outre sa volonté, dont grandement lui déplaisoit, et bien lui avoit dit le dit comte, quand les traités se commencèrent à entamer et à ouvrir entre le roi de Castille et lui: « Sire roi, regardez bien que vous faites; car nous ne sommes pas venus en ce pays de revel (réjouissance) pour boire ni pour manger, pour voler [1], ni pour chasser; avant y sommes venus pour guerroyer le fils de ce bâtard qui s'éscripst (appelle) roi de Castille [2], le comte de Tristemare (Transtamare); et pour reconquerir notre droit héritage que Jean de Tristemare son fils tient et possède; et vous savez que par mariage mon frère et moi avons les droites héritières du royaume de Castille, filles au roi Dam Piètre qui fut votre cousin germain; et sur l'état que pour aider à reconquerir, ainsi que tous bons seigneurs doient (doivent) être enclins au droit et non au tort, vous nous escrisistes (écrivîtes) et mandâtes en Angleterre, par votre chevalier [3] que véez là (voilà), que nous voulsissions (voulussions) emprendre (entreprendre) d'amener en ce pays la somme de deux mille lances et la quantité de trois ou de quatre mille archers, avec l'aide que vous nous feriez vous aviez bien espérance que nous recouvrerions votre héritage: or suis-je ici venu [4], non pas à (avec) tant de gens que vous nous escrisistes (écrivîtes), mais ce que j'en ai ils sont de grand' volonté et de bonne, et oseront bien attendre l'aventure et la journée de bataille contre ceux que le comte de Tristemare (Transtamare) a pour le pré-

---

[1] C'est-à-dire chasser au faucon. J. A. B.
[2] Henry de Transtamare placé sur le trône de Castille par l'entremise de Duguesclin. Il étoit mort en 1379: c'est de son fils Jean Ier. qu'il est question ici. J. A. B.
[3] J. Fern. d'Amdeiro. (Voyez le premier chapitre du huitième volume.) J. A. B.
[4] Il arriva en 1381 à Lisbonne. J. A. B.

sent, avecques les vôtres; et mal se contenteront de vous et de votre affaire si nous n'avons la bataille. »

Telles paroles et autres avoit démontré le comte de Cantebruge (Cambridge) avant son département au roi de Portugal, lequel roi les avoit bien ouïes et entendues, mais nonobstant ce onques il ne s'osa combattre ens (dans) ès plains de entre Elvez (Elvas) et Brudeloce (Badajos), et quand ils furent l'un devant l'autre, aux Espagnols, ni point ne le trouvoit en conseil de ceux de son pays; et lui disoient: «Sire, la puissance du roi de Castille est maintenant trop grande; et si par fortune ou mésaventure vous perdiez la journée, vous perdriez votre royaume sans recouvrer. Si vous vaut mieux souffrir, que faire chose où vous ayez tel dommage ni tel péril. »

Et quand le comte de Cantebruge (Cambridge) vit que il n'en auroit autre chose, lui retourné à Lisbonne, il fit appareiller sa navie (flotte), et prit congé au roi de Portugal et entra en mer avec ses gens et ne voult (voulut) pas laisser Jean son fils en Portugal de-lez (près) le roi ni la demoiselle qui devoit être sa femme [1], car l'enfes (enfant) étoit encore jeune assez; et s'en retourna le comte en Angleterre avec ses gens ni nul ne demeura derrière; ainsi se porta pour la saison l'armée de Portugal.

(1) Tous ces événements ont été racontés par Froissart dans le livre précédent. J. A. B.

CHAPITRE III.

Comment le frère bâtard du roi de Portugal fut élu a roi après la mort son frère contre la volonté des nobles.

Or avint que quand le comte de Cantebruge (Cambridge) fut retourné en Angleterre sur l'état que vous avez ouï, et quand il ot (eut) remontré à son frère le duc de Lancastre l'ordonnance de ce roi Ferrant (Fernand) de Portugal et de ses gens, si fut grandement pensif, car il véoit que les besognes et le conquêt de Castille leur éloignoient; et si avoit son neveu le roi Richard d'Angleterre conseil de-lez (près) lui qui ne lui étoit pas trop propice, et par spécial c'étoit le comte d'Asquesuffort (Oxford) qui étoit tout le cœur du roi. Cil (ce) comte mettoit tout le trouble que il pouvoit entre le roi et ses oncles et lui disoit: « Sire, si vous voulez faire la main de vos deux oncles, monseigneur de Lancastre et monseigneur de Cantebruge (Cambridge), ils coûteront bien tout l'argent d'Angleterre en la guerre d'Espagne et si n'y conquerront jà rien. Il vaut trop mieux que vous tenez de-lez (près) ce qui est vôtre, vos gens et votre argent, que ils soient épars en pays où vous ne pouvez avoir nul profit; et que vous gardez et défendez votre héritage, lequel on vous guerroye à tous lez (côtés) par France et par Écosse, et que vous employez votre temps ailleurs. »

Le jeune roi s'inclinoit fort aux paroles de ce comte, car il l'aimoit de tout son cœur, pour tant que ils avoient été nourris ensemble. Le comte d'Asquesuffort (Oxford) avoit de son alliance aucuns chevaliers d'Angleterre, car pas il ne faisoit ses besognes, sans tels que messire Simon Burley, messire Robert Tracilien (Tresilian), messire Nicole Bramber, messire Jean de Beauchamp, messire Jean de Salsberi (Salisbury) et messire Michel de la Pole. Encore y étoient nommés messire Thomas Trivet et messire Guillaume Helmen (Elmham), dont depuis par ces parties et différends qui étoient entre le roi et ses oncles et les nobles et communautés du pays, plusieurs maux advinrent en Angleterre, si comme je vous recorderai avant en l'histoire.

Ne demeura guères de temps depuis que le comte de Cantebruge (Cambridge) fut issu hors du royaume de Portugal, que le roi Ferrant chéy (tomba) en langueur et en maladie, qui lui dura plus d'un an, et mourut [1]. Et n'avoit plus d'enfant que la reine d'Espagne. Adonc fut informé le roi Dan Jean de Castille que le royaume de Portugal lui étoit échu [2] et que il en étoit droit hoir par la

---

(1) Le roi Ferdinand de Portugal mourut le 22 octobre 1421 de l'ère Portugaise ou 1383 de l'ère suivie en France. D. Léonore sa veuve fut sur le champ proclamée régente jusqu'à l'arrivée du nouveau roi. J. A. B.

(2) Pedro Lopez de Ayala rapporte sous l'année 1381, (*Chronica*

succession du roi mort [1]. Si en ot (eut) plusieurs conseils, et disoit quand on en parloit: « Portingalois sont dures gents; point ne les aurai si ce n'est par conquête. »

Quand les Portingalois (Portugais) virent qu'ils étoient sans seigneur, si eurent conseil ensemble que ils envoieroient devers un frère bâtard que le roi Ferrand avoit [2], vaillant homme, sage et hardi merveilleusement qui s'appeloit Jean; mais il étoit religieux sans ordenes (ordres), maître hospitalier de tout le royaume de Portugal. Et disoient que ils avoient trop plus cher que ils fussent au gouvernement de ce vaillant homme, bâtard, maître Denis (d'Avis) que du roi de Castille, et que tant qu'à Dieu il n'étoit mie bâtard, puisque il avoit courage et bonne volonté de bien faire.

Quand cil (ce) maître Denis (d'Avis) entendit la commune volonté des quatre cités principales de Portugal, et que ils avoient en la cité de Lisbonne et en ces quatre bonnes villes grand'affection à lui

---

del rey Don Juan el primero, P. 162.) que par le traité de mariage entre D. Juan roi de Castille et l'infante Béatrice, fille de D. Ferdinand roi de Portugal, il étoit stipulé que si le roi Ferdinand n'avoit pas d'enfant mâle, son gendre D. Juan roi de Castille deviendroit en même temps roi de Portugal; que s'il n'avoit qu'un garçon ou une fille, cet enfant seroit à la fois souverain de Castille et de Portugal; mais qu'au cas où le roi D. Juan auroit un second enfant garçon ou fille, ce dernier enfant obtiendroit la couronne de Portugal, qui seroit ainsi séparée de la couronne d'Espagne. J. A. B.

(1) D. Juan apprit à Séville la mort du roi Ferdinand et se fit complimenter à Tolède en qualité de roi de Portugal. J. A. B.

(2) D. Juan maître d'Avis étoit fils de D. Pèdre et de sa maîtresse D. Thérèse Lourenço. J. A. B.

pour couronner à roi, si en fut grandement réjoui, et escripsit (écrivit) secrètement devers ses amis et vint à Lisbonne qui est la clef et principale ville du royaume de Portugal. Les gens de la ville le recueillirent à grand'joie et lui demandèrent si ils le couronnoient à roi, et lui couronné si il leur seroit bon et loyal comme un prince doit être et tiendroit le pays en ses franchises. Il répondit, ouil, et que oncques ils n'eurent si bon roi.

Adonc escripsirent (écrivirent) ceux de Lisbonne à ceux de Conninbres (Coïmbre), au Port (Oporto) de Portingal et à ceux d'Oure (Ourique), ce sont les clefs du dit royaume; que pour le meilleur et le commun profit, ils vouloient couronner à roi maître Denis (d'Avis) qui étoit sage et vaillant et de bon gouvernement et avoit été frère du roi Ferrant; et que le pays et royaume de Portugal ne pouvoit longuement demeurer sans chef, tant pour les Espagnols, que pour les mécréants de Grenade et de Bougie (Bugia) auxquels il marchissoient (confinoient).

Ces quatre bonnes villes et le terroir de Portugal exceptés, aucuns hauts barons et chevaliers s'inclinoient à lui et à cette élection, mais les seigneurs disoient que il n'appartenoit pas à un bâtard, si il n'étoit trop bien dispensé, à être roi couronné. Les bonnes villes disoient et répondoient, que si faisoit, et que il étoit de nécessité, puisque ils n'avoient point d'autre seigneur et que il étoit vaillant homme de sens et d'armes, et faisoient exemple par le roi D. Henri qui avoit été roi couronné de toute Castille par l'élection du pays et pour le commun profit, et encore outre, le roi Dam Piètre vivant.

L'élection, voulsissent (voulussent) ou non les nobles du royaume de Portugal, demeura à ce maître Denis (d'Avis); et fut couronné solemnellement, en l'église cathédrale de Conninbres (Coïmbre), roi par l'accord et puissance de toute la communauté du pays [1]. Et il jura à tenir et garder justice et son peuple en droit; il reconnut toutes les franchises anciennement faites que le peuple avoit à bonnes et demeurer avec et dalez (près) eux [2]; dont ils eurent grand' joie.

(1) D. Joaô, maître d'Avis avoit d'abord été nommé en 1383 régent et défenseur du royaume. Quelques Portugais songeoient à porter sur le trône l'infant D. Joaô fils de Pèdre et d'Inès de Castro et que le roi de Castille venoit de déclarer prisonnier; mais Jean Das Regras, disciple de Barthole et un des premiers jurisconsultes qu'ait eu le Portugal, ayant prouvé qu'il s'étoit réuni plusieurs fois aux ennemis de sa patrie, étoit entré à main armée dans le royaume et avoit ainsi perdu sa qualité de citoyen Portugais, le choix des Portugais se porta sur le bâtard de D. Pèdre et de Thérèse Lourenço, D. Joaô maître d'Avis. Il fut proclamé roi le 6 avril 1385 par les Cortès de Coïmbre. Son acte d'élection se trouve en entier dans les preuves de l'histoire générale de la maison de Portugal, et en abrégé dans l'appendice de la chronique de D. Pèdre Lopez de Ayala. J. A. B.

(2) Les députés de la nation Portugaise assemblés en Cortès à Coimbre pour s'entendre sur le choix d'un souverain, proclamèrent roi le grand maître d'Avis, qui prêta entre leurs mains le serment de ne faire ni la paix ni la guerre sans le consentement de la nation. Ce droit des Cortès Portugaises à se choisir un roi a été mis en usage d'abord dans la nomination d'Alphonse Henriques en 1143 par les Cortès de Lamégo, dans la déposition de Sanche II pour placer son frère Alphonse III sur le trône en 1246, dans la nomination du grand maître d'Avis dont il est question ici, en 1385, dans celle de Jean IV de Bragance en 1640, et enfin dans la déposition d'Alphonse VI en 1669 par les Cortès de Lisbonne qui nommèrent à sa place son frère Pierre II. J. A. B.

CHAPITRE IV.

Comment le roi de Castille avecques les Espagnols assiégèrent Lussebonne ou le roi de Portugal étoit, et du secours qu'il manda en Angleterre.

Quand les nouvelles furent venues en Castille devers le roi Dam Jean, si en fut grandement courroucé pour deux raisons; l'une étoit que sa femme est hoir, et l'autre pour ce que le peuple de Portugal l'avoit de fait couronné et sans juste élection. Si dit que la chose ne demeureroit pas ainsi, et prit tiltre de guerre de demander à ceux de Lisbonne la somme de deux cent mille florins, que le roi Ferrand lui avoit promis quand il prit sa fille à femme. Si envoya le comte de Morme (Manrique), le comte Ribede (Ribadeo), et l'évêque de Burgues (Burgos) et grand'gent en ambassaderie en Portugal devers ceux de Lisbonne.

Quand les gens du roi d'Espagne furent venus à Saint Yrain (Santarem), la dirraine (dernière) ville de Castille au-lez (côté) devers Lisbonne, ils envoyèrent un héraut devers le roi et ceux de Lisbonne, pour avoir un sauf-conduit que sûrement ils pussent aller et retourner et faire leur message. Ce leur fut légèrement accordé, et vinrent à

Lisbonne, et firent mettre le conseil de la ville ensemble, et remontrèrent ce pour quoi ils étoient venus et en fin de leur remontrance ils dirent ainsi: « Entre vous, Lisbonnois, entendez justement. Vous ne vous devez pas émerveiller si le roi notre sire se courrouce sur vous, et si à présent il veut être payé de la somme qu'il vous demande et en quoi vous êtes obligés, quand vous avez la noble couronne de Portugal donnée à un clerc, homme religieux et bâtard. Ce ne fait pas à souffrir, ni à soutenir, car par élection droiturière il n'y a nul plus prochain hoir de lui, et encore avez vous allé hors du conseil des nobles de votre royaume: pourquoi il vous mande, que vous vous êtes grandement forfaits et si hâtivement vous n'y pourvéez, il vous mande que il vous fera guerre. » A ces paroles répondit Dam Ferrant Galopes (Guadalupe), de Villesois (Vilhaboim), un bourgeois notable et authentique en Lisbonne et dit: « Seigneurs vous nous reprochez grandement notre élection, mais la vôtre est bien aussi reprochable, car vous couronnâtes en Espagne à roi un bâtard fils de juive [1], et ce scet (sait) on bien partout clairement: et tant que à l'élection droiturière, votre roi au royaume de Portugal n'a nul droit; mais y ont droit les filles du roi Dam Piètre qui sont en Angleterre mariées [2], Constance et Ysabel et leurs enfants, et le duc de Lancastre et le comte de Cantebruge (Cambridge) leurs maris

---

[1] Henry de Transtamare. J. A. B.
[2] Aux ducs de Lancastre et de Cambridge oncles de Richard II. J. A. B.

pour elles. Si vous en pouvez partir quand vous voudrez et dire à celui et à ceux qui ci vous envoient, que notre élection est bonne et nous demeurera, ni autre roi nous n'aurons tant comme il vivra; et de la somme des déniers que vous demandez, nous disons que nous n'y sommes en rien tenus ni obligés, mais prenez ceux qui s'y obligèrent et qui en eurent le profit. » A ces réponses faire ne fut point présent le roi Jean de Portugal, quoiqu'il sçut bien quelle chose ses gens devoient dire.

Quand les commissaires de par le roi de Castille entendirent et aperçurent que ils n'auroient autre réponse des Portingalois (Portugais), si prirent congé, ainsi comme il appartenoit, et se partirent, et retournèrent à Séville, où ils avoient laissé le roi et son conseil, à qui et auxquels ils recordèrent toutes les réponses si comme vous les avez ouïes.

Or eurent conseil le roi d'Espagne et ses gens, quelle chose il appartenoit à faire de cette besogne. Conseillé fut que le roi de Portugal et tous ses aidants fussent défiés, et que le roi d'Espagne avoit bonne querelle de mouvoir guerre par plusieurs raisons. Lors fit le roi Jean de Castille défier le roi de Portugal, et tous ses aidants et fit le roi de Castille grand mandement et dit que il viendroit mettre le siège devant la cité de Lisbonne et ne se partiroit tant qu'il l'auroit, car ils avoient répondu orgueilleusement. Si leur feroit cher comparer (payer) s'il les pouvoit mettre à merci. Adonc s'en vint le roi de Castille à (avec) toute sa puissance, à Saint Yvain (Santarem), où son mandement étoit.

En ce temps fut chassé et mis hors de sa cour un chevalier de Castille qui s'appeloit messire Navaret [1], et si le roi l'eut tenu en son courroux, il lui eut fait trancher la tête. Le chevalier fut informé de cette affaire, car il ot (eut) bons amis en voie, si vida le royaume de Castille et vint à Lisbonne devers le roi de Portugal, qui ot (eut) de sa venue grand'joie et le retint des siens, et le fit capitaine de ses chevaliers; et porta depuis grand dommage aux Espagnols.

Le roi de Castille avecques toute sa puissance se departit de Saint Yvain (Santarem) et s'en vint mettre le siége devant la cité de Lisbonne [2] et là dedans encloy (renferma) le roi et ceux de la ville, et dura le siége plus d'un an [3]. Et étoit connétable de tout son ost le comte de la Longueville, et maréchal de l'ost messire Regnault Limosin. Cil (ce) messire Regnault étoit un chevalier de Limousin, que au temps passé messire Bertran de Claquin (Guesclin) avoit mené en Espagne ès premières guerres; lequel s'y étoit si bien fait et si bien éprouvé, que le roi Henri l'avoit marié et donné bel héritage et bon, et belle dame et riche à femme, dont il avoit deux fils Regnault et Henri; et moult étoit

---

(1) Le manuscrit 8325 l'appelle Nouges Vanaros. J. A. B.

(2) Le roi de Castille mit le siége devant Lisbonne vers la mi-juillet 1384. J. A. B.

(3) Ce siége ne dura pas un an, puisque le roi et la reine de Castille étoient de retour le 19 novembre 1384 à Santa Maria de Guadalupe. Un acte de concession fait à Pedro Rodriguez de Fonseca est daté de ce lieu et de ce jour. J. A. B.

alosez (loué) au royaume de Castille par ses prouesses.

Avec le roi de Castille de son pays étoient là à siége, messire Daghemes (Diego) Mendut (Mendoza), messire Digho Persement [1], Dam Pietre Rosernment [2], Dam Mairth de Versaulx [3] Portingalois (Portugais) qui s'étoient tournés Espagnols; le grand maître de Caletrane [4] et son frère un jeune chevalier qui s'appeloit messire Dandighemères [5], Pierre Goussart (Gonzales) de Mondesque (Mendoza), Pierre Ferrant de Valesque (Velasco), Pierre Goussart (Gonzales) de Séville, Jean Radigo [6] de Hoies et le grand maître de Saint Jacques [7]; et tenoit bien à siége le roi de Castille devant Lisbonne trente mille hommes. Si y ot (eut) fait plusieurs assauts et plusieurs escarmouches et moult d'appertises d'armes d'une part et d'autre.

Bien savoient les Espagnols que le roi de Portugal ne seroit point aidé des nobles du pays, car les communautés l'avoient fait outre leur volonté, pourquoi la chose étoit en grand différend et en grand

---

[1] Peut-être Diogo Perez Sarmiento. J. A. B.

[2] D. Pero Ruiz Sarmento. Froissart a confondu les deux derniers mots en un. J. A. B.

[3] Le manuscrit 8322 dit messire Marich (Manrique) d'Aversaulx. J. A. B.

[4] D. Pedre Alvares Pereira prieur de l'hôpital fut nommé à cette époque grand maître de Calatrava. J. A. B.

[5] Probablement D. Diego Merlo. Ces trois mots sont dans le texte confondus en un. J. A. B.

[6] Ruy dias. J. A. B.

[7] D. Ruiz Gonsales Mexia nommé à la place de D. Pero Ferrandez Cabeza de Vaca. J. A. B.

danger; et avoit bien intention le roi d'Espagne que il conquerroit Lisbonne et tout le pays avant son retour, car nul confort ne lui pouvoit venir de nul côté fors par Angleterre; c'étoit ce dont il faisoit le plus grand doute. Et quand il avoit tout imaginé, il sentoit les Anglois moult loin de là; et avoit bien ouï dire que le roi d'Angleterre et ses oncles n'étoient pas bien d'accord, pourquoi il se tenoit plus sûrement au siége. Et étoit leur siége si plantureux de tous biens, qu'il n'y avoit ville ni marché en toute Castille où on eut plus plantureusement ce qu'il besognoit (1).

Le roi de Portugal se tenoit bellement en la cité de Lisbonne avec ses gens; et se tenoient tout aises, car on ne leur pouvoit tollir la mer. Si ot (eut) conseil que il envoieroit en Angleterre devers le roi et le duc de Lancastre grands messagers et féables, et feroit tant que il renouveleroit les alliances qui avoient été faites autrefois entre le roi d'Angleterre et le roi Ferrant son frère; et enchargeroit encore ses ambassadeurs de démontrer au duc de Lancastre que par mariage il auroit volontiers à femme Philippe sa fille, et la feroit reine de Portugal, et lui jureroit et scelleroit à toujours mais bonnes alliances; et feroit tant que si il vouloit venir par de là atout (avec) deux mille ou trois mille combattants et autant d'archers que il recouvreroit le royaume de Castille son héritage.

(1) La peste y étoit cependant et cela obligea de lever le siége. J. A. B.

D'aller en Angleterre furent chargés deux chevaliers de son hôtel messire Jean Radigo et messire Jean Tête-d'or et un clerc de droit archidiacre de Lisbonne qui s'apppéloit maître Marc de la Figière[1]. Si ordonnèrent leurs besognes et un vaissel pour eux, et le appareillèrent et pourveirent (pourvurent) de tous points, et quand ils eurent bon vent ils entrèrent ens et se partirent du hâvre de Lisbonne et singlèrent vers les frontières d'Angleterre.

(1) Duarte Nunes de Liaô dans sa chronique de Jean premier, P. 51 et 52, dit que les ambassadeurs envoyés en Angleterre furent D. Fernado Affonso de Albuquerque maître de l'ordre de Saint Jacques et Lourenço Anes Fogaça, qui avoit occupé avant Jean Das Regras les fonctions de grand chancelier sous le roi Ferdinand. Je trouve en effet dans Rymer plusieurs actes qui confirment ce que dit le chroniqueur Portugais: tels sont 1°. Une permission donnée à Fernand maître de l'ordre de Saint Jacques, et à Laurent Fogate grand chancelier de Portugal d'emmener avec eux un certain nombre d'hommes en Portugal pour la défense du royaume. Cet acte est daté du 28 juillet 1384. 2°. Une lettre royale de protection en date du premier décembre 1384, donnée au même Ferdinand et à trente chevaliers Anglois désignés par leurs noms. 3°. Un acte d'autorisation pour se fournir en Devonshire et en Cornouaille des vaisseaux nécessaires au voyage, daté du 8 janvier 1385. 4°. Des lettres de protection données le 16 janvier 1385 au même Fernand et à cinquante deux chevaliers pour se rendre en Portugal. 5°. Des lettres adressées en date du 16 février 1385 à Jean de Kentwood et à Martin Ferrers pour les autoriser à passer en revue les hommes qui se rendoient en Portugal avec le maître de Saint Jacques et le grand chancelier. 6°. Un sauf conduit daté du 20 octobre 1385 donné aux mêmes Fernand et Laurent Fogaça qui, dit l'acte: *Nuper ad nos, in regnum nostrum angliæ, ut speciales et solemnes nuncii et ambassatores ipsius regis portugaliæ, pro certis arduis negotiis, ipsum alligatum nostrum et regnum suum Portugaliæ, specialiter concernentibus, nuper destinati, in eodem regno nostro, super expeditione nuncii eorumdem, per tempus non modicum, penès nos et concilium nostrum continuè prosequendo morati fuissent et adhuc morantur illâ causâ*. On trouve encore dans Rymer plusieurs autres actes relatifs à cette affaire, mais ce que j'ai donné suffit à l'éclaircissement de ces transactions. J. A. B.

D'autre part le roi Jean de Castille, qui se tenoit à siége devant Lisbonne, ot (eut) conseil de ses hommes que il escripsist (écrivît) en France et en Gascogne et mandât chevaliers et écuyers. Car bien supposoient les Espagnols que le roi de Portugal avoit mandé ou manderoit grand secours en Angleterre pour lever le siége; si ne vouloient pas être si surpris que leur puissance ne fut grande assez pour résister aux Anglois et Portingalois (Portugais). Si comme le roi fut conseillé et informé, il le fit, et envoya lettres et messages en France à plusieurs chevaliers et écuyers qui désiroient les armes, et par spécial au pays de Berne (Béarn) en la comté de Foix; car là avoit grand' foison de bons chevaliers et écuyers qui désiroient les armes et qui ne se savoient où employer. Car pour ce temps, quoique le comte de Foix leur seigneur les eut tous nourris en armes, si avoit-il bonnes trèves entre le comte d'Ermignac (Armagnac) et lui. Cilz (ces) mandements de ces deux rois d'Espagne et de Portugal ne furent pas sitôt faits ni approchés; et pour ce ne se cessoient pas les armes à faire ailleurs, en Auvergne, en Toulousain, en Rouergue et en la terre de Bigorre.

Si mettrons en souffrance un petit les besognes de Portugal et parlerons d'autres.

CHAPITRE V.

Comment le princeps (prince) et la princepse (princesse) vinrent voir le comte d'Armagnac et du don que la princesse demanda au comte de Foix.

Entre la comté de Foix et le pays de Berne (Béarn) gît la comté de Bigorre, laquelle est tenue du roi de France et marchist (touche) au pays Toulousain d'un part, et au comté de Cominges et de Berne (Béarn) d'autre part. En la comté de Bigorre gît le fort château de Lourdes [1], qui toujours s'est tenu Anglois depuis que le pays de Bigorre fut rendu au roi d'Angleterre et au prince pour la rédemption du roi Jean de France par le traité de la paix qui fut traitée à Brétigny devant Chartres et confirmée (confirmée) depuis à Calais, si comme il est contenu ci-dessus en notre histoire.

Quand le prince de Galles fut issu hors d'Angleterre et que le roi son père lui ot (eut) donné à tenir en fief et en héritage de lui toute la terre et la duché d'Aquitaine [2], où il y a deux archevêchés et vingt deux évêchés, et il fut venu à Bordeaux sur Gironde, et il ot (eut) pris la possesion de tou-

---

[1] Près de Bagnères à l'ouest. J. A. B.
[2] Édouard donna en 1362 le duché d'Aquitaine à son fils le prince Noir et celui-ci se partit en 1363 avec la duchesse pour prendre possession de son gouvernement. (Voyez livre 1er. ch. 472 T. 4. P. 16..) J. A. B.

tes les terres, et il ot (eut) séjourné environ un an au pays, il et la princesse sa femme furent priés du comte Jean d'Armagnac que ils voulsissent (voulussent) venir en la comté de Bigorre, en la belle et bonne cité de Tarbes, pour voir et visiter celui pays que encores oncques mais n'avoient vu. Et tendoit le dit comte d'Armagnac à ce que, si le prince et la princesse étoient en Bigorre, le comte de Foix les viendroit voir et visiter, auquel il devoit, pour cause de sa rançon, deux cent et cinquante mille francs. Si leur feroit prier pour lui que le dit comte de Foix voulsist (voulut) quitter la dite somme, ou en partie, ou faire grâce. Tant fit le comte d'Armagnac que le prince et la princesse à (avec) leur état, qui pour ce temps étoit grand et étoffé, vinrent en Bigorre et se logèrent en la cité de Tarbes.

Tarbes est une belle ville et grande, étant en plein pays, et en beaux vignobles, et y a ville, cité et châtel, et tout fermé de portes, de murs et de tours, et séparés l'un de l'autre; car là vient d'amont d'entre les montagnes de Berne (Béarn) et de Casteloigne (Catalogne) la belle rivière de Lisse [1], qui queurt (coule) tout parmi Tarbes et qui le sépare; et est la rivière aussi claire comme fontaine. A cinq lieues de là siéd la ville de Morlens (Morlas), laquelle est au comte de Foix; et à l'entrée du pays de Berne (Béarn) et dessous la montagne, à six lieues de Tarbes, la ville de Pau qui est aussi au dit comte

Pour ce temps que le prince et la princesse étoient venus à Tarbes étoit le comte de Foix en la ville

(1) Tarbes est situé sur l'Adour. J. A. B.

de Pau, car il y faisoit faire et édifier un très beau châtel tenant à la ville, au dessus sur la rivière de Gave (1). Sitôt comme il sçut la venue du prince et de la princesse qui étoient à Tarbes, il s'ordonna et les vint voir en grand état, à (avec) plus de six cents chevaux; et avoit soixante chevaliers en sa compagnie et grand' quantité d'écuyers et de gentilshommes. De la venue du comte de Foix furent le prince et la princesse grandement réjouis et lui firent très bonne chère, et bien le valoit; et l'honoroit la princesse très liement et grandement. Et là étoient le comte d'Armagnac et le sire de la Breth (Albret); et fut le prince prié que il voulsist (voulut) prier au comte de Foix que il quittât au comte d'Armagnac tout ou en partie la somme des florins que il lui devoit. Le prince qui fut sage et vaillant homme répondit, tout considéré, que non feroit. « Car pour quoi, comte d'Armagnac, vous fûtes pris par armes et par belle journée de bataille; et mit notre cousin, le comte de Foix, son corps et ses gens à l'aventure contre vous; et si la fortune fut bonne pour lui et contraire à vous, il n'en doit pas pis valoir. Par fait semblable, monseigneur mon père ni moi ne sarions (saurions) gré qui nous prieroit de remettre arrière ce que nous tenons par la belle aventure et la bonne fortune que nous eûmes à Poitiers dont nous regracions (remercions) notre seigneur. »

---

(1) Gave, en patois du pays, signifie rivière; et la rivière qui passe à Pau s'appelle ainsi le Gave de Pau. J. A. B.

Quand le comte d'Armagnac ouït ce, si fut tout confus et ébahi, car il avoit failli à ses ententes (but); nonobstant ce si ne cessa-t-il pas, mais en pria la princesse, laquelle de bon cœur requit et pria au comte de Foix que il lui voulsist (voulut) donner un don. « Madame, dit le comte, je suis un petit homme et un povre bachelier, si ne puis faire nuls grands dons, mais le don que vous me demandez, si il ne vaut plus de cinquante mille francs, je le vous donne. »

La princesse tiroit à ce que, outrement et pleinement, le don que elle demandoit, le comte de Foix lui donnât; et le comte qui sage et subtil étoit, et qui à ses besognes assez clair véoit, et qui espoir (peut-être) de la quittance du comte d'Armagnac se doutoit, son propos tenoit et disoit: « Madame, à un povre chevalier que je suis, qui édifie villes et châteaux, le don que je vous accorde doit bien suffire. » Oncques la princesse n'en put autre chose avoir ni extraire et quand elle vit ce: « Comte de Foix, je vous demande et prie que vous fassiez grâce au comte d'Armagnac. » — « Madame, répondit le comte, à votre prière dois-je bien descendre. Je vous ai dit que le don que vous me demandez, si il n'est plus grand de cinquante mille francs, je le vous accorde : et le comte d'Armagnac me doit deux cent et cinquante mille francs ; à la vôtre requête et prière je vous en donne les cinquante mille. » Ainsi demeura la chose en tel état et gagna le comte d'Armagnac à la prière de la princesse d'Aquitaine cinquante mille francs. Si retourna le comte de Foix en son pays quand il ot (eut) été trois jours de-lez (près) le prince et la princesse d'Aquitaine.

CHAPITRE VI.

Comment la garnison de Lourdes guerroyoit le pays de Bigorre et de la prise de Ortingas.

Je, sire Jean Froissart, fais narration de ces besognes pour la cause de ce que, quand je fus en la comté de Foix et de Berne (Béarn), je passai parmi la terre de Bigorre: si enquis et demandai de toutes nouvelles passées des quelles je n'étois point informé; et me fut dit que le prince de Galles et d'Aquitaine séjournant à Tarbes il lui prinst (prit) volonté et plaisance d'aller voir le châtel de Lourdes qui siéd à trois lieues près de là entre les montagnes. Quand il fut venu jusques à Lourdes et il ot (eut) bien avisé et imaginé la ville, le châtel et le pays, si le recommanda moult grandement et chérement tant pour la force du lieu comme pour ce que Lourdes siéd sur frontière de plusieurs pays car ceux de Lourdes peuvent courir moult avant dedans le royaume d'Arragon et jusques en Casteloigne (Catalogne) et Barcelonne. Si appela tantôt le prince un chevalier de son hôtel auquel il avait grand'fiance et qui loyalement l'avoit servi, et ce chevalier étoit nommé messire Piètre Ernault, du pays de Berne (Béarn), appert homme d'armes durement et cousin au comte de Foix : « Messire Piètre, dit le prince, à ma venue en ce pays je vous institue et fais châtelain et capitaine de Lourdes et regard (gardien) du pays de Bigorre. Or gardez tellement ce châtel que vous en puissiez rendre bon compte à monseigneur de père et à moi. » — « Monseigneur, dit le chevalier, volontiers. » Là lui en fit-il foi et hommage et le prince l'en mit en possession.

Or devez-vous savoir que quand la guerre se renouvela entre le roi de France et le roi d'Angleterre,[1] si comme il est ci-dessus contenu en cette histoire, ainsi comme le comte Guy de saint Pol et messire Hue de Châtillon maître des arbalêtriers, pour le temps, de tout le royaume de France, assiégèrent et prindrent (prirent) de fait la ville d'Abbeville et tout le pays de Ponthieu, deux grands barons de Bigorre, lesquels sont ou étoient nommés messire Monnant de Barbasan et lesire d'Anchin, se tournèrent François et se saisirent aussi en cette saison de la cité, de la ville et du châtel de Tarbes, car ils étoient foiblement gardés pour le roi d'Angleterre. Or demeura le châtel de Lourdes à messire Piètre Ernault de Béarn, lequel ne l'eut rendu pour nul avoir ; mais fit tantôt grande guerre et forte à l'encontre du royaume de France, et manda au pays de Béarn et en la haute Gascogne grand' foison de compagnons aventureux pour aider à faire la guerre ; et se boutèrent là dedans moult d'appertes gens aux armes ; et étoient six capi-

---

(1) Dans l'année 1369. (Voyez T. 5. à cette année.) J. A. B.

taines avecques lui et avoit bien chacun cinquante lances ou plus dessous lui. Tout premier son frère Jean de Béarn, un moult appert écuyer, Pierre d'Anchin de Bigorre, frère germain au seigneur d'Anchin. Cils (ceux-ci) ne se voulrent (voulurent) oncques tourner François, Ernauldon de Sainte Colombe, Ernauldon de Restem, le Mougat de Sainte Basile et le bourg (bâtard) de Carnillac.

Ces capitaines vous firent en Bigorre, en Toulousain, en Carcassonnois et en Abbigeois plusieurs courses et envahies (sorties), car sitôt comme ils étoient hors de Lourdes ils se trouvoient en terre d'ennemis et se croisoient en courant et chevauchant le pays, et se mettoient, tel fois étoit, à l'aventure pour gagner, trente lieues de leur fort. En allant ils ne prenoient rien, mais au retour rien ne leur échappoit; et ramenoient tel fois étoit si grand' foison de bétail et tant de prisonniers que ils ne les savoient où loger; et rançonnoient tout le pays excepté la terre au comte de Foix; mais en cette ils n'osassent pas prendre une poule sans payer ni sur homme qui fut au comte de Foix ni qui eut son sauf-conduit; car s'ils l'eussent courroucé ils n'eussent point duré.

Cils (ces) compagnons de Lourdes avoient trop beau courir et chevaucher où il leur plaisoit.

Assez près de là, si comme je vous ai dit, siéd la ville de Tarbes que ils tenoient en grand doute (crainte) et tinrent tant que ils se mirent en pacti (composition) à eux. En revenant de Tarbes à leur fort siéd un grand village et une bonne abbaye où ils firent moult de maux, que on appela Guiors; mais ils se mirent en pacti (composition) à eux. D'autre part, sur la rivière de Lisse, siéd une grosse ville fermée que on appelle Bagnières. Ceux d'icelle ville avoient trop fort temps, car ils étoient hériés (harcelés) et guerroyés de ceux de Lourdes et de ceux de Mauvoisin qui leur étoient encore plus prochains.

Cil (ce) châtel de Mauvoisin siéd sur une montagne, et dessous queurt (coule) la rivière de Lisse, qui vient férir à une bonne ville fermée, qui est moult près de là, que on appele Tournay. Les gens de Tournay avoient tout le trespas [1] de ceux de Lourdes et de ceux de Mauvoisin.

A cette ville de Tournay ne faisoient-ils nul mal ni nul dommage, pourtant (attendu) que ils avoient là leur retour et leur passage et aussi les gens de la ville avoient bon marché de leur pillage et si savoient moult bien dissimuler avecques eux. Faire leur convenoit si ils vouloient vivre, car ils n'étoient aidés ni confortés de nullui (personne). Le capitaine de Mauvoisin étoit Gascon et avoit nom Raymonnet de l'Épée, appert homme d'armes durement, et vous dis que ceux de Lourdes et de Mauvoisin rançonnoient autant bien les marchands du royaume d'Arragon et de Catalogne, comme ils faisoient les François si ils n'étoient à pacti (composition) à (avec) eux, ou autrement ils n'en épargnoient nuls.

En ce temps que je empris à faire mon chemin

---

[1] Droit de passage. J. A. B.

et de aller devers le comte de Foix, pourtant (attendu) que je ressoignois (craignois) la diversité du pays où je n'avois oncques été ni entré, quand je me fus parti de Carcassonne, je laissai le chemin de Toulouse à la bonne main[1] et pris le chemin à la main senestre (gauche), et vins à Montroial et puis à Fougens et puis à Bellepuic (Belpech) la première ville fermée de la comté de Foix et de là à Museros (Mazeres) et puis au châtel de Sauredun, et puis arrivai à la belle et bonne cité de Pamiers, laquelle est toute au comte de Foix, et là m'arrêtai pour attendre compagnie qui allât au pays de Berne (Béarn) où le dit comte se tenoit.

Quand j'eus séjourné en la cité de Pamiers, trois jours, laquelle cité est moult déduisant, car elle siéd en beaux vignobles et bons et à grand'planté (quantité), et est avironnée d'une belle rivière claire et large assez que on appelle la Liége (Ariége), en ce séjour me vint d'aventure un chevalier de l'hôtel du comte de Foix qui retournoit d'Avignon, lequel s'appeloit messire Espaing de Lyon, vaillant homme et sage et beau chevalier, et pouvoit lors être en l'âge de cinquante ans. Je me mis en sa compagnie; il en ot (eut) grand' joie, pour savoir par moi des besognes de France; et fûmes six jours sur le chemin, ainçois (avant) que nous vinssions à Ortais (Orthez). En chevauchant, le gentilhomme et beau chevalier, puis (dès) que il avoit dit au matin ses oraisons, jangloit (causoit familièrement) le plus du

---

[1] C'est-à-dire à main droite. J. A. B.

jour à (avec) moi en demandant nouvelles, et aussi quand je lui en demandois il m'en répondoit.

Au départir de la cité de Pamiers nous passâmes le mont de Cosse qui est moult travailleux (fatigant) et malaisé à monter, et passâmes de-lez (près) la ville et châtel de Ortingas (Ortigat) qui est tenue du roi de France et point n'y entrâmes, mais venismes (vînmes) dîner à un châtel du comte de Foix qui est demi-lieue par de là, que on appelle Carlat et siéd haut sur une montagne. Après dîner le chevalier me dit : « Chevauchons ensemble tout souef (doucement), nous n'avons que deux lieues de ce pays qui valent bien trois de France jusques à notre gîte. » Je répondis : « Je le vueil (veux) ». Or dit le chevalier : «Messire Jean, nous avons huy passé devant le châtel de Ortingas (Ortigat) qui porta, le terme de cinq ans que Pierre d'Anchin le tint, car il l'embla (enleva) et échella, dommage fut au royaume de France, soixante mille francs. »—« Et comment l'eut-il, dis-je au chevalier? »—« Je le vous dirai, dit-il : le jour de la Notre-Dame en mi-août a une foire en cette ville où tout le pays se rescourt (rend) et y a moult de marchandises. Pour un jour Pierre d'Anchin et sa charge de compagnons qui se tenoient à Lourdes avoient jeté leur avis dès long temps à prendre cette ville et le châtel, et n'y savoient comment avenir. Toutefois ils avoient deux de leurs varlets, simples hommes par semblance, envoyés très (dès) le may à l'aventure pour trouver service et maître en la ville, et le trouvèrent tous deux, et furent retenus. Et étoient ces deux varlets de trop beau service pleins envers leurs maîtres et alloient hors et ens (dedans) besogner et marchander, ni on n'avoit nul soupçon d'eux. Avint que ce jour de la mi-août il y avoit grand'foison de marchands étrangers de Foix, de Béarn, de France en cette ville; et vous savez que marchands, quand ils se trouvent ensemble et ils ne se sont vus de grand temps, boivent par usage largement et longuement pour entre eux faire bonne compagnie; donc il avint que ès hôtels des maîtres, où ces deux varlets demeuroient, il en y avoit grand' foison, et là buvoient et se tenoient tout aise, et les seigneurs de l'hôtel et leurs femmes avecques eux. Sur le point de minuit Pierre d'Anchin et sa route (troupe) vinrent devant Ortingas (Ortigat), et demeurèrent derrière en un bois eux et leurs chevaux, où nous avons passé, et envoyèrent six varlets et deux échelles pour assaillir et écheller la ville. Et passèrent cils (ces) varlets outre les fossés où on leur avoit enseigné, au moins parfond (profond), et vinrent aux murs, et là dressèrent leurs échelles; et là étoient les deux varlets dessus dits qui leur aidoient, endementres (pendant) que leurs maîtres séoient à table et les aidoient tous à passer; et se mirent en telle aventure que l'un des varlets de l'hôtel amena ces six varlets à la porte; et là avoit deux hommes qui gardoient les clefs. Cil (ce) varlet dit à ces six compagnons: « Tenez-vous ci quoy (immobiles) et ne vous avancez jusques à tant que je sifflerai: je ferai à ces gardes ouvrir l'huis de leur garde. Ils ont les clefs de la porte, je le sçais bien. Si tôt que je leur aurai fait ouvrir l'huis de leur garde je sifflerai; si saillez avant et les occiez ; je connois bien les clefs, car je ai aidé à garder plus de sept fois la porte avecques mon maître. » Tout ainsi comme il le devisa ils le firent et se mucièrent (cachèrent) et catirent [1]; et cil (celui-ci) s'en vint à l'huis de la garde et ouït et trouva que cils (ceux-ci) veilloient et buvoient; il les appela par leurs noms, car bien les connoissoit et leur dit: « Ouvrez l'huis, je vous apporte du très bon vin, meilleur que vous n'avez point, que mon maître vous envoie afin que vous fassiez meilleur guet. » Cilz (ceux-ci) qui connoissoient assez le varlet et qui cuidoient (croyoient) que il dit vérité, ouvrirent l'huis de la garde et il siffla et les six varlets saillirent tantôt avant et se boutèrent en l'huis ni oncques les gardes n'eurent loisir de reclorre (refermer) l'huis comment que ce fut. Là furent-ils attrapés et occis si coiement (tranquillement) que on n'en sçut rien. Lors prirent-ils les clefs, et vinrent à la porte et l'ouvrirent, et avalèrent le pont si doucement que oncques personne ne sçut rien. Adonc sonnèrent un cor un son tant seulement et cils (ceux) qui étoient en l'embûche l'entendirent tantôt. Si montèrent sur leurs chevaux, et vinrent frappant de l'éperon, et se mirent sur le pont, et entrèrent en la ville, et prirent tous les hommes de la ville en séant à table ou en leurs lits. Ainsi fut Ortigat prise de Pierre d'Anchin de Bigorre

---

(1) Se placèrent de manière à tenir peu de place J. A. B.

et de ses compagnons qui étoient issus de Lourdes [1]. »

Adonc demandai-je au chevalier: « Et comment eurent-ils le châtel? » — « Je le vous dirai, dit messire Espaing de Lyon: à cette heure que la ville de Ortigat fut prise étoit à sa male aventure le châtelain en la ville et soupoit avecques marchands de Carcassonne; si que il fut là pris; et à lendemain au matin à heure de tierce, Pierre d'Anchin le fit amener devant le châtel où sa femme et ses enfants étoient et là l'épouvanta de lui faire couper la tête, et fit traiter devers la femme du châtelain, que si on lui vouloit rendre le châtel il lui rendroit quitte et délivré son mari et les lairoit (laisseroit) paisiblement partir et tout le leur sans nul dommage. La châtelaine qui se véoit pour l'amour de ce en mauvais état et dur parti et qui ne pouvoit pas faire une guerre à par li (elle) pour ravoir son mari et pour eschever (éviter) plus grand dommage rendit le châtel. Et le châtelain et sa femme et leurs enfants et tout ce qui leur étoit se partirent et s'en allèrent à Pamiers; encore y sont-ils. Ainsi ot (eut) Pierre d'Anchin la ville et le châtel d'Ortigat; et vous dis que l'heure qu'il y entra lui et ses compagnons y gagnèrent soixante mille francs, que en marchandises que ils trouvèrent que en bons prisonniers de France; mais tous ceux qui étoient de la comté du Foix ou du Béarn ils délivrèrent eux et le leur et sans dommage, et tint depuis Pierre d'Anchin Ortigat

[1] Ces événements doivent se rapporter à l'année 1365 avant le départ des compagnies pour l'Espagne avec du Guesclin. J. A. B.

bien cinq ans; et couroient il et ses gens bien souvent jusques aux portes de Carcassonne, où il y a d'illec (là) seize grands lieues, et endommagèrent moult le pays tant par les rançons des villes qui se rachetoient comme par pillage qu'ils faisoient sur les champs et sur le pays. »

CHAPITRE VII.

De plusieurs faits d'armes par ceux de garnison de la Lourdes et comment le comte d'Armagnac et le seigneur d'Alebreat (Albret) furent pris du comte de Foix.

« Entrementes (pendant) que Pierre d'Anchin se tenoit en la garnison d'Ortigat, s'aventurèrent une nuit aucuns de ses compagnons qui désiroient à gagner et s'en vinrent au châtel du Pailler, qui est à une lieue d'illec (là), dont messire Raimon de Pailler un chevalier de ce pays François est seigneur, et firent si bien aller leur emprise, combien que autrefois s'y étoient essayés mais ne l'avoient pu prendre, que à cette heure ils l'échellèrent et le prirent. Et furent pris le chevalier, la dame et les enfants dedans leurs lits; et tinrent depuis le châtel et laissèrent la dame et les enfants aller, mais ils gardèrent environ quatre mois le chevalier dedans son châtel tant qu'il ot (eut) payé mille francs pour sa rançon; et finalement quand ils orent (eurent) assez tourmenté et guerroyé le pays, ils vendirent ces deux châteaux Ortigat, et le Pailler, à ceux du pays et en eurent huit mille francs; puis retournèrent à Lourdes leur principale mausion (demeure).

En tels faits et aventures se mettoient tous les jours les compagnons de Lourdes. Si avint encore en ce temps que un Gascon, appert homme d'armes, appelé le Mongat de Saint Basile se partit de Lourdes lui trentième et s'en vint chevaucher à l'aventure en Toulousain et en Albigeois. Si cuida (crut) bien écheller un châtel appelé Penne en Albigeois. Mais pour ce qu'il faillit il fit à la porte escarmoucher, et là ot (eut) plusieurs appertises d'armes. A cette propre heure chevauchoit sur le pays le sénéchal de Toulouse, maître Hugues de Froideville, à (avec) soixante lances, et chéy (tomba) d'aventure à Penne, entrementes (pendant) que l'escarmouche se tenoit. Tantôt il mit pied à terre et ses gens aussi, et vinrent aux barrières où on se combattoit. Adonc se fut volontiers le Mongat parti si il eut put, mais il ne pouvoit. Là se combattit-il moult vaillamment main à main au chevalier, et fit plusieurs appertises d'armes, et navra en deux ou trois lieux le chevalier. Mais finalement il fut pris, car la force n'étoit pas sienne, et ses gens aussi morts ou pris. Petit se sauvèrent. Si fut amené le Mongat à Toulouse, et le vouloient lors le commun de la ville occire ès mains du sénéchal. A (avec) grand'peine le put-il sauver et mettre au châtel, tant étoit-il fort haï à Toulouse. Si bien lui chéy (arriva) et avint que le duc de Berry vint à Toulouse. Il eut tant d'amis sur le chemin, que le duc le fit délivrer parmi mille francs que le sénéchal en eut pour sa rançon.

Quand le Mongat se vit délivré et il fut retourné à Lourdes, pour ce ne cessa-t-il pas à faire ses emprises, et se partit une fois de Lourdes lui cinquième sans armure en habit d'abbé et menoit trois moines. Et lui et les moines avoient couronnes rezes (rasées), et ne cuidât (eut cru) jamais nul, si il les vit, que ce ne fussent droits moines, car trop bien en avoient l'habit et la contenance. En cet état il vint à Montpellier et descendit à l'hôtel à l'Ange. Et dit que c'étoit un abbé de la haute Gascogne qui s'en alloit à Paris pour besogner. Il s'acointa d'un riche homme de Montpellier qui se nommoit sire Berengier Oste, lequel avoit aussi à faire à Paris pour ses besognes. Cil (cet) abbé dit que il le meneroit à ses frais et dépens. Cil (celui-ci) fut tout liez (joyeux) quand il auroit ses frais quittes. Et se mit en chemin avec le Mongat lui seulement et un varlet. Ils n'eurent pas éloigné Montpellier trois lieues, quand le Mongat le prit et l'amena par voies torses (détournées) et obliques et par chemins perdus et fit tant que il le tint en la garnison de Lourdes, et depuis le rançonna-t-il et en ot (eut) cinq mille francs. » — « Sainte Marie, sire, dis-je lors au chevalier, cil (ce) Mongat étoit-il appert homme d'armes? » — « Oïl voir (vraiment, dit-il, et par armes mourut-il, et sur une place où nous passerons dedans trois jours au pas qu'on dit au Lare en Bigorre dessous une ville que on dit la Chiutiat (Ciotat). » — « Et je le vous ramentcverai (rappellerai), dis-je au chevalier, quand nous serons venus jusques à là ».

Ainsi chevauchâmes-nous jusques à Montesquieu une bonne ville fermée au comté de Foix, que les Herminages (les Armagnacs) et les la Brissiens[1] prindrent (prirent) et emblèrent (enlevèrent) une fois; mais ils ne la tinrent que trois jours.

Au matin nous nous partîmes de Montesquieu et chevauchâmes vers Palamininch (Palamini), une bonne ville fermée séant sur la Garonne qui est au comte de Foix. Quand nous fûmes venus moult près de là, nous cuidâmes (crûmes) passer au pont sur la Garonne pour entrer en la ville, mais nous ne pûmes, car le jour devant il avoit ouniement (abondamment) plu ès montagnes de Catalogne et d'Arragon, par quoi une autre rivière qui vient de celui pays, qui s'appelle le Salas étoit tant crue, avec ce que elle court roidement, que elle avoit mené aval la Garonne et rompu une arche du pont qui est tout de bois, pourquoi il nous convint retourner à Montesquieu et dîner et là être tout le jour.

A lendemain le chevalier eut conseil que il passeroit au-devant de la ville de Cassères à bâteaux la rivière. Si chevauchâmes cette part et vînmes sur le rivage et fîmes tant que nous et nos chevaux fûmes outre; et vous dis que nous traversâmes la rivière de Garonne à grand'peine et en grand péril, car le bâteau n'étoit pas trop grand où nous passâmes, car il n'y pouvoit entrer que deux chevaux au coup et ceux qui les tenoient et les hommes qui le bâtel gouvernoient. Quand nous fûmes outre nous cheismes (arrivâmes) à Cassères et demeurâmes là

---

[1] Les gens du parti d'Albret. J. A. B.

tout le jour; et entementes (pendant) que les varlets appareilloient le souper, messire Espaing de Lyon me dit. « Messire Jean, allons voir la ville. »— « Sire, dis-je, je le vueil (veux). » Nous passâmes au long de la ville et vînmes à une porte qui siéd devers Palamininch, et passâmes, et outre vînmes sur les fossés. Le chevalier me montra un pan de mur de la ville et me dit: « Véez-vous ce mur illec (là)? »—« Oïl, sire, dis-je; pourquoi le dites-vous?»—«Je le dis pourtant, dit le chevalier, vous véez bien que il est plus neuf que les autres.» —« C'est vérité, répondis-je. »—« Or, dit-il je le vous contrai, par quelle incidence ce fut et quelle chose, il y a environ dix ans, il en avint. » Autrefois vous avez bien ouï parler de la guerre du comte d'Armagnac et du comte de Foix, et comment pour le pays de Béarn que le comte de Foix tient, le comte d'Armagnac l'a guerroyé et encore guerroye combien que maintenant il se repose; mais c'est pour les trieuves (trèves) qu'ils ont ensemble. Et vous dis que les Herminages (Armagnacs) ni les Labrissieus (Albrétiens) n'y ont rien gagné, mais perdu par trop de fois trop grossement; car par une nuit de Saint Nicolas en hiver, l'an mil trois cent soixante deux, le comte de Foix prit assez près du Mont-Marsan le comte d'Armagnac, le tayon (ayeul) de cestui (celui-ci), le seigneur de la Breth (Albret) son neveu et tous les nobles qui ce jour avecques eux étoient et les amena à Orthez et encore en la comté de Foix en la tour du châtel d'Orthez, et en reçut pour dix fois cent mille francs, seulement de cette prise-là. Or avint depuis que le père du comte d'Armagnac qui à présent est qui s'appeloit messire Jean d'Armagnac mit une chevauchée une fois sus de ses gens et s'en vint prendre et écheller cette ville de Cassères et y furent bien deux cents hommes d'armes et montroient que ils la vouloient tenir de puissance. Les nouvelles vinrent lors au comte de Foix qui se tenoit à Pau comment les Herminages (Armagnacs) et les Labrissiens (Albretiens) avoient pris sa ville de Cassères. Il qui est sage chevalier et vaillant et conforté en toutes ses besognes, appela tantôt deux frères bâtards qu'il a à chevaliers, messire Ernault Guillaume et messire Pierre de Béarn, et leur dit: « Chevauchez tantôt devers Cassères, je vous envoierai gens de tous les (côtés) et dedans trois je serai là avecques vous, et gardez bien que nul ne se parte de la ville qu'il ne soit combattu, car vous serez forts assez; et vous venus par devant Cassères à (avec) force de gens du pays, faites là apporter et acharier buches en grand' planté (quantité) et mettre contre les portes, et ficher et enter au-dehors et puis ouvrer et charpenter au-devant bonnes grosses bailles (barrières), car je vueil (veux) que tous ceux qui sont là dedans y soient tellement enclos que jamais par les portes en saillent; je leur ferai prendre autre chemin. »

Les deux chevaliers firent sou commandement et s'en vinrent à Palamininch, et toutes gens d'armes de Béarn les suivoient et alloient avec eux. Ils s'en vinrent devant cette ville de Cassères et s'y logèrent. Ceux qui dedans étoient n'en firent compte. Mais ils ne se donnèrent de garde quand ils furent tellement enclos que par les portes ils ne pouvoient issir (sortir) ni saillir. Au troisième jour le comte de Foix vint, accompagné de bien cinq cents hommes d'armes, et sitôt comme il y fut venu il fit faire bailles (barrières) tout autour de cette ville, et aussi bailles (barrières) entour son ost, par quoi de nuit on ne leur put porter dommage. En cet état et sans assaillir tint-il ses ennemis plus de quinze jours; et eurent là dedans Cassères très grand' deffaulte (disette) de vivres; des vins avoient-ils assez; et ne pouvoient issir (sortir) ni partir fors que par la rivière de Garonne, et si ils s'y boutoient ils étoient perdus davantage.

Quand messire Jean d'Armagnac et messire Bernard de Labreth (Albret) et les chevaliers de leur côté qui là étoient se virent en ce parti, si ne furent pas assurés de leurs vies, car ils sentoient le comte de Foix à trop cruel. Si eurent conseil que ils feroient traiter devers lui et que mieux leur valoit à être ses prisonniers que là mourir honteusement par famine. Le comte de Foix entendit à ces traités, parmi ce qu'il leur fit dire que jà par porte qui fut en la ville ils ne sauldroient (sortiroient), mais leur feroit-on faire un pertuis (trou) au mur, et un et un, en purs leurs habits, ils istroient (sortiroient). Il convint que ils prissent ce parti, autrement ils ne pouvoient finir. Ainçois (avant) que le comte de Foix s'en fut déporté (calmé) fussent-ils là dedans tous morts.

On leur fit faire un pertuis (trou) au mur qui ne

fut pas très grand, par lequel un et un ils issoient; et là étoit sur le chemin le comte de Foix armé et toutes ses gens et en ordonnance de bataille. Et ainsi que cils (ceux-ci) issoient ils trouvoient qui les recueilloit et amenoit devers le comte. Là les départit le comte en plusieurs lieux et les envoya en plusieurs châtelleries et sénéchaussées et ses cousins messire Jean d'Armagnac et messire Bernard de la Breth (Albret), messire Manant de Barbesan, messire Raimond de Benac, messire Benedic de la Cornille, et environ eux vingt des plus notables, et les emmena avecques lui en Orthez et en ot (eut), ainçois (avant) qu'ils lui échappassent, cent mille francs deux fois. Par telle manière que je vous dis, beau maître, fut ce mur que vous véez dépecé pour ceux d'Armagnac et de la Breth et depuis fut-il refait et réparé. »

A ces mots retournâmes-nous à l'hôtel et trouvâmes le souper tout prêt, et passâmes la nuit; et au lendemain nous nous mîmes à cheval et chevauchâmes tout contremont la Garonne et passâmes parmi Palamininch (Palamini) et puis entrâmes en la terre le comte de Comminges et d'Armagnac, au les (côté) devers nous, et d'autre part la Garonne si est terre au comte de Foix.

En chevauchant notre chemin me montra le chevalier une ville qui est assez forte et bonne par semblant qui s'appelle Marceros le Croussac, laquelle est au comte de Comminges. Et d'autre part la rivière, sur les montagnes, me montra-t-il deux châteaux qui sont au comte de Foix, dont l'un s'appelle mirail et l'autre Montclar. En chevauchant entre ces villes et ces châteaux selon la rivière de Garonne en une moult belle prairie me dit le chevalier: « Ha! messire Jean, je ai ci vu plusieurs fois de bonnes escarmouches et de durs et de bons rencontres de Foissois [1] et de Herminages (Armagnacs); car il n'y avait ville ni châtel qui ne fûssent pourvus et garnis de gens d'armes; et là couroient et chassoient l'un sur l'autre et là dessous vous en véez les masures. Si firent les Hermignages (Armagnacs) à l'encontre de ces deux châteaux une bastide, et la gardoient soixante hommes d'armes; et faisoient moult de maux par deçà la rivière en la terre du comte de Foix; mais je vous dirai comment il leur en prit. Le comte de Foix y envoya une nuit son frère, messire Pierre de Béarn, atout (avec) deux cents lances, et amenoient en leur compagnie bien quatre cents vilains tous chargés de fagots. Si appuyèrent ces fagots contre cette bastide et encore grand'foison de bois que ils coupèrent en ces haies et en ces buissons, et puis boutèrent le feu dedans. Si ardirent la bastide et tous ceux qui dedans étoient sans nul prendre à merci: oncques depuis nul ne s'y osa ramasser. »

En telles paroles et devises nous chevauchâmes tout le jour contremont la rivière de Garonne et véy (vis) d'une et d'autre part la rivière plusieurs beaux châteaux et forteresses. Tous ceux qui étoient par delà, à la main senestre (gauche), étoient pour le

---

[1] Partisans du comte de Foix. J. A. B.

comte de Foix, et cils (ceux) de par çà devers nous étoient pour le comte d'Armagnac. Et passâmes à Mont Pézat, un très beau châtel et très fort pour le comte d'Armagnac, séant haut sur une roche; et dessous est le chemin et la ville. Au dehors de la ville, le trait d'une arbalète, à un pas que on dit à la Garde, est une tour sur le chemin entre la roche et la rivière, et dessous cette tour, sur le passage, a une porte de fer coulisse; et pourroient six personnes garder ce passage contre tout le monde; car ils n'y peuvent que deux chevaucher de front pour les roches et la rivière. Adonc dis-je au chevalier : « Sire, véez ci un fort passage et une forte entrée de pays. » — « C'est voir (vrai), répondit le chevalier, et combien que l'entrée soit forte, toute fois le comte de Foix la conquit une fois; et passèrent lui et ses gens tout par ci, et vinrent à Palamininch et à Montesquieu et jusques à la cité de Pamiers. Si étoit le passage assez bien gardé; mais archers d'Angleterre qu'il avoit en sa compagnie lui aidèrent grandement son fait à faire, et le grand désir aussi qu'il avoit de passer tout outre pour venir en la marche de Pamiers. Or chevauchez de-lez (près) moi et je vous dirai quelle chose il y fit adonc. » Lors chevauchai-je de-lez (près) messire Espaing de Lyon et il me commença à faire sa narration.

« Le comte d'Armagnac et le sire de la Breth (Albret), ce dit le chevalier, atout (avec) bien cinq cents hommes d'armes, s'en vinrent en la comté de Foix et en la marche de Pamiers; et fut droitement à l'entrée d'août que on doit recueillir les biens aux champs et que les raisins mûrissent, et par cette saison il en y avoit grand'abondance au pays dessus dit. Messire Jean d'Armagnac et ses gens se logèrent adonc devant la ville et le châtel de Sauvedun à une petite lieue de la cité de Pamiers et là livrèrent-ils assaut et mandèrent à ceux de Pamiers que si ils ne rachetoient leurs blés et leurs vignes ils arderoient et détruiroient tout. Ceux de Pamiers se doutèrent, car le comte leur sire leur étoit trop loin; il étoit en Béarn; et eurent conseil d'eux racheter, et se rachetèrent à six mille francs; mais ils prindrent (prirent) quinze jours de terme, lesquels on leur donna. Le comte de Foix fut informé de toute cette affaire et comme on rançonnoit ses sujets. Si se hâta au plus qu'il put et manda gens de tous côtés, tant que il en eut assez, et s'en vint au férir d'éperons devers Pamiers, et passa au pas de la garde à cette porte coulisse de fer et la conquit et s'en vint bouter en la cité de Pamiers. Et gens lui venoient de tous lez (côtés), et avoit adonc largement douze cents lances, et fut venu sans faute combattre messire Jean d'Armagnac et ses gens si ils l'eussent attendu; mais ils se partirent et se retrairent (retirèrent) et rentrèrent en la comté de Comminges et point n'emportèrent l'argent de ceux de Pamiers, car ils n'eurent pas loisir de l'attendre. Mais pour ce ne le quitta pas le comte de Foix à ses gens, mais dit que il l'auroit et qu'il l'avoit gagné, quand il étoit venu tenir la journée et bouter hors du pays ses ennemis. Si l'eut et en paya ses gens d'armes et là se tint tant que les besognes des bonnes gens furent faites et que ils eurent recueilli et vendangé et le leur mis asseur (en sûreté). » — « Par ma foi, dis je au chevalier, je vous ai ouï volontiers. »

En ce moment nous passâmes de-lez (près) un châtel qui s'appelle la Bretice et puis un autre châtel que on dit Bacelles, et tout en la comté de Comminges. En chevauchant je regardai et vis par delà la rivière un très bel châtel et grand et bonne ville par apparence. Je demandai au chevalier comment ce châtel étoit nommé. Il me dit que on l'appeloit Montespain (Montespan) et est à un cousin du comte de Foix qui porte les vaches en armoiries, que on dit messire Roger d'Espagne. C'est un grand baron et grand terrien en ce pays-ci et en Toulousain et est pour le présent sénéchal de Carcassonne. Lors demandois-je à messire Espaing de Lyon : « Et cil (ce) messire Roger d'Espagne, quelle chose étoit-il à messire Charles d'Espagne qui fut connétable de France ? » Donc me répondit le chevalier, et me dit : « Ce n'est point de ces Espagnols là ; car cil (ce) messire Louis d'Espagne et ce messire Charles de qui vous parlez vinrent du royaume d'Espagne anciennement et étoient d'extraction d'Espagne et de France de par leur mère, et furent cousins germains au roi Alphonse d'Espagne [1] ; et servis de ma jeunesse messire Louis d'Espagne ès

---

[1] Ils étoient petits fils de Ferdinand de la Cerda fils aîné d'Alphonse roi de Castille. (Voyez tome troisième de Froissart, P. 59 et, suiv. ce qui concerne Charles d'Espagne connétable de France.) J. A. B.

guerres de Bretagne. Car il fut toujours pour la partie à Saint Charles de Blois contre le comte de Montfort. » Atant (alors) laissâmes-nous à parler de cette matière, et vînmes ce jour à Saint Goussens (Gaudens) une bonne ville du comté de Foix, et à lendemain vînmes-nous dîner à Mont-roial-de-rivière, une bonne ville et forte, laquelle est du roi de France et de messire Roger d'Espagne. Après dîner nous montâmes à cheval et partîmes et prîmes le chemin de Lourdes et de Mauvoisin et chevauchâmes parmi unes landes qui durent en allant devers Toulouse bien quinze lieues, et appelle-t-on ces landes Landes-bourg et y a moult de périlleux passages pour gens qui seroient avisés.

En-mi (milieu) les Landes-bourg siéd le châtel de Lamesen (Lanemezan) qui est au comte de Foix, et une grosse lieue en sus la ville de Tournay dessous Mauvoisin, lequel châtel le chevalier me montra et me dit: « Velà Mauvoisin. Avez-vous point eu votre histoire dont vous m'avez parlé comment le duc d'Anjou, du temps qu'il fut en ce pays et que il alla devant Lourdes, y mit le siége et le conquit et le châtel de Trigalet sur la rivière que nous véons ci-devant nous qui est au seigneur de la Barre? » Je pensai un petit et puis dis-je: « Je crois que je n'en ai rien et que je n'en fus oncques informé, si vous prie que vous m'en recordez la matière et je y entendrai volontiers. Mais dites-moi avant que je n'oublie, que la rivière de Garonne est devenue, car je ne la vois plus. » — « Vous dites voir (vrai), dit le chevalier; elle se perd entre ces montagnes, et naît et vient d'une fontaine à trois lieues de ci, ainsi que on voudroit aller en Catalogne dessous un châtel que on dit de Saint Beart (Béat) le derrain (dernier) châtel du royaume de France ès frontières de par de çà sur les bandes du royaume d'Arragon ; et en est sire et châtelain pour le présent et de toute la terre là environ un gentil écuyer qui s'appelle Ernançon, et est bourg (bâtard) d'Espagne et cousin germain à messire Roger d'Espagne. Si vous le véyeez vous diriez bien ; cil (cet) homme-ci a bien façon et ordonnance d'être droit homme d'armes ; et a cil (ce) bourg (bâtard) d'Espagne plus porté de contraire et de dommage à ceux de Lourdes que tous les chevaliers et écuyers de ce pays n'aient ; et vous dis que le comte de Foix l'aime bien, car c'est son compagnon en armes. Je vous lairai [1] à parler de lui ; espoir (peut-être) à ce noël le verrez-vous en l'hôtel du comte de Foix ; et vous parlerai du duc d'Anjou comment il vint en ce pays et quelle chose il y fit ». Adonc chevauchâmes-nous tout bellement et il commença à parler et dit :

(1) Cesserai de parler. J. A. B.

CHAPITRE VIII.

Des guerres que le duc d'Anjou fit aux Anglois, et comment il recouvra le chateau de Mauvoisin en Bigorre qui fut puis donné au comte de Foix.

Au commencement des guerres et qu'on reconquit et gagna sur les Anglois ce qu'ils tenoient en Aquitaine et que messire Olivier de Clisson fut devenu bon François, il mena le duc d'Anjou, si comme vous savez, en Bretagne sur la terre que messire Robert Canolle (Knolles) il tenoit, et au siége de Derval; et je crois bien que tout ce vous avez en votre histoire; et le traité que messire Hue Broel son cousin fit au duc d'Anjou de rendre le châtel, et livra ôtage si plus fort que le duc d'Anjou qui là étoit à siége ne venoit pour lever le siége. Et quand messire Robert Canolle (Knolles) se fut bouté au châtel de Derval, il ne voulut tenir nuls des traités[1]. » — « C'est vérité, dis-je, sire, tout ce ai-je bien. » — « Et avez-vous de l'escarmouche qui fut devant le châtel où messire Olivier de Clisson fut navré? » — « Je ne sçais, dis-je, il ne m'en souvient pas du tout; mais dites-moi de l'escarmouche et du siége comment il en alla, espoir (peut-être) le savez-vous par autre manière que je ne sais, vous retournerez bien à votre propos de ceux de Lourdes et de Mauvoisin. » — « C'est voir (vrai), dit le chevalier,

[1] Ces événements se rapportent à l'année 1373. J. A. B.

j'en parole (parle), pour tant que messire Garsis du Châtel un moult sage homme et vaillant chevalier de ce pays ici et bon François étoit allé querir le duc d'Anjou pour amener devant Mauvoisin, et le duc avoit fait son mandement pour tenir sa journée duement devant Derval et fit messire Garsis pour sa vaillance maréchal de tout son ost. Voir (vrai) est si comme je lui ouïs dire depuis. quand il vit que messire Robert Canole (Knolles) avoit brisé et rompu ses traités et que le châtel de Derval il ne rendroit point, il vint devers le duc et lui demanda : « Monseigneur, que ferons-nous de ces ôtages ? Ce n'est pas leur coulpe (faute) que le châtel n'est rendu, et ce seroit grand'pitié si vous les faisiez mourir, car ils sont gentilshommes et n'ont point desservi (mérité) mort. » — « Donc, répondit le duc, est bon qu'ils soient délivrés ? » — « Oïl ; par ma foi, répondit le chevalier qui en avoit grandement pitié. » — « Allez, dit le duc, faites-en votre volonté. » A ces mots messire Garsis du Châtel, si comme il me dit, s'en alloit pour délivrer les ôtages de Derval ; si encontra sur son chemin messire Olivier de Clisson qui lui demanda dont il venoit et là où il alloit. Il lui dit : « Je viens de devers monseigneur d'Anjou et vais délivrer ces ôtages. » — Délivrer ! dit messire Olivier ; attendez un petit et retournez avecques moi devers le duc. » Il retourna et s'en vinrent devers le duc qui étoit tout pensif à son logis. Messire Olivier le salua et puis lui dit : « Monseigneur, quelle chose est votre en-
« tente (intention) ? Ne mourront point cilz (ces)

ôtages ? Par ma foi, si feront, en dépit de messire Robert Canole (Knolles) et de messire Hue Broel qui ont menti leur foi; et vueil (veux) bien que vous sachiez, si ils ne meurent, dedans un an je ne mettrai bassinet en tête pour votre guerre. Ils auroient trop bon marché si ils étoient quittes; cil (ce) siége-ci vous a coûté soixante mille francs, et puis vous voulez faire grâce à vos ennemis qui ne vous tiennent nulle loyauté! » A ces mots se r'enfellonna (courrouça) le duc d'Anjou, et dit: « Messire Olivier, faites-en ce que bon vous semble. » — « Je veuil (veux) qu'ils meurent, dit messire Olivier, car il y a cause, puisque on ne nous tient nos convenants (engagements). » Lors se partit-il du duc et vint en la place devant le châtel; ni oncques messire Garsis n'osa parler ni prier de paix pour eux; car il eut perdu sa parole, puisque messire Olivier de Clisson l'avoit en charge. Il fit appeler Jausselin; cil (celui-ci) étoit la tranche-tête; et fit là décoler deux chevaliers et deux écuyers dont on eut grand'pitié; et en pleurèrent plus de deux cents en l'ost. Et tantôt messire Robert Canole (Knolles) fit ouvrir une poterne hors du châtel, et sur les fossés il fit, au dépit des François, décoler tous les prisonniers que il tenoit; ni oncques il n'en respita (épargna) homme. Et puis fit ouvrir la porte du châtel et avaler le pont et issir ses gens qui léans (dedans) étoient, et assaillir outre les barrières, et venir combattre et escarmoucher aux François, et vous dis, si comme messire Garsis me dit, que il y ot (eut) escarmouche très dure et très forte: et de premier y fut navré du trait messire Olivier de Clisson dont il retourna à son logis; et là furent très bons hommes d'armes deux écuyers du pays de Béarn, Bertran de Barège et Ernauton du Puy; et y firent des appertises d'armes assez et tous deux y furent navrés.

A lendemain on se délogea, et vint le duc avec les gens d'armes que il avoit tenus devant Derval, à Toulouse et de là en ce pays et tout à l'intention que de détruire Lourdes, car cilz (ceux) de Toulouse s'en plaignoient trop grandement pour les dégats et le grand dommage qu'ils leur faisoient de jour en jour. Si comme je vous raconte il en advint; et fut tout premièrement le siége mis du duc d'Anjou et de ses gens devant le châtel de Mauvoisin que nous véons ici devant nous. Et avoit le duc en sa compagnie bien huit mille combattants, sans les Genevois (Génois) et les communes des bonnes villes des sénéchaussées de ce pays. Du châtel de Mauvoisin étoit capitainé pour lors un écuyer Gascon qui s'appeloit Raimonnet de l'Épée, appert homme d'armes durement. Tous les jours y avoit aux barrières du châtel escarmouches et faits d'armes et appertises grandes, et beaux lancés de lances et poussés, faites courses et envahies (sorties) des compagnons qui se devoient à avancer; et étoient le duc et ses gens logés en ces beaux prés entre Tournay et le châtel et sur la belle rivière de Lose.

Le siége étant devant le châtel de Mauvoisin, messire Garsis du châtel qui étoit maréchal de l'ost s'en vint atout (avec) cinq cents combattants et deux mille archers et arbalêtriers et bien deux mille autres hommes de communes mettre le siége devant le châtel de Trigalet que nous avons ci laissé derrière nous. Lequel châtel un écuyer Gascon gardoit pour le seigneur de la Barte, car il étoit son cousin; et s'appeloit le Bascot de Mauléon, et avoit environ quarante compagnons dedans qui étoient tous maitres et seigneurs des Landes-bourg; ni nul ne pouvoit passer ni chevaucher parmi ce pays si il n'étoit pélerin allant à Saint Jacques, comme fort qu'il fut, qu'il ne fut pris, mort ou rançonné, avecques un autre petit fort qui gît là outre vers Lamesen (Lanemezan), duquel pillards et robeurs de tous pays assemblés avoient fait une garnison; lequel fort on nomme le Nentilleux, et est un châtel qui toujours a été en débat entre le comte de Foix et le comte d'Armagnac, et pour ce n'en faisoient compte les seigneurs quand le duc d'Anjou vint en ce pays.

Quand messire Garsis du châtel fut venu devant le fort de Trigalet, il le fit environner d'une part, car au lez (côté) devers la rivière on ne le peut approcher; et là eut grand assaut dur et fort et maint homme blessé dedans et dehors du trait; et y fut messire Garsis cinq jours, et tous les jours y avoit assauts et escarmouches et tant que cilz (ceux) dedans, l'artillerie que ils avoient alouèrent (employèrent) si nettement que ils n'avoient mais rien que traire (tirer), et bien s'en aperçurent les François. Adonc par droite gentillesse fit messire Garsis venir parler à lui sur bon sauf-conduit le capitaine, et quand il le vit il lui dit : « Bascot, je sçais bien en quel parti vous êtes : vous n'avez point d'artillerie ni chose pour vous défendre à l'assaut fors que de lances : si sachez que si vous êtes pris de force, je ne vous pourrai sauver, ni vos compagnons, que vous ne soyez morts des communes de ce pays, laquelle chose je ne verrois pas volontiers ; car encore êtes-vous mon cousin. Si vous conseille que vous rendez le fort entrementes (pendant) qu'on vous en prie. Vous ne pouvez jamais avoir blâme du laisser et aller d'autre part querre (chercher) votre mieux. Vous avez assez tenu cette frontière » — « Monseigneur, répondit l'écuyer, je oserois bien ailleurs que ci, hors de parti d'armes, faire ce que vous me conseilleriez, car voirement (vraiment) suis-je votre cousin, mais je ne puis pas rendre le fort tout seul, car autel (égale) part y ont cilx (ceux) qui sont dedans comme je ai, quoique ils me tiennent à souverain et à capitaine ; et je me retrairai (retirerai) là dedans et leur demontrerai ce que vous me dites. Si ils sont d'accord de le rendre, je ne le débattrai jà, et si ils sont d'accord du tenir, quel fin que j'en doive prendre, j'en attendrai l'aventure avecques eux. » — « C'est bien, répondit messire Garsis, vous vous en pouvez partir quand vous voudrez, puisque je sçais votre entente (intention). »

Atant (alors) s'en retourna le Bascot de Mauléon au châtel de Trigalet, et quand il fut là venu, il fit venir tous les compagnons en-mi (milieu) la cour et là leur démontra les paroles telles que messire

Garsis lui avoit dites, et sur ce il leur en demanda leur avis et conseil et quelle chose en étoit bonne à faire. Ils se conseillèrent longuement. Les aucuns vouloient attendre l'aventure et disoient que ils étoient forts assez, et li (les) autres se vouloient partir et disoient que il étoit heure, car ils n'avoient mais point d'artillerie et sentoient le duc d'Anjou cruel et les communes de Toulouse et de Carcassonne et des villes là environ courroucés sur eux pour les grands dommages que ils leur avoient faits et portés. Tout considéré, ils s'accordèrent à ce que ils rendroient le fort, mais (pourvu) qu'ils fussent conduits sauvement, eux et le leur, jusques au châtel Tuillier que leurs compagnons tenoient en la frontière Toulousaine.

Sur cet état retourna en l'ost le Bascot parler à messire Garsis, lequel leur accorda tout ce qu'ils demandoient; car il véoit et considéroit que le châtel n'étoit pas par assaut léger à conquerre et que trop leur pourroit coûter de gens. Adonc s'ordonnèrent-ils pour eux partir et troussèrent tout ce que trousser purent. Du pillage avoient-ils assez; ils emportèrent le meilleur et le plus bel et le demeurant il laissèrent. Si les fit messire Garsis du châtel mener et conduire sans péril jusques au châtel Tulier.

Ainsi eurent les François en ce temps le châtel de Trigalet. Si le donna messire Garsis aux communes du pays qui en sa compagnie étoient, lesquels en ordonnèrent tantôt à leur plaisance, ce fut que ils l'abattirent et désemparèrent (détruisirent) en la manière que vous avez vue; car il fut tellement abattu que oncques depuis nul ne mit entente (intention) au refaire. Et de là messire Garsis s'en voult (voulut) venir au châtel Nentilleux qui siéd sur ces landes assez près de Lamesen (Lanemezan), pour le délivrer des compagnons qui le tenoient; mais sur le chemin on lui vint dire : « Monseigneur, vous n'avez que faire plus avant, car vous ne trouverez nullui (personne) au châtel Nentilleux. Ceux qui le tenoient s'en sont partis et fuis les uns çà et les autres là, nous ne savons quelle part. » Donc s'arrêta messire Garsis du Châtel sur les champs et s'avisa que en étoit bon à faire. Là étoit le sénéchal de Nebosen (Nebozan) et dit : « Sire, cil (ce) château est en ma sénéchaussée et doit être tenu du comte de Foix; si vous prie, baillez-le-moi et je le ferai bien garder à mes coustages et dépens, ni jamais homme qui vueille mal au pays n'y entrera. » — « Sire, dirent ceux de Toulouse qui là étoient, il vous parole (parle) bien; le sénéchal est vaillant homme et prud'homme, il vaut mieux que il l'ait que un autre; » — « Et je le vueil (veux), répondit messire Garsis. » Ainsi fut le châtel de Nentilleux délivré au sénéchal de Nebosen (Nebozan), qui tantôt chevaucha cette part et se bouta dedans et le trouva tout vuit (vide) et sans garde. Si fit réparer ce qui désemparé étoit, et y mit pour capitaine un écuyer du pays qui s'appeloit Fortefiet de Saint Paul, et puis s'en retourna au siége de Mauvoisin où le duc d'Anjou séoit; et jà étoit revenu messire Garsis du Châtel et toutes ses gens, et avoit recordé au duc sa chevauchée et comment il avoit exploité.

Environ six semaines se tint le siége devant le châtel de Mauvoisin; et presque tous les jours aux barrières y avoit faits d'armes et escarmouches de ceux de dedans à ceux de dehors. Et vous dis que ceux de Mauvoisin se fussent assez tenus, car le châtel n'est pas prenable, si ce n'est par long siége; mais il leur avint que on leur tollit d'une part l'eau d'un puits qui siéd au dehors du châtel, et les citernes que ils avoient là dedans séchèrent; car oncques goutte d'eau du ciel durant six semaines n'y chéy (tomba), tant fit chaud et sec. Et ceux de l'ost avoient bien leur aise de la belle rivière de Lose qui leur couroit claire et roide, dont ils étoient servis eux et leurs chevaux.

Quand les compagnons de la garnison de Mauvoisin se trouvèrent en ce parti, si se commencèrent à ébahir, car ils ne pouvoient longuement durer: des vins avoient-ils assez, mais la douce eau leur manquoit. Si eurent conseil ensemble entr'eux que ils traiteroient devers le duc ainsi que ils firent et empetra (obtint) Raimonnet de l'Epée leur capitaine un sauf-conduit pour venir en l'ost parler au duc. Il l'ot (eut) assez légèrement et vint parler au duc et dit : « Monseigneur, si vous nous voulez faire bonne compagnie, à mes compagnons et à moi, je vous rendrai le châtel de Mauvoisin. » — « Quel compagnie, répondit le duc, voulez-vous que je vous fasse ? Partez-vous-en et allez votre chemin chacun en son pays sans vous bouter en fort qui vous soit contraire; car si vous vous y boutez et je vous tienne, je vous délivrerai à Jausselin qui vous fera vos barbes sans rasouer (rasoir). » — Monseigneur, dit Raimonnet, si il est ainsi que nous nous partions et retraions (retirons) en nos lieux, il nous en faut porter ce qui est nôtre, car nous l'avons gagné par armes en peine et en grand' aventure. » Le duc pensa un petit, et puis répondit et dit: « Je veuil (veux) bien que vous emportez que porter en pouvez devant vous en malles et en sommiers et non autrement; et si vous tenez nuls prisonniers, ils nous seront rendus. » — « Je le veuil (veux) bien, dit Raimonnet. »

Ainsi se porta leur traité que recorder vous m'oyez, et se départirent tous ceux qui dedans étoient et rendirent le châtel au duc d'Anjou et emportèrent ce que devant eux porter en purent; et s'en r'alla chacun en son lieu ou autre part querre (chercher) son mieux. Mais Raimonnet de l'Épée se tourna François et servit le duc d'Anjou depuis moult long-temps et passa outre en Italie avec lui, et mourut à une escarmouche devant la cité de Naples quand le duc d'Anjou et le comte de Savoie y firent leur voyage.

CHAPITRE IX.

Comment la garnison du chatel de Lourdes fut ruée jus et déconfite et de la grand' diligence que le comte de Foix fit aussi de recouvrer le dit chatel de Lourdes.

Ainsi que je vous conte, beau maître, eut en ce temps le duc d'Anjou le châtel de Mauvoisin, dont il eut grand' joie, et le fit garder par un chevalier de Bigorre qui s'appeloit messire Chiquart de Laperrière; et depuis le donna-t-il au comte de Foix, lequel le tient encore et le tenra (tiendra) tant comme il vivra; et le fait bien garder par un chevalier de Bigorre lequel est de son lignage et le appelle-t-on messire Raymon des Landes. Et quand le duc d'Anjou ot (eut) la saisine de Mauvoisin et délivré ce pays et toutes Landes-bourg des Anglois et des pillards, il s'en vint mettre le siége devant la ville et le châtel de Lourdes. Adonc se douta grandement le comte de Foix du duc d'Anjou pour ce que il le vouloit voir de si près et ne savoit à quoi il tendoit. Si fit le comte son mandement de chevaliers et écuyers et puis les envoya par toutes ses garnisons, et mit son frère messire Ernault Guillaume en la ville de Morlens (Morlas) atout (avec) deux cents lances, et son autre frère messire Pierre de Béarn atout (avec) deux cents lances en la ville de Pau. Messire

Pierre de Cabestain en la cité de l'Eskalle atout (avec) deux cents lances; messire Monnant de Nouvailles en la ville de Hartiel atout (avec) cent lances; messire Ernaut Geberiel en la ville de Mont-Gerbiel atout (avec) cent lances; messire Foucaut d'Orchery en la ville de Sauveterre atout (avec) cent lances; et moi-même Espaing de Lyon, fus envoyé au Mont de Morsen (Marsan) atout (avec) deux cents lances; et n'ot (eut) châtel en toute Béarn qui ne fut bien pourvu et de bonnes gens d'armes. Et il se tint à Orthez en son châtel et de-lez (près) ses florins.» — «Sire, dis-je au chevalier, en a-t-il grand' foison?» — «Par ma foi, dit-il, aujourd'hui le comte de Foix en a bien par trente fois cent mille; et n'est oncques an qu'il n'en donne soixante mille, car nul plus large (généreux) grand seigneur en donner dons ne vit aujourd'hui.» Lors lui demandois-je: «Sire, et à quels gens donne-t-il ses dons?» Il me répondit: » Aux étrangers, aux chevaliers, aux écuyers qui vont et chevauchent par son pays, à hérauts, à menestrels, à toutes gens qui parlent à lui. Nul ne se part sans ses dons, car qui les refuseroit il le courrouceroit.» — «Ha, sainte Marie! sire, dis-je, à quelle fin garde-t-il tant d'argent et d'où lui en vient tant? Sont ses revenues si grandes comme pour tout ce assouvir, je le saurois volontiers voire (vraiment), si il vous plaisoit que je le sache.» — «Oïl, dit le chevalier, vous le saurez. Mais vous m'avez demandé deux choses; si faut que je vous conte l'une après l'autre et je vous délivrerai premier de la première.

« Vous m'avez demandé tout premièrement à quel fin il garde tant d'argent. Je vous dis que le comte de Foix se doute toujours pour la guerre que il a au comte d'Ermignach (Armagnac) et pour les envies (attaques) de ses voisins le roi de France ou le roi d'Angleterre lesquels ils ne courrouceroit pas volontiers; et trop bien de leur guerre il s'est sçu dissimuler jusques à ores (maintenant); car oncques ne s'arma de l'une partie ni de l'autre et est bien de l'un et de l'autre. Et vous dis, et aussi vous le direz quand l'accointance et la connoissance de lui aurez et que vous l'aurez ouï parler et sçu l'état et l'ordonnance de son hôtel, vous verrez qu'il est aujourd'hui le plus sage prince qui vive, et que nul haut seigneur tel que le roi de France ou le roi d'Angleterre courrouceroit moins volontiers le plus enuis (avec peine). De ses autres voisins, du roi d'Arragon ni du roi de Navarre ne fait-il compte, car il fineroit plus de gens d'armes, tant a-t-il acquis d'amis par ses dons et tant en peut-il avoir par ses deniers, que ces deux rois ne feroient à une fois ou deux. Je lui ai ouï dire que quand le roi de Chypre fut en son pays de Béarn et il lui remontra le voyage du Saint Sépulchre, il l'en amoura si à faire un grand conquêt par delà que si le roi de France et le roi d'Angleterre y fussent allés, après eux ce eut été le seigneur qui eut mené la plus grand' route (troupe) et qui eut fait le greigneur (plus grand) fait. Et encore n'y renonce-t-il pas et c'est en partie ce pourquoi il assemble et garde tant d'argent. Et le prince de Galles du temps que il régna ès parties d'Aquitaine et qu'il se tenoit à Bordeaux sur Gironde l'en mit en la voie, car pour le pays de Béarn le prince le menaçoit et disoit que il vouloit que il le relevât de lui; et le comte de Foix disoit que non feroit, et que Béarn est si franche terre qu'il n'en doit hommage à nul seigneur du monde et le prince qui pour ce temps étoit grand et cremu (craint) disoit que il le mettroit à merci, et en eut fait aucune chose, car le comte d'Armagnac et le sire de la Breth (Albret) qui héent (haïssent) le comte de Foix pour les victoires qu'il a eues sur eux, lui boutoient en l'oreille; mais le voyage que le prince fit en Espagne lui rompit. Et aussi messire Jean Chandos qui étoit tout le cœur et le conseil du prince brisoit le propos du prince à non guerroyer le comte de Foix, et aimoit messire Jean le dit comte pour ses vaillantises. Mais le comte qui se doutoit et qui sentoit le prince grand et chevalereux à merveilles, commença à assembler grand trésor pour lui aider et défendre si on lui eut couru sus. Si fit tailles en son pays et sur ses villes qui encore y durent et y dureront tant comme il vivra; et prend sur chacun feu par an deux francs, et le fort porte le foible; et là a-t-il trouvé et trouve encore grand avoir par an; et tant volontiers le paient ses gens que c'est merveilles. Car parmi ce il n'est nul François, Anglois ni pillard qui leur fassent tort ni injure d'un seul dénier; et est toute sa terre aussi suave que chose peut-être, tant y est bien justice gardée; car en justiciant c'est le plus crueulx (dur) et le plus droiturier seigneur qui vive. »

À ces paroles vîmes-nous à la ville de Tournay

où notre gîte s'adonnoit. Si cessa le chevalier à faire son conte et aussi je ne lui enquis plus avant, car bien savois là où il l'avoit laissé et que bien y pouvois recouvrer, car nous devions encore chevaucher ensemble; et fûmes ce soir loger à l'hôtel à l'Étoile, et là fûmes-nous tout aise.

Quand ce vint sur le souper le châtelain de Mauvoisin, qui s'appeloit messire Raymon des Landes, nous vint voir et souper avecques nous, et fit apporter en sa compagnie quatre flacons pleins de blanc vin, aussi bon que j'en avois point bu sur le chemin. Si parlèrent ces deux chevaliers largement ensemble, et tout tard messire Raymon partit et retourna arrière en son châtel de Mauvoisin. Quand ce vint au matin, nous montâmes ès chevaux et partîmes de Tournay et passâmes à gué la rivière de Lèse et chevauchâmes vers la cité de Tarbes et entrâmes en Bigorre et laissâmes le chemin de Lourdes et de Bagnières et le châtel de Montgaillard à sénestre (gauche), et nous adressâmes vers un village que on dit au pays le Civitat (Ciotat) et le côtoyâmes, et vînmes dans un bois en la terre du seigneur de Barbesan, et assez près d'un châtel que on dit Marcheras, à l'entrée du pas de Larre et tant que le chevalier me dit: « Messire Jean, vez-ci le pas au Larre. » Adonc avisai-je et regardai-je le pays. Si me sembla moult étrange; et me tinsse pour perdu ou en très grand'aventure, si ce ne fut la compagnie du chevalier; et me revinrent au devant les paroles que il m'avoit dites deux ou trois jours avant du pas au Larre et du Mongat de Lourdes et comment il mourut. Si lui ramenteuz (rappelai) et lui dis: « Monseigneur, vous me dites devant hier que quand nous venrions (viendrions) au pas du Larre, vous me conteriez la matière du Mongat de Lourdes et comment il mourut. » — « C'est voir (vrai), dit le chevalier. Or chevauchez de-lez (près) moi et je le vous conterai. » Adonc m'avançai-je et me mis de-lez (près) lui pour ouïr sa parole et il commença à parler et dit:

« Du temps que Pierre d'Anchin tenoit le châtel et la garnison d'Ortingas, si comme je vous ai conté par avant, chevauchoient ceux de Lourdes aucune fois à l'aventure moult en sus de leur forteresse, et vous dis que ils ne l'avoient pas d'avantage, car vez-ci (voici) le châtel de Barbesan, le châtel de Marcheras, où toudis (toujours) a eu gens d'armes en garnison, sans ceux de Bagnières, de Tournay, de Montgaillard, de Salenges, de Benac, de Gorre et de Tarbes, toutes villes et garnisons Françoises. Et quand ces garnisons sentoient que cilz (ceux) de Lourdes chevauchoient vers Toulouse, ou vers Carcassonne, ils se recueilloient ou mettoient en embûche sur eux pour eux ruer jus et tollir les pillages qu'ils ramenoient. Une fois en y avoit des rués jus d'une partie et d'autre; et d'autres fois à l'aventure passoient ceux de Lourdes sans être rencontrés. Or advint une fois que Ernauton de Sainte Colombe, le Mongat de Saint Cornille, et le bourg (bâtard) de Cernillac et bien six vingt lances de bonnes gens d'armes se départirent de Lourdes et s'en vinrent autour des montagnes entre ces deux rivières Lisse et Lèse et allèrent jusques à Toulouse. A leur retour ils levèrent ès prairies grand'foison de bestial (bétail) vaches et bœufs, porcs, moutons et brébis, et prindrent (prirent) moult de bons hommes au plat pays et tout ramenoient devant eux. Et fut signifié au capitaine de Tarbes, un écuyer Gascon qui s'appeloit Ernauton Bissette appert, homme d'armes durement, comment ceux de Lourdes se contenoient et chevauchoient le pays. Si le manda au seigneur de Benac et à Angelot des Landes fils à messire Raymon, et aussi au seigneur de Barbesan, et dit qu'il vouloit chevaucher contre eux. Cils (ces) chevaliers et cils (ces) écuyers de Bigorre s'y accordèrent et se recueillirent tous ensemble et firent leur amas à Tournay par où leur passage étoit communément; et là fut aussi le bourg (bâtard) d'Espagne qui y vint de sa garnison de Saint Béat. Et étoient environ deux cents lances; et envoyèrent leurs espies sur le pays pour savoir quel connive (arrangement) cilz (ceux) de Lourdes à leur retour faisoient. D'autre part aussi cilz (ceux) de Lourdes avoient leurs espies pour savoir si nulles gens d'armes se mettroient contre eux sur les champs; et tant firent par leurs espies que ils sçurent tout le connivement (arrangement) l'un de l'autre. Quand ceux de Lourdes entendirent que les garnisons Françoises chevauchoient et les attendoient à Tournay, si furent en doute et se conseillèrent sur les champs comment ils se maintiendroient et comment leur proie à sauveté ils meneroient: si dirent: « Nous nous partirons en deux parts; l'une partie emmenera devant li (elle), tout chassant, la proie; et là seront nos varlets et nos pillards, et prendront le chemin à la couverte des Landes de Bourg et viendront passer le chemin au pont à Tournay, et la rivière de Lèse entre Tournay et Mauvoisin, et les autres chevaucheront en bataille par les couperaux (gorges)[1] des montagnes, et ferons montre pour revenir au pas du Larre dessous Marcheras pour rechoir entre Barbesan et Montgaillard; mais (pourvu) que nous puissions passer sauvement la rivière atout (avec) notre proie et que à Montgaillard nous soyons tous ensemble, nous n'avons garde, car nous serons tantôt à Lourdes. Ainsi comme ils l'ordonnèrent ils le firent, et prirent le bâtard de Cornillac, et Guillonnet de Harnes, et Perrot Boursier, et Jean Calemin de Baselle, et le Rouge écuyer, et quarante lances, et tous leurs varlets, pillards et autres, leur dirent: « Vous emmenerez notre proie et nos prisonniers toute Lande de Bourg et descendrez entre Tournay et Mauvoisin, et là passerez au pont la rivière et irez tout à la couverte entre le Civitat (Ciotat) et Montgaillard, et nous ferons l'autre chemin du Marcheras et de Barbesan et tous nous retrouverons ensemble à Montgaillard. » Si comme il fut ordonné il fut fait; et se départirent là sur les champs et demeurèrent en route (troupe) et en la plus grande partie, Ernauton de Rostem, Ernauton de Sainte Colombe, le Mongat de Sainte Cornille et bien quatre vingt compagnons tous hommes d'armes; il n'y avoit pas dix varlets, et restraindirent (resserrèrent) leurs plates et

---

[1] Le manuscrit 8325 dit Combliaux des montagnes. J. A. B.

mirent leurs bassinets et prirent leurs lances et chevauchèrent tous serrés, ainsi que pour tantôt combattre; ni autre chose ils n'attendoient, car ils sentoient leurs ennemis sur les champs.

« Tout en autelle (semblables) manière que cils (ceux) de Lourdes avoient eu conseil de retourner, eurent aussi avis de eux trouver et rencontrer les François; et dirent là messire Mongat de Barbesan et Ernauton Bisette: « Nous savons bien que cils (ceux) de Lourdes sont sur les champs et ramènent grand' proie et grand' foison de prisonniers, nous serons trop courroucés si ils nous échappent. Si nous faut mettre en deux embûches, car nous sommes gens assez pour cela faire. » Adonc fut ordonné que Ernauton, le bourg (bâtard) d'Espagne et messire Raymon de Benac et Augelot de Landes atout (avec) cent lances garderoient le pas à Tournay, car il convenoit du moins que leur bétail et leurs prisonniers passassent là la rivière de Lisse, et le sire de Barbesan et Ernauton Bisette atout (avec) autres cents lances chevaucheroient à l'aventure pour savoir si nuls en verroient ni trouveroient. Ainsi se départirent les uns des autres; et s'en vinrent le sire de Benac et le bourg d'Espagne; et se mirent en embûche au pont entre Mauvoisin et Tournay; et les autres prirent les champs droitement sur le pas où nous chevauchons maintenant qu'on dit au Larre. Ils se trouvèrent, et tantôt comme ils s'y virent tôt descendirent de leurs chevaux et les laissèrent aller paître; et appuignièrent (empoignèrent) et appointèrent leurs lances et s'en vinrent les uns sur les autres, car combattre les convenoit en écriant leurs cris : Saint Georges, Lourdes et Notre Dame de Bigorre! Là vinrent-ils l'un sur l'autre et commencèrent à bouter et à pousser fort et roide les lances ès poings et s'appuyoient en poussant de leurs poitrines, et point ne s'épargnoient; et là furent une espace en férant et poussant de leurs lances l'un sur l'autre, tant que ce sembloit, comme je ouïs recorder à ceux qui y furent, un pont; ni nul à ce commencement n'étoit porté par terre.

« Quand ils eurent assez bouté et poussé de leurs lances, ils les ruèrent jus; et étoient jà tous échauffés; et prirent leurs haches et se commencèrent de haches à combattre, et à donner grands et horribles horions, et chacun avoit le sien. En cet état et en ce parti d'armes furent-ils plus de trois heures, et se battirent et navrèrent si très bien que merveilles. Et quand il y en avoit aucuns qui étoient outrés ou si mal menés que ils ne se pouvoient plus soutenir, et foulés jusques à la grosse haleine tout bellement, ils se départoient et s'en alloient seoir sur un fossé ou en-mi (milieu) le pré, et ôtoient leurs bassinets et se rafraîchissoient, et puis quand ils étoient bien rafraîchis, ils remettoient leurs bassinets et s'en venoient encore recommencer à combattre. Ni je ne cuide (crois) pas que oncques si bonne besogne fut, ni si dur rencontre, ni bataille, si bien combattue puis la bataille des trente qui fut en Bretagne[1],

---

[1] Voyez dans les additions que j'ai insérées au 1er. l. de Froissart la description de la bataille des trente T. 3. P. 34. et suiv. J. A. B.

comme celle de Marcheras en Bigorre fut. Et là étoient main à main l'un à l'autre; et là fut sur le point d'être déconfit Ernauton de Sainte Colombe, qui est assez bel écuyer grand et fort et bel homme d'armes, d'un écuyer de ce pays qui s'appeloit Guillonnet de Salenges; et l'avoit cil (celui-ci) mené jusques à la grosse haleine [1], quand il en avint ce que je vous dirai.

« Ernauton de Sainte Colombe avoit un varlet qui regardoit la bataille, ni point ne se combattoit, ni aussi on ne lui demandoit rien; quand il vit son maître ainsi mené, que presque à outrance, il fut moult courroucé, et vint à son maître et prit la hache, entre ses mains, dont il se combattoit, et lui dit en la prenant: « Ernanton, allez-vous seoir et reposer, vous ne vous savez combattre. » Et quand il ot (eut) la hache, il vint à l'écuyer, et lui donna tel coup sur le bassinet, que il l'étourdit tout et fit chanceler et presque cheoir à terre. Quand Guillonnet se sentit ainsi féru (frappé), si lui vint à grand' déplaisance et voult (voulut) venir sur le valet et le cuida (crut) férir de sa hache en la tête, mais le varlet se muça (cacha) sous le coup et ne fut pas consieuvi (atteint); si embrassa l'écuyer qui étoit travaillé de longuement combattre et le tourna et l'abattit sous lui à la luite (lutte) et lui dit: « Je vous occirai, si vous ne vous rendez à mon maître. »— « Qui est ton maître? dit il. »—

---

[1] L'avoit fatigué de telle manière qu'il ne pouvoit plus respirer qu'avec peine. J. A. B.

« Ernauton de Sainte Colombe, à qui vous avez huy tant combattu. » L'écuyer vit que il n'avoit pas l'avantage; et qu'il étoit dessous celui varlet, qui tenoit une dague pour le férir, si il ne se rendoit. Si se rendit, à venir dedans quinze jours tenir son corps prisonnier à Lourdes rescous (secouru) ou non rescous. Ce service fit le varlet à son maître, et vous dis, messire Jean, que là eut fait par tels choses trop grand' foison d'appertises d'armes, et des compagnons jurés et fiancés les uns venir à Tarbes et les autres aller à Lourdes. Et se combattirent ce jour main à main sans eux épargner Ernauton Bisette et le Mongat de Sainte Basile, lesquels y firent maintes appertises d'armes; et n'y avoit homme qui ne fut assez embesogné de lui combattre; et tant se combattirent qu'ils furent si outrés et si lassés que ils ne se purent mais aider; et là furent morts sur la place deux des capitaines, Le Mongat de Lourdes et d'autre part Ernauton Bisette.

« Adonc se cessa la bataille, par l'accord de l'un et de l'autre, car ils étoient si foulés (las) que ils ne pouvoient mais tenir leurs haches ni leurs lances et se désarmoient les aucuns pour eux rafraîchir et laissoient là leurs armures. Si emportèrent ceux de Lourdes le Mongat tout occis et les François à Tarbes Ernauton Bisette; et pour ce qu'il fut remembrance (souvenir) de la bataille, on fit là une croix de pierre où ces deux écuyers s'abattirent et moururent. Velà là, je la vous montre. »

A ces mots chéîmes (arrivâmes)-nous droit sur la

croix et y dîmes nous chacun pour les âmes des morts une patenôtre, un ave maria, un de profondis et fidelium.

CHAPITRE X.

Comment le bourg (bâtard) d'Espagne rescouy (délivra) la proie aux compagnons du chatel de Lourdes et comment ils furent rués jus (a terre).

« Par ma foi, monseigneur, dis-je au chevalier, je vous ai volontiers ouï parler et ce fut voirement (vraiment) une dure et âpre besogne à si petit de gens. Et quelle chose avint-il à ceux qui conduisoient la proie? » — « Je le vous dirai, dit-il. Au pont à Tournay, si comme je vous ai dit devant, dessous Mauvoisin, ils venoient passer, ainsi qu'ils l'avoient ordonné, et là trouvèrent-ils l'embûche du bourg (bâtard) d'Espagne, qui étoit forte assez pour eux combattre, qui leur saillit tout au devant. Cils (ceux) de Lourdes ne pouvoient reculer, et pour ce, aventurer les convenoit. Je vous dis voirement (vraiment) que là y ot (eut)-il aussi dure besogne et fort combattue qui dura aussi longuement et plus que celle de Marcheras. Et vous dis que le bourg d'Espagne y fit là merveille d'armes, qui tenoit une hache et ne féroit homme qu'il ne portât à terre; car il est bien taillé de cela faire, car il est grand et long et fort et de gros membres sans être trop chargé de chair; et prit là de sa main les deux capitaines, le Bourg (bâtard) de Carnillac et Perrot Palatin de Béarn. Et là fut mort un écuyer de Navarre qui s'appeloit Ferrando de Mirande qui étoit moult appert et vaillant homme d'armes. Mais les aucuns disent qui furent à la besogne que le bourg d'Espagne l'occit et les autres disent qu'il fut étaint (étouffé) en ses armures: finalement la proie fut rescousse (délivrée) et tous ceux qui la conduisoient morts ou pris. Ils ne s'en sauvèrent pas trois si ce ne furent varlets qui se mucièrent (cachèrent), se désarmèrent et passèrent la rivière de Lesse au noer (à la nage).

« Ainsi alla de cette aventure, et ne perdirent onques tant cils (ceux) de Lourdes comme ils furent adonc. Si furent rançonnés courtoisement et aussi ils les changoient l'un pour l'autre, car ceux qui se combattirent droit ci sur le pas du Larre en fauçèrent plusieurs, par quoi il convenoit que ils fussent courtois et aimables à leurs compagnons. »
« Sainte Marie, sire, dis-je au chevalier, le Bourg d'Espagne est-il si fort homme comme vous me contez? » — « Par ma foi, dit-il, oïl, car en toute Gascogne on ne trouveroit point son pareil de force de membres; et pour ce le tient le comte de Foix à compagnon, et n'a pas trois ans que je le vis faire au châtel à Orthez un grand ébattement et rével (jeu) que je vous conterai. Il avint que au jour d'un Noël le comte de Foix tenoit sa fête grande et plantureuse de chevaliers et d'écuyers, si comme il a de

usage, et en ce jour il faisoit moult froid. Le comte avait dîné en sa salle et avec lui grand'foison de eigneurs. Après dîner il partit de sa salle et s'en vint sus une galerie où il y a à monter, par une large allée, environ vingt quatre degrés. En ces galeries a une cheminée où on fait par usage feu, quand le comte y séjourne, et non autrement. Il y a petit feu, car il ne voit pas volontiers grand feu. Si est bien en lieu d'avoir plantureux feu de buches, car ce sont tous bois en Béarn et y a bien de quoi chauffer quand il veut, mais le petit feu il a de coutume. Avint adonc que il geloit moult fort et l'air étoit moult froid. Quand il fut venu ès galeries il regarda le feu et lui sembla assez petit et dit aux chevaliers qui là étoient: « Vez-ci petit feu selon le froid. » Ernauton d'Espagne entendit sa parole: si descendit tantôt les degrés; car par les fenêtres de la galerie qui regardoient sur la cour il vit là une quantité de ânes chargés de buches qui venoient du bois pour le service de l'hôtel. Il vint en la cour et prit le plus grand de ces ânes tout chargé de buches et le chargea sur son col moult légèrement (aisément) et l'apporta à mont les degrés et ouvrit la presse des chevaliers et écuyers qui devant la cheminée étoient et renversa la buche et l'âne les pieds dessus en la cheminée sur les cheminaux (chenets), dont le comte de Foix ot (eut) grand'joie et tous ceux qui là étoient; et s'émerveilloient de la force de l'écuyer comment tout seul il avoit si grand faix chargé et monté tant de degrés. Cette appertise vis-je faire et aussi firent plusieurs au bourg d'Espagne. »

Moult me tournoient à grand'plaisance et recréation les contes que messire Espaing de Lyon me contoit et m'en sembloit le chemin trop plus bref. En contant telles aventures passâmes-nous le pas au Larre et le châtel de Marcheras où la bataille fut, et vîmes moult près du châtel de Barbesan qui est bel et fort, à une petite lieue de Tarbes; nous le véions devant nous, et un trop beau chemin et plein à chevaucher en côtoyant la rivière de Lisse qui vient d'amont des montagnes.

Adonc chevauchâmes-nous tout souef (doucement) et à loisir pour rafraîchir nos chevaux. Et me montra par de-là la rivière, le châtel et la ville de Montgaillard et le chemin qui s'en va férir droit sur Lourdes. Lors me vint en remembrance (mémoire) de demander au chevalier comment le duc d'Anjou, quand il fut au pays et que le châtel de Mauvoisin se fut rendu à lui, s'étoit porté; et comment il étoit venu devant Lourdes et quelle chose il y avoit fait; trop volontiers il le me conta et me dit ainsi:

« Quand le duc d'Anjou se départit atout (avec) son ost de Mauvoisin, il passa oultre la rivière de Lisse au pont de Tournay et s'en vint loger à Bagnières, une bonne ville séant sur cette rivière qui s'en va férir à Tarbes: car celle de Tournay n'y vient pas, mais s'en va férir en la Garonne dessous Montmillion (M¹ Mélian), et s'en vint mettre le siége devant Lourdes. Messire Pierre Ernaut de Béarn et Jean son frère, Pierre d'Anchin, Ernauton de Rostem, Ernauton de Sainte Colombe, le Mongat qui adonc vivoit, Ferrando de Mirande, Olin Barbe, le Bourg de Carnillac, le Bourg Camus et les compagnons qui dedans étoient avoient bien été informés de sa venue. Si s'étoient grandement fortifiés et pourvus à l'encontre de lui, et tinrent la ville de Lourdes contre tous les assauts que on fit et livra quinze jours durant. Et ot (eut) là plusieurs grands appertises d'armes faites par grands mangonneaux [1] et autres atournements (préparatifs) d'assauts que le duc d'Anjou fit faire et charpenter; et tant que la ville fut prise et conquise. Mais les compagnons de Lourdes n'y perdirent rien ni homme ni femme de la ville, car tout avoient-ils retrait (retiré) au châtel; et bien savoient que en la fin ils ne pourroient tenir la ville laquelle étoit prenable, pour ce qu'elle n'est fermée que de palis. Et quand la ville de Lourdes fut conquise les François en eurent grand' joie et se logèrent dedans en environnant le châtel, qui n'est pas prenable, fors que par long siége. Là fut le duc plus de six semaines, et plus y perdit que il n'y gagna, car ceux de dehors ne pouvoient grever ceux de dedans, car le châtel siéd sur une ronde roche faite par telle façon que on n'y peut aller ni approcher par échelles ni autrement, fors que par une entrée. Et là aux barrières y avoit souvent de belles escarmouches et de grandes appertises d'armes faites, et y furent navrés et blessés plusieurs écuyers de France qui s'approchoient de trop près.

---

[1] Machines à lancer des pierres. J. A. B.

« Quand le duc d'Anjou vit qu'il ne venroit (viendroit point à son entente (but) de prendre le châtel de Lourdes, si fit traiter devers le capitaine et lui fit promettre grand argent, mais (pourvu) qu'il voulsist (voulut) rendre la garnison. Le chevalier qui étoit plein de grand'vaillance s'excusa et dit que la garnison n'étoit pas sienne, et que l'héritage du roi d'Angleterre il ne pouvoit vendre, donner ni aliéner que il ne fut trahistre (traître), la quelle chose il ne vouloit pas être, mais loyal envers son naturel seigneur. Et quand on lui bailla le fort, ce fut par condition que il jura solennellement, par sa foi, en la main du prince de Galles, que le châtel de Lourdes il garderoit et tiendroit contre tout homme, si du roi d'Angleterre il n'étoit là envoyé, jusques à la mort. On n'en put oncques avoir autre réponse pour don ni pour promesse que on sçut ni put faire. Et quand le duc d'Anjou et son conseil virent que ils n'en auroient autre chose, et que ils perdoient leur peine, si se délogèrent de Lourdes; mais à leur délogement la ville dessous le châtel fut tellement arse que il n'y demeura rien à ardoir.

« Adonc se retray (retira) le duc d'Anjou et tout son ost en côtoyant Béarn vers le Mont-de-Moren (Mont-Marsan), et avoit bien entendu que le comte de Foix avoit pourvu toutes ses garnisons de gens d'armes. De ce lui savoit-il nul mal gré, mais de ce que ses gens de Béarn tenoient contre lui Lourdes et n'en pouvoit avoir raison.

« Le comte de Foix, si comme je vous ai ci-dessus dit, se douta en cette saison grandement du duc d'Anjou, combien que le duc ne lui fit point de mal. Toutefois voulsissent (eussent voulu) bien le comte d'Ermignach (Armagnac) et le sire de Labreth (Albret) que il lui eut fait guerre. Mais le duc n'en avoit nulle volonté; et envoya devers lui à Orthez, entrementes (pendant) que il logeoit entre le Mont-de-Marsan et le Bois de Labreth (Albret), messire Pierre de Beuil, lequel portoit lettres de créance.

« Quand messire Pierre de Bueil fut venu pour ce temps à Orthez, le comte de Foix le reçut très honorablement et le logea au châtel d'Orthez et lui fit toute la meilleure compagnie qu'il put; et lui donna mulles et coursiers, et à ses gens autres beaux dons, et envoya par lui au duc d'Anjou quatre levriers et deux alans [1] d'Espagne si beaux et si bons qu'à merveilles. Et ot (eut) adonc secrets traités entre le comte de Foix et messire Pierre de Beuil, des quels nous ne sçûmes rien de grand temps. Mais depuis par les incidences qui en vinrent nous en supposâmes bien aucune chose, et la matière je la vous dirai, et entrementes (cependant) venrons (viendrons)-nous à Tarbes.

« Moult tôt après ce que le duc d'Anjou ot (eut) fait son voyage et qu'il fut retrait (retiré) à Toulouse advint que le comte de Foix manda par ses lettres et par certains messages à Lourdes à son cousin messire Pierre Arnault de Béarn qu'il vint par-

---

[1] Espèce de chien de chasse nommé en espagnol *Alano* et originaire dit-on d'Albanie. J. A. B.

ler à lui à Orthez. Le chevalier quand il vit les lettres du comte de Foix, et vit le message qui étoit notable, eut plusieurs imaginations, et ne savoit lequel faire du venir ou du laisser. Tout considéré il dit qu'il y iroit, car il n'oseroit nullement courroucer le comte de Foix; et quand il dut partir il vint à Jean de Béarn son frère, et lui dit, présents les compagnons de la garnison: « Jean, monseigneur comte de Foix me mande, je ne sais pas pourquoi; mais puisque il veut que je voise (aille) parler à lui, je irai. Or me douté-je grandement que je ne sois requis de rendre la forteresse de Lourdes, car le duc d'Anjou, à cette saison, côtoye son pays de Béarn et point n'y est entré, et si tend le comte de Foix, et a tendu longuement, à avoir le châtel de Mauvoisin pour être sire des Landes de Bourg et des Frontières de Comminges et de Bigorre. Si ne sçais pas si ils ont traité entre lui et le duc d'Anjou; mais je vous dis que, tant que je vive, jà le châtel de Lourdes je ne rendrai, fors à mon naturel seigneur le roi d'Angleterre; et veuil (veux), Jean, beau-frère, au cas que je vous établis ici à être mon lieutenant, que vous me jurez sur votre foi et par votre gentillesse que le châtel, en la forme et manière que je le tiens, vous le tenrez (tiendrez), ni pour mort ni pour vie jà vous jamais n'en défauldrez (manquerez). »

« Jean de Béarn le jura ainsi. Adonc se départit de Lourdes le chevalier, messire Pierre Ernault, et vint à Orthez et descendit à l'hôtel à la Lune. Et quand il sentit que point et temps fut, il vint au châtel d'Orthez devers le comte qui le reçut liément, et le fit seoir à sa table et lui montra tous les beaux semblans d'amour qu'il put; et après dîner il lui dit: « Pierre, je ai à parler à vous de plusieurs choses, si ne vueil (veux) pas que vous partiez sans mon congé. » Le chevalier répondit: « Monseigneur volontiers, je ne partirai point si l'aurez ordonné. » Avint que le tiers jours après ce qu'il fut venu le comte de Foix prit la parole à lui, présents le vicomte de Bruniquiel, et le vicomte de Gousserant son frère, et le seigneur d'Anchin de Bigorre et autres chevaliers et écuyers, et lui dit en haut que tous l'ouïrent: « Pierre, je vous ai mandé et vous êtes venu. Sachez que monseigneur d'Anjou me veut grand mal pour la garnison de Lourdes que vous tenez, et près en a été ma terre courue, si ce n'eussent été aucuns bons amis que j'ai eu en sa chevauchée; et est sa parole et l'opinion de plusieurs de sa compagnie qui me héent (haïssent), que je vous soutiens pour tant que vous êtes de Béarn. Et je n'ai que faire d'avoir la malveillance de si haut prince comme monseigneur d'Anjou est. Si vous commande, en tant comme vous pouvez meffaire encontre moi, et par la foi et lignage que vous me devez, que le châtel de Lourdes vous me rendez. » Et quand le chevalier ouït cette parole si fut tout ébahi et pensa un petit pour savoir quelle chose il répondroit; car il véoit bien que le comte de Foix parloit acertes (sérieusement). Toutefois tout pensé et tout considéré il dit: « Monseigneur, voirement (vraiment) je vous dois foi et hommage, car je suis un pauvre chevalier de votre sang et de votre terre; mais le châtel de Lourdes ne vous rendrai-je jà. Vous m'avez mandé, si pouvez faire de moi ce qu'il vous plaira. Je le tiens du roi d'Angleterre qui m'y a mis et établi, et à personne qui soit je ne le rendrai fors à lui. » Quand le comte de Foix ouït cette réponse si lui mua le sang en félonnie (colère) et en courroux et dit, en tirant hors une dague: « Ho! faux traître, as-tu dit ce mot de non faire ? Par cette tête tu ne l'as pas dit pour néant. » Adonc férit-il de sa dague sur le chevalier par telle manière que il le navra moult vilainement en cinq lieux, ni il n'y avoit là baron ni chevalier qui osât aller au devant. Le chevalier disoit bien: « Ha, monseigneur, vous ne faites pas gentillesse. Vous m'avez mandé et si m'occiez. » Toutes voies point il n'arrêta jusques à tant qu'il lui eut donné cinq coups d'une dague, et puis après commanda le comte qu'il fût mis dans la fosse (cachot), et il le fut, et là mourut, car il fut povrement curé (soigné) de ses plaies. « Ha, sainte Marie, dis je au chevalier, et ne fut ce pas grand' cruauté. » — « Quoique ce fut, répondit le chevalier, ainsi en advint-il. On s'avise bien de lui courroucer, mais en son courroux n'a nul pardon. Il tint son cousin germain le vicomte de Chastelbon, et qui est son héritier, huit mois en la tour à Orthez en prison; puis le rançonna-t-il à quarante mille francs: « Comment, sire dis-je au chevalier, n'a donc le comte de Foix nuls enfants, que je vous oy (entends) dire que le vicomte de Chastelbon est son héritier ? » — « En nom Dieu, dit-il, non de femme épousée, mais il a bien deux beaux jeunes chevaliers bâtards que vous verrez que il aime autant que soi-même: messire Yvain et messire Gratien. » — « Et ne fut-il oncques marié. » — « Si fut répondit-il, et est encore; mais madame de Foix ne se tient point avecques lui. » — « Et où se tient-elle ? dis-je: » — « Elle se tient en Navarre, répondit-il, car le roi de Navarre est son cousin, et fut fille jadis du roi Louis de Navarre (1). » — « Et le comte de Foix n'en ot (eut)-il oncques nul enfant ? » — « Si ot (eut), dit-il, un beau fils qui étoit tout le cœur du père et du pays, car par lui pouvoit la terre de Béarn, qui est en débat, demeurer en paix, car il avoit à femme la sœur au comte d'Armagnac. » — « Et sire, dis-je, que devint cil (cet) enfes (enfant) ? Te peut-on savoir ? » — « Oïl, dit-il, mais ce ne sera pas maintenant, car la matière est trop longue et nous sommes à ville si comme vous véez. »

A ces mots je laissai le chevalier en paix, et assez tôt après nous vînmes à Tarbes, où nous fûmes tout aise à l'hôtel à l'Étoile, et y séjournâmes tout ce jour, car c'est une ville trop bien aisée pour séjourner chevaux, de bons foins, de bonnes avoines et de belle rivière.

---

(1) Inès ou Agnès, femme de Gaston Phébus comte de Foix, étoit fille de Jeanne de Navarre et de Philippe VI roi de France. Elle étoit la sœur et non la cousine de *Charles* de Navarre. J. A. B.

CHAPITRE XI.

Comment le comte de Foix ne voult (voulut) prendre du roi de France la comté de Bigorre; mais comment il reçut seulement le chatel de Mauvoisin.

A lendemain après messe nous montâmes sur chevaux et partîmes de Tarbes et chevauchâmes vers Jorre (Gor), une ville qui toujours s'est tenue trop vaillamment contre ceux de Lourdes. Si passâmes au dehors et tantôt nous entrâmes au pays de Béarn. Là s'arrêta le chevalier sur les champs et dit: « Vez-ci (voici) Béarn. » Et étoit sur un chemin croisé et ne savoit lequel faire ou d'aller à Morlens (Morlas) ou à Pau. Toutefois nous prîmes le chemin de Morlens (Morlas). En chevauchant les landes de Béarn qui sont assez plaines je lui demandai, pour le remettre en parole: « La ville de Pau siéd-elle près de ci? » — « Oïl, dit-il, je vous en montre les clochers, mais il y a bien plus loin qu'il ne semble; car il y a très mauvais pays à chevaucher pour les graves [1]. Qui ne sçait bien le chemin folie feroit de lui y embatre (aller), et dessous notre main siéd la ville et le châtel de Lourdes » — « Et qui en est capitaine pour le présent? » —

[1] Lieux situés sur le bord des rivières et couverts de sables mouvants. S. A. B.

Répondit-il: « Il en est capitaine et si s'escript (appelle) sénéchal de Bigorre de par le roi d'Angleterre, Jean de Béarn, frère qui fut à messire Pierre. » — « Voir (vraiment), dis-je; et cil (ce) Jean vient-il point voir le comte de Foix? » — Il me répondit : « Oncques depuis la mort son frère il n'y vint. Mais les autres compagnons y viennent bien: Pierre d'Anchin, Ernauton de Rostem, Ernauton de Sainte Colombe et les autres quand il chiet (arrive) à tour. » — « Et le comte de Foix a-t-il point amendé la mort du chevalier, et en a-t-il point depuis par semblant été courroucé? » — « Oil, trop grandement, ce dit le chevalier, mais des amendes n'a-t-il nulles faites, si ce n'est par penance secrète, par messes ou par oraisons. Il a bien decostes (près) lui le fils de celui qui s'appelle Jean de Béarn, un jeune gracieux écuyer et l'aime le comte grandement: » — « Sainte Marie ! dis-je au chevalier, le duc d'Anjou qui tendoit à avoir la garnison de Lourdes se dut bien contenter du comte de Foix quand il occit un chevalier son cousin pour son désir accomplir. » — « Par ma foi, dit-il, aussi fit-il, car assez tôt après sa venue, le roi de France envoya en ce pays messire Roger d'Espagne et un président de la chambre de parlement de Paris et belles lettres grossoyées et scellées qui faisoient mention comme il lui donnoit en don, tout son vivant, la comté de Bigorre, mais il convenoit, et aussi il appartenoit, que il en devint son homme et le tint de la couronne de France. Le comte de Foix remercia grandement le roi de la grand'amour que il lui montroit et du don sans requête que il lui envoyoit, mais oncques, pour chose que messire Roger d'Espaigne sçut ni put dire ni montrer, le comte de Foix ne voult (voulut) retenir le don; mais il retint le châtel de Mauvoisin pour tant (attendu) que c'est franhe terre et que le châtel ni la châtellerie ne sont tenus de nullui (personne) fors de Dieu; et aussi anciennement ce avoit été son héritage. Le roi de France pour lui complaire par le moyen du duc d'Anjou le donna. Mais le comte de Foix jura et scella que il le tiendroit par telle condition que jamais n'y mettroit homme qui mal voulsist (voulut) au royaume de France. Et au voir (vrai) dire il l'a fait bien garder; et se doutent ceux de Mauvoisin autant des Anglois que font les autres garnisons Françoises de Gascogne; excepté que les Béarnois n'oseroient courroucer le comte de Foix. »

CHAPITRE XII.

DE LA PAIX QUI FUT FAITE ENTRE LE COMTE DE FOIX ET LE DUC DE BERRY; ET LE COMMENCEMENT DE LA GUERRE QUI FUT ENTRE LE COMTE D'ARMAGNAC ET CIL (CELUI) DE FOIX.

Des paroles que messire Espaing de Lyon me contoit étois-je tout réjoui, car elle me venoient grandement à plaisance, et toutes trop bien les retenois, et sitôt que aux hôtels, sur le chemin que nous fesismes (fimes) ensemble, descendu étois je les écrivois, fut de soir ou de matin, pour en avoir mieux la mémoire au temps à venir; car il n'est si juste retentive que cest (celle) d'écriture. Et ainsi chevauchâmes, nous ce matin jusques à Morleus (Morlas). Mais avant que nous y vînmes je le mis encore en parole et dis : « Monseigneur, je vous ai oublié à demander, entrementes (pendant) que vous m'avez conté des aventures de Foix et d'Armagnac, comment le comte de Foix s'est sçu ni pu dissimuler contre le duc de Berry qui ot (eut) à femme la fille et la sœur du comte d'Armagnac, et si le duc de Berry lui en a fait point de guerre et comment il s'en est parti. » — « Comment, répondit le chevalier, je le vous dirai. Du temps passé le duc de Berry lui a voulu tout le mal du monde; et ne désiroit le duc seigneur du monde mettre à raison fors le comte de Foix. Mais maintenant, par un moyen dont vous orrez (entendrez) bien parler quand vous serez à Orthez, ils sont bien d'accord. » — « Et, doux sire, dis-je, y avoit-il cause que le duc l'eut en haine ? » — « M'ait (aide) Dieu, nennil, dit le chevalier: et je vous en conterai la cause. Quand Charles le roi de France, père à ce roi Charles qui est pour le présent, fut trépassé de ce siècle, le royaume de France fut divisé en deux parties quant au gouvernement; car monseigneur d'Anjou qui tendoit à aller outre en Italie, ainsi que il fit, s'en déporta (dispensa) et mit ses frères le duc de Berry et le duc de Bourgogne. Le duc de Berry ot (eut) le gouvernement de Languedoc et le duc de Bourgogne la Languedoil ⁽¹⁾ et toute Picardie. »

« Quand cilz (ceux) de la Languedoc entendirent

(1) Il y a grande apparence que ces deux dénominations avoient été en usage avant une ordonnance de Philippe-le-Bel, de 1304 ou 1305. On y voit, ainsi que dans une autre de Charles VI de 1394, les états de la couronne de France divisés en Langue d'Oc et en Langue d'Oïl. Le mot de *langue* y est employé, selon notre ancien langage, pour nation, province. Dans l'ordre de Malte on s'en sert encore aujourd'hui. Guillaume de Nangis, dans sa chronique françoise manuscrite, désigne les environs de Paris par la langue d'Oïl, à l'année 1343, où il est parlé d'une épidémie qui commençoit à désoler ce pays vers la fin du mois d'août. Dans la *Salade* d'Antoine de la Salle, environ 1440, il est dit d'un chevalier inconnu qu'il devoit être de Languedoc: *Car lui et le plus de ses gens disoient Oc, la langue que l'on parle quant on va à Saint Jacques.*

Il semble que ces dénominations n'ont pas toujours été attribuées à toutes des provinces comprises, cependant sous ce nom générique; celle qu'on appeloit d'abord langue a goth, seule conservé le nom de Languedoc, *Occitania*; *tania*, pays *d'Oc*: on disoit généralité de Languedoc, et de la partie la plus voisine, généralité de Guienne.

Il en est de même pour les provinces *d'Oïl*. Froissart (l. III) dit que le duc de Berry eut le gouvernement de la langue d'Oïl et de la Picardie; et la généralité de cette province, aussi bien que celles de Normandie et de Champagne, dans les recettes de l'épargne, sous Charles VIII et Louis XII, sont distinguées de celles de la langue *d'Oïl*.

Toutes ces distinctions, générales et particulières, ont cessé dès François premier; il n'est plus parlé dans ses recettes de langue *d'Oïl* ni de langue *d'Oc*.

On donna encore le nom générique de Catalane à la langue d'Oc, qui se parloit au delà de la Loire, peut être à cause de la Catalogne, le pays le plus éloigné de tous ces pays où cette langue étoit en usage; et si cette conjecture n'est point dénuée de fondement, il est assez probable que par la même raison la langue *d'Oïl*, la langue qui se parloit en deçà de la Loire, aura été appelée la langue picarde. La Picardie étoit la province septentrionale la plus éloignée de la Loire, comme la Catalogne étoit au midi à la plus longue distance de cette rivière. (*Mémoires de l'Acad.* T. XXIV.) J. A. B.

que monseigneur de Berry les gouverneroit si furent tous ébahis, spécialement ceux de Toulouse et de la sénéchaussée, car ils sentoient le duc fol (trop) large (prodigue); et prenoit or et argent à tous lez (côtés) et travailloit trop fort le peuple, et encore y avoit Bretons en Toulousain, en Carcassonne et en Rouergue que le duc d'Anjou y avoit laissés, qui pilloient tout le pays; et couroit renommée que le duc de Berry les y soutenoit, pour maistrier (dominer) les bonnes villes; et n'étoit pas le duc en la Languedoc pour le temps que je vous parle, mais étoit en la guerre de Flandre avecques le roi.

« Ceux de Toulouse qui sont grands et puissans et qui sentoient le roi leur sire jeune et embesogné grandement pour les besognes de son oncle le duc de Bourgogne ès parties de Flandre, et se véoient pillés et travaillés de Bretons et pillards tant qu'ils ne savoient qu'ils pussent ou dussent faire, si envoyèrent et traitèrent devers le comte de Foix, en lui priant parmi une somme de florins que tous les mois ils lui délivreroient, que il voulsist (voulût) emprendre le gouvernement et la garde de leur cité de Toulouse et du pays Toulousain et aussi des autres villes, si prié et requis en étoit. Si le prioient ainsi, pourtant (attendu) qu'ils le sentoient juste homme, droiturier et fort justicier et moult redouté de ses ennemis et bien fortuné en ses besognes. Et aussi ceux de Toulouse l'ont toujours grandement aimé, car il leur a été moult propice et bon voisin. Si emprit la charge de ce gouvernement et jura à tenir et à garder le pays en son droit contre tout homme qui mal y voudroit et feroit; mais il réserva tant seulement la majesté royale du roi de France. Et lors mit-il foison gens d'armes sur le pays et fit ouvrir et délivrer les chemins de larrons et de pillards et en fit en un jour, que pendre que noyer à Rabestan en Toulousain, plus de quatre cents; pourquoi il acquit tellement et si grandement la grâce et l'amour et ceux de Toulouse, de Carcassonne, de Béziers, de Montpellier et des autres bonnes villes là environ, que renommée courut en France que ceux de Languedoc s'étoient tournés et que ils avoient pris à seigneur le comte de Foix.

« Le duc de Berry qui en étoit souverain prit en grand' déplaisance ces nouvelles et en accueillit le comte de Foix en grand' haine pour tant que il s'ensongnoit (mêloit) si avant des besognes de France et vouloit tenir ceux de Toulouse en leur rebellion. Si envoya gens d'armes au pays, mais ils furent durement recueillis et repoussés des gens du comte de Foix, et tant qu'il les convint retraire (retirer), voulsissent (voulussent) ou non, ou ils eussent plus perdu que gagné. De cette chose s'enfelonna (irrita) tellement le duc de Berry sur le comte de Foix que il disoit que le comte de Foix étoit le plus orgueilleux et le plus présomptueux chevalier du monde et n'en pouvoit le dit duc ouïr parler en bien devant lui. Mais point ne lui faisoit guerre; car le comte de Foix avoit toujours ses villes et ses châteaux si bien garnis et pourvus que nul n'osoit entrer en sa terre. Aussi quand le duc de Berry vint en Languedoc le dit comte se déporta (démit) de son office et n'en voulut plus rien exercer dessus le duc de Berry; mais depuis jusques à ores (maintenant) le différend y a été moult grand. Or vous vueil (veux)-je recorder par quel moyen la paix y a été mise et nourrie.

« Il peut avoir environ dix ans [1] que Aliénor de Comminges, comtesse à présent de Boulogne et cousine moult prochaine du comte de Foix et droite héritière de la comté de Comminges, combien que le comte d'Armagnac la tienne, vint à Orthez devers le comte de Foix et faisoit amener en sa compagnie une jeune fille de trois ans. Le comte qui est son cousin lui fit bonne chère et lui demanda de son affaire comment il lui en étoit et où elle alloit. « Monseigneur, dit-elle, je m'en vais en Arragon devers mon oncle le comte d'Urgel et ma belle ante (tante); et là me vueil (veux) tenir, car je prends grand' déplaisance à être avecques mon mari, messire Jean de Boulogne fils au comte de Boulogne ; car je cuidois (croyois) qu'il dût recouvrer mon héritage de Comminges devers le comte d'Armagnac qui le tient, et ma sœur autant bien, en prison, mais il n'en fera rien, car c'est un mol chevalier, qui ne veut autre chose que ses aises de boire et de manger et de aloer (risquer) le sien follement; et sitôt comme il sera comte, il dit qu'il vendra de son héritage du meilleur et du plus bel pour faire ses volontés; et pourtant ne puis-je demeurer avecques lui. Si ai pris

---

[1] Ceci eut lieu en 1382. J. A. B.

ma fille; si la vous en charge et délivre, et vous fais tuteur et mainbour (curateur) de li (elle) pour la nourrir et la garder; car bien sçais que, pour amour et lignage, à ce grand besoin vous ne me fauldrez (manquerez) pas, car je n'ai aujourd'hui fiance certaine, pour Jeanne ma fille garder, fors en vous. Je l'ai à grand'peine mise et extraite hors des mains et du pays du père mon mari. Mais pour tant que je sens ceux d'Armagnac mes adversaires et les vôtres ont eu grand' volonté de ravir et embler (enlever) ma fille pour ce que elle est héritière de Comminges, je l'ai amenée devers vous. Si ne me fauldrez (manquerez) pas à ce besoin et je vous en prie, et bien crois que son père mon mari, quand il saura que je la vous ai laissée, en sera tout réjoui; car jà pieça m'avoit-il dit que cette fille le mettoit en grand' pensée et en grand doute. »

Quand le comte de Foix ouït parler madame Aliénor sa cousine si fut moult réjoui et imagina tantôt en soi-même, car il est un seigneur moult imaginatif, que encore cette fille lui viendroit grandement à point; ou il en pourroit avoir ferme paix avec ses ennemis, ou il la pourroit marier en tel lieu et si hautement que ses ennemis le doubteroient (craindroient). Si répondit et dit: « Madame et cousine, je ferai très volontiers ce dont vous me priez, car je y suis tenu par lignage; et pour ce, votre fille ma cousine je garderai et penserai bien de li (elle), tout en telle manière, comme si ce fut ma propre fille. » — « Grand merci monseigneur, ce dit la dame. »

« Ainsi demeura comme je vous conte la jeune fille de Boulogne en l'hôtel du comte de Foix à Orthez ni oncques depuis ne s'en partit ; et sa dame de mère s'en alla au royaume d'Arragon. Elle l'est bien venue voir depuis deux ou trois fois, mais point ne la demande à r'avoir ; car le comte de Foix s'en acquitte en telle manière, comme si ce fut sa fille, et au propos du moyen que je vous dis, par lequel il imagine que si il fut oncques malveillant du duc de Berry, que par ce moyen ils feroient leur paix ; car le duc de Berry pour le présent est vefve (veuf) et a grand désir de se marier ; et me semble, à ce que j'ai ouï dire en Avignon au pape qui m'en a parlé et qui est cousin germain du père, le duc de Berry en fera prier, car il la veut avoir à femme et à épouse. » — « Sainte Marie ! dis-je au chevalier, que vos paroles me sont agréables et que elles me font grand bien entrementes (pendant) que vous les me contez ; et vous ne les perdrez pas, car toutes seront mises en mémoire et en remontrance et chronique en l'histoire que je poursuis, si dieu me donne que à santé je puisse retourner en la comté de Hainaut et en la ville de Valenciennes dont je suis natif ; mais je suis trop courroucé d'une chose. » — « De laquelle ? dit le chevalier. » — « Je là vous dirai, par ma foi, sire ; c'est que de si haut et de si vaillant prince, comme le comte de Foix est, il ne demeura nul héritier de sa femme épousée. » — « M'ait (aide) Dieu, non, dit le chevalier, car si il en y eut eu un vivant, si comme il ot (eut) une fois, ce seroit le plus joyeux seigneur du monde et aussi seroient tous ceux de sa terre. » — « Et demeurera donc, dis-je, sa terre sans hoir. » — « Nennil, dit-il, le vicomte de Castelbon son cousin germain est son héritier. » — « Et aux armes, dis-je, est-il vaillant homme ? — « M'ait (aide) Dieu, dit-il, nennil; et pour tant ne le peut amer le comte de Foix, et fera si il peut ses deux fils bâtards, qui sont beaux chevaliers et jeunes, ses héritiers ; et a intention de les marier en haute lignage; car il a or et argent à grand' foison. Si leur trouvera femmes par quoi ils seront aidés et confortés. » — « Sire, dis-je, je le vueil (veux) bien, mais ce n'est pas chose due ni raisonnable de bâtards faire hoirs de terre. » — « Pourquoi ? dit-il, si est en défaut de bons hoirs. Ne véez-vous comment les Espagnols couronnèrent à roi un bâtard, le roi Henri, et ceux de Portugal ont couronné aussi un bâtard ? On l'a bien vu avenir au monde en plusieurs royaumes et pays que bâtards ont par force possessé. Ne fut Guillaume le conquéreur bâtard fils d'un duc de Normandie, et conquit toute Angleterre et la fille du roi qui pour le temps étoit; et demeura roi et sont tous les rois d'Angleterre descendus de lui. » — « Or, dis-je, sire, tout ce se peut bien faire. Il n'est chose qui n'avienne. Mais cils (ceux) d'Armagnac sont trop forts, et ainsi seroit donc toujours cil (ce) pays en guerre. Mais dites-moi, cher sire, me voudrez-vous point dire, pourquoi la guerre est émue premièrement entre ceux de Foix et d'Armagnac et lequel a la plus juste cause? » — « Par ma foi, dit le chevalier, ouil; toutefois c'est une guerre merveilleuse, car chacun y a cause, si comme il dit. »

« Vous devez savoir que anciennement, et à présent, il peut avoir environ cent ans, il y ot (eut) un seigneur en Béarn qui s'appeloit Gaston [1], moult vaillant homme aux armes durement, et fut enseveli en l'église des frères mineurs moult solennellement à Orthez, et là le trouverez et verrez comme il fut grand de corps et comme puissant de membres il fut, car en son vivant en beau letton (fer) il se fit former et tailler.

« Cil (ce) Gaston seigneur de Béarn avoit deux filles [2] dont l'aînée il donna par mariage au comte d'Armagnac [3] qui pour le temps étoit, et la mainsnée (puînée) au comte de Foix qui neveu étoit du roi d'Arragon; et encore en porte le comte de Foix les armes, car il descend d'Arragon et sont pallées d'or et de gueules, je crois que vous le savez bien. Avint que ce seigneur de Béarn ot (eut) une dure guerre et forte au roi d'Espagne qui pour ce temps

---

(1) Gaston VII de la maison de Moncade. Il commença à régner en 1232 et mourut le 22 avril 1290. C'est celui qui bâtit Orthez et fit recueillir les fors du pays. (Voyez les essais historiques sur le Béarn, par Faget de Baure.) J. A. B.

(2) Gaston VII avoit quatre filles et pas d'héritier mâle. Ces quatre filles étoient Constance l'aînée mariée à l'infant d'Arragon; Marguerite la seconde mariée à Roger Bernard comte de Foix; la troisième Amate mariée au comte d'Armagnac; et Guillemette, la quatrième, mariée après la mort de son père. J. A. B.

(3) Froissart se trompe. Le comte d'Armagnac, comme je l'ai dit dans la note précédente, avoit épousé la troisième, et le comte de Foix la seconde. J. A. B.

étoit [1], et vint cil (ce) roi parmi le pays de Biscaie à (avec) grand' gent entrer au pays de Béarn. Messire Gaston de Béarn qui fut informé de sa venue assembla ses gens de tous les points et côtés, là où il les pouvoit avoir, et escrisit (écrivit) à ses deux fils le comte d'Armagnac et le comte de Foix que ils le vinssent à (avec) toute leur puissance servir et aider à défendre et garder leur héritage. Ses lettres vues, le comte de Foix au plutôt qu'il put assembla ses gens et pria tout ses amis et fit tant que il ot (eut) cinq cents chevaliers et écuyers tous à (avec) haumes et deux mille varlets à lances et à dards et à pavaz (boucliers), tous de pied, et vint au pays de Béarn ainsi accompagné, servir son seigneur de père lequel en ot (eut) moult grand'joie; et passèrent toutes ses gens au pont à Orthez la rivière Gave et se logèrent entre Sauveterre et l'Hopital; et le roi d'Espagne atout (avec) bien vingt mille hommes étoit logé assez près de là.

« Messire Gaston de Béarn et le comte de Foix attendoient le comte d'Armagnac et cuidoient (croyoient) que il dût venir, et l'attendirent trois jours. Au quatrième jour le comte d'Armagnac envoya ses lettres par un chevalier et un héraut à messire Gaston de Béarn, et lui mandoit que il n'y pouvoit venir et que il ne lui en convenoit pas encore armer pour le pays de Béarn, car il n'y avoit rien. Quand messire Gaston ouït ces paroles d'excu-

___

(3) Il s'agit probablement de la guerre avec le roi de Castille en 1283 qui se termina l'année suivante. J. A. B.

sance et il vit que il ne seroit point aidé ni conforté du comte d'Armagnac, si fut tout ébahi et demanda conseil au comte de Foix et aux barons de Béarn comment il se maintiendroit. « Monseigneur, dit le comte de Foix, puisque nous sommes ci assemblés, nous irons combattre vos ennemis. »

« Ce conseil fut tenu et le comte de Foix cru. Tantôt ils s'armèrent et ordonnèrent leurs gens lesquels étoient environ douze cents hommes à heaumes et six mille hommes de pied. Le comte de Foix prit la première bataille et s'en vint courir sur le roi d'Espagne et ses gens en leurs logis; et là ot (eut) grande bataille et félonesse (cruelle), et morts plus de dix mille Espagnols [1]. Et prit le comte de Foix le fils et le frère du roi d'Espagne, le comte de Médina et le comte d'Osturem (Astorga) et grand'foison d'autres barons et chevaliers d'Espagne, et les envoya devers son seigneur messire Gaston de Béarn qui étoit en l'arrière garde, et furent là les Espagnols si déconfits que le comte de Foix les chassa jusques au port Saint-André en Biscaie; et se bouta le roi d'Espagne en l'abbaye et vêtit l'habit d'un moine, autrement il eut été pris aux poings. Et se sauvèrent par leurs vaisseaux ceux qui sauver se purent et se boutèrent en mer. Adonc retourna le comte de Foix devers monseigneur Gaston de Béarn qui lui fit grand' chère et bonne; ce fut raison car il lui

---

[1] Froissart aime beaucoup les grands coups d'épée. Tout ce qui ressemble aux romans de chevalerie a un titre de plus pour lui paroître croyable. J. A. B.

avoit sauvé son honneur et gardé le pays de Béarn qui lui eut été perdu.

« Par cette bataille et cette déconfiture que le comte de Foix fit en ce temps sur les Espagnols et par la prise qu'il eut du fils et du frère au roi d'Espagne, vint à paix le sire de Béarn envers les Espagnols, ainsi comme il la voult (voulut) avoir. Quand messire Gaston de Béarn fut retourné à Orthez, présents tous les barons de Foix qui là étoient, il prit son fils le comte de Foix et dit ainsi: « Beau fils, vous êtes mon fils, bon, certain et loyal, et avez gardé à toujours mais mon honneur et l'honneur de mon pays. Le comte d'Ermignac (Armagnac) qui a l'ains-née (ainée) de mes filles s'est excusé à mon grand besoin et n'est pas venu défendre ni garder l'héritage où il avoit part; pour quoi je dis que telle part qu'il y attendoit de la partie ma fille sa femme il l'a forfaite et perdue et vous enhérite de toute la terre de Béarn, après mon décès, vous et vos hoirs à toujours mais; et prie et veuil (veux) et commande à tous mes habitants et subgiez (sujets) que ils seellent et accordent avecques moi cette ahéritance, Jean, fils de Foix, que je vous donne. » Tous répondirent: « Monseigneur nous le ferons volontiers. »

« Ainsi ont été et par telle vertu que je vous conte, anciennement les comtes de Foix qui ont été, comtes et seigneurs du pays de Béarn; et en portent les armes, le cri, le nom et le profit. Pour ce n'en ont pas cils (ceux) d'Armagnac leur droit tel que ils le disent à avoir clamé quitté. Vez-là (voilà) la cause et la querelle pour quoi la guerre est entre Armagnac, Foix et Béarn.

« Par ma foi, sire, dis-je lors au chevalier, vous le m'avez bien déclaré, et oncques mais je n'en avois ouï parler; et puisque je le sais, je le mettrai en mémoire perpétuelle, si Dieu donne que je puisse retourner en notre pays. Mais encore d'une chose si je la vous osois requerre, je vous demanderois volontiers, par quelle incidence le fils au comte de Foix qui est à présent mourut. » Lors pensa le chevalier et puis dit: « La matière est trop piteuse, si ne vous en vueil (veux) point parler. Quand vous viendrez à Orthez vous trouverez bien, si vous le demandez, qui le vous dira. »

Je m'en souffris atant (alors) et puis chevauchâmes et vînmes à Morlens (Morlas).

CHAPITRE XIII.

DES GRANDS BIENS ET DES GRANDES LARGESSES QUI ÉTOIENT AU COMTE DE FOIX ET LA PITEUSE MANIÈRE DE LA MORT DE GASTON FILS AU COMTE DE FOIX.

A lendemain nous partîmes et vînmes dîner à Mont-Gerbiel et puis montâmes et bûmes un coup à Ercies et puis venismes (vînmes) à Orthez sur le point de soleil escousant (couchant). Le chevalier descendit à son hôtel et je descendis à l'hôtel à la Lune sur un écuyer du comte qui s'appeloit Ernauton du Puy, lequel me reçut moult liement (joyeusement) pour la cause de ce que je étois François. Messire Espaing de Lyon en la quelle compagnie j'étois venu, monta amont au châtel et parla au comte de ses besognes, et le trouva en ses galeries, car à cette heure, ou un petit devant, avoit-il dîné, car l'usage du comte de Foix est tel, ou étoit alors et l'avoit toujours tenu d'enfance que il se couchoit et levoit à haute nonne [1] et soupoit à mie nuit.

Le chevalier lui dit que j'étois là venu. Je fus tantôt envoyé querre (chercher) en mon hôtel, car c'étoit, où est si il vit [2], le seigneur du monde qui le plus volontiers véoit étrangers pour ouïr nouvelles. Quand il me vit, il me fit bonne chère et me retint de son hôtel où je fus plus de douze semaines, et mes chevaux bien repus et de toutes autres choses bien gouvernés aussi.

L'accointance de lui à moi pour ce temps fut telle que je avois avecques moi apporté un livre, lequel je avois fait à la requête et contemplation de monseigneur Wincelant (Wenceslas) de Bohême duc de Luxembourg et de Brabant. Et sont contenues au dit livre qui s'appelle Méliadus [3] toutes les chansons, ballades, rondeaux, et virelais que le gentil duc fit en son temps, lesquelles choses parmi l'imagination que je avois eu de dicter (mettre en prose) et ordonner le livre, le comte de Foix vit

[1] C'est-à-dire qu'il faisoit la méridienne. J. A. B.
[2] Gaston III de Foix mourut le 22 août 1390. J. A. B.
[3] Le manuscrit 8325 dit qu'il s'appelle Melliades. J. A. B.

moult volontiers, et toutes les nuits après son souper je lui en lisois. Mais en lisant nul n'osoit parler ni mot dire, car il vouloit que je fusse bien entendu, et aussi il prenoit grand solas (plaisir) au bien entendre. Et quand il chéoit (arrivoit) aucune chose, où il vouloit mettre débat ou argument, trop volontiers en parloit à moi, non pas en son gascon, mais en beau et bon françois. Et de l'état de lui et de son hôtel, je vous recorderai aucune chose, car je y séjournai bien tant que j'en pus assez apprendre et savoir.

Le comte Gaston de Foix dont je parle, en ce temps que je fus devers lui, avoit environ cinquante neuf ans d'âge. Et vous dis que j'ai en mon temps vu moult de chevaliers, rois, princes et autres; mais je n'en vis oncques nul qui fut de si beaux membres, de si belle forme, ni de si belle taille et viaire (visage) bel, sanguin et riant, les yeux vairts (bleus) et amoureux là où il lui plaisoit son regard à asseir (jeter). De toutes choses il étoit si très parfait que on ne le pourroit trop louer. Il aimoit ce que il devoit aimer et hayoit ce qu'il devoit haïr. Sage chevalier étoit et de haute emprise et plein de bon conseil et n'avoit ni oncques nul mahomet (mécréant de-costes (près) lui. Il fut prud'homme en régner. Il disoit en son retrait (cabinet) planté (beaucoup) d'oraisons; tous les jours un nocturne du pseautier, heures de Notre-Dame, du Saint-Esprit, de la croix et vigilles des morts, et tous les jours faisoit donner cinq francs, en petite monnoie pour l'amour de Dieu, et l'aumône à sa porte à toutes gens. Il fut large (libéral) et courtois en dons, et trop bien savoit pendre où il appartenoit et remettre où il afferoit (convenoit). Les chiens sur toutes bêtes il amoit; et aux champs, été ou hiver, aux chasses volontiers étoit. D'armes et d'amour volontiers se déduisoit (amusoit). Oncques felonnage (perfidie) ni folle largesse n'aima, et vouloit savoir tous les mois que le sien devenoit. Il prenoit en son pays, pour sa recette recevoir et ses gens servir et administrer, douze hommes notables; et de deux mois en deux mois étoit de deux servi en sa dite recette; et au chef des deux mois ils se changeoient et deux autres en l'office retournoient. Il faisoit du plus spécial homme auquel il se confioit le plus son contrôleur, et à celui tous les autres comptoient et rendoient leurs comptes de leurs recettes. Et cil (ce) contrôleur comptoit au comte de Foix par rôles ou par livres écrits, et ses comptes laissoit par devers le dit comte. Il avoit certains coffres en sa chambre où aucune fois et non pas toudis (toujours) il faisoit prendre de l'argent pour donner à un seigneur chevalier ou écuyer quand ils venoient par devers lui; car oncques nul sans son don ne se départit de lui; et toujours multiplioit son trésor pour les aventures et les fortunes attendre que il doutoit. Il étoit connoissable et acointable à toutes gens; doucement et amoureusement à eux parloit. Il étoit bref en ses conseils et en ses réponses. Il avoit quatre clercs secrétaires pour écrire et r'écrire lettres. Et bien convenoit que ces quatre lui fussent prêts quand il issoit (sortoit) hors de son retret (cabinet), ni ne les nommoit ni Jean, ni Gautier, ni Guillaume; mais quand les lettres que on lui bailloit lues il avoit, ou pour écrire aucunes chose leur commandoit, Mau-me-sert chacun d'eux il appeloit.

En cet état que je vous dis le comte de Foix vivoit. Et quand de sa chambre à mie nuit venoit pour souper en la salle, devant lui avoit douze torches allumées que douze varlets portoient, et icelles douze torches étoient tenues devant sa table qui donnoient grand' clarté en la salle, laquelle salle étoit pleine de chevaliers et de écuyers; et toujours étoient à foison tables dressées pour souper qui souper vouloit. Nul ne parloit à lui à sa table si il ne l'appeloit [1]. Il mangeoit par coutume foison de volaille et en spécial les ailes et les cuisses tant seulement, et guère aussi ne buvoit. Il prenoit en toutes menestrandie (musique) grand ébatement, car bien s'y connoissoit. Il faisoit devant lui ses clercs volontiers chanter chansons, rondeaux et virelais. Il séoit à table environ deux heures et aussi il véoit volontiers étranges entremets, et iceux vus, tantôt les faisoit envoyer par les tables des chevaliers et des écuyers.

Brièvement et tout ce consideré et avisé, avant que je vinsse en sa cour je avois été en moult de cours de rois, de ducs, de princes, de comtes et de hautes dames, mais je n'en fus oncques en nulle

---

(1) Le manuscrit 8325 dit: Du premier mets (service) nul à ui ne parloit. J. A. B.

qui mieux me plut ni qui fut sur le fait d'armes
plus réjouie comme celle du comte de Foix étoit.
On véoit en la salle et ès chambres et en la cour
chevaliers et écuyers d'honneur aller et marcher, et d'armes et d'amour les oyoit-on parler.
Toute honneur étoit là dedans trouvée. Nouvelles
dequel royaume ni de quel pays que ce fut là dedans on y apprenoit; car de tous pays, pour la vaillance du seigneur, elles y appleuvoient et venoient.
Là fus-je informé de la greigneur (majeure) partie
des faits d'armes qui étoient avenus en Espagne,
en Portugal, en Arragon, en Navarre, en Angleterre, en Écosse et ès frontières et limitation de la
Languedoc; car là vis venir devers le comte, durant le temps que je y séjournai, chevaliers et
écuyers de toutes ces nations. Si m'en informois
ou par eux ou par le comte qui volontiers m'en parloit.

Je tendois trop fort à demander et à savoir, pour
tant que je véois l'hôtel du comte de Foix si large
(libéral) et si plantureux, que Gaston le fils du
comte étoit devenu, ni par quel incidence il étoit
sorti; car messire Espaing de Lyon ne le m'avoit
voulu dire; et tant en enquis que un écuyer ancien
et moult notable homme le me dit. Si commença son
conte ainsi en disant:

« Voir (vrai) est que le comte de Foix et madame
de Foix sa femme ne sont pas bien d'accord ni n'ont
été trop grand temps a, et la dissention qui vient
entr'eux est meu (excité) du roi de Navarre qui
fut frère à cette dame; car le roi de Navarre plégea

(cautionna) le seigneur de Labreth (Albret) que le comte de Foix tenoit en prison, pour la somme de cinquante mille francs. Le comte de Foix qui sentoit ce roi de Navarre cauteleux et malicieux, ne les lui vouloit pas croire (fier) dont la comtesse de Foix avoit grand dépit et grand' indignation envers son mari et lui disoit: « Monseigneur, vous portez peu d'honneur à monseigneur mon frère quand vous ne lui voulez croire (fier) cinquante mille francs. Si vous n'aviez plus jamais des Hermignaz (Armagnacs) ni des Labrissiens (Albrétiens) que vous avez eu, si vous devroit il suffire. Et vous savez que vous me devez assigner pour mon douaire les cinquante mille francs et ceux mettre en la main de monseigneur mon frère, si ne pouvez être mal payé. »—« Dame, dit-il, vous dites voir (vrai), mais si je cuidois (croyois) que le roi de Navarre dût là contourner ce payement, jamais le sire de Labreth (Albret) ne partiroit d'Orthez si serois payé jusques au derrain (dernier) denier, et puisque vous en priez je le ferai, non pas pour l'amour de vous, mais pour l'amour de mon fils. »

« Sur cette parole et sur l'obligation du roi de Navarre qui en fit sa dette envers le comte de Foix, le sire de Labreth (Albret) fut quitte et délivré, et se tourna François et s'en vint marier en France à la sœur du duc de Bourbon [1] et paya à son aise au roi de Navarre auquel il étoit obligé, cinquante mille

---

(1) Arnaud Amanjen comte d'Albret épousa Marguerite fille de Pierre Ier. duc de Bourbon. Il mourut en 1401. J. A. B.

francs, mais point ne les envoyoit au comte de Foix. Lors dit le comte à sa femme. « Dame, il vous faut aller en Navarre devers votre frère le roi, et lui dites que je me tiens mal content de lui quand il ne m'envoie ce qu'il a reçu du mien. » La dame répondit que elle iroit volontiers, et s'en départit du comte avec son arroi, et s'en vint à Pampelune devers son frère qui la reçut liement. La dame fit son message bien et à point. Quand le roi l'ot (eut) entendue, si répondit et dit: « Ma belle sœur l'argent est vôtre, car le comte de Foix vous en doit douer [1], ni jamais du royaume de Navarre ne partira, puisque j'en suis au-dessus. » — « Ha, monseigneur, dit la dame, vous mettez trop grand' haine par cette voie, entre monseigneur et nous; et si vous tenez votre propos, je n'oserai retourner en la comté de Foix, car monseigneur m'occiroit et diroit que je l'aroie (aurois) déçu. » — « Je ne sçais, dit le roi qui ne vouloit pas remettre l'argent arrière, que vous ferez, si vous demeurerez ou retournerez; mais je suis chef de cet argent et à moi en appartient pour vous, mais jamais ne partira de Navarre. » La comtesse de Foix n'en put avoir autre chose, si se tint en Navarre et n'osoit retourner.

« Le comte de Foix qui véoit le malice du roi de Navarre commença sa femme grandement à enhaïr et à être mal content d'elle; à n'y eut elle coulpe (faute) et à mal contenter sur li (elle) de ce que, tantôt son message fait elle, n'étoit re-

[1] Faire un douaire. J. A. B.

tournée. La dame n'osoit, qui sentoit son mari cruel là ou il prenoit la chose à déplaisance.

« Cette chose demeura ainsi. Gaston le fils de monseigneur le comte de Foix crût et devint très bel enfes (enfant), et fut marié à la fille du comte d'Armagnac (1), une jeune dame sœur au comte qui est à présent et à messire Bernard d'Armagnac; et par la conjonction du mariage devoit être bonne paix entre Foix et Hermignac (Armagnac). L'enfes (enfant) pouvoit avoir environ quinze ou seize ans. Trop bel écuyer étoit, et si pourtraioit (ressembloit) de tous membres grandement au père. Si lui prit volonté et plaisance d'aller au royaume de Navarre voir sa mère et son oncle; ce fut bien à la male heure pour lui et pour ce pays. Quand il fut venu en Navarre on lui fit très bonne chère, et se tint avec sa mère un tendis (temps), puis prit congé, mais ne put sa mère, pour parole ni prière que il lui faisit (fit) ni deisist (dit), faire retourner en Foix avecques lui. Car la dame lui avoit demandé si le comte de Foix son père l'en avoit enchargé de la ramener; il disoit bien que au partir il n'en avoit été nulle nouvelle et pour ce la dame ne s'y osoit assurer, mais demeura derriere. L'enfes (enfant) de Foix s'en vint par Pampelune pour prendre congé au roi de Navarre son oncle. Le roi lui fit très bonne chère, et le tint avec lui plus de dix jours, et lui donna de beaux dons et à ses gens aussi. Le deirain (dernier) don que le roi de Navarre lui

---

(1) On l'appelait *la Gaye Armagnoise* à cause de sa beauté. J. A. B

donna, fut la mort de l'enfant. Je vous dirai comment et pourquoi.

« Quand ce vint sur le point que l'enfès (enfant) dut partir, le roi le traist (tira) à part en sa chambre secrètement et lui donna une moult belle boursette pleine de poudre de telle condition que il n'étoit chose vivante qui si de la poudre touchoit ou mangeoit que tantôt ne le convenist (convînt) mourir sans nul remède. « Gaston, dit le roi, beau neveu, vous ferez ce que je vous dirai. Vous véez comment le comte de Foix, votre père, a, à son tort, en grand' haine votre mère, ma sœur, et ce me déplaît grandement, et aussi doit-il faire à vous. Toutefois pour les choses réformer en bon point, et que votre mère fut bien de votre père, quand il viendra à point, vous prendrez un petit de cette poudre et en mettrez sur la viande de votre père et gardez bien que nul ne vous voie. Et sitôt comme il en aura mangé, il ne finira jamais ni n'entendra à autre chose, fors que il puisse r'avoir sa femme votre mère avecques lui, et s'entr'aimeront à toujours mais si entièrement que jamais, ni se voudront départir l'un de l'autre; et tout ce devez-vous grandement convoiter qu'il avienne; et gardez bien que de ce que je vous dis vous ne vous découvrez à homme qui soit qui le dise à votre père, car vous perdriez votre fait. » L'enfès (enfant) qui tournoit en voir (vérité) tout ce que le roi de Navarre son oncle lui disoit, répondit et dit: « Volontiers. »

« Sur ce point il se partit de Pampelune de son oncle et s'en retourna à Orthez. Le comte de Foix son père lui fit bonne chère, ce fut raison, et lui demanda des nouvelles de Navarre et quels dons ni joyaux on lui avoit donnés par delà, et tous les montra excepté la boursette où étoit la poudre, mais de ce se sut-il bien couvrir et taire. Or étoit-il d'ordonnance en l'hôtel de Foix que moult souvent Gaston et Yvain son frère bâtard gissoient ensemble en une chambre et s'entr'aimoient ainsi que enfants frères font, et se vêtoient de cottes et d'habits ensemble, car ils étoient aucques (aussi) d'un grand (taille) et d'un âge. Avint que une fois, ainsi que enfants jevent (jouent) et s'ébattent en leurs lits, ils s'entrechangèrent leurs cottes, et tant que la cotte de Gaston où la poudre et la bourse étoient alla sur la place du lit d'Yvain frère de Gaston. Yvain qui étoit assez malicieux sentit la poudre en la bourse et demanda à Gaston son frère: «Gaston, quel chose est ci que vous portez tous les jours à votre poitrine?» De cette parole n'ot (eut) Gaston point de joie et dit: «Rendez-moi ma cotte, Yvain, vous n'en avez que faire.» Yvain lui rejeta sa cotte. Gaston la vêtit. Si fut ce jour trop plus pensif que il n'avoit été au devant. Si avint dedans trois jours après, si comme Dieu voult (voulut) sauver et garder le comte de Foix, que Gaston se courrouça à son frère Yvain pour le jeu de paume [1] et lui donna une jouée (soufflet). L'enfès (enfant) s'en courrouça et enfélonna (irrita) et

---

(1) Le manuscrit 8325 dit: pour le jeu de cache et lui donna une paumée (soufflet). J. A. B.

entra tout pleurant en la chambre son père, et le trouva à telle heure que il venoit de ouïr sa messe. Quand le comte le vit pleurer si lui demanda: « Yvain, que vous faut ? » — « En nom de Dieu, dit-il, monseigneur, Gaston m'a battu, mais il y a autant et plus à battre en lui qu'en moi. » — « Pourquoi ? » Dit le comte qui tantôt entra en souspeçon (soupçon) et qui est moult imaginatif. — « Par ma foi, monseigneur, depuis que il est retourné de Navarre, il porte à sa poitrine une boursette toute pleine de poudre; mais je ne sais à quoi elle sert, ni que il en veut faire, fors tant que il m'a dit une fois ou deux que madame sa mère sera temprement (bientôt) et bien bref mieux en votre grâce que oncques ne fut. » — « Ho, dit le comte, tais-toi et garde bien que tu ne te descueuvres (découvres) à nul homme du monde de ce que tu m'as dit. » — « Monseigneur, dit l'enfès (enfant), volontiers. »

» Le comte de Foix entra lors en grand'imagination et se couvrit (retira) jusques à l'heure du dîner, et lava et s'assit comme les autres jours à table en sa salle. Gaston son fils avoit d'usage que il le servoit de tous ses mets et faisoit essai de ses viandes. Sitôt qu'il ot (eut) assis devant le comte son premier mets et fait ce qu'il devoit faire, le comte jette ses yeux, qui étoit tout informé de son fait, et voit les pendants de la boursette au gipon (jupon) de son fils. Le sang lui mua et dit: « Gaston, viens avant, je veuil (veux) parler à toi en l'oreille. » L'enfant s'avança de la table. Le comte ouvrit lors son sein et desnoulla (dénoua) lors son gipon (jupon) et prit un coutel, et coupa les pendants de la boursette et lui demeura en la main, et puis dit à son fils: « Quelle chose est-ce en cette boursette ? » L'enfès (enfant qui fut tout surpris et ébahi ne sonna mot, mais devint tout blanc de paour (peur) et tout éperdu et commença fort à trembler car il se sentoit forfait. Le comte de Foix ouvrit la bourse et prit de la poudre et en mit sur un tailloir [1] de pain et puis siffla un levrier que il avoit de-lez (près) lui et lui donna à manger. Sitôt que le chien ot (eut) mangé le premier morsel, il tourna les pieds dessus [2] et mourut.

« Quand le comte de Foix en vit la manière, si il fut courroucé; il y ot (eut) bien cause, et se leva de table et prit son coutel et voult (voulut) lancer après son fils, et l'eut là occis sans remède, mais chevaliers et écuyers saillirent au-devant et dirent: « Monseigneur, pour Dieu merci, ne vous hâtez pas, mais vous informez de la besogne avant que vous fassiez à votre fils nul mal. » Et le premier mot que le comte dit, ce fut en son gascon: « O Gaston, traitour (traître), pour toi et pour accroître l'héritage qui te devoit retourner, j'ai eu guerre et haine au roi de France, au roi d'Angle-

---

[1] On appeloit tailloir ou tranchoir une espèce de pain sans levain qu'on employoit ordinairement en guise de plat ou d'assiette pour poser et couper certains aliments. Humecté ainsi par les sauces et le jus de viandes, il se mangeoit ensuite comme un gâteau. (Voyez Le Grand d'Aussy. Hist. de la vie privée des François, livre premier P. 81. Édition de Roquefort). J. A. B.

[2] Le manuscrit 8326 dit: il tourna les yeux en la tête. J. A. B.

terre, au roi d'Espagne, au roi de Navarre et au roi d'Arragon, et contre eux me suis-je bien tenu et porté, et tu me veux maintenant murdrir (tuer). Il te vient de mauvaise nature. Saches que tu en mourras à ce coup. » Lors saillit outre la table, le coutel en la main et le vouloit là occir. Mais chevaliers et écuyers se mirent à genoux en pleurant devant lui et lui dirent: « Ha, monseigneur, pour Dieu merci, n'occiez pas Gaston, vous n'avez plus d'enfants. Faites-le garder et informez-vous de la matière; espoir (peut-être) ne savoit-il que il portoit et n'a nulle coulpe (faute) à ce méfait. » — « Or tôt, dit le comte, mettez-le en la tour et soit tellement gardé que on m'en rende compte. »

Lors fut mis l'enfès (enfant) en la tour de Orthez. Le comte fit adonc prendre grand'foison de ceux qui servoient son fils et tous ne les ot (eut) pas, car moult s'en partirent, et encore en est l'évêque de l'Escale d'encostes (près) Pau hors du pays qui en fut souspeconné (soupçonné) et aussi sont plusieurs autres; mais il en fit mourir jusques à quinze très horriblement; et la raison que il y met et mettoit étoit telle que il ne pouvoit être que ils ne sçussent de ses secrets et lui dussent avoir signifié et dit: « Monseigneur, Gaston porte une bourse à sa poitrine telle et telle. » Rien n'en firent et pour ce moururent horriblement, dont ce fut pitié, aucuns écuyers; car il n'y avoit en toute Gascogne si jolis, si beaux, si acesmés (parés) comme ils étoient: car toujours a été le comte de Foix servi de frisque (élégante) mesgniée (suite).

« Trop toucha cette chose près au comte de Foix, et bien le montra; car il fit assembler un jour à Orthez tous les nobles, les prélats de Foix, de Béarn et tous les hommes notables de ces deux pays; et quand ils furent venus, il leur démontra ce pourquoi il les avoit mandés et comment il avoit trouvé son fils en telle deffaute et si grand forfait que c'étoit son intention qu'il mourut et que il avoit desservi (mérité) mort. Tout le peuple répondit à cette parole d'une voix et dit: « Monseigneur, sauve soit vôtre grâce, nous ne voulons pas que Gaston muire (meure); c'est votre héritier et plus n'en avez. »

« Quand le comte ouït son peuple qui prioit pour son fils, si se restreignit un petit et se pourpensa que il le châtieroit par prison et le tiendroit en prison deux ou trois mois et puis l'envoieroit en quelque voyage deux ou trois ans demeurer, tant que il auroit oublié son mautalent (mécontentement) et que l'enfant, pour avoir plus d'âge, seroit en meilleure et plus vive connoissance. Si donna à son peuple congé; mais ceux de la comté de Foix ne se vouloient partir d'Orthez si le comte ne les assuroit que Gaston ne mourroit point, tant amoient-ils l'enfant. Il leur ot (eut) en convenant (promesse), mais bien dit que il le tiendroit par aucun temps en prison pour le châtier. Sur cette convenance (promesse) se partirent toutes manières de gens, et demeura Gaston prisonnier à Orthez.

« Ces nouvelles s'épandirent en plusieurs lieux, et pour ce temps étoit pape Grégoire onzième en Avignon. Si envoya tantôt le cardinal d'Amiens en légation pour venir en Béarn et pour amoyenner (arranger) ces besognes et apaiser le comte de Foix et ôter de son courroux, et l'enfant hors de prison. Mais le cardinal ordonna ses besognes si longuement que il ne put venir que jusques à Béziers, quand les nouvelles lui vinrent là que il n'avoit que faire en Béarn, car Gaston le fils au comte de Foix étoit mort. Et je vous dirai comment il mourut, puisque si avant je vous ai parlé de la matière.

« Le comte de Foix le faisoit tenir en une chambre en la tour d'Orthez où petit avoit de lumière, et fut là dix jours. Petit y but et mangea, combien que on lui apportoit tous les jours assez à boire et à manger. Mais quand il avoit la viande il la détournoit d'une part et n'en tenoit compte, et veulent aucuns dire que on trouva les viandes toutes entières que on lui avoit portées, ni rien ne les avoit amenries (diminuées) au jour de sa mort. Et merveilles fut comment il put tant vivre. Par plusieurs raisons, le comte le faisoit là tenir sans nulle garde qui fut en la chambre avecques lui ni qui le conseillât ni confortât; et fut l'enfès (enfant) toujours en ses draps ainsi comme il y entra. Et si se mérencolia (attrista) grandement, car il n'avoit pas cela appris; et maudissoit l'heure que il fut oncques né ni engendré pour être venu à telle fin.

Le jour de son trépas, ceux qui le servoient de manger lui apportèrent la viande et lui dirent: « Gaston, vez-ci (voici) de la viande pour vous. » Gaston n'en fit compte et dit: « Mettez-la là. » Cil (celui) qui le servoit de ce que je vous dis regarde et voit en la prison toutes les viandes que les jours passés il avoit apportées. Adonc referma-t-il la chambre et vint au comte de Foix et lui dit: « Monseigneur, pour Dieu merci, prenez garde dessus votre fils, car il s'affame là en la prison où il gît, et crois que il ne mangea oncques puis qu'il y entra, car j'ai vu tous les mets entiers tournés d'un lez (côté) dont on là servi. » De cette parole le comte s'enfélonna (irrita), et sans mot dire, il se partit de sa chambre et s'en vint vers la prison où son fils étoit; et tenoit à la male heure un petit long coutel et dont il appareilloit ses ongles et nettoyoit. Il fit ouvrir l'huis de la prison et vint à son fils, et tenoit l'alemelle (lame) de son coutel par la pointe et si près de la pointe que il n'en y avoit pas hors de ses doigts la longueur de l'épaisseur d'un gros tournois. Par mautalent (malheur) en boutant ce tant de pointe en la gorge de son fils, il l'asséna ne sçais en quelle veine et lui dit « Ha, traitour (traître) ! Pourquoi ne manges-tu point ? » Et tantôt s'en partit le comte sans plus rien dire ni faire et rentra en sa chambre. L'enfès (enfant) fut sang mué et effrayé de la venue de son père, avecques ce que il étoit foible de jeûner et que il vit ou sentit la pointe du coutel qui le toucha à la gorge, comme petit fut mais ce fut en une veine, il se tourna d'autre part et là mourut.

A peine étoit le comte rentré en sa chambre, quand nouvelles lui vinrent de celui qui administroit à l'enfant sa viande qui lui dit: » Monseigneur Gaston est mort. » — « Mort ? dit le comte. » — « M'ait (aide) Dieu ! Monseigneur, voire (vraiment). » Le comte ne vouloit pas croire que ce fut vérité. Il y envoya un sien chevalier qui là étoit de côté lui. Le chevalier y alla et rapporta que voirement (vraiment) étoit-il mort. Adonc fut le comte de Foix courroucé outre mesure et regretta son fils trop grandement, et dit : « Ha ! Gaston, comme pauvre aventure ci a ! A male heure pour toi et pour moi allâs oncques en Navarre voir ta mère. Jamais je n'aurai si parfaite joie comme je avois devant. » Lors fit-il venir son barbier, et se fit rere (raser) tout jus, et se mit moult bas et se vêtit de noir, et tous ceux de son hôtel. Et fut le corps de l'enfant porté en pleurs et en cris aux frères mineurs à Orthez, et là fut enséputuré. Ainsi en alla que je vous conte de la mort Gaston de Foix : son père l'occit voirement (vraiment), mais le roi de Navarre lui donna le coup de la mort. »

CHAPITRE XIV.

Comment messire Pierre de Béarn fut malade par fantôme et comment la comtesse de Biscaye se partit de lui.

A ouïr conter le conte à l'écuyer de Béarn de la mort du fils du comte de Foix os (eus) et pris-je au cœur grand' pitié, et le plaignis moult grandement pour l'amour du gentil comte son père que je véois et trouvois seigneur de si haute recommandation, si noble, si large du sien donner et si courtois, et pour l'amour aussi du pays qui demeuroit en grand différend et par deffaut d'héritier. Je pris atant (alors) congé de l'écuyer et le remerciai de ce que à ma plaisance il avoit son conte fait. Depuis le vis-je en l'hôtel de Foix plusieurs fois et eûmes moult de parlements ensemble, et une fois lui demandai de messire Pierre de Béarn, frère bâtard du comte, pourtant (attendu) que il me sembloit un chevalier de grand'volonté, si il étoit riche homme et point marié. Il me répondit: « Marié est-il voirement (vraiment), mais sa femme ni ses enfants ne demeurent point avecques lui. » — « Et pourquoi? dis-je » — « Je le vous dirai, dit le chevalier. Messire Pierre de Béarn a de usage que de nuit en dormant il se relève et s'arme et trait (tire) son épée et se combat et ne sçait à qui voire (vraiment), si on n'est trop soigneux de lui. Mais ses chambrelans (chambellans) et ses varlets qui dorment en sa chambre et qui le veillent, quand ils l'oent (entendent) ou voient, ils lui vont au devant et l'éveillent et lui disent comment il se maintient, et il leur dit qu'il n'en sçait rien et qu'ils mentent; et aucune fois on ne lui a laissé nulles armures ni épée en sa chambre; mais quand il se relevoit, et nulles il n'en trouvoit, il menoit un tel terribouris (tapage) et tel brouillis que il sembloit que tous les diables d'enfer dussent tout emporter et fussent là dedans avecques lui. Si que pour le mieux on les lui a laissés; car parmi ce il s'oublie à lui armer et désarmer et puis se reva coucher. » — » Et tient il grand'terre, demandois-je, de par sa femme ? » — « En nom Dieu, dit l'écuyer, oïl; mais la dame par qui le héritage vient, possesse des profits, et n'en a messire Pierre de Béarn que la quatrième partie. » — « Et où se tient la dame ? » — « Elle se tient, dit-il, en Castille avecques le roi son cousin, et fut son père comte de Biscaye, et étoit cousin germain du roi Dam Piètre qui fut si cruel; lequel roi Dam Piètre le fit mourir, et vouloit aussi avoir par devers lui cette dame pour la emprisonner, et saisit toute sa terre, et tant comme il vesqui (vécut) la dame n'y ot (eut) rien. Et fut dit à la dame qui s'appelle comtesse de Biscaye, quand son père fut mort : « Dame, sauvez-vous, car si le roi Dam Piètre vous tient, il vous fera mourir ou mettra en prison, tant est fort courroucé sur vous pourtant (attendu) que vous devez avoir dit et témoigné que il fit mourir en son lit la reine sa femme, la sœur au duc de Bourbon et à la reine de France; vous en êtes mieux crue que nulle autre, car vous étiez de sa chambre. » Pour cette doubte (crainte) la comtesse Florence de Biscayese partit de son pays à (avec) petite compagnie, ainsi que usage est que chacun et chacune fuit la mort volontiers; et se mit au pays des Bascles (Basques) et passa parmi, et fit tant, à grand'peine, que elle vint céans devers monseigneur, et lui conta toute son aventure. Le comte qui est à toutes dames et demoiselles doux et amoureux en ot (eut) pitié et la retint et la mit avecques la dame de Corasse une haute baronneresse en ce pays, et la pourvey (pourvut) de ce que il lui appartenoit. Messire Pierre de Béarn son frère étoit lors jeune chevalier et n'avoit pas l'usage qu'il a maintenant, et étoit grandement en la grâce du comte. Si fit le mariage de cette dame et de lui, et recouvra sa terre.

« Si très tôt comme il l'ot (eut) épousée et mariée, et en a de la dame le dit messire Pierre fils et fille mais ils sont en Castille avec la dame, car ils sont encore jeunes et ne les veut pas laisser la mère avecques le père pour la cause de ce qu'elle a grand droit à possesser de la greigneur (plus grande) part de sa terre. » — « Sainte Marie, dis-je lors à l'écuyer, et dont peut ores (maintenant) venir à messire Pierre de Béarn cette fantaisie que je vous oy (entends) recorder que il n'ose dormir seul en une chambre, et quand il est endormi il se relève tout par lui et fait telles escarmouches ? Ce sont bien choses à émerveiller. » — « Par ma foi, dit l'écuyer, on lui a bien demandé, mais il ne sçait à dire dont il lui vient; et la première fois que on s'en aperçut, ce fut la nuit ensuivant d'un jour auquel il avoit ès bois de Biscaye chassé à chiens un ours merveilleusement grand. Cil (cet) ours avoit occis quatre de ses chiens, et navré plusieurs, tant que tous les autres le redoutoient. Adonc prit messire Pierre de Béarn une épée de Bordeaux que il portoit et s'en vint ireusement (en colère), pour la cause de ses chiens que il véoit morts, assaillir le dit ours et là se combattit à lui moult longuement, et en fut en grand péril de son corps, et reçut grand'peine ainçois (avant) qu'il le put déconfire. Finalement il le mit à mort et puis retourna à l'hôtel en son châtel de Languedendon en Biscaye et fit apporter l'ours avecques lui. Tous et toutes se merveilloient de la grandeur de la bête et du hardement (courage) du chevalier comment il l'avoit osé assaillir et déconfire.

« Quand sa femme la comtesse de Biscaye le vit, elle se pâma et montra que elle eut trop grand'douleur. Si fut prise de ses gens et portée en sa chambre. Et fut ce jour et la nuit ensuivant et tout le lendemain durement déconfortée, et ne vouloit dire que elle avoit. Au tiers jour elle dit à son mari : «Monseigneur, je n'aurai jamais santé jusques à ce que j'aie été en pèlerinage à saint Jacques. Donnez-moi congé d'y aller et que je y porte Pierre mon fils et Adrienne ma fille. Je le vous requiers. » Messire Pierre lui accorda trop légèrement. La dame se partit en bon arroi et emporta et fit porter devant li (elle) tout son trésor, or et argent et joyaux, car bien savoit que plus ne retourneroit; mais on ne s'y prenoit point garde. Toutefois fit la dame son voyage et pèlerinage et prit achoison (occasion) d'aller voir le roi de Castille son cousin et la reine et vint devers eux. On lui fit bonne chère. Encore est-elle là et ne veut point retourner ni renvoyer ses enfants. Et vous dis que, en la propre nuit dont le jour messire Pierre avoit chassé et tué l'ours dedens, entrementes (pendant) que il se dormoit dans son lit, cette fantaisie lui advint; et veut-on dire que la dame le savoit bien sitôt comme elle vit l'ours, et que son père l'avoit chassé une fois; et que en chassant une voix lui dit, et si ne vit rien: « Tu me chasses et si ne te vueil (veux) nul dommage, mais tu mourras de male-mort. » Donc la dame ot (eut) remembrance de ce, quand elle vit l'ours, parcequ'elle avoit ouï dire à son père, et lui souvint voirement (vraiment), comment le roi Dam Piètre l'avoit fait décoler et sans cause, et pour ce se pâma-t-elle, ni jamais pour cette cause n'aimera son mari; et tient et maintient que encore lui mescheira (arrivera mal) du corps avant qu'il muire (meure), et que ce n'est rien de ce qu'il fait envers ce qu'il lui advendra (adviendra).

« Or vous ai-je conté de messire Pierre de Béarn, dit l'écuyer, selon ce que vous m'en avez demandé et c'est chose toute véritable; car ainsi en est et ainsi en avient et que vous en semble? » Et je qui tout pensif étois, pour la grand'merveille, répondis et dis: « Je le crois bien et ce peut bien être. Nous trouvons en l'écriture que anciennement les dieux et les déesses à leur plaisance muoient (changeoient) les hommes en bêtes et en oiseaux et aussi bien faisoient les femmes. Aussi peut être que cet ours avoit été un chevalier chassant ès forêts de Biscaye en son temps. Si courrouça ou dieu ou déesse à lui, pourquoi il fut mué en forme d'ours, et faisoit là sa pénitence, si comme Actéon fut mué en cerf. » — « Actéon! répondit l'écuyer; doux maître, or m'en contez le conte, et je vous en prie. » — « Volontiers, dis-je. Selon les anciennes écritures, nous trouvons écrit que Actéon fut un appert faitis (élégant) et joli chevalier et amoit le déduit des chiens sur toute rien. Donc il avint, une fois que il chassoit ès bois de Thessalie, il éleva un cerf merveilleusement grand et bel et le chassa tout le jour, et le perdirent toutes ses gens et ses levriers aussi. Il qui étoit fort ententif et désirant de poursuivre sa proie, suivit la chasse et la trace du cerf tant qu'il vint en une prée ou bois enclose et avironnée de hauts arbres. Et là en cette prée avoit une belle fontaine; en cette fontaine pour soi rafraîchir se baignoit Diane la déesse de chasteté; et autour de li (elle) étoient ses pucelles. Le chevalier s'embat (arrive) sur elles, ni oncques il ne s'en donna garde. Si alla si avant que il ne put reculer. Elles qui furent honteuses et étranges de sa venue, couvrirent erramment (précipitamment) leur dame qui fut vergogneuse (honteuse) de ce que elle étoit nue. Mais par dessus toutes ses pucelles elle apparoît et vit le chevalier, si dit: « Actéon, qui ci t'envoya il ne t'aima guères; je ne vueil (veux), quand tu seras ailleurs que ci, que tu te vantes que tu m'aies vue nue ni mes pucelles; et pour l'outrage que tu as fait, il t'en faut avoir pénitence. Je vueil (veux) que tu sois tel et en la forme que le cerf que tu as huy chassé. » Et tantôt Actéon fut mué en cerf et courut aval la forêt comme un autre, et encore par semblable cas le cerf de sa nature aime les chiens. Ainsi peut-il avenir de l'ours dont vous m'avez fait votre conte, ou que la dame y sçait autre chose ou savoit que elle ne désist (dit) pour l'heure. Si la doit-on tenir pour excusée. » L'écuyer répondit : « Il peut être. » Ainsi finâmes-nous notre conte.

CHAPITRE XV.

De la grand' fête que le comte de Foix faisoit de saint-Nicolas et des faits d'armes que Bascot de Mauléon conta a sire Jean Froissart.

Entre les solemnités que le comte de Foix fait des hauts jours solemnels de l'an, il fait trop solemnellement grand compte et grand' fête, où qu'il soit, ce me dit un écuyer de son hôtel le tiers jour que je fut venu à Orthez, de la nuit Saint Nicolas en hiver; et en fait faire solemnité par toute sa terre aussi haute et aussi grande et plus que le jour de Pâques, et j'en vis bien l'apparent, car je fus là à tel jour. Tout le clergé de la ville d'Orthez et toutes les gens, hommes, femmes et enfants en procession allèrent querre (chercher) le comte au châtel; lequel tout à pied avec le clergé et les processions partit du châtel. Et vinrent à l'église saint Nicolas et là chantoient une pseaume du psaultier David qui dit ainsi: *Benedictus dominus meus, qui docet manus meas ad prœlium et digitos meos ad bellum.* Et quand cette pseaume étoit finie, ils la recommençoient toudis (toujours); et ainsi fut amené jusques à l'église, et là fut fait le divin office aussi solemnellement comme le jour de Noël ou de Pâques on feroit en la chapelle du pape ou du roi de France; car à ce temps il avoit grand' foison de bons chantres. Et chanta la messe pour le jour l'évêque de Pamiers; et la ouïs sonner et jouer des orgues aussi mélodieusement comme je fis oncques en quelconque lieu où je fusse. Brièvement, à parler vérité et par raison, l'état du comte de Foix qui régnoit pour ce temps que je dis étoit tout parfait; et il de sa personne si sage et si percevant que nul haut prince de son temps ne se pouvoit comparer à lui de sens, d'honneur et de largesse.

Les fêtes de Noël qu'il tînt moult solemnelles, là vit-on venir en son hôtel foison de chevaliers et d'écuyers de Gascogne, et à tous il fit bonne chère. Et là véy (vis) le bourg (bâtard) d'Espagne, duquel et de sa force messire Espaing de Lyon m'avoit parlé. Si l'en vis plus volontiers et lui fit le comte de Foix bon semblant. Là vis chevaliers d'Arragon et Anglois lesquels étoient de l'hôtel du duc de Lancastre qui pour ce temps se tenoit à Bordeaux, à qui le comte de Foix fit bonne chère et donna de beaux dons. Je m'accointai de ces chevaliers et par eux fus-je lors informé de grand'foison de besognes qui étoient avenues en Castille, en Navarre et en Portugal, desquelles je parlerai clairement et pleinement quand temps et lieu en sera.

Là vis venir un écuyer Gascon qui s'appeloit le Bâtard de Mauléon, et pouvoit avoir pour lors environ soixante ans, appert homme d'armes par semblant et hardi; et descendit en grand arroi en l'hôtel où je étois logé à Orthez a la Lune, sur Ernaulton du Pey. Et faisoit mener sommiers autant comme un grand baron, et étoit servi lui et ses gens en vaisselle d'argent. Et quand je l'ouïs nommer et vis que le comte de Foix et chacun lui faisoit grand' fête, si demandai à messire Espaing de Lyon : « N'est-ce pas l'écuyer qui se partit du châtel de Trigalet quand le duc d'Anjou sist (s'arrêta) devant Mauvoisin ? » — « Oïl, répondit-il, c'est un bon homme d'armes pour le présent et un grand capitaine. » Sur cette parole je m'accointai de lui, car il étoit en mon hôtel, et m'en aida à accointer un sien cousin Gascon, duquel j'étois trop bien accointé, qui étoit capitaine de Carlac en Auvergne qui s'appeloit Ernauton, et aussi fit le Bourg de Campane. Et ainsi qu'on parole (parle) et devise d'armes, une nuit après souper séant au feu et attendant la mie-nuit que le comte de Foix devoit souper, son cousin le mit en voie de parler et de recorder de sa vie et des armes où en son temps il avoit été, tant de pertes comme de profits, et trop bien lui en souvenoit. Si me demanda : « Messire Jean, avez-vous point en votre histoire ce dont je vous parlerai ? » Je lui répondis : « Je ne sçais. Aie ou non aie, faites votre conte ; car je vous oy (entends) volontiers d'armes, car il ne me peut pas du tout souvenir et aussi je ne puis pas avoir été de tout informé. » — « C'est voir (vrai), répondit l'écuyer. » A ces mots il commença son conte et dit ainsi :

« La première fois que je fus armé, ce fut sous captal de Buch à la bataille de Poitiers, et de bonne étrenne je eus en ce jour trois prisonniers, un chevalier et deux écuyers, qui me rendirent l'un par l'autre trois mille francs. L'autre année après je fus en Prusse avecques le comte de Foix et le captal son cousin du quel charge j'étois, et à notre retour à Meaux en Brie nous trouvâmes la duchesse de Normandie pour le temps et la duchesse d'Orléans et grand' foison de dames et de damoiselles, gentils dames, que les Jacques [1] avoient enclos au marché de Meaux, et les eussent efforcées et violées si Dieu ne nous eut là envoyés. Bien étoient en leur puissance, car ils étoient plus de dix mille et les dames étoient toutes seules. Nous les délivrâmes de ce péril; car il y ot (eut) morts des Jacques sur la place renversés aux champs plus de six mille; ni oncques puis ne se rebellèrent.

« Pour ce temps étoient trèves entre le roi de France et le roi d'Angleterre. Mais le roi de Navarre faisoit guerre pour sa querelle au régent et au royaume de France. Le comte de Foix retourna en son pays; mais mon maître le captal demeura avecques et en la compagnie du roi de Navarre pour ses deniers et à gages. Et lors fûmes-nous, avec les aidants que nous avions, au royaume de France et par spécial en Picardie où nous fîmes une forte guerre et prîmes moult de villes et de châteaux en l'évêché de Beauvais et en l'évêché d'Amiens; et étions pour lors tous seigneurs des champs et des rivières, et y conquerismes (conquîmes), nous et les nôtres, très grand' finance.

« Quand les trieuves (trèves) furent faillies de France et d'Angleterre, le roi de Navarre cessa sa

[1] Les Jacques bons-hommes. J. A. B.

guerre, car on fit paix entre le régent et lui; et lors passa le roi d'Angleterre la mer en très grand arroi et vint mettre le siége devant Rheims. Et là manda-t-il le captal mon maître, lequel se tenoit à Clermont en Beauvoisis et faisoit guerre pour lui à tout le pays. Nous vînmes devers le roi et ses enfants. »

Lors me dit l'écuyer: « Je crois bien que vous ayez toutes ces choses, et comment le roi d'Angleterre passa et vint devant Chartres et comment la paix fut faite des deux rois. » — « C'est vérité, répondis-je, je l'ai toute et les traités comment ils furent faits. »

Lors reprit le Bastard de Mauléon sa parole et dit: « Quand la paix fut faite entre les deux rois, il convint toutes manières de gens d'armes et de compagnies, parmi le traité de la paix, vider et laisser les forteresses et les châteaux que ils tenoient. Adonc s'accueillirent toutes manières de pauvres compagnons qui avoient pris les armes, et se remirent ensemble, et eurent plusieurs capitaines conseil entr'eux quelle part ils se trairoient (rendroient); et dirent ainsi que si les rois avaient fait paix ensemble, si les convenoit-il vivre. Si s'en vinrent en Bourgogne; et là avoit capitaines de toutes nations Anglois, Gascons, Espagnols, Navarrois, Allemands, Escos (Écossois) et gens de tous pays assemblés; et je y étois pour un capitaine. Et nous trouvâmes en Bourgogne et dessus la rivière de Loire plus de douze mille, que uns que autres. Et vous dis que là en cette assemblée avoit bien trois ou quatre mille de droites gens d'armes, aussi apperts et aussi subtils de guerre comme nuls gens pourroient être, pour aviser une bataille et prendre à son avantage pour écheller et assaillir villes et châteaux aussi durs et aussi nourris que nulles gens pouvoient être. Et assez le montrâmes à la bataille de Brignay (Brignais), où nous ruâmes jus le connétable de France et le comte de Forez et bien deux mille lances de chevaliers et d'écuyers. Cette bataille fit trop grand profit aux compagnons car ils étoient pauvres ; si furent là tous riches de bons prisonniers et de villes et de forts que ils prirent en l'archevêché de Lyon et sur la rivière du Rhône. Et ce parfit leur guerre quand ils eurent le pont Saint-Esprit ; car ils guerroyèrent le pape et les cardinaux et leur firent moult de travaux, et n'en pouvoient être quittes ni n'eussent été jusques à ce que les compagnons eussent tout honni. Mais ils trouvèrent un moyen. Ils mandèrent en Lombardie le marquis de Mont-Ferrat un moult vaillant chevalier, lequel avoit guerre au seigneur de Milan. Quand il fut venu en Avignon, le pape et les cardinaux traitèrent devers lui et il parla aux capitaines Anglois, Gascons et Allemands. Parmi soixante mille francs que le pape et les cardinaux payèrent à plusieurs capitaines de ces routes (troupes), tels que messire Jean Hasconde (Hawkwood), un moult vaillant chevalier Anglois, messire Robert Briquet, Carnole, Naudon, le Bargeran, le Bourg de Breteuil, le Bourg Camus, le Bourg de l'Espare, Batillier et plusieurs autres, si s'en allèrent en Lombardie et rendirent le pont-Saint-Esprit, et emmenèrent de toutes les routes (troupes) bien les six parts. Mais nous demeurâmes derrière, messire Seguin de Batefol, messire Jean Jouel, messire Jacqueme Planchin, L'amit, messire Jean Aymeri, le Bourg de Pierregort, Espiote, Loys Rambaut, Lymosin, Jaque Titiel, moi et plusieurs autres. Et tenions Anse, Saint Clément, la Berelle, la Terrace, Brinay (Brignais), le Mont-Saint-Denis, l'hôpital de Rochefort et plus de soixante forts, que en Mâconnois, en Forèz, en Bellay (Velay), en la basse Bourgogne et sur la rivière de Loire. Et rançonnions tout le pays, ni on ne pouvoit être quitte de nous, ni pour bien payer ni autrement; et prîmes de nuit la Charité sur Loire et la tînmes bien an et demi; et étoit tout nôtre dessus Loire jusques au Puy en Auvergne, car messire Seguin de Batefol avoit laissé Eause et tenoit la Brude (Brioude) en Auvergne, où il ot (eut) de profit ens (dans) ou (le) pays cent mille francs, et dessous Loire jusques à Orléans et aussi toute la rivière d'Allier. Ni l'archiprêtre qui étoit capitaine d'Ennevers (Nevers) et qui étoit lors bon François n'y savoit ni ne pouvoit remédier, fors tant que il connoissoit les compagnons, par quoi à sa prière on faisoit bien aucune chose pour lui; et fit le dit archiprêtre adonc un trop grand bien en Nivernois, car il fit fermer la cité de Nevers, autrement elle eut été perdue et courue par trop de fois; càr nous tenions bien en la marche, que villes que châteaux, plus de vingt sept. Ni il n'étoit chevalier ni écuyer ni riche homme, si il n'étoit à pacty (composition) à nous, qui osât issir (sortir) hors de sa maison. Et cette guerre faisions lors au vu et au titre du roi de Navarre. »

CHAPITRE XVI.

Comment plusieurs capitaines Anglois et autres gens de Compagnies furent déconfits devant la ville de Sancerre.

« Or vint la bataille de Cocherel [1] dont le captal, pour le roi de Navarre, fut chef; et s'en allèrent devers lui pour faire meilleure guerre plusieurs chevaliers et écuyers. De notre côté le vinrent servir à deux cents lances, messire Planchin et messire Jean Jouel. Je tenois lors un châtel que on appelle le Bie (Bec) d'Allier, assez près de la Charité, en allant en Bourbonnois; et avois quarante lances dessous moi. Et fis pour ce temps au pays et en la marche de Moulins moult grandement mon profit, et environ Saint-Poursain et Saint-Père (Pierre) le Moûtier.

« Quand les nouvelles me furent venues que le captal mon maître étoit en Cotentin et assembloit gens à pouvoir, pour le grand désir que je avois de le voir, je me partis de mon fort à (avec) douze lances et me mis en la route (troupe) messire Jean Jouel et messire Jacqueme Planchin et vînmes sans dommage et sans rencontre qui nous portât dommage devers le captal. Je crois bien que vous avez en votre histoire toute la besogne ainsi comme elle se porta » — « C'est vérité, dis-je. Là fut pris le captal et mort

[1] En 1364. J. A. B.

messire Jean Jouel et messire Jacqueme Planchin. »
— « Il est vérité, répondit le Bâtard de Mauléon.
Je fus là pris, mais trop bien chey (arriva) et m'a-
vint; ce fut d'un mien cousin, et cousin à mon cousin qui ici est le Bourg de Campane, et l'appeloit-on
Bernard de Tarride: il mourut depuis en Portugal en
la besogne de Juberot (Aljubarrote) (1). Bernard qui
lors étoit de la charge messire Aymemon de Pommiers, me rançonna sur les champs et me donna bon
conduit pour retourner en mon fort à Bec d'Aller.
Sitôt que je fus venu en mon fort, je pris un de mes
varlets et comptai mille francs et lui chargeai, et
les apporta à Paris, et m'en rapporta paiement et
lettres de quittance.

« En cette propre saison chevauchoit messire
Jean Aymery un chevalier Anglois, le plus grand capitaine que nous eussions. Et s'en venoit côtoyant la
rivière de Loire pour venir à la Charité. Si fut rencontré par l'embûche du seigneur de Rougemont et
du seigneur de Vodenay et des gens l'archiprêtre:
ils furent plus forts de lui, si le ruèrent jus; et fut
rançonné à trente mille francs; il les paya tous
comptants. De sa prise et de son dommage il ot
(eut) grand annoy (ennui) et déplaisance et jura que
jamais ne rentreroit en son fort si les r'auroit reconquis. Si recueillit grand'foison de compagnons
et vint à la Charité sur Loire, et pria aux capitaines
à Lamit et à Corsuelle, au Bourg de Pierregort et à

(1) Froissart n'a pas encore parlé de la bataille d'Aljubarrote qui
précéda son arrivée chez le comte de Foix, mais il en va parler.
J. A. B.

moi qui y étois allé ébatre, que nous voulsissions (voulussions) chevaucher avecques lui. Nous lui demandâmes quelle part? « Par ma foi, dit-il, nous passerons la rivière de Loire au port Saint Thibault et irons prendre et exilier (ravager) la ville de Sancerre. Je ai voué et juré que jamais ne retournerois en fort que j'aie, si aurai vu les enfants de Sancerre. Si nous pouvions avoir la garnison de Sancerre et les enfants de dedans, Jean, Louis et Robert, nous serions recouvrés et serions tous seigneurs du pays. Ainsi venrions (viendrions) trop légèrement à notre entente (but), car on ne se donne garde de nous et le séjourner ici ne nous vaut noient (rien). » — « C'est vérité, répondîmes-nous. » Tous lui eûmes en convent (promesse) et nous ordonnâmes sur ce point tantôt et incontinent.

« Or advint, dit le Bâtard de Mauléon, que notre affaire fut sçue en la ville de Sancerre. Car pour ce temps il y avoit un capitaine vaillant écuyer, né de Bourgogne des basses marches, qui s'appeloit Guichart Albregon, lequel s'acquitta moult grandement de garder la ville, le châtel et la terre de Sancerre et les enfants et seigneurs; car tous trois étoient bons chevaliers. Et Guichart avoit un frère moine de l'abbaye de Saint Thibault, qui siéd assez près de Sancerre [1]. Si fut envoyé cil (ce) moine de par son frère à Albregon en la Charité sur Loire, pour appor-

---

[1] St. Thibaut est située en bas de la montagne de Sancerre sur la Loire. J. A. B.

ter une rançon d'un pacty (composition) que aucunes villes devoient sur le pays. On ne se donna pas garde de lui. Il sçut, ne sçais comment ce fut, toute notre entente (intention) et convine (arrangement), et tous les noms des capitaines des forts d'environ la Charité et leurs charges, et aussi à quelle heure et où et comment ils devoient passer la rivière au port Saint-Thibaut. Sur cet état il s'en retourna et en informa son frère. Les enfants de Sancerre, le comte et ses frères, se pourvurent à l'encontre de ce au plutôt qu'ils purent et mandèrent l'affaire aux chevaliers et écuyers de Berry et de Bourbonnois et aux capitaines des garnisons de là entour, et tant qu'ils furent bien quatre cents lances de bonnes gens, et jetèrent une belle embûche de deux cents lances au dehors de Sancerre en un bois. Nous nous partîmes à soleil escousant (couchant) de la Charité et chevauchâmes tout ordonnèment le bon pas et vînmes à Peully (Pouilly)[1]. Et là dessous au port avions fait venir grand'foison de bateaux pour nous passer nous et puis nos chevaux; et passâmes tout outre la rivière de Loire, si comme ordonné l'avions, et fûmes tout outre environ mie-nuit; et passoient nos chevaux tout bellement; et pour ce que il adjournoit (faisoit jour), nous ordonnâmes cent lances des nôtres à demeurer derrière pour garder les chevaux et la navie (flotte). Et le demeurant nous nous mîmes au chemin le bon pas et passâmes tout outre l'embûche qui onc-

---

(1) De l'autre côté de la Loire entre la Charité et Côsne. J. A. B.

ques ne s'ouvrit sur nous; et quand nous fûmes outre, environ le quart d'une lieue, ils saillirent hors et vinrent sur ceux qui étoient au rivage et se boutèrent entr'eux et les déconfirent de fait; et tous furent morts ou pris et les chevaux conquis et la navie (bateaux) arrêtée; et montèrent sur nos chevaux et férirent à pointe d'éperons et furent aussitôt à la ville comme nous. On crioit par tout: Notre Dame, Sancerre! Car le comte étoit là avecques ses gens et messire Louis et messire Robert avoient fait l'embûche. Là fûmes-nous enclos de grand'manière et ne savions auquel entendre; et là ot (eut) grand poussis de lances; car ceux qui étoient à cheval, aussitôt que ils furent à nous, ils mirent pied à terre et nous assaillirent fièrement. Et ce qui trop nous gréva ce fut que nous ne pouvions élargir, car nous étions entrés en un chemin lequel, aux deux côtés, étoit enclos de hautes haies et de vignes; et encore entr'eux qui connoissoient le pays et le chemin une quantité de eux et de leurs varlets étoient montés à mont ès vignes qui nous jetoient pierres et cailloux, tellement que ils nous défroissoient et rompoient tous. Nous ne pouvions reculer et si avions grand'peine au monter contre la ville qui siéd sur une montagne. Là fûmes-nous moult travaillés; et là fut navré au corps tout outre messire Jean Aimery notre souverain capitaine et qui là nous avait menés, de la main Guichart Albregon; et le prit, et mit grand'peine à lui sauver, et le bouta en la ville en une maison et le fit jeter sur un lit et dit Guichart à l'hôte de l'hôtel: « Gardez-moi ce prisonnier et faites diligence qu'il soit étanché de ses plaies, car il est bien taillé, s'il me demeure en vie, que il me paye vingt mille francs. » Après ces paroles Guichart laissa son prisonnier et retourna à la bataille et y fut très bon homme d'armes avecque les autres. Et là étoient en la compagnie des enfants de Sancerre et venus pour l'amour des armes et aider à défendre et garder le pays, messire Guichart Daulphin, le sire de Calus, le sire de Mernay, messire Girart et messire Guillaume de Bourbon, le sire de Coussant, le sire de la Pierre, le sire de la Palice, le sire de Nentey, messire Louis de la Croise, le sire de la Frète et plusieurs autres. Et vous dis que ce fut une bataille très dure et un rencontre très felon (cruel); et nous tînmes et nous défendîmes ce que nous pûmes; et tant que de l'un côté et de l'autre en y ot (eut) plusieurs occis et navrés; et à ce que ils montroient, ils nous avoient plus chers à prendre vifs que morts.

« Finalement là fûmes nous tous pris, Carsuelle, Lamit, Naudon, le Bourg (bâtard) de Pierregort, Espiote, le Bourg de l'Esparre, Augerot de Lamongis, Philippe de Roe, Pierre de Courton, l'Esperat de Pamiers, le Bourg (bâtard) d'Armesen et tant que tous les capitaines de là environ. Si fûmes menés au châtel de Sancerre et là conjoys (reçus) à grand' joie, ni onoques au royaume de France les compagnons tenant route (troupe) n'y perdirent si grossement comme ils firent là. Toutefois Guichart Albregon perdit son prisonnier, car cil (celui) à qui il l'avoit enchargé, par sa grand'-

mauvaistié (malice) et négligence, le laissa tant saigner que il en mourut. Ainsi fina messire Jean Aymeri.

« Par cette prise et cette déconfiture qui fut dessous Sancerre fut rendue aux François la Charité sur Loire et toutes les garnisons de là environ. Parmi ce nous fûmes tous quittes de nos prisons et eûmes sauf conduit de partir et de passer hors du royaume de France et de aller quelque part que il nous plairoit. Et nous avint si bien à point en cette saison que messire Bertrand de Claiquin (Guesclin), le sire de Beaujeu, messire Arnoul d'Andrehen (Audeneham) et le comte de la Marche emprindrent (entreprirent) le voyage d'Espagne (¹) pour aider au roi Henri contre son frère Dam Piètre. Mais avant je fus en Bretagne à la besogne d'Auroy et me mis dessous messire Hue de Caurelée (Calverly) et là me recouvrai, car la journée fut pour nous; et y eus de bons prisonniers qui me valurent deux mille francs. Si m'en allai à (avec) dix lances avecques messire Hue de Caurelée (Calverly) en Espagne, et boutâmes hors le roi Dam Piètre. Et depuis, quand les alliances furent du roi Piètre et du prince de Galles et que il le voult (voulut) remettre en Castille, si comme il fit, je y fus, et toudis (toujours) en la compagnie de messire Hue de Caurelée; (Calverly) et tantôt après retournai en Aquitaine avecques lui.

« Or se renouvela la guerre du roi de France et

(¹) En 1369. J. A. B.

du prince; si eûmes et avons eu moult à faire, car on nous fit trop forte guerre, par laquelle guerre sont morts grand' foison de capitaines Anglois et Gascons, et encore, Dieu merci, je suis demeuré en vie. Premier, messire Robert Briquet mourut en Orléanois entre le pays de Blois et la terre au duc d'Orléans, en une place qu'on dit Olivet; et là le rua jus lui et toute sa route (troupe) un écuyer de Hainaut vaillant homme d'armes durement et bon capitaine, qui s'appeloit Alart de Dousteines (Van Oulten) et s'armoit de Barbenson, car il en étoit de lignage. Cil (cet) Alart étoit pour le temps gouverneur de Blois et gardien de tout le pays de par les seigneurs Louis, Jean et Guy. Si lui chéy (tomba) en main de rencontrer à Olivet messire Robert Briquet et messire Robert Thein; il les combattit si vaillamment qu'il les rua jus; et furent morts sur la place et aussi furent toutes leurs gens, ni oncques n'y ot (eut) pris homme à rançon.

« Depuis advint que, à la bataille de Merck en Saintonge, Carsuelle fut occis de messire Bertran de Claiquin (Guesclin) qui le rua jus; et bien sept cents Anglois y furent tous morts. A cette besogne et à Sainte Sévère furent occis aussi des capitaines Anglois Richart Gilles et Richart Helme. Je en sais petit, excepté moi, que ils n'aient été tous occis sur les champs. Si ai-je toujours tenu frontière et fait guerre pour le roi d'Angleterre; car mon héritage siéd et gît en Bordelois. J'ai aucune fois été rué jus tant que je n'avois sur quoi monter. A l'autre fois riche assez ainsi que les bonnes fortunes venoient. Et fûmes un temps compagnons d'armes moi et Raymonnet de l'Épée, et tînmes en Toulousain sur les frontières de Bigorre le châtel de Mauvoisin, le châtel de Trigalet et le châtel Nentilleux qui nous portèrent grand' profit pour lors. Et puis nous en vint ôter le duc d'Anjou par sa puissance et aussi fut Raymonnet de l'Épée pris, mais il se tourna François et je demeurai bon Anglois et je serai tant comme je vivrai.

« Voir (vrai) est que quand je eus perdu le châtel de Trigalet et je fus conduit au châtel Cuillier et le duc d'Anjou se fut retrait (retiré) en France, je m'avisai encore que je ferois quelque chose où je aurois profit, ou je demeurerois en la peine. Si envoyai aviser et épier la ville et le châtel de Thurit en Albigeois; lequel châtel depuis m'a valu, que par pillage que par pactis (compositions) que par bonnes fortunes que j'y ai eues, cent mille francs. Et vous dirai comment je le pris et conquis.

« Au dehors du châtel et de la ville a une très belle fontaine, où par usage tous les matins les femmes de la ville venoient atout (avec) buires (cruches) et autres vaisseaux, et là puisoient et les emportoient amont en la ville sur leurs têtes. Je me mis en ce parti d'armes et en cet assay (essai) que pour l'avoir; et pris cinquante compagnons de la garnison du châtel Cuillier, et chevauchâmes tout un jour par bois et par bruyères; et la nuit ensuivant, environ mie-nuit, je mis une embûche assez près de Thurit, et moi sixième tant seulement en habit de femmes, et buires (cruches) en nos mains, vînmes en une prairie assez près de la ville et nous muçâmes (cachâmes) en un meule (meule) de foin, car il étoit environ la Saint Jean en été que on avoit fené et fauché les prés. Quand l'heure fut venue que la porte fut ouverte et que les femmes commençoient à venir à la fontaine, chacun de nous prit sa buire (cruche) et les emplîmes et puis nous mîmes au retour vers la ville, nos visages enveloppés de couvre-chefs. Jamais on ne nous eut connus. Les femmes que nous encontrions nous disoient: « Ha, Sainte Marie, que vous êtes matin levées! » Nous répondions en leur langage à feinte (foible) voix: « C'est voir (vrai). » Et passions outre; et vînmes ainsi tous six à la porte. Quand nous y fûmes venus, nous n'y trouvâmes autre garde que un savetier qui mettoit à point ses formes et ses rivets. L'un de nous sonna un cornet pour attraire (attirer) nos compagnons qui étoient en l'embûche. Le savetier ne s'en donna garde, mais bien ouït le cornet sonner et demanda à nous: « Femmes, haro! Qui est cela qui a sonné le cornet? » L'un répondit et dit: « C'est un prêtre qui s'en va aux champs, je ne sais s'il est curé ou chapelain de la ville. » — « C'est voir (vrai), dit-il, c'est messire Pierre François notre prêtre; trop lontiers va au matin aux champs pour querre (chercher) les lièvres. » Tantôt, incontinent, nos compagnons venus, entrâmes en la ville où nous ne trouvâmes oncques homme que mît main à l'épée ni soi à défense.

« Ainsi pris-je la ville et le châtel de Thurit qui

m'a fait plus de profit et de revenue par an; et tous les jours quand il venoit à point que le châtel et toutes les appendances d'icelui à vendre au plus détroit et plus cher que on pourroit ne valent. Or ne sçais à présent que j'en dois faire; car je suis en traité devers le comte d'Armagnac et le Dauphin d'Auvergne qui ont puissance expresse de par le roi de France de acheter les villes et les forts aux compagnons qui les tiennent en Auvergne, en Rouergue, en Quercy, en Limousin, en Pierregord, en Albigeois, en Agen et à tous ceux qui font guerre et ont fait au titre d'Angleterre; et plusieurs se sont jà partis et ont rendu leur forts. Or ne sais-je si je rendrai le mien. »

A ces mots répondit le bourg (bâtard) de Campane et dit: « Cousin, vous dites voir (vrai). Aussi pour le fort de Carlat que je tiens en Auvergne suis-je venu apprendre des nouvelles à Orthez, en l'hôtel du comte de Foix; car messire Louis de Sancerre, maréchal de France, doit ci être temprement (bientôt), il est tout coi à Tharbes, ainsi que j'ai ouï dire à ceux qui l'y ont vu. »

A ces mots demandèrent-ils le vin; on l'apporta, et bûmes, et puis dit le bâtard de Mauléon à moi: « Messire Jean, que dites-vous ? Êtes-vous bien informé de ma vie. J'ai eu encore assez plus d'aventures que je ne vous ai dit desquelles je ne puis ni ne vueil (veux) pas de toutes parler. »—« Par ma foi, dis-je, sire, ouil. »

CHAPITRE XVII.

Comment un nommé Limousin se rendit François et comment il fit prendre Louis Raimbaut son compagnons d'armes pour la vilainie qu'il lui avoit faite à Brude (Brioude).

Encore le remis-je en parole et lui demandai de Louis Raimbaut, un moult appert écuyer et grand capitaine de gens d'armes, pourtant (attendu) que je l'avois vu une fois en Avignon en bon arroi, que il étoit devenu : « Je le vous dirai, dit le bâtard de Mauléon. Du temps passé quand messire Seguin de Batefol eut tenu Brude (Brioude) en Velay, à quatre lieues du Puy [1] en Auvergne, et il ot (eut) guerroyé le pays et assez conquis, il s'en retourna en Gascogne, et donna à Louis Raimbaut et à un sien compagnon qui s'appeloit Limousin, Brude (Brioude) et Anse (Eause) sur la Sonne (Saône). Le pays étoit, pour ce temps que je parole (parle), si foulé et si grevé et si rempli de compagnons à tout lez (côtés) que nul à peine n'osoit issir (sortir) hors de sa maison; et vous dis que entre Brude (Brioude) en Auvergne et Anse (Eause) a plus de vingt-six lieues, tout pays de montagnes. Mais quand il venoit à plaisance à Louis Raimbaut à chevaucher de Brioude à Anse (Eause) il n'en faisoit nul compte; car ils tenoient sur le chemin plusieurs forts en la

---

(1) Le manuscrit 8328 dit mieux, à dix lieues du Puy. Il y a réellement quatorze lieues de Brioude au Puy. J. A. B.

comté de Forez et ailleurs où ils se rafraîchissoient, car les gentilshommes pour ce temps, d'Auvergne, de Forez et de Velay et des frontières étoient travaillés et si menés par la guerre ou par être pris ou rançonnés que chacun resoignoit (craignoit) les armes; car il n'y avoit nuls grands chefs de seigneurs de France qui missent au pays gens d'armes; car le roi de France étoit jeune et avoit à entendre en trop de lieux en son royaume; car de toutes parts compagnies et routes (troupes) chevauchoient et se tenoient sur le pays, ni on ne pouvoit être quitte, et les seigneurs de France étoient ôtages en Angleterre, et endementres (cependant) on leur pilloit et détruisoit leurs hommes et leurs pays; et si n'y pouvoient remedier, car leurs gens n'avoient nul courage de bien faire ni eux défendre.

Avint que Louis Raimbaut et Limousin qui étoient compagnons d'armes ensemble cheirent (tombèrent) en haine, je vous dirai pourquoi. Louis Raimbaut avoit en Brude (Brioude) une trop belle femme à amie et l'aimoit de tout son cœur parfaitement. Quand il chevauchoit de Brude (Brioude) à Ause (Eause) il la recommandoit à Limousin qui étoit son compagnon d'armes auquel du tout il se confioit. Limousin fit de la bonne damoiselle si bonne garde que il en ot (eut) toutes ses volontés, et tant que Louis Raimbaut en fut si informé que plus ne put.

De cette aventure il cueillit en si grand'haine son compagnon que pour lui faire plus grand blâme il le fit prendre par ses varlets et le fit mener et courir tout nud en ses braies parmi la ville et battre d'escourgiées (verges) et sonner la trompette devant lui et à chacun carrefour crier son fait et puis bannir de la ville comme un trahistre (traître) et en tel état, en une simple cotte, bouter hors: et ce dépit fit Louis Raimbaut à Limousin, lequel dépit il ne tint pas à petit mais à très grand, et dit que il s'en vengeroit quand il pourroit, si comme il fit puis.

« Limosin, du temps que il avoit été en bon arroi en Brude (Brioude), en allant de Brude (Brioude) à Anse (Eause) et en chevauchant aussi le pays de Villay (Velay), avoit toujours trop fort déporté (épargné) la terre au seigneur de la Volte un baron demeurant sur la rivière de Rhône, car il l'avoit servi dès sa première jeunesse. Si s'avisa que il retourneroit à ce besoin devers lui et lui crieroit merci et lui prieroit qu'il lui voulsist (voulût) faire sa paix en France et il seroit à toujours mais bon et loyal François. Il s'en vint à la Volte; moult bien y savoit le chemin; et se bouta en un hôtel, car il étoit tout de pied; et puis, quand il sçut que heure fut, il alla au châtel devers le seigneur. On ne le vouloit laisser entrer en la porte; toutefois par couvertes paroles il parla tant que le portier le mit dedans la porte; mais il lui défendit que il n'allât plus avant sans commandement. Il obéit volontiers.

« Le sire de la Volte s'en vint à heure de relevée (après midi) ébatre en la cour, et vint en la porte. Tantôt se jetta Limousin à genoux devant lui et lui dit: « Monseigneur, me reconnoissez vous pas? » —

« Par ma foi, dit le seigneur qui pas n'avisoit que ce fut Limousin, nennil. Mais tu ressembles trop bien Limousin qui fut mon varlet une fois. » — « Par ma foi, dit-il, monseigneur, Limousin suis-je, et votre varlet aussi. Adonc lui alla-t-il crier merci de tout le temps passé et lui conta de point en point toute sa besogne et comment Louis Raimbaut l'avoit demené. Enfin le sire de la Volte lui dit : « Limousin, mais (pourvu) qu'il soit ainsi que tu dis et que tu veux être bon et loyal François, je te ferai ta paix partout. » — « Par ma foi, monseigneur, dit-il, je ne fis oncques tant de contraires au royaume de France que je y ferai de profit. » — « Or je le verrai, dit le seigneur de la Volte. »

« Depuis, cil (ce) seigneur de la Volte le tint en son châtel et sans point laisser partir tant que il ot (eut) à Limousin acquis sa paix partout. Quand Limousin pot (put) par bonheur chevaucher, le sire de la Volte le monta et arma et le mena au Puy devers le sénéchal de Villay (Velay), et se accointa de lui. Là fut-il enquis et examiné de l'état de Brude (Brioude) et aussi de Louis Raimbaut, et quand il chevauchoit quel chemin il tenoit. Il connut tout et dit. « Quand Louis chevauche il ne mène avecques lui pas plus de trente ou de quarante lances ; les chemins que il fait je les sais tous par cœur, car en sa compagnie et sans lui je les ai été trop de fois ; et si vous voulez mettre sus une chevauché de gens d'armes, je offre ma tête à couper si vous ne le tenez dedans quinze jours » Les seigneurs se tinrent à son propos. On mit espies (espions) en œuvre. Louis Raimbaut fut espié et avisé que il étoit venu de Brude (Brioude) à Anse (Eause) de-lez (près) Lyon sur le Rhône.

« Quand Lymosin le sçut de vérité, il dit au seigneur de la Volte: « Sire faites votre mandement il est heure. Loys Raimbaut est à Anse (Eause) et repassera temprement (bientôt). Je vous menerai au détroit par où il faut qu'il passe. »

Adonc le sire de la Volte fit son mandement et se fit chef de cette chevauchée et manda le bailli de Villay (Velay), le seigneur de Mont-Clau messire Guerart, de Sallière et son fils, messire Ploustrart, du Vernet, le sire de Villeneuve-le-Bas, et toutes les gens d'armes de là environ; et furent bien trois cents lances. Et tous s'assemblèrent à Nounay; et par le conseil de Limousin on fit deux embûches. Le vicomte de Polignac et le seigneur de Chalençon en eurent l'une à gouverner, le sire de la Volte, le sire de Mont-Clau, messire Loys de Tournon, le sire de Sallière eurent l'autre; et avoient justement partis leurs gens. Et étoient le vicomte de Polignac et les siens sur un pas assez près de Saint-Rambert en Forez, où il convenoit que là Louis Raimbaut et les siens passassent la rivière de Loire à pont, ou ils la passâssent plus à mont à gué dessus le Puy.

« Quand Louis Raimbaut ot (eut) fait ce pourquoi il étoit venu à Ause (Eause) il se partit atout (avec) quarante lances, et ne cuidoit (croyoit) avoir nulle rencontre et ne se doutoit en rien de Limousin; c'étoit la mendre (moindre) pensée que il eut. Et vous dis que par usage le chemin que il faisoit au passer il ne le faisoit point au retour. Au passer il avoit fait le chemin de Saint-Rambert, au retour il fit l'autre et prit les montagnes dessus Lyon et dessus Viane (Vienne) et au-dessous du bourg d'Argentan, et s'en alloit tout droit devers le Monastier (Moûtier), à trois petites lieues du Puy. Et avoit passé entre le châtel de Monestral et Montfaucon, et s'en venoit radant (effleurant) le pays vers un village que on dit la Baterie, entre Nonnay et Saint-Julien. Au bois là a un détroit où il faut que on passe comment que ce soit, ni on ne le peut eschiver (éviter) qui veut faire ce chemin si on ne va parmi Nonnay. Là étoit l'embûche du seigneur de la Volte où bien avoit deux cents lances. Louis Raimbaut ne se donna de garde, quand il fut enmi (milieu) eux. Le sire de la Volte et ses gens qui étoient tout pourvus de leur fait abaissèrent les lances et s'en vinrent écriant la Volte! férir à ces compagnons qui chevauchoient épars et sans arroi. Là en y ot (eut) de première venue la graigneur (majeure) partie de coups de lances rués par terre. Et fut Louis Raimbaut jouté et porté jus de son cheval d'un écuyer d'Auvergne qui s'appeloit Amblardon de Villerague. On s'arrêta sur lui. Il fut pris, et tout le demeurant (reste) mort ou pris. Oncques rien n'en échappa; et trouvèrent en bouges (sacs) la somme de trois mille francs que Louis Raimbaut avoit reçu à Anse (Eause) pour le pactis (composition) des villages de là environ dont les compagnons orent (eurent) grand'joie, car chacun en ot (eut) sa part.

« Quand Limousin vit Louis Raimbaut ainsi attrapé il se montra en sa présence et dit par rempône (raillerie) : « Louis, Louis, ci fauldra (manquera) compagnie. Souvienne vous du blâme et de la vergogne que vous me fîtes recevoir à Brude (Brioude) pour votre amie. Je ne cuidasse (aurois cru) pas que pour une femme, si j'avois ma grâce à li (elle) et elle à moi, que vous me dussiez avoit fait recevoir ce que je reçus. Si la cause pareille fut advenue à moi je ne m'en fusse jà courroucé, car deux compagnons d'armes tels que nous étions lors se pouvoient bien au besoin passer d'une femme. » De cette parole commencèrent les seigneurs à rire, mais Louis Raimbaut n'en avoit talent (volonté).

« Par cette prise de Louis Raimbaut rendirent ceux qui étoient en Brude (Brioude) la ville au sénéchal d'Auvergne, car puisqu'ils avoient perdu leur capitaine et toute la fleur de leurs gens il n'y avoit point de tenue. Aussi firent ceux d'Eause et autres forts qui se tenoient en Velay et en Forez de leur partie, et furent tous liés (joyeux) ceux qui enclos (étoient) quand on les laissa partir sauves leurs vies. Lors Louis Raimbaut fut amené à Nonnay et là emprisonné. On en escripsit (écrivit) devers le roi de France lequel ot (eut) grand'joie de sa prise. Assez tôt après on en ordonna ; il me semble, à ce que j'ai ouï recorder, que il ot (eut) la tête coupée à Villeneuve-de-lez (près) Avignon ; et ainsi advint de Louis Raimbaut. Dieu ait l'âme de lui.

« Or, beau sire, dit Bascot de Mauléon, vous ai-je bien tenu en paroles pour passer la nuit, et toutefois elle sont vraies. » — « Par ma foi, répondis-je, ouil et grand merci. A vos contes ouir ai-je eu part autant que les autres et ils ne sont pas perdus; car si Dieu me laisse retourner en mon pays et en ma nation, de ce que je vous ai ouï dire et conter, et de tout ce que je aurai vu et et trouvé sur mon voyage qui appartienne à ce que je en fasse mémoire en la noble et haute histoire de laquelle le gentil comte Gui de Blois m'a embesogné et ensoigné (chargé) je le cronizerai [1] et écrirai, afin que, avecques les autres besognes dont j'ai parlé en la dite histoire et parlerai et écrirai par la grâce de Dieu ensuivant, il en soit mémoire à toujours. »

A ces mots prit la parole le bourg de Campane qui s'appeloit Ernauton et commença à parler et eut volontiers, à ce que je me pus apercevoir, recordé la vie et l'affaire de lui et du bourg (bâtard) anglois son frère et comment ils s'étoient partis en armes en Auvergne et ailleurs; mais il n'eut pas le loisir de faire son conte; car la gaite (guet) du châtel sonna pour assembler toutes gens d'aval la ville d'Orthes qui étoient tenus d'aller au souper du comte de Foix. Lors firent ces deux écuyers alumer torches. Si nous partîmes tous ensemble de l'hôtel et nous mîmes au chemin pour aller au châtel et aussi firent tous chevaliers et écuyers qui étoient logés en la ville.

---

[1] Je l'écrirai en forme de chronique J. A. B.

CHAPITRE XVIII.

De l'état et ordonnance au comte de Foix; et comment la ville de saint Ibain (Sautarem) se rebella pour les excès qu'on leur faisoit dont ils en tuèrent plusieurs.

De l'état de l'affaire et ordonnance du gentil comte Gaston de Foix ne peut-on trop parler en tout bien ni trop recommander, car pour le temps que je fus à Orthez je le trouvai tel et outre dont je ne puis mie de tout parler; mais je sais bien que par le temps que je y fus je y vis moult de choses qui me tournèrent à grand' plaisance; et là vis seoir à table le jour d'un Noël quatre évêques de son pays, les deux Clémentins et les autres deux Urbanistes; l'évêque de Pamiers et l'évêque de l'Escalle étoient Clémentins, ceux sirent au-dessus; et puis après eux l'évêque d'Aire, et l'évêque de Roy sur les frontières de Bordelois et de Bayonne, ceux étoient Urbanistes. Après séoit le comte de Foix et puis le vicomte de Roquebertin d'Arragon, le vicomte de Bruniquiel, le vicomte de Gousserant et un chevalier anglois que le duc de Lancastre qui pour lors se tenoit à Lisbone (Libourne)[1] avoit là envoyé; et nommoit-on ce chevalier messire Willepy (Willoughby). A

---

[1] Le manuscrit 8328 dit Narbonne. J. A. B.

l'autre table séoient cinq abbés tant seulement et deux chevaliers d'Arragon qui s'appeloient messire Raymond de Saint-Florentin et messire Martin de Roane; à l'autre table séoient chevaliers et écuyers de Gascogne et de Bigorre. Premier, le seigneur d'Anchin et puis messire Gaillart de la Mote, messire Raymond du Châtel-Neuf, le sire de Chaumont, Gascon, le sire de Copane, le sire de la Lane, le sire de Mont-Ferrand, messire Guillaume de Benac, messire Pierre de Courton, le sire de Valenton et messire Augier, le moine de Berle (Bascle)[1]; et aux autres tables chevaliers de Berne (Béarn) grand'foison. Et étoit souverain maître de la salle messire Espaing de Lyon et quatre chevaliers maîtres d'hôtel, messire Chiquart du Bois-Verdun, messire Pierre de Cabestain, messire Nouvaus de Nouvaille et messire Pierre de Vaux en Bierne (Béarn); et servoient ses deux frères bâtards, messire Ernault Guillaume, et messire Pierre de Berne (Béarn); et ses deux fils servoient devant lui, messire Yvain de l'Échelle (Escale) à asseoir tout seulement et messire Gratien de la coupe au vin. Et vous dis que grand'foison de menestrels, tant de ceux qui étoient au comte que d'autres étrangers, avoit en la salle qui tous firent par grand loisir leur devoir de leur menestrandie (musique). Et ce jour le comte de Foix donna, tant aux menestriers comme aux hérauts, la somme de cinq

_____

[1] Sinner, dans le deuxième vol. de son catalogue des manuscrits de la bibliothèque de Berne, P. 239 et suiv. dit qu'il faut lire ici Basele et non Bascle, ce chevalier étant de la famille des Lemoine de Bâle. J. A. B.

cents francs et revêtir les menestriers du duc de Touraine qui là étoient de drap d'or et fourré de fin menu-vair (1); lesquels draps furent prisés à deux cents francs; et dura le dîner jusqu'à quatre heures après nonne.

Et pour ce parole (parle)-je très volontiers de l'état du gentil comte de Foix, car je fus douze semaines en son hôtel et très bien administré et délivré de toutes choses. Et durant le temps que je fus à Orthez je pouvois apprendre et ouir nouvelles de tous pays si je voulois des présentes et des passées. Et aussi le gentil chevalier messire Espaing de Lyon, en laquelle compagnie je étois entré au pays et auquel je m'étois découvert de mes besognes, m'accointa de chevaliers et d'écuyers qui me savoient recorder justement ce que je demandois et requérois à savoir. Si appris et fus là informé des besognes de Portugal et de Castille, et comment on s'y étoit porté le temps passé; des guerres, des batailles et des rencontres que ces deux rois et leurs adhérents et aidants avoient eu l'un contre l'autre; desquelles choses et besognes je vous ferai en suivant juste record.

Vous savez, si comme ci-dessus est contenu, comment le roi Dam Jean de Castille, avoit assiégé la bonne cité de Lussebonne (Lisbonne) et le roi Jean de Portugal dedans. Lequel roi de fait les bonnes villes de Portugal avoient couronné pour sa vaillan-

---

(1) Étoffe ou fourrure dont les taches étoient très petites de façon que l'on avoit peine à distinguer laquelle des couleurs étoit dominante (Roquefort Glossaire.) J. A. B.

ce, car voirement (vraiment) étoit il bâtard, et si avez ouï recorder comment cil (ce) roi avoit envoyé en Angleterre devers le duc de Lancastre et le comte de Cantebruge (Cambridge) qui avoient par mariage ses cousines, au secours, ses spéciaux messagers deux chevaliers, messire Jean Radigos et messire Jean Tête-d'Or et avecques eux un clerc licencié en droit qui étoit archidiacre de Lisbonne [1]. Tant exploitèrent ces ambassadeurs par mer, par le bon vent qu'ils eurent, qu'ils arrivèrent au hâvre de Hantonne (Southampton) et là issirent (sortirent)-ils de leurs vaisseaux et se rafraîchirent en la ville un jour et prindrent (prirent) là chevaux, car ils n'en avoient nuls fait passer, et puis chevauchèrent tout le grand chemin pour venir à Londres, et tant firent qu'ils y parvinrent. Ce fut au mois d'Août que le roi d'Angleterre étoit en la marche de Galles en chasse et en déduit; et ses trois oncles le duc de Lancastre, le comte de Cantebruge (Cambridge), messire Aymont et messire Thomas, le comte de Bouquinghen (Bockingham) étoient aussi chacun en leur déduit en leurs pays. Tant eurent plus à faire les messagers du roi de Portugal; et premièrement ils se traitent (rendirent) devers le duc de Lancastre qui se tenoit à Harford (Hertford) à vingt milles de Londres. Le duc les reçut moult doucement et ouvrit les lettres qu'ils lui baillèrent et les lisi (lut) par trois fois pour mieux les entendre et puis répondit et dit: « Vous soyez les bien venus en ce pays; mais

---

[1] Voyez la note première P. 235. Ch. IV. de ce volume. J. A. B.

vous venez aussi mal à point pour avoir hâtive délivrance que vous pouvez venir en tout l'an; car le roi et mes frères et tout le conseil de ce pays sont épars, les uns çà, les autre là. Ainsi ne pouvez avoir réponse ni délivrance fors que par le spécial conseil de Londres à la saint-Michel que tout le pays se retourne là à Wesmoustier (Westminster); et pour ce que spécialement et principalement cette matière pour laquelle vous venez, touche très grandement à mon frère et à moi, je en écrirai devers lui et ferai que moi et lui serons temprement (bientôt) et brièvement à Londres ou près de là. Si aurons ensemble conseil et avis comment pour le mieux nous en pourrons ordonner, et vous retournerez à Londres et nous attendrez là; et quand mon frère sera approché vous ouïrez nouvelles de nous. »

Les ambassadeurs Portingalois (Portugais) furent contents assez de ces réponses et se départirent du duc de Lancastre. Quand ils eurent été avecques lui un jour ils retournèrent à Londres et là se logèrent et se tinrent tous aises. Le duc de Lancastre ne mit pas en oubli ce que il leur avoit dit, mais escripsi (écrivit) tantôt devers son frère le comte de Cantebruge (Cambridge) lettres spéciales sur l'état que vous avez ouï.

Quand le comte eut ces lettres de son frère le duc, si les lisi (lut) à grand loisir. Depuis ne demeura gaires (guères) de temps que il s'en vint à Harford (Hertford) de-lez (près) Ware où le duc se tenoit, et là furent trois jours ensemble, et conseillèrent cette besogne au mieux qu'ils purent, et se ordonnèrent de venir vers Londres, si comme le duc de Lancastre l'avoit devisé et promis aux Portingalois (Portugais), et vinrent en la cité de Londres, et descendirent à leurs hôtels.

Or eurent ces deux seigneurs et les Portingalois (Portugais) de rechef grand parlement ensemble, car le comte de Cantebruge (Cambridge) qui avoit été en Portugal et qui trop mal s'étoit contenté et contentoit encore du roi Ferrant de Portugal mort, car trop lâchement il avoit guerroyé, et outre la volonté des Anglois il s'étoit accordé aux Espagnols, si faisoit doute le dit comte que aux parlements de la Saint Michel le conseil du roi d'Angleterre et la communauté du pays ne se voulsissent (voulussent) pas légèrement assentir (consentir) à faire un voyage en Portugal quand on y avoit allé et envoyé grandement, et avoit coûté au royaume d'Angleterre cent mille francs, et si n'y avoient rien fait.

Les ambassadeurs de Portugal concevoient bien les paroles du comte et disoient : « Monseigneur adonc fut ; or est à présent autrement ; notre roi cui (à qui) Dieu pardoint (pardonne) à l'âme, resoignoit (craignoit) tant les fortunes que nul plus de lui, mais notre roi de à présent a autre emprise et imagination ; car si il se trouvoit sur les champs à (avec) mains (moins) de gens trois fois que ses ennemis ne fussent, si les combattroit-il à quelque fin qu'il en dut venir, et de ce vous assurons-nous loyalement. Avecques tout ce, mes seigneurs qui [ici estes], votre querelle est toute claire à guerroyer et à chalengier (disputer) le royaume de Castille et à le gagner, car l'héritage en appartient à vos femmes et enfans et pour le conquester (conquérir) vous ne pouvez avoir entrée en Castille de nul côté qui tant vous vaille comme celle de Portugal, puisque vous avez le pays d'accord. Si rendez peine que l'un de vous y vienne si puissamment que avecques ceux que vous trouverez au pays, vous puissiez tenir les champs. »

Le duc de Lancastre répondit : « Il ne tient pas à nous, mais au roi et à son conseil et au pays d'Angleterre et nous en ferons notre puissance; de ce devez-vous être tous certains. »

En cet état finirent-ils leur parlement et demeurèrent les Portingalois (Portugais) à Londres attendant la Saint Michel; et le duc de Lancastre et le comte de Cantebruge (Cambridge) retournèrent en leurs maisons sur le pays d'Angleterre en la marche du nord.

Or vint la Saint Michel et le parlement à Wesmoustier (Westminster) et approcha le roi la contrée de Londres et s'en vint à Windsor et de là à Quartesie (Chertsey) et puis à Tores (Staines) et toujours où que il alloit le suivoit la reine sa femme, et aussi tout son cœur le comte d'Asquesuffort (Oxford); car par celui étoit tout fait et sans lui n'étoit rien fait.

En ce temps que je parole (parle) étoient les guerres en Flandre entre le duc de Bourgogne et les Gantois, et étoient nouvellement retournés en Angleterre, l'évêque de Nordich (Norwich), messire

Hue de Caurelée (Calverly), messire Guibaume Helmen (Elmham), messire Thomes Trivet et les autres qui avoient en cet été tenu le siége avecques les Gantois devant Ypres. Et puis vint là le roi de France, et les enclouy (enferma) en Bourbourg, si comme il est contenu ci-dessus en notre histoire. Mais il y avoit trieuves (trèves) entre les Flamands et les François et les Anglois, durant jusques à la Saint Jean-Baptiste. Mais les Écossois faisoient guerre, pourquoi les Anglois se véoient moult enbouillés (embarrassés) et ne savoient auquel entendre; car aussi le conseil de Gand étoit à Londres qui requéroient à avoir un maimbour (gouverneur), pour aider à soutenir et à garder leur ville; et tel maimbour (gouverneur) comme l'un des oncles du roi ou le comte de Salebery (Salisbury). Aux parlements qui furent en cette saison à Londres ot (eut) plusieurs consaulx (conseils) et paroles jetées et réitérées tant pour les Flamands que pour le pays de Portugal et aussi pour les Écossois qui leur faisoient guerre. Le duc de Lancastre spécialement tiroit à ce que il put avoir une bonne charge de gens d'armes et d'archers pour mener en Portugal, et démontroit aux prélats et aux barons et au conseil des communautés des villes d'Angleterre comment on étoit tenu par foi, serment et alliance jurée, à lui aider et son frère à recouvrer leur héritage de Castille qui se perdoit; et ce leur avoit-on promis quand leur neveu le roi fut couronné, et apparoient toutes ces choses par lettres scelées. Et encore se complaignoit le duc du grief que on leur faisoit et à son frère que tant on y avoit mis au faire; et que voirement (vraiment) son frère le comte de Cantebruge (Cambridge), selon ce que on lui avoit promis quand il alla en Portugal, on lui avoit petitement tenu ses convenances (engagements), car on lui devoit envoyer deux mille lances et autant d'archers, et rien n'en avoit été fait, pourquoi la querelle de leur propre droit héritage étoit bien mise arrière.

Les paroles et remontrances du duc de Lancastre étoient bien ouïes et entendues, c'étoit raison. Et disoient les plus notables du conseil que il avoit droit; mais les besognes de leur royaume, qui plus près leur touchoient, devoient aller devant lui. Aucuns vouloient que sa volonté fut accomplie, et les autres à part remontroient et disoient que on feroit un grand outrage si on dénuoit (dégarnissoit) le royaume d'Angleterre de deux mille hommes d'armes et de quatre mille archers pour envoyer si loin comme au royaume de Portugal, car les fortunes de mer sont périlleuses et pernicieuses et l'air de Portugal chaud et merveilleux. Et si le pays d'Angleterre étoit affoibli de tant de gens ce seroit un dommage sans recouvrance. Nonobstant tous ces points et arguments de toutes les doutes que mettre ni avenir y pouvoient, il fut adonc ordonné que à l'été le duc de Lancastre passeroit la mer et auroit en sa compagnie sept cents lances et trois mille archers, et seroient payés tous ceux qui en ce voyage iroient pour un quartier d'an [1]; mais on réserva que si au-

(1) Trois mois. J. A. B.

tres accidents touchants au royaume d'Angleterre mouvants du royaume de France ou du royaume d'Écosse leur venoient sur la main, le royaume de Portugal devoit être retardé. Le duc de Lancastre s'accorda à ce, car autre chose il n'en put avoir pour le présent.

Or savez-vous, si comme il est contenu ci-dessus en l'histoire, que quand le duc de Lancastre ot (eut) toutes ses gens appareillé et ses nefs prêtes à Hantonne (Southampton) pour faire son voyage en Portugal et que les ambassadeurs de Portugal furent retournés à Lisbonne et orent (eurent) apporté certificats de toutes ces besognes, et comment le duc de Lancastre devoit venir, et quelle charge de gens lui étoit baillée, dont les Portingalois avoient grand' joie, un grand empêchement vint en Angleterre, pourquoi il convint son voyage retarder une saison, car l'amiral de France Jean de Vienne atout (avec) mille lances de bonnes gens d'armes monta en mer à l'Écluse et alla en Écosse et fit guerre en Angleterre, dont le roi d'Angleterre et tout le pays allèrent au-devant; et il est contenu tout justement ci-dessus en l'histoire, si n'en ai que faire d'en parler deux fois; mais vueil (veux) parler du siége de Lisbonne et du roi d'Espagne pour revenir à ma matière et faire de tout juste narration selon ce que j'en fus adonc informé.

Le roi D. Jean de Castille étant à siége devant Lisbonne, nouvelles vinrent en son ost, par marchands de son pays qui venoient de Flandre et de Bruges, comment le duc de Lancastre s'appareilloit et ordonnoit atout (avec) grand'gent d'armes et archers de venir à Lisbonne et lever le siége. Ces nouvelles furent crues très bien, car bien savoient les Espagnols que le duc de Lancastre y mettroit toute sa peine et toute la diligence que il pourroit à guerroyer le royaume de Castille, car il y clamoit (réclamoit) part. Nonobstant ces nouvelles si tenoit le roi son siége et avoit envoyé ses lettres et ses messages pour avoir secours de France et par spécial envoya au pays de Berne (Béarn); et tant que de la terre au comte de Foix, du pays de Béarn, issirent en une route (troupe); en moins de quatre jours, plus de trois cents lances à élection les meilleurs gens d'armes qui fussent en Béarn; et jà étoient passés à Orthez du royaume de France pour aller en Castille servir le roi, messire Jean de Roie, Bourguignon, messire Geffroy Ricon, Breton, et Geffroy de Partenay; et avoit chacun sa route (troupe).

Or s'appareillèrent ceux de Béarn tels que je vous nommerai. Premier un grand baron et compagnon au comte de Foix le seigneur de Lignac, messire Pierre de Trée, messire Jean de l'Espres, le seigneur de Beruele, le seigneur des Bordes, messire Bertran de Baruge, le seigneur de Moriane, messire Raymon d'Ouzac, messire Jean Aseleghie, messire Monnant de Saremen, messire Pierre de Sarrabière, messire Étienne de Valentin, messire Raymon de Forasse, messire Pierre de Havefane, messire Augerot de Domessen et plusieurs autres; et messire Espagnolet d'Espagne, aîné fils à messire d'Espagne cousin de lignage et d'armes au comte de Foix, se mit en la route (troupe) des Bernes (Béarnois).

Ces barons et chevaliers de Berne (Béarn) firent leur assemblée de gens d'armes à Orthez et là environ; et me fut dit de ceux qui les virent partir de la ville d'Orthez que c'étoient les plus belles gens et les mieux armés et ordonnés que on eut grand temps vus yssir (sortir) du pays de Béarn.

Quand le comte de Foix vit que ce fut acertes (sérieux) que ils partiroient et s'en iroient en Espagne, combien que au commencement il s'étoit assez assenti (consenti) et accordé que ils reçussent les souldées (soldes) du roi de Castille, si fut-il tout pensif et courroucé de leur département, car il lui sembloit, et voir (vrai) étoit, que son pays en affoiblissoit. Si envoya devers les barons, chevaliers et capitaines ci-dessus nommés et leur fit dire par les chevaliers de son hôtel messire Espaing de Lyon et messire Pierre de Cabestain que ils vinssent tous ensemble au châtel à Orthez, car il vouloit d'un dîner payer leur bien aller. Cils (ces) chevaliers obéirent, ce fut raison; et vinrent à Orthez voir le comte qui les recueillit doucement et grandement; et après sa messe il les fit tous entrer en sa chambre de retrait et puis commença par grand conseil à parler à eux et dit: « Beaux seigneurs, est-ce donc votre entente (intention) que vous partirez de mon pays et me lairez (laisserez) la guerre en la main du comte d'Armagnac et vous en irez faire la guerre pour le roi d'Espagne. Cette départie me touche de trop près. » — «Monseigneur, répondirent ceux qui là étoient, ouil; faire le nous faut, car sur cet état sommes-nous ordonnés, et avons reçu les gages du roi de Castille, et c'est une guerre d'Espagne et de Portugal qui tôt sera achevée. Si retournerons, si il plaît à Dieu, en bonne santé. » — « Tôt achevée! dit le comte de Foix: et non pas sitôt. Or au premier prend-elle son commencement, car il y a un nouvel roi en Portugal; si ont mandé secours en Angleterre; et se taille cette chevauchée et cette armée où vous allez, à durer un long temps et vous tenir sur les champs, car point ne serez combattu jusques à ce que le duc de Lancastre et ses gens soient venus; et par ainsi vous seront cher vendus les gages que vous avez pris. » — « Monseigneur, répondirent-ils, puisque nous avons exploité si avant, nous parferons le voyage. » — « Dieu y ait part! dit le comte. Or, allons dîner, il est heure. »

Lors s'en vint le comte avecques ses barons et chevaliers et se mit en la salle où les tables étoient mises. Si dînèrent grandement à loisir et furent servis de tous biens si comme le jour appartenoit. Après dîner le comte de Foix enmena les chevaliers en ses galeries et si comme il avoit d'usage de ruser (1) et de galer (s'amuser) après dîner, il entra à eux en parole et dit: « Beaux seigneurs, je vous vois enuis (avec peine) partir de mon pays; non pas que je sois courroucé de votre avancement et honneur, car en tous états je le vous voudrois augmenter et exaulcier (agrandir) volontiers, mais je ai grand'pitié de vous, car vous êtes toute la fleur de la chevalerie de mon pays de Béarn, si vous en allez en lointaines marches

(1) Voir familièrement quelqu'un. J. A. B.

et en étranges pays guerroyer; je vous conseille, autrefois le vous ai-je dit, que vous vous déportez de ce voyage et laissiez le roi d'Espagne et le roi de Portugal faire leur guerre ensemble, car elle ne vous compète (concerne) en rien. » — « Monseigneur, répondirent-ils, sauve soit votre honneur, nous ne pouvons pas ainsi faire; et mieux savez que vous ne dites, si il le vous plaît à entendre, car nous avons reçu les gages et les dons du roi de Castille, si les nous faut desservir (mériter). » — « Or, dit le comte, vous parlez bien, mais je vous dirai qu'il vous aviendra de ce voyage. Ou vous retournerez si poures (pauvres) et si nuds que les poux vous étrangleront et les croquerez entre vos ongles » (Adonc leur montra comment et mit ses deux poces ensemble.) « Ou vous serez ou tous morts ou tous pris. » Les chevaliers commencèrent à rire et dirent: « Monseigneur, il nous en faut attendre l'aventure. »

Adonc entra le comte en autres paroles et laissa cestes (celles-ci) ester (rester) et leur remontra en parlant la manière et la nature des Espagnols, et comment ils sont ors (sales) et pouilleux et fort envieux sur le bien d'autrui, et que sur ce ils eussent bon avis et bon conseil: et quand il ot (eut) parlé de plusieurs choses il demanda vin et épices. Si but, et burent tous ceux qui là étoient. Lors prit-il congé à eux et bailla à chacun la main et commanda à Dieu et puis rentra en sa chambre; et les chevaliers montèrent au pied du châtel; et jà étoient leurs gens et leurs harnois partis et venus à Sauveterre, et là vinrent loger ce soir, et lendemain se départirent et entrèrent en la terre des Bascles (Basques) et prindrent (prirent) le chemin de Pampelune; et partout passoient sûrement, car ils payoient ce que ils prenoient.

En ce temps que le roi de Castille séoit devant Lisbonne, et avoit sis jà environ un an, se rebellèrent ceux de la ville de Saint Yrain (Santarem) contre le roi de Castille et cloirent (fermèrent) leurs portes et distrent (dirent) que nuls François ni Espagnols n'entreroient en leur ville pour les dommages et oppressions que on leur faisoit. Et veulent dire les aucuns que ce fut par la coulpe (faute) des gens messire Geffroy Ricon et de messire Geffroy de Partenay qui menoient routes (troupes) de Bretons qui prenoient et pilloient quan (tout ce) que ils trouvoient et rien ne savoient que c'étoit de payer. Si se saisirent les citoyens de la ville des deux châteaux, et distrent (dirent) que ils les tiendroient contre tout homme qui mal leur feroit ou voudroit faire.

A ce jour que ils se rebellèrent ils occirent plus de soixante Bretons pillards, et eussent occis Geffroy de Partenay, mais il se sauva par les murs de la ville qui répondoient à son hôtel. Adonc se recueillirent François et Bretons qui étoient là en route (troupe) et livrèrent à ceux de Saint Yrain (Santarem) un jour tout entier grand assaut; mais ils y perdirent plus que ils n'y gagnèrent et si n'y firent rien.

Les nouvelles vinrent en l'ost au roi de Castille que ceux de Saint Yrain (Santarem) étoient tournés Portingalois et près de rendre la ville et les châteaux au roi de Portugal et que ils s'en étoient mis en saisine. Quand le roi ouït ces nouvelles si fut moult pensif et appela son maréchal messire Regnault Limosin et lui dit: « Prenez cent ou deux cents lances en votre compagnie et allez voir à Saint Yrain (Santarem) que c'est et à quelle entente (but) les hommes de la ville se sont rebellés et par quelle achoison (occasion) ils ont fait ce que ils ont fait. » Messire Regnault répondit: « Volontiers. » Il se mit au chemin et prit de sa charge jusques à deux cents lances et chevaucha vers Saint Yrain (Santarem) et fit tant que il y vint et envoya devant un héraut pour noncier (annoncer) sa venue: lequel parla aux barrières qui étoient closes à ceux de la ville et fit son message, et lui fut répondu en disant: « Nous connoissons bien messire Regnault Limosin pour un gentil et vaillant chevalier, et savons bien qu'il est maréchal du roi; et peut bien venir jusques à ci, si il lui plaît; et tout désarmé entrera-t-il en la ville, autrement non; et si il a à parler à nous il y parlera. » Ce fut tout ce que le héraut rapporta arrière à messire Regnault et messire Regnault dit: « Je ne viens pas ci pour eux porter contraire ni dommages, mais pour savoir leur entente (intention), et il m'est autant à entrer en la ville, désarmé comme armé tant que j'aie parlé à eux. » Si se départit lors du lieu où il étoit et chevaucha, lui sixième tant seulement, sans armes, et laissa ses gens derrière et vint mettre pied à terre droit devant la barrière. Quand on le vit en cet état, ceux qui étoient à la barrière lui ouvrirent et abaissèrent le pont et ouvrirent la porte et le mirent en la ville et lui firent bonne chère. Lors s'assemblèrent tous les hommes de la ville en une place ou carrefour et là commença à parler à eux et leur dit: « Entendez, vous qui en cette ville demeurez; je suis ci envoyé de par le roi, et m'est commandé que je vous demande à quelle entente (but) vous vous êtes rebellés et avez clos vos portes et occis les gens du roi qui le venoient servir. Sachez que le roi est trop durement courroucé sur vous, car il est informé que vous avez pris en saisine les deux châteaux de cette ville qui sont de son héritage et y voulez mettre ses adversaires de Portugal. » — « Sauve soit votre grâce, messire Regnault, ce répondirent-ils, nous ne les y voulons pas mettre ni aussi les rendre en autres mains ni seigneurie que à celle du roi de Castille de qui nous les tenons, mais (pourvu) que il nous gouverne ou fasse gouverner en paix et en justice. Et ce que nous faisons et avons fait, ce a été pour la coulpe (faute) et outrage des robeurs (voleurs) et pillards, Bretons et autres, que on avoit logés en cette ville et par leur outrage; car si nous fussions Sarrasins ou pieurs (pires) gens, si ne nous pouvoient-ils pis faire comme de efforcer nos femmes et nos filles, rompre nos huches, effondrer nos tonneaux de vin, nous battre et meshaigner (blesser), quand nous en parlions. Si ne vous devez pas émerveiller, quand nous véons tels outrages faire sur nous et sur le nôtre de ceux qui nous dussent garder; si nous nous en courrouçons, car on se courrouce bien pour moins. Si pouvez dire au roi tout ce et remontrer, s'il vous plaît. Mais nous sommes d'un accord que notre ville, pour homme qui voise (aille) ni qui vienne, ne l'ouvrirons ni pour François ni pour Bretons recueillir, fors le corps du roi proprement et ceux que il lui plaira, sans nous oppresser ni faire nulle violence. »

Quand messire Regnault Limousin les ouït parler de tel langage, si se raffrena (apaisa); et lui sembla assez que ils n'avoient pas le plus de tort si ils avoient bouté hors leurs ennemis de leur ville. Si leur dit: «Oh! bonnes gens, je vous ai bien ouï et entendu. Vous demeurerez en votre pays et je m'en retournerai en l'ost devers le roi et lui dénoncerai toutes les paroles que vous m'avez dites et en bonne vérité je serai pour vous. » Ceux répondirent : « Monseigneur, grand merci; nous nous confions bien en vous, que si le roi est duement informé sur nous, que vous nous serez un bon moyen (médiateur). » A ces mots prit congé messire Regnault Limousin et se partit de la ville; et monta à cheval et retourna à ses gens qui l'attendoient sur les champs et puis chevaucha tant qu'il vint en l'ost devant Lisbonne et descendit en son logis et puis alla devers le roi et lui recorda tout ce qu'il avoit vu et trouvé en ceux de Saint Yrain (Santarem). Quand le roi en sçut la vérité si dit: « Par ma foi, ils ont fait sagement, si ils se sont mis asseur (en sûreté) de ces pillards Bretons. »

Or advint ainsi que quand messire Geffroy de Partenay et messire Geffroy Ricon et leurs routes (troupes) virent que ils n'auroient autre chose de ceux de Saint Yrain (Santarem) et que le roi de Castille s'en dissimuloit, si en furent durement courroucés et dirent entr'eux : « Nous devons bien avoir laissé le royaume de France et être venus en ce pays servir le roi d'Espagne, quand nous sommes ainsi ravalés de vilains et ne nous en veut-on faire droit. La chose ne demeurera pas ainsi. Il doit venir temprement (bientôt) grand'foison de Gascons. Nous souffrirons tant qu'ils seront venus et puis nous accorderons ensemble, et eux nous aideront à contrevenger de nos compagnons que on nous a occis et meshaignés (blessés). »

Nouvelles vinrent en l'ost au roi et à son conseil que les Bretons menaçoient durement ceux de Saint Yrain (Santarem) et se vantoient que, les Gascons venus, ils leur feroient cher comparer (payer) ce que ils leur avoient fait. Si fut le roi conseillé que il se départiroit du siége de Lisbonne et s'en viendroit rafraîchir à Saint Yrain (Santarem) et remettroit les choses en bon point et en bon état et là attendroit la venue des Gascons, où bien avoit quatre cents lances de bonnes gens dont il avoit grand'joie; car pas ne vouloit qu'ils trouvassent le pays en trouble. Et aussi grand'foison de ses gens se désiroient à rafraîchir, car ils avoient là été moult longuement sans rien faire. Après fut ordonné de par le roi le déloger et partir toutes gens du siége et traire (tendre) vers Saint Yrain (Santarem). Si se délogèrent les Espagnols et tous ceux qui là avoient été longue saison et s'en vinrent en la marche de Saint Yrain (Santarem).

Quand ceux de Saint Yrain (Santarem) entendirent que le roi de Castille devoit venir vers leur ville, si se ordonnèrent douze hommes des plus nobles des leurs et montèrent à cheval et s'en vinrent sur les champs à deux lieues près de là faire révérence au roi pour savoir parfaitement le courage (intention) et la volonté de lui. Tant chevauchèrent ces gens que ils rencontrèrent le roi qui étoit descendu en un grand ombrage dessous oliviers pour lui rafraîchir, car il faisoit grand'chaleur. Là étoit messire Regnault Limousin maréchal de l'ost qui étoit tout pourvu de leur venue et étoit présent de-lez (près) le roi; et cils (ceux-ci) venus devant lui se mi à genoux et lui dirent ainsi:

« Très redouté sire et noble roi de Castille, nous sommes ci envoyés de par la pauvre communauté de votre bonne ville et châtellerie de Saint Yrain (Santarem), car on leur a donné à entendre que vous êtes grandement courroucé sur eux. Et si ainsi est ou soit, très redouté sire, la coulpe (faute) et offense ne vient pas par eux, mais par les grands injures et oppressions que les Bretons leur ont fait, lesquels étoient en leur ville et la vôtre premièrement, car tous leurs malins et mauvais faits ne peuvent pas être venus tous à connoissance, mais pas n'en encoulpons (inculpons) leurs maîtres chevaliers, écuyers ni capitaines, fors ceux qui les ont faits et perpétrés (commis). Si en ont tant fait les pillards Bretons que merveille seroit à penser ni à recorder; et nous ont tenus un temps en grand'subjection en la dite ville et en la châtellerie, dont plusieurs plaintes en venoient tous les jours à nous. Et en dépit de ce, iceux pillards rompoient nos coffres à force de haches et prenoient tout le nôtre et violoient nos femmes et nos filles, présents nous. Et quand nous en parlions nous étions (battus) et meshaigniés (maltraités) ou morts. En cette pauvreté avons-nous été deux mois et plus. Pourquoi, très redonté seigneur et noble roi, nous vous supplions que si nous vous avons courroucé par cette cause ou autrement, que il vous plaira à faire juste et loyale information de nous et nous mener par voie de droit. Si comme vous nous promîtes et jurâtes à tenir entérinement (entièrement) et fran-chement, quand vous entrâtes premièrement en roi la ville de Saint Yrain (Santarem) et la seigneurie et possession vous en fut baillée, et vous ferez aumône. Car puisque vous y venez, nous ajoutons en vous et en votre conseil tant de noblesse et de franchise, que la ville sera, et trouverez toute ouverte contre votre venue; et à votre pauvre peuple qui crie merci des injures et oppressions que on leur a faites, si votre majesté royale et votre noble conseil le dit, veuillez donner grâce et rémission. »

Le roi se tut un petit et messire Regnault Limousin parla et dit en lui agenouillant devant le roi: « Très cher sire, vous avez ouï votre pauvre peuple de Saint Yrain (Santarem) complaindre et démontrer ce que on leur avoit fait, si en veuillez répondre. » — « Regnault, dit le roi, nous savons bien qu'ils ont juste cause, dites-leur que ils se lèvent et s'en voisent (aillent) devant à Saint Yrain (Santarem) appareiller pour nous, car nous y serons anuit (ce soir) au gîte; et au surplus ils seront bien gardés en leur droit. »

Messire Regnault Limousin se leva lors et se retourna devers ceux de Saint Yrain (Santarem) et leur dit: « Bonnes gens, levez-vous, le roi notre seigneur a bien entendu et conçu ce que vous avez dit; vous ne voulez que droit et justice et il la vous fera et tiendra et appareillez duement à sa venue la ville de Saint Yrain (Santarem) et faites tant qu'il vous en sache gré, car les choses viendront à bien parmi les bons moyens que vous aurez en votre aide. » — « Monseigneur, répondirent-ils, grand merci. » Lors prirent-ils congé du roi et montèrent à cheval et s'en retournèrent à Saint Yrain (Santarem) et recordèrent tout ce que ils avoient vu et trouvé au roi et la réponse que messire Regnault avoit faite de par le roi. Si en furent grandement réjouis. Adonc fut la ville appareillée très richement contre la venue du roi et les chaussées jonchées de fraîches herbes. Si y entra le roi à heures de vêpres et se logea au châtel que on dit au Lion et ses gens se logèrent en la ville, ceux qui loger se purent, et la seigneur (majeure) partie aux champs et ès villages d'environ. Si y fut le roi bien un mois et demeura la chose ainsi: qui plus y avoit mis plus y avoit perdu.

CHAPITRE XIX.

Ci parle d'une moult merveilleuse et piteuse bataille qui fut à Juberot (Aljubarota) entre le roi de Castille et le roi de Portugal.

Endementes (pendant) que le roi se tenoit et séjournoit à Saint Yrain (Santarem) vinrent les Gascons de Béarn à (avec) belle compagnie de gens d'armes. Messire Regnault Limousin chevaucha à l'encontre d'eux et les recueillit doucement et grandement, ainsi que bien faire le savoit; et mena les capitaines devers le roi qui ot (eut) très grand'joie de leur venue et commanda à messire Regnault que ils fussent bien logés et à leur aise, car il le vouloit. Il le fit tellement que ils s'en contentèrent. Ainsi se portèrent les besognes; et se tint le roi à Saint Yrain (Santarem) et toutes ses gens là environ. Et tenoit bien lors sur les champs le roi Jean de Castille quatre mille hommes d'armes et trente mille d'autres gens. Si appela une fois les barons de France pour avoir conseil à eux comment il se pourroit maintenir en cette guerre, car il avoit sis longuement et à grands frais devant Lisbonne et si n'y avoit rien fait; et crois bien que si les Gascons ne fussent là venus qui rafraîchirent le roi de courage et de volonté, il se fut parti de Saint Yrain (Santarem) et retrait vers Burges (Burgos) ou en Galice, car ses gens s'ennuyoient de tant être sur les champs.

Quand ces chevaliers de France et de Béarn furent venus devant le roi, il parla et dit: « Beaux seigneurs, vous êtes tous gens de fait et usagés et appris de guerre, si vueil (veux) avoir conseil et collation (entretien) avecques vous comment je me pourrai maintenir contre ces Lisbonnois et Portingalois (Portugais): ils m'ont tenu aux champs jà bien un an et si n'ai rien exploité sur eux. Je les cuidois (croyois) attraire (attirer) hors de Lisbonne et en place pour eux combattre, mais ils n'en ont eu nulle volonté. Et veulent mes gens et me conseillent que je donne pour le temps présent à toutes manières de gens congé et que chacun s'en retourne à son hôtel. Et vous qu'en dites-vous ? »

Les chevaliers de France et de Béarn, qui étoient nouvellement venus en l'ost du roi et qui désiroient les armes et n'avoient encore rien fait, mais vouloient desservir (mériter) leurs gages, répondirent: « Sire, vous êtes un puissant homme de terre et petit vous coûte la peine et le travail de votre peuple, spécialement quand ils sont sur le leur. Nous ne disons pas, si ils étoient en étranges pays hors de toutes pourvéances, que ils ne vous dussent donner ce conseil, car là seroit la peine et le dommage trop grand sans comparaison, car ils sont ci presque aussi aises, si comme nous pouvons voir et connoître, comme si ils étoient en leurs hôtels. Si vous disons, non pas par manière d'arrêt de conseil, car vous êtes sage assez par votre haute prudence pour le meilleur dire, que vous teniez encore les champs; car bien les pouvez tenir jusques à la Saint Michel, espoir (peut-être) s'assembleront vos ennemis et se trairont (rendront) sur les champs, quand le moins vous en donnerez de garde; et si ils le font ainsi, sans faute ils seront combattus. Nous en avons très grand désir que nous les puissions voir et moult nous a coûté de peine et de travail de nous et de nos chevaux, avant que nous soyons venus en ce pays; si ne serons jà de l'opinion de vos gens que nous ne les voyons. » — « Par ma foi, répondit le roi, vous parlez bien et loyalement et de cette guerre et d'autres; je userai d'ores-en-avant par votre conseil, car monseigneur mon père et moi n'y trouvâmes oncques que grand'loyauté et Dieu ait merci de l'âme de messire Bertran Duguesclin, car ce fut un loyal chevalier par lequel nous eûmes en son temps plusieurs belles et grandes recouvrances. »

Les paroles des consaulx (conseils) et toutes les réponses que le roi Damp Jean de Castille ot (eut) ce jour avecques les chevaliers de France et de Béarn furent sçues entre les comtes et les barons d'Espagne. Si en furent durement courroucés pour deux raisons: L'une fut pour tant que le roi à leur semblant avoit greigneur (plus grande) fiance aux étrangers que en eux qui étoient ses hommes liges et qui l'avoient couronné; l'autre fut que les chevaliers de France donnoient conseil au roi de eux là tenir et si étoient tous lassés de guerroyer. Si en parlèrent entre eux en plusieurs manières, non en public, mais en requoi (secret) et disoient: « Le roi ne sçait guerroyer fors que par François et aussi ne fit oncques son père. » Là commencèrent-ils à avoir envie sur les François et bien s'en apercevoient li (les) varlets et li (les) fourrageurs des chevaliers Gascons et François, car on avoit ceux de France et ceux d'un langage [1] tous logés ensemble. Mais quand les Espagnols en fourrageant étoient plus forts que les François, ils leur tolloient (enlevoient) et ôtoient leurs pourvéances; et étoient battus et meshaignés (maltraités) tant que les plaintes en vinrent au roi. Adonc le roi en blâma grandement son maréchal messire Regnault Limosin en disant pourquoi il n'y avoit pourvu. Le maréchal de l'ost s'excusa et dit que si Dieu lui put aider il n'en savoit rien et que il y pourverroit. Si établit tantôt sur les champs gens d'armes qui gardoient les pas, parquoi les fourrageurs François chevauchoient sûrement; et encore avecques tout il fit faire un ban et un commandement, que toutes manières de gens qui avoient vivres et pourvéances les apportâssent ou fissent amener à (avec) sommiers ou autrement en l'ost (armée) devant Saint Yrain (Santarem), auxquelles choses on mit prix raisonnable. Si en eurent les étrangers largement, car il convenoit par l'ordonnance du ban que ils en fussent servis avant tous autres, dont les Espagnols eurent grand dépit de cette ordonnance.

Or advint qu'en la propre semaine que le roi de Castille se délogea lui et toutes ses gens du siége de Lisbonne, entrèrent au hâvre de Lisbonne trois

---

[1] C'est-à-dire, tous ceux qui étoient du même pays, qui parloient la même langue. J. A. B.

grosses nefs chargées de gens d'armes Anglois et archers; et pouvoient être en somme environ cinq cents, que uns que autres; et vous dis que les trois parts étoient compagnons aventureux hors de tous gages de Calais, de Cherbourg, de Brest en Bretagne et de Mortagne en Poitou, lesquels avoient ouï parler de la guerre du roi de Castille et du roi de Portugal. Si étoient venus à Bordeaux et là assemblés et disoient et avoient dit: « Allons-nous-en à l'aventure en Portugal, nous trouverons là qui nous recevra et embesognera. » Messire Jean de Harpedane, qui pour le temps étoit sénéchal de Bordeaux, leur avoit grandement conseillé, car point ne vouloit qu'ils s'amassâssent au pays de Bordelois pour demeurer, car ils y pouvoient plus faire de maux que de biens, pour ce que ils étoient tous compagnons aventureux qui n'avoient qu'à perdre.

De tous ceux qui pour ce temps arrivèrent à Lisbonne, je n'y ouïs nommer nul chevalier, mais trois écuyers Anglois qui étoient leurs capitaines. L'un appeloit-on Northbery, l'autre Marberri et le tiers Huguelin de Hartevelle (Hartsel); et n'y avoit nul de ces trois qui n'eût d'âge plus de cinquante ans. Lesquels étoient bons hommes d'armes et tous stilés et usagés de fait de guerre.

De la venue de ces Anglois furent les Lisbonnois tous réjouis et aussi fut le roi de Portugal qui les voulut voir; et vinrent au palais devant le roi. Le roi en ot (eut) grand' joie et leur demanda si le duc de Lancastre les envoyoit là. « Par ma foi, sire, répondit Northbery, nous ne vîmes le duc de Lancastre grand temps a, ni il ne sçait rien de nous ni nous de lui. Nous sommes gens de plusieurs sortes qui demandons les armes et les aventures. Il en y a de tels qui vous sont venus servir de la ville de Calais. » — « Par ma foi, dit le roi, ils soient, et vous tous, les bien-venus. Votre venue me fait grand bien et grand' joie, et sachez que je vous embesognerai temprement (bientôt). Nous avons ici été un moult long temps enclos et tant que nous en sommes tous ennuyés, mais nous prendrons la largesse des champs aussi bien que nos ennemis ont fait. » — « Sire, répondirent ces capitaines Anglois, nous ne désirons autre chose et nous vous prions que nous puissions bien brièvement voir vos ennemis. » Le roi de Portugal en fit dîner de ces nouveaux venus en son palais à Lisbonne plus de deux cents et commanda que eux tous fussent logés en la cité bien à leur aise. Ils le furent et tantôt payés de leurs gages pour trois mois; et mit le roi clercs en œuvre et fit lettres escripre (écrire) et sceller et envoya par tout son royaume en mandant et commandant sur quan (tout ce) que on se pouvoit méfaire que toutes gens portant armes se traissent (rendissent) vers Lisbonne.

Tous ceux à qui les lettres du roi Jean de Portugal vinrent n'obéirent pas, mais demeurèrent trop de gens en leurs hôtels, car les trois parts du dit royaume se dissimuloient à l'encontre de ceux de Lisbonne, pourtant (attendu) que ils avoient couronné ce roi qui étoit bâtard et en disoient lors grosses paroles en derrière; et pour le grand trouble et différend que le roi de Castille et son conseil véoient au pays de Portugal, s'avancèrent-ils ainsi en intention de le conquêter; et disoient que il n'y convenoit que une journée de bataille et si ceux de Lisbonne pouvoient être rués jus (à bas), le demeurant (reste) du pays en seroit tout réjoui; et jeteroient hors du pays ce maître Denis (d'Avis) ou ils l'occiroient et que ce étoit terre de conquêt pour lui, car sa femme en étoit droite héritière. Assez volontiers et légèrement s'en fut deporté (dispensé) de la guerre le roi Jean de Castille, mais ses gens ne le vouloient pas, ains (mais) le enhardissoient et disoient que il avoit juste cause et querelle à la guerre. Quand le roi de Portugal vit que à son mandement et commandement trop de son peuple, dont il pensoit à être servi, désobéissoient, si fut tout pensif et mérancolieux (triste); si appela ses plus féables de Lisbonne et les chevaliers de son hôtel qui avoient rendu peine à son couronnement et qui avoient servi le roi Ferrant son frère, messire Jean Radigon et messire Jean Tête d'Or, le seigneur de la Figière [1] et messire Guillaume de Carbeston (Cabeça), Ambroise Coudirch (Coutinho) et Pierre Coudirch (Coutinho) son frère, et messire Ouges (Hugues) Navaret, un chevalier de Castille qui étoit tourné Portingalois (Potugais), car le roi Dam Jean l'avoit enchassé hors de son royaume; si l'avoit le roi de Portugal retenu et fait capitaine de tous ses chevaliers.

[1] Voyez note 1, page 285 de ce volume. J. A. B.

A ce conseil démontra le roi plusieurs choses et dit: « Beaux seigneurs qui ci êtes, je sais bien que vous êtes tous mes amis, car vous m'avez fait roi; et vous véez comment plusieurs gens de mon royaume à mon grand besoin s'excusent et ne les puis avoir pour mettre sur les champs; car en vérité si je les véois de aussi bonne volonté comme je suis pour aller combattre mes ennemis, je en aurois grand'-joie, mais nennil, car je vois que ils se refreignent, et se dissimulent. Si me faut bien avoir conseil sur ce comment je me pourrai ordonner, et m'en répondez votre avis, je vous en prie. »

Adonc parla messire Gommes (Gomez) de Carbeston (Cabeça) un chevalier Portingalois (Portugais) et dit: « Sire, je vous dis à conseil, pour votre honneur et profit, que au plutôt que vous pourrez vous vous traiez (rendiez) sur les champs avecques ce que vous avez de gens et vous aventurez; et nous aussi nous demeurerons avecques vous et vous aiderons jusques à la mort. Car nous vous avons fait seigneur et roi de cette ville. Si il y a en Portugal aucuns rebelles ou arrogants à vous, je dis, et aussi disent les plusieurs de cette ville, que c'est pour la cause de ce que on ne vous a point vu encore chevaucher ni montrer visage à vos ennemis. Vous avez eu jusques à ores (maintenant) la grâce et la renommée d'être vaillant homme aux armes et au besoin votre vaillance vous fault (manque). C'est ce qui a fait énorgueillir vos ennemis et refroidir vos subgiez (sujets); car si ils véoient en vous fait de vaillance et prouesse, ils obéiroient et vous douteroient (redouteroient). Aussi feroient vos ennemis. » — « Par mon chef, dit le roi, vous parlez bien et il est ainsi; et je vous dis messire Gommes (Gomez) que tantôt on fasse appareiller nos hommes et ordonner chacun selon lui, car nous chevaucherons temprement (bientôt) et montrerons visage à nos ennemis, ou nous gagnerons tout à cette fois ou nous le perdrons. » — « Monseigneur, répondit le chevalier, il sera fait; car si vous avez la journée pour vous, et Dieu vous envoie bonne fortune, vous demeurerez roi de Portugal pour toujours mais, et si en serez loué et prisé en étranges terres où la connoissance en venra (viendra). Et au parfait de l'héritage vous ne pouvez venir fors que par bataille. Et exemple je vous fais du roi Dam Henri votre cousin, le père de Jean qui est roi à présent de toute Castille, d'Espagne et de Toulète (Tolède), de Galice et de Cordouan et de Seville. Il vint à tous ces héritages par bataille, ni jamais il n'y fut venu autrement. Car vous savez comment la puissance du prince de Galles et d'Aquitaine remit le roi Dam Piètre votre cousin en la possession et héritage des terres encloses dedans les Espagnols. Et depuis, par une journée de bataille que il ot (eut) contre lui devant Mancueil (Moutiel), il perdit tout. Et fut icelui roi Henri en possession comme devant. A laquelle journée il aventura soi et les siens; tout aussi vous faut-il aventurer, si vous voulez vivre à honneur. » — « Par mon chef, dit le roi, vous dites voir (vrai) et jamais ne vueil (veux) avoir d'autre conseil que cestui (celui-ci), car il nous est profitable et honorable. »

Sur cet état se départit le parlement, et fut ordonné que dedans trois jours on se mettroit sur les champs et prendroit-on terre et place pour attendre les ennemis. On tint ces trois jours les portes de Lisbonne si closes que oncques homme ni femme n'en saillit (sortit), car le roi ni les Lisbonnois ne vouloient pas que leurs ennemis sçussent leur intention ni leur convenant (arrangement). Quand ce tant d'Anglois qui là étoient entendirent que on chevaucheroit et que on iroit vers Saint Yrain (Santarem) où le roi de Castille et ses gens étoient, si en furent trop grandement réjouis. Adonc firent toutes gens appareiller leurs armures et cils (ces) archers leurs arcs et leurs saiettes (flèches) et tous les autres selon ce que il leur besognoit; et se partirent à un jeudi, après boire, de la cité de Lisbonne; et se mirent sur les champs et se logèrent ce jour sur une petite rivière à deux lieues de Lisbonne. Le roi et tout son ost (armée) ayant les visages vers Saint Yrain (Santarem) disoient tous de grand'volonté que jamais en Lisbonne ne retourneroient si auroient vu leurs ennemis, et que mieux leur valoit que ils envahissent et requissent à leurs ennemis la bataille que leurs ennemis vinssent sur eux. Car on en avoit vu plusieurs signifiances des requérants et des non requérants; et que contre cinq les quatre requérants avoient obtenu place, et que presque toutes les victoires que les Anglois avoient eues en France sur les François ils l'avoient requis; et que on est par nature plus fort et mieux encouragé en assaillant que on ne soit en défendant. De cette opinion étoient-ils tous ou en partie. Et en faisoient là exemple aucuns des bourgeois de Lisbonne et disoient ainsi: « Nous étions en ce temps que les Gantois vinrent devant Bruges requerre et combattre le comte de Flandre et sa puissance en la dite ville et savons bien que Philippe d'Artevelle, Piètre Dubois, Jean Cliquetiel, François Ackerman et Piètre le Murtre (Nuitre), qui étoient lors les capitaines des Gantois, n'emmenèrent hors de Gand ni ne mistrent (mirent) que sept mille hommes: de quoi ces sept mille hommes requérant bataille de leurs ennemis en déconfirent quarante mille. C'est chose toute véritable ni oncques n'y ot (eut) trahison, fors la bonne fortune et aventure qui fut pour les Gantois. Et étoient les Gantois au jour de la bataille, qui fut par un samedi devant Bruges, à une grosse lieue près, si comme nous leur ouïmes dire à lendemain quand ils eurent conquis Bruges aussi confortés du perdre que du gagner; et aussi devons-nous être si nous voulons faire bon exploit d'armes. » Ainsi se devisoient (entretenoient) les Lisbonnois ce jeudi l'un à l'autre; dont le roi, quand il fut informé de leurs paroles et de leur grand confort, il en ot (eut) grand' joie en son cœur.

Quand ce vint le vendredi au matin on sonna les trompettes en l'ost du roi de Portugal, tous s'appareillèrent et ordonnèrent et prindrent (prirent) le chemin à destre (droite) suivant la rivière et le plain pays pour le charroi qui les suivoit et leurs pourvéances. Et cheminèrent ce jour quatre lieues.

Nouvelles vinrent au roi de Castille ce vendredi au matin, là où il se tenoit, à Saint Yrain (Santarem), que les Portingalois (Portugais) et le roi Jean que ceux de Lisbonne avoient couronné, étoient hors de Lisbonne et chevauchoient vers lui. Ces nouvelles s'épandirent tantôt parmi leur ost, dont eurent Espagnols, François, Gascons moult grand'joie et dirent entr'eux : « Velà en ces Lisbonnois vaillant' gent quand ils nous viennent combattre. Or tôt mettons-nous sur les champs et les encloons (enfermons) si nous pouvons, avant qu'ils retournent en leur ville; car, si nous pouvons, jamais pié ne retournera en Lisbonne. » Adonc fut ordonné et publié parmi l'ost, à trompettes, que le samedi au matin on fut tout prêt à pied et à cheval et que le roi partiroit et iroit combattre ses ennemis. Tous s'ordonnèrent et montrèrent que ils avoient grand'joie de cette journée et de cette aventure.

Quand ce vint le samedi au matin on sonna trompettes et claronceaux (clairons) à grand'foison parmi l'ost et ouït le roi messe au châtel [1] et puis but un coup et aussi firent toutes ses gens; et montèrent à cheval et se trairent (rendirent) sur les champs en bonne et belle ordonnance, messire

---

[1] Suivant les chroniques Portugaises, après avoir communié et reçu la bénédiction de l'archevêque guerrier de Brague, il plaça la croix sur sa poitrine ainsi que toute son armée. Le Portugal suivant le parti d'Urbain traitoit de schismatiques, les Espagnols qui suivoient le parti de Clément, et les Espagnols qui étoient Clémentins regardoient aussi leurs adversaires du parti d'Urbain comme des schismatiques. Les deux papes rivaux avoient distribué des indulgences à foison et promis le ciel aux martyrs de leur cause. J. A. B.

Regnault Lymosin maréchal de l'ost tout devant. Si furent envoyés leurs coureurs chevaucher et aviser le contenement (arrangement) des ennemis; et quelle part on les trouveroit; et quelle quantité, par avis, ils pouvoient être.

Si furent envoyés de par les François deux écuyers l'un Bourguignon et l'autre Gascon : le Bourguignon nommoit-on Guillaume de Montdigy et étoit avecques messire Jean de Rie; et le Gascon de Béarn nommoit-on Bertran de Barège; et furent tous deux ce jour chevaliers, et avecques eux un châtelain de Castille et bon homme d'armes qui s'appeloit Pierre Ferrant de Médine et étoit monté sur un gisnest (genet) léger et bien courant à merveilles. Endementes (pendant) que ces trois chevaucheurs chevauchoient les champs avant et arrière pour aviser le contenement (tenue) des Portingalois, le grand ost où il y avoit largement deux mille lances, chevaliers et écuyers Gascons, Bourguignons, François, Picards et Bretons aussi bien aroiés (rangés) et appareillés et armés de toutes pièces que nuls gens d'armes pourroient être et bien vingt mille Espagnols et tous à cheval et chevauchoient tout le pas. Si n'avoient pas chevauché le trait d'un arc, quand ils s'arrêtèrent.

D'autre part le roi de Portugal avoit envoyé trois coureurs chevaucheurs pour aviser justement et clairement l'ordonnance et contenement (tenue) des Espagnols, dont les deux étoient Anglois écuyers et apperts hommes d'armes : l'un étoit nommé Janequin (James) d'Arteberi (Hartlebury) et l'autre Philippe de Barqueston (Bradeston) et avecques eux un Portingalois nommé Ferrant de la Griose. Tous étoient bien montés. Et chevauchèrent ces trois si avant que ils avisèrent, d'un tertre où ils étoient montés et esconsés (cachés) entre arbres où on ne les pouvoit voir pour les feuilles, tout le contenant (arrangement) des Espagnols.

Or retournèrent devers le roi de Portugal et son conseil ces trois chevaucheurs dessus nommés et le trouvèrent et tout l'ost dessus les champs. Ils firent record et relation de leur chevauchée en disant: « Sire roi, nous avons été si avant que nous avons vu tout le contenant (arrangement) de vos ennemis, et sachez que ils sont grand'gent et belle gent et y peut bien avoir trente mille chevaux; si ayez sur ce avis. » Adonc demanda le roi: « Dites-moi, chevauchent-ils tous en flote (troupe) ? » — « Nennil, sire, ils sont en deux batailles. » Adonc se retourna le roi de Portugal vers ses gens et dit tout haut: « Avisez-vous, ci ne faut point de couardise; sans faute nous nous combattrons, car nos ennemis chevauchent et ont grand'volonté de nous trouver. Si nous trouveront, car nous ne pouvons fuir ni retourner. Nous sommes issus de Lisbonne grand'foison de gens. Or pensez du bien faire et de vous vendre. Vous m'avez fait roi aujourd'hui; je verrai si la couronne de Portugal me demeurera paisiblement et soyez tout sûrs que jà je ne fuirai, mais attendrai l'aventure avecques vous. » Et ils répondirent: « Dieu y ait part et nous demeurerons aussi tous avecques vous. »

Adonc furent appelés Northbery (Northbury), Hartevelle (Hartsel) Markberry et aucuns des autres des plus usagés d'armes et qui le plus avoient vu. Si leur fut demandé quel conseil ils donnoient pour attendre l'aventure et la bataille, car il étoit vrai que combattre les convenoit, car les ennemis leur approchoient fort qui étoient grand' foison et bien largement quatre contre un. Donc répondirent les Anglois et distrent (dirent): « Puisque nous aurons la bataille et qu'ils sont plus de gens que nous ne sommes, c'est une chose mal partie, si ne la pouvons conquerre fors que par prendre avantage. Et si vous savez près de ci nul lieu où ait avantage de haies ni de buissons, si nous faites aller cette part: nous là venus, nous nous fortifierons par telle manière que vous verrez et que nous ne serons pas si légers à entamer et à entrer en nous, comme si nous fussions en-mi (milieu) ces plains. » Lors dit le roi: « Vous parlez sagement et il sera ainsi fait comme vous le dites. »

Au conseil des Anglois se sont arrêtés le roi de Portugal et les Lisbonnois et ont jeté leur avis où ils se trairont (rendront). Vous devez savoir que assez près de là où ils étoient siéd la ville de Juberot (Aljubarota), un grand village auquel les Lisbonnois avoient envoyé toutes leurs pourvéances, leurs sommiers et leur charroy, car ils avoient intention que ce soir ils y viendroient loger, eussent bataille ou non, si du jour ils pouvoient issir (sortir) à honneur. Au dehors de la ville, ainsi comme au quart d'une lieue, a une grande abbaye de moines où ceux de Juberot (Aljubarota) et autres villages vont à la messe; et siéd cette église un petit hors du chemin en une motte (monticule) avironnée de grands arbres et de haies et de buissons; et y a assez fort lieu parmi ce que on y aida. Adonc il fut dit en la présence du roi et de son conseil et des Anglois qui là étoient appelés, car combien que ils ne fussent que un petit, si vouloit le roi ouvrer grandement par leur conseil: « Sire, nous ne savons près de ci plus appareillé lieu ni plus propice que Juberot (Aljubarota); velà le moûtier entre ces arbres. Il siéd en forte place assez avec ce que on y pourra bien aider. » Ceux qui connoissoient le pays distrent (dirent): « Il est vérité. »—« Donc, dit le roi, traions (rendons)-nous de cette part et nous ordonnons là par telle manière et par tel conseil que gens d'armes doivent faire. Parquoi nos ennemis, quand ils viendront sur nous, ne nous trouvent pas dégarnis ni wuids (dépourvus) d'avis et de conseil. » Tantôt fut fait: on se trait (rendit) le petit pas vers Juberot (Aljubarota), et sont lors venus en la place de l'église. Adonc ont les Anglois et messire Mongues (Hugues) Navaret, et aucuns vaillants hommes de Portugal et de Lisbonne qui là étoient, allés tout à l'environ pour le mieux aviser. Si distrent (dirent) les Anglois: « Vez-ci (voici) lieu fort assez parmi ce que on y aidera, et pourrons bien sûrement et hardiment attendre ci l'aventure. » Lors firent-ils au côté devers les champs abattre les arbres et coucher de travers, afin que de plain on ne put chevaucher sur eux, et laissèrent un chemin ouvert qui n'étoit pas d'entrée trop large, et mistrent (mirent) ce que ils avoient d'archers et d'arbalêtriers sur les deux heles (ailes) de ce chemin et les gens d'armes tout de pied au beau plain et le moûtier à leur côté auquel le roi de Portugal se tenoit, et avoient là mis leur étendard et les bannières du roi.

Quand ils se virent ainsi ordonnés, ils eurent grand'joie et distrent (dirent), si il plaisoit à Dieu, ils étoient bien en place pour eux tenir longuement et faire bonne journée. Là leur dit le roi: « Beaux seigneurs, soyez huy tous prud'hommes et ne pensez point au fuir, car la fuite ne vous vaudroit rien: vous êtes trop loin de Lisbonne; et avecques tout ce, en chasse et en fuite n'a nul recouvrir (remède), car trois en abattroient et occiroient douze en fuyant; montrez huy que vous soyez gens d'arrêt et de prouesse et vendez vos corps et vos membres aux épées et aux armures; et imaginez en vous que si la journée est pour nous, ainsi comme elle sera, si Dieu plaît, nous serons moult honorés et parlera-t-on de nous en plusieurs pays où les nouvelles iront. Car toujours on exauce (élève) les victorieux et abaisse-t-on les déconfits. Et pensez à ce que vous m'avez fait roi, si en devez être plus hardis et plus courageux; et soyez tout certains que, tant comme cette hache me durera en la main, je me combattrai, et si elle me faut (manque); ou brise je recouvrerai autre et montrerai que je veuil (veux) défendre et garder la couronne de Portugal pour moi et le droit que je y ai par la succession de monseigneur mon frère, laquelle je dis et prends sur l'âme de moi que on me chalenge (dispute) à tort et que la querelle est mienne. »

A ces paroles répondirent tous ceux de son pays qui ouï l'avoient et dirent: « Sire roi, votre grâce et merci, vous nous admonestez sagement et doucement que nous soyons tous prud'hommes et que nous vous aidons à garder et défendre ce que nous vous avons donné et qui est vôtre. Sachez que tous demeurons avecques vous, ni de la place ne partirons où nous sommes arrêtés, ni ne viderons pour aventure qui nous vienne, si nous ne sommes tous morts; et faites un cri à votre peuple qui ci est, car tous ne vous ont pas ouï parler, que nul et sur la vie n'ait l'avis ni le sentiment de fuir; et si il y a homme de petit courage qui n'ose attendre l'aventure de la bataille, si se traie (rende) avant; et lui donnez bon congé de partir d'avecques les autres, car un mauvais cœur en décourage deux douzaines de bons; ou on leur fasse trancher les têtes en la présence de vous, si donneront exemple aux autres. Le roi dit: « Je le veuil (veux). » Adonc furent deux chevaliers de Portugal ordonnés de par le roi de chercher tous les hommes qui là étoient et aussi de eux admonester et enquerre (enquérir) si nul s'ébahissoit en attendant la bataille. Les chevaliers rapportèrent au roi quand ils retournèrent que tout partout où ils avoient été visiter par les connestablies (compagnies), ils n'y avoient trouvé homme qui ne fut, par l'apparent que on véoit en lui, tout conforté pour attendre la bataille. « Tant vaut mieux, dit le roi. »

Adonc fit le roi demander parmi l'ost que quiconque vouloit devenir chevalier si se trasist (rendit) avant et il lui donneroit l'ordre de chevalerie en l'honneur de Dieu et de Saint George; et me semble, selon ce que je fus informé, que il y ot (eut) là faits soixante chevaliers nouveaux desquels le roi ot (eut) grand'joie; et les mit au premier front de la bataille et leur dit au départir de lui : « Beaux seigneurs, l'ordre de chevalerie est si noble et si haute que nul cœur ne doit penser, qui chevalier est, à ordure ni à vileté ni à couardise; mais doit être fier et hardi comme un lion, quand il a le bassinet en la tête et il voit ses ennemis. Et pour ce que je vueil (veux) que vous montrez huy prouesse là où il appartiendra à montrer, je vous envoie et ordonne au premier chef de la bataille. Or, faites tant que vous y ayez honneur, car autrement vos éperons ne seroient pas bien assis. » Chacun nouveau chevalier répondoit à son tour et disoit en passant outre devant le roi : « Sire, nous ferons bien, si Dieu plaît, tant que nous en aurons la grâce et l'amour de vous. »

Ainsi se ordonnèrent les Portingalois (Portugais) que je vous dis, et se fortifièrent près de l'église de Juberot (Aljubarota) en Portingal. Et n'y ot (eut) ce jour nul Anglois qui voulsist (voulut) devenir chevalier; si en furent bien les aucuns requis et admonestés du roi, mais ils s'excusèrent pour ce jour. Et vous parlerons de l'ordonnance des Espagnols comment ils s'ordonnèrent contre les Portingalois (Portugais).

Or retournèrent devers le roi Jean de Castille et

les chevaliers et écuyers et gens d'armes de France et de Gascogne, qui là étoient les chevaucheurs de leur côté, lesquels ils avoient envoyés pour aviser leurs ennemis; et rapportèrent tels nouvelles en disant ainsi: « Sire roi, et vous barons et chevaliers qui ci êtes présents, nous avons chevauché si avant que proprement nous avons vu les ennemis; et selon ce que nous pouvons aviser et considérer ils ne sont pas dix mille hommes en toute somme; et se sont traits vers le moûtier de Juberot (Aljubarota) et droit là se sont-ils arrêtés et mis en ordonnance de bataille; et là les trouvera qui avoir les voudra. Adonc appela le roi de Castille son conseil, et par spécial les barons et chevaliers de France, et leur demanda quel chose en étoit bon à faire, et fut en l'heure répondu: « Sire, c'est bon que ils soient combattus, nous n'y véons autre chose, car selon ce que ont rapporté nos chevaucheurs, ils sont effrayés et en grand' doute (crainte) pourtant (attendu) que ils se sentent loin de toutes forteresses où ils se puissent retraire (retirer). Lisbonne leur est loin à six lieues; ils n'y peuvent courir à leur aise que ils ne soient r'atteints sur le chemin, non si ils ne prenoient ce soir l'avantage de la nuit. Si conseillons, sire roi, puisque nous savons, où ils sont, que nous ordonnions nos batailles et les allions combattre, endementes (pendant) que vos gens sont entalentés (disposés) de bien faire. » — « Est-ce vos paroles, dit le roi à ceux de son pays, c'est à savoir à messire Deghomez Mendrich (Diego de Mendoza), messire Digho Persement (Diego Perez Sarmiento), Pierre

Goussart de Montdesque (Pero Gonzalez de Mendoza) et Pierre Ferrant de Valesque (Velasco) et le grand maître de Calestrave (Calatrava), lesquels répondirent à la parole du roi et à sa demande et dirent : « Monseigneur, nous avons bien entendu ces chevaliers de France, et véons et oyons qu'ils vous conseillent à aller chaudement combattre vos ennemis : nous voulons bien que ils sachent, et vous aussi, que avant que nous soyons jusques à là et entrés en eux il sera tard, car vous véez le soleil comment il tourne, et si n'avons encore pas ordonné nos batailles. Si est bon que nous attendons le matin et les approchons de si près que nous sachions par nos espies et par nos chevaucheurs que nous espartirons (répandrons) sur les champs en plusieurs lieux, leur contenement; afin que s'il avient ainsi que sur le point de mie-nuit ils se délogeassent et se voulsissent (voulussent) retraire (retirer), nous nous délogeons aussi. Ils ne nous peuvent fuir ni échapper; ils sont en plein pays; il n'y a place, ni lieu fort, excepté le lieu où ils sont; de ci à Lisbonne que nous ne les puissions avoir à notre aise et ce conseil nous vous donnons. »

Adonc se tut le roi un petit et abaissa la tête et puis regarda sur les étrangers et lors parla messire Regnault Lymosin, lequel étoit, si comme vous savez, maréchal de tout l'ost. Et dit pour complaire aux François en langage Espagnol, afin qu'il fut mieux ouï et entendu, car bien le savoit parler, tant avoit-il été longuement nourri entre eux; et tourna sa parole sur les Espagnols qui de-lez (près) lui étoient et qui ce conseil donné avoient: « Vous, seigneurs, si les nomma tous autour par noms et par surnoms, car bien les connoissoit, comment pouvez-vous être plus sages de batailles ni mieux usagés d'armes que cils (ces) vaillants chevaliers qui ci sont présents? Comment pouvez-vous deviser sur eux ni ordonner fors que par chose qui soit de nulle valeur, car ils ne firent oncques en leurs vies autre chose fors que travailler (voyager) de royaume en royaume pour trouver et avoir fait d'armes? Comment pouvez ou osez rien deviser ou ordonner sur leur parole ni dédire leur avis qui est si haut et si noble que pour garder l'honneur du roi et de son royaume auquel vous avez plus grand' part que ils n'aient; car vous y avez votre héritage et votre corps, et ils n'y ont que leurs corps singulièrement, lesquels tout premièrement ils veulent aventurer; et jà ont-ils requis au roi et prié que ils aient la première bataille, et le roi encore leur en a à répondre. Or regardez donc la grand' vaillance d'eux quand tous premiers ils se veulent pour vous et offrent à aventurer. Il pourroit sembler à aucuns que vous auriez envie sur eux et que vous ne voudriez pas que profit et honneur leur vint ou que le roi eut victoire de ses ennemis qui l'ont guerroyé par plusieurs fois, tant que ils fussent en votre compagnie; et bonnes gens d'armes qui tendent à toute perfection d'honneur ne doivent pas cela regarder, ni convoiter, mais être tout uns et d'un accord et d'une volonté: et outre encore, par vous et par votre conseil, est le roi, monseigneur qui ci est, sur les champs; et a tenu longuement et à grand coûtages et à grands frais de lui et de ses gens le siége devant Lisbonne, où oncques il ne put avoir l'aventure de guerroyer ou faire bataille, jusques à ce que le roi qui s'escript (appelle) de Portugal, et qui n'a nul droit à la couronne, car il est bâtard non dispensé, se soit trait (rendu) sur les champs. Or est il maintenant avecques ce qu'il a d'amis, mais plenté (beaucoup) ne sont-ils pas : car si il avient que ils se retraient (retirent) cauteleusement et que nous les perdons et que point ne soient combattus, vous vous mettez en aventure que le peuple de ce pays vous queurre (coure) sus et vous occie, ou que le roi vous tienne pour traîtres et vous tolle (ôte) les têtes et vos terres. Si n'y vois nul bon moyen pour vous fors que le taire et laisser convenir ceux qui plus en ont vu de telles besognes que vous ne vîtes oncques ni ne verrez jamais. »

A ces mots leva le roi d'Espagne la tête, et fut par semblant grandement réjoui des paroles que messire Regnault Lymosin ot (eut) dites, et les Espagnols furent tous ébahis et cuidièrent (crurent) pour l'heure avoir assez pis dit que ils n'avoient, car combien que le chevalier les represist (reprît) et leur allât à contraire, si avoit-il bien parlé et loyalement conseillé le roi que on ne pouvoit mieux, mais vaillance et franchise le fit parler et pour complaire aux chevaliers et écuyers étrangers dont il y avoit là grand'foison qui désiroient à avoir la bataille.

Tous se turent et le roi parla et dit : « Je vueil

(veux) que, au nom de Dieu et de monseigneur Saint Jacques, soient combattus nos ennemis. Et ceux qui veulent être chevaliers se traient (rendent) avant et viennent çà, je leur donnerai l'ordre de chevalerie, en l'honneur de Dieu et de Saint George. Là se trairent (portèrent) avant grand' foison d'écuyers de France et de Béarn; et là furent faits chevaliers de la main du roi messire Roger d'Espagne, aîné fils à messire Roger de la comté de Foix, messire Bertran de Barège, messire Pierre de Salebière, messire Pierre de Valentin, messire Guillaume de Ker, messire Angiers Solemare, messire Pierre de Vande, messire Geoffroy de Partenay, messire Guillaume de Montdigy, et tant que uns que autres il en y ot (eut) bien cent et quarante, lesquels prindrent (prirent) de grand' volonté l'ordre de chevalerie; et mirent hors premièrement plusieurs barons de Béarn leurs bannières et aussi plusieurs de Castille. Et aussi fit messire Jean de Rie.

Là pussiez voir entre ces nouveaux chevaliers toute friqueté (vivacité), joliveté et apperteté (habileté); et se maintenoient si bel et si courtoisement que grand' plaisance étoit du regarder. Et étoient, comme je vous dis, une belle grosse bataille. Si s'en vinrent devant le roi le sire de Lignac et les autres, de quelque nation que ils fussent. Puisque ils n'étoient point des Espagnols et que ils étoient étrangers, on les tenoit ou nommoit François. Et dirent au roi et requirent eux tous ensemble, et mêmement les plus notables armés de toutes pièces hors mis le bassinet : « Sire roi, nous vous sommes de grand'volonté et de lointain pays venus servir. Si nous faites cette grâce que nous ayons la première bataille. » — « Je la vous accorde, dit le roi, au nom de Dieu et de Saint Jacques et de monseigneur Saint George qui soient en votre armée. » Là distrent (dirent) les Espagnols tout bas l'un à l'autre : « Regardez, pour Dieu, regardez comment notre roi se confie du tout en ces François. Il n'a nulle parfaite fiance à autrui que à eux. Ils auront et ont la première bataille. Ils ne nous prisent pas tant que ils nous appellent avecques eux. Ils font leur fait et leur arroi à par eux ; et nous ferons le nôtre à par nous ; et par Dieu nous les lairons (laisserons) combattre et convenir de leur emprise. Jà ont-ils dit, et se sont vantés, que ils sont gens assez pour déconfire les Portingalois (Portugais). Or soit ainsi, nous le voulons bien ; mais ce seroit bon que nous demandissions au roi si il veut demeurer avec nous ou aller avecques les François. »

Là furent en murmure ensemble moult longuement pour savoir si ils lui demanderoient ou si ils s'en tairoient, car ils resoingnoient (redoutoient) grandement les paroles de messire Regnault Lymosin. Toutefois, tout considéré, ne véoient-ils point de mal à lui demander. Si s'avancèrent six des plus notables et des plus prochains de son corps et en lui inclinant lui demandèrent ainsi :

« Très noble roi, nous véons bien et entendons par apparents signes que nous aurons aujourd'hui la bataille à vos ennemis. Dieu doint (accorde) que ce soit à l'honneur et victoire de vous, si comme nous le désirons grandement. Or voulons-nous savoir où votre plaisance gît le plus, ou à être avecques nous qui sommes vos féaux et sujets, ou à être avecques les François? » — « Nennil, dit le roi; beaux seigneurs, si je m'accorde à la bataille avoir avecques ces chevaliers et écuyers de France qui me sont venus servir et qui sont vaillants gens et pourvus de conseil et de grand confort, pour ce ne renoncé-je pas à vous; mais vueil (veux) demeurer avecques vous, si m'aiderez à garder. » De cette réponse eurent les Espagnols grand' joie et s'en contentèrent bien et grandement et dirent: « Monseigneur, ce ferons-nous, ni jà ne vous faudrons jusques à la mort, car nous le vous avons juré et promis par la foi et par l'obligation de nos corps au jour de votre couronnement; et tant aimâmes-nous le bon roi votre père que nous ne vous pourrions faillir par voie nulle quelconque. » — « C'est bien notre intention, ce dit le roi. » Ainsi demeura le roi d'Espagne delez (près) ses gens les Espagnols, où bien avoit vingt mille chevaux tous couverts Et messire Regnault Lymosin étoit en la première bataille; c'étoit son droit que il y fut puisqu'il étoit maréchal.

CHAPITRE XX.

Comment le roi de Portugal et les siens s'ordonnèrent sagement pour batailler sur le mont de Juberot (Aljubarota) et comment les François furent occis et le roi d'Espagne et tout son ost déconfits.

Ce samedi étoit jour bel et clair, chaud et serein, et étoit jà le soleil tourné sur le point de vêpres (soir), quand la première bataille vint devant Juberot (Aljubarota), à l'encontre du lieu où le roi de Portugal et ses gens étoient ordonnés. En l'arroi des chevaliers François avoit bien largement deux mille lances aussi frisques (vifs) et habiles gens et aussi bien armés comme on pourroit (voir) et soulhaidier (souhaiter). Sitôt comme ils virent leurs ennemis, ils se restraindirent (resserrèrent) et joignirent ensemble, comme gens de fait et de bonne ordonnance et qui savoient quelle chose ils devoient faire, et approchèrent de si près que jusques au trait. Là ot (eut) de première venue dur rencontre; car ceux qui désiroient à assaillir et acquérir grâce et prix d'armes se boutèrent de grand' volonté en la place que les Anglois par leur sens et leur art avoient fortifiée. En entrant dedans, pourtaut (attendu) que l'entrée n'étoit pas bien large, ot (eut) grand' presse et grand meschef pour les assaillants, car ce qu'il y avoit d'archers d'Angleterre traioient (tiroient) si ouniement (à la fois) que chevaux étoient tous encousus (atteints) de saiettes (flèches) et meshaignés et chéoient l'un sur l'autre. Là venoient gens d'armes Anglois, si pou (peu) qu'il y en avoit, avec eux Portingalois et Lisbonnois en écriant leur cri: Notre-Dame, Portingal ! qui tenoient en leurs poings lances affilées de fer de Bordeaux, tranchant et perçant tout outre qui abattoient et navroient en lançant et en courant chevaliers et gens d'armes et mettoient tout à merci. Là fut le sire de Lignac, de Béarn abattu et sa bannière conquise, et fiancé prisonnier, et de ses gens de première venue grand' foison morts et pris. D'autre part, messire Jean de Rie, messire Geoffroy Ricon, messire Geoffroy de Partenay, et leurs gens étoient entrés en ce fort à (avec) telle peine que leurs chevaux qui navrés étoient fondoient dessous eux par la force du trait. Là étoient gens d'armes de leur côté en grand danger; car au relever ils ne pouvoient aider l'un l'autre, et si ne se pouvoient élargir pour eux défendre ni combattre à leur volonté. Et vous dis bien que quand les Portingalois (Portugais) virent ce meschef advenir sur les premiers requérants, ils furent aussi frais, aussi nouveaux et aussi légers à combattre que nuls gens pouvoient être. Là étoit le roi de Portugal, sa bannière devant lui, monté sur un grand coursier tout paré des armes de Portugal, et avoit grand' joie du meschef et de la déconfiture que il véoit avenir sur ses ennemis, et disoit à la fois pour réjouir et conforter ses gens: « Avant bonnes gens d'armes, combattezvous et défendez de grand' volonté ; car votre sire est en votre main, et si plus n'en y a que ceux-ci, nous n'avons garde ; et si je me connus oncques en ordonnance de bataille, ceux-ci sont nôtres. « Ainsi reconfortoit le roi de Portugal ses gens qui se combattoient vaillamment et avoient enclos en leur fort de Juberot (Aljubarota) les premiers venants et assaillants desquels ils mettoient grand' foison à mort et à mercy. »

Bien est vérité que la première bataille dont je vous fais mention que ces barons et chevaliers de Béarn et de France conduisoient et gouvernoient cuida (crut) être autrement et plus prestement confortée des Espagnols que elle ne fut ; car si le roi de Castille et sa grand'route (troupe), où bien avoit vingt mille hommes fussent venus par une autre part assaillir les Portingalois, on dit bien que la journée eut été pour eux ; mais ils n'en firent rien, pourquoi ils y eurent blâme et dommage. Aussi au voir (vrai) dire la première bataille assembla (attaqua) trop tôt, mais ils le faisoient pourtant (attendu) qu'ils en vouloient avoir l'honneur et pour les paroles tenir en voir (vrai) et en grâce, lesquelles avoient été dites devant le roi.

D'autre part les Espagnols, si comme je fus informé, se feignoient de non venir si très tôt ; car ils n'avoient pas bien en grâce les François, et avoient jà dit avant : « Laissez-les convenir et lasser ; ils trouveront bien à qui parler. Ces François sont trop grands venteux (vaniteux) et hautains, et aussi notre roi n'a fiance parfaite fors en eux ; et puisque il vent et consent qu'ils aient l'honneur de la journée pour eux, nous leur lairons (laisserons) bien avoir; ou nous l'aurons tout entièrement ou ils l'auront à leur entente. » Par ce parti se tenoient les Espagnols en une grosse bataille, où bien avoit vingt mille hommes, tous cois sur les champs et ne vouloient aller avant dont moult en ennuyoit au roi, mais amender ne le pouvoit; car les Espagnols disoient, pour tant que nul ne retournoit de la bataille: « Monseigneur, c'est fait; cils (ces) chevaliers de France ont déconfit vos ennemis. La journée et l'honneur de la victoire sera pour eux. » — « Dieu le doint (accorde), dit le roi, or chevauchons un petit avant. »

Lors chevauchèrent-ils tout le pas serré, espoir (peut-être) loin le trait d'une arbalète, et puis s'arrêtèrent. Au voir (vrai) dire, c'étoit grand' beauté de voir leur contenement et acesmement (parure), tant étoient bien montés et bien armés de toutes pièces; et entrementes (cependant) les François se combattoient, ceux qui étoient descendus de leurs chevaux et qui tant de loisir avoient pu avoir pour descendre. Et sachez que plusieurs chevaliers et écuyers y firent grand' foison d'appertises d'armes de l'une part et de l'autre; car quand les lances leur faillirent ils se prirent à leurs haches et en donnoient sur ces bacinets de moult horribles horions dont ils se mehaignoient (blessoient) et occioient.

Qui est en tel parti d'armes comme les François et les Portingalois étoient à Juberot (Ajubarota), il faut que il attende l'aventure, voire si il ne veut fuir, et en fuyant avient que il y a plus de périls que il n'y a au plus fort de la bataille; car en fuyant on chasse, on fiert (frappe), on tue; et en bataille, quand on voit qu'on a du pieur (pire), on se rend, si est-on gardé pour être prisonnier, car pas n'est mort qui est prisonnier. On ne peut pas dire ni recorder que les chevaliers et écuyers de France, de Bretagne, de Bourgogne et de Béarn qui là étoient ne se combattissent très vaillamment, mais ils eurent de pleine venue trop dure encontre; et tout ce firent les Anglois par le conseil que ils donnèrent de la place fortifier. Là furent à cette première bataille les Portingalois plus forts que leurs ennemis. Si les mirent à merci et furent tous morts ou pris, petit s'en sauvèrent. Mais toutefois à ce commencement ils eurent bien mille chevaliers et écuyers prisonniers, dont ils avoient grand' joie; et ne cuidoient (croyoient) pour le jour avoir plus de bataille et faisoient très bonne chère à leurs prisonniers et disoit chacun à son prisonnier: « Ne vous ébahissez de rien, vous êtes conquis vaillamment par beau fait d'armes. Si vous ferons très bonne compagnie, si comme nous voudrions que vous fesissiez (fissiez) si nous étions au parti d'armes où vous êtes : mais il faut que vous en veniez reposer et rafraîchir en la bonne cité de Lisbonne, nous vous y tiendrons tout aise. » Et ceux à qui ces paroles adressoient répondoient et disoient: « Grand merci! » Là se rançonnoient et mettoient à finance les aucuns sur la place et les autres vouloient attendre l'aventure; car bien imaginoient que la chose ne demeureroit pas ainsi et que le roi d'Espagne et sa grosse bataille les viendroit tantôt délivrer.

Nouvelles vinrent sur les champs au roi de Castille et à ses gens qui approchoient Juberot (Aljubarota) par les fuyants, car mauvaise est la bataille dont nul n'échappe, en criant effréamment (avec effroi) moult haut : « Sire roi, avancez-vous, ceux de l'avant-garde sont tous morts ou pris. Il n'y a nul recouvrier (remède) de leur délivrance, si elle ne vient de votre puissance. » Quand le roi de Castille ouït ces nouvelles, si fut moult troublé et courroucé et à bonne cause, car trop bien lui touchoit. Si commanda à chevaucher et dit: « Chevauchez, bannières, au nom de Dieu et de Saint Georges; allons à la rescousse, puisque il besogne à nos gens. » Donc commencèrent Espagnols à chevaucher meilleur pas que ils n'avoient fait sans eux desroier (sortir des rangs) et tous serrés. Et jà étoit tout basses vêpres et presque soleil escousant (couchant). Les aucuns disoient en chevauchant et conseilloient que on attendesist (attendit) le matin et qu'il seroit tantôt nuit, si ne pourroit-on adresser à faire nul bon exploit d'armes, mais le roi vouloit que on allât avant, et y mettoit raison, en disant: « Comment, lairons (laisserons)-nous nos ennemis qui sont lassés et travaillés rafraîchir et reposer : qui donne ce conseil il n'aime pas mon honneur. » Donc chevauchèrent ils encore en menant grand'bruit et en sonnant grand'foison de trompettes, de claironceaux et de gros tabours pour faire plus grand'noise et pour ébahir leurs ennemis. Or vous dirai que le roi de Portugal et son conseil avoient fait.

Si tôt comme ils eurent déconfit ceux de l'avantgarde et pris et fiancé chevaliers et écuyers pour prisonniers, si comme ci-dessus avez ouï, pourtant (attendu) que de commencement ils ne véoient nullui (personne) venir, si ne se voulurent-ils pas du tout confier en leur première victoire, mais envoyèrent six hommes d'armes des leurs les mieux montés pour savoir des nouvelles et si ils seroient plus combattus. Ceux qui chevauchoient virent et ouïrent la grosse bataille du roi de Castille qui venoit atout (avec) bien vingt mille hommes de cheval qui fort approchoient de Juberot (Aljubarota). Adonc retournèrent-ils à faire leur réponse à force de chevaux devers leurs gens et dirent tout haut : « Seigneurs, avisez-vous. Nous n'avons rien fait or prime : vez-cy (voici) le roi de Castille et la grosse bataille qui vient, et sont plus de vingt mille chevaux tous couverts, ni nul n'est demeuré derrière. »

Quand ils ouïrent ces nouvelles, si eurent un bref conseil, car il leur besognoit de nécessité. Si ordonnèrent tantôt un trop piteux fait; car il fut commandé et dit, sur peine d'être là mort sans merci, que quiconque avoit prisonnier que tantôt il l'occît et que nul n'y fut excepté ni dissimulé, comme vaillant, comme puissant, comme noble, comme gentil, ni comme riche qu'il fut. Là furent barons, chevaliers et écuyers qui pris étoient en dur parti : ni prière n'y valoit rien qu'ils ne fussent morts, lesquels étoient épars en plusieurs lieux çà et là et tous désarmés et cuidoient (croyoient) être sauvés, mais non furent; donc au voir (vrai) dire ce fut grand'-

pitié, car chacun occioit le sien; et qui occire ne le vouloit on lui occioit entre ses mains; et disoient Portingalois et Anglois qui donnèrent ce conseil: « Il vaut mieux occire que être occis. Si nous ne les occions, ils se délivreront, entrementes (pendant) que nous entendrons à nous combattre et défendre, et puis nous occiront, car nul ne doit avoir fiance en son ennemi. »

Ainsi furent là morts et par tel meschef le sire de Lignac, messire Pierre de Kos, le sire de l'Espres qui s'appeloit messire Jean, le sire de Berneque, le sire des Bordes, messire Bertran de Barège, le sire de Moriane, messire Raimmon d'Ouzach, messire Jean Asselegie, messire Monant de Sarement, messire Pierre de Sarebière, messire Étienne de Valentin, messire Raimond de Corasse, messire Pierre de Havefane et bien trois cents écuyers du pays de Béarn; et des François messire Jean de Rie, messire Geoffroy Ricon, messire Geoffroy de Partenay et plusieurs autres. Or regardez la grand'mésaventure, car ils occirent bien ce samedi au soir de bons prisonniers dont ils eussent eu quatre cents mille francs l'un parmi l'autre.

CHAPITRE XXI.

Comment le roi de Castille et toute sa grosse bataille furent déconfits par le roi de Portugal devant un hameau ou village appelé Juberot (Aljubarota.)

Quand Lisbonnois, Anglois et Portingalois eurent délivré la place et mis à mort tous leurs prisonniers, car oncques homme n'y fut sauvé si il n'étoit par devant mené au village de Juberot (Aljubarota) où tous leurs charrois et sommaiges (sommiers) étoient, ils se remirent tous ensemble de grand' volonté et sur leur pas, si comme ils avoient fait par devant quand l'avant-garde les vint assaillir. A cette heure commençoit le soleil à esconser (coucher). Ervo (et voici) le roi de Castille en très puissant arroy à (avec) bannières déployées, et montés toutes gens sur chevaux couverts en écriant, Castille! Et entrent en ce pas qui fortifié étoit. Là furent-ils reçus aux lances et aux haches; et gréva de première venue le trait grandement leurs chevaux; et en y ot (eut) pour ce parti plusieurs morts et affolés (blessés). Encore ne savoient pas le roi de Castille ni ses gens le grand meschef qui étoit avenu à l'avant-garde ni que les François fussent morts, mais cuidoient (croyoient) que ils fussent tous prisonniers, si les vouloient rescourre (délivrer); mais c'étoit trop tard, si comme vous avez ouy. Là ot (eut) dure bataille et fière et maint homme renversé par terre. Si ne l'eurent pas le Portingalois d'avantage, mais leur convint vaillamment et hardiment combattre, autrement ils eussent été déconfits et perdus; et ce qui les sauvoit et garantissoit le plus étoit ce qu'on ne les pouvoit approcher fors que par un pas. Là descendit le roi de Portugal à pied et prit sa hache et s'en vint sur le pas et y fit merveilles d'armes et en abattit trois ou quatre des plus notables, tant que tous le resoingnoient (craignoient); et ne laissèrent approcher ses gens leurs ennemis, ni aussi n'y osoient approcher pour la doubtance (crainte) des grands horions que le roi leur donnoit et délivroit à tous lez (côtés). Je vous dirai une partie de la condition des Espagnols.

Voir (vrai) est que à cheval de première venue ils sont de grand bobant (orgueil) et de grand courage et hautain et de dur encontre à leur avantage et se combattent assez bien à cheval. Mais si très tôt comme ils ont jeté deux ou trois dardes et donné un coup d'épée et ils voient que leurs ennemis ne se déconfissent point, ils se doubtent (effrayent) et retournent les freins de leurs chevaux et se sauvent qui sauver se peut. Encore jouèrent-ils là de ce tour et de ce métier, car ils trouvèrent leurs ennemis durs et forts et aussi frais à la bataille que doncques que point en devant ne se fussent combattus en la journée, dont ils en furent plus émerveillés et ébahis; et avoient encore les Espagnols grand' merveille que tous ceux de l'avant-garde étoient devenus, car ils n'en véoient nul, ni nouvelles nulles n'en oyoient, et plus venoit et plus avesprissoit ⁽¹⁾. Là furent Espagnols en dure journée et vesprée, et la fortune de la bataille dure et mauvaise pour eux, car tous ceux qui entrèrent au fort des Lisbonnois par vaillance et pour faire fait d'armes furent tous morts; ni on ne prenoit homme nul à rançon, comme haut ni noble qu'il fût. Ainsi l'avoient les Lisbonnois ordonné, car ils ne se vouloient pas charger de nul prisonnier. Si furent là morts et occis sur la place des gens du roi de Castille ceux qui s'ensuivent et tous hauts barons. Messire Dagames (Diego Gomez) Mendrich, messire Digo Persement (Perez Sarmiento), messire Dam Pierre de Veferment, messire Marich (Maurique) de Versaulx, le grand maître de Calatrave et un sien frère qui fut ce jour là fait chevalier qui s'appeloit Digo Mores (Moro), messire Pierre Goussart (Gonzalez) de Mondesque (Mendoza), Dam Ferrant de Valesque (Velasco), Dam Pierre Goussart (Gonzalez) de Séville, Dam Jean Radigo (Ruy Diego) de Hoies, le grand maître de Saint Jacques, messire Radigo de la Roselle et bien soixante barons et chevaliers d'Espagne; ni oncques à la bataille de Nadres (Najara) où le prince de Galles déconfit le roi D. Henri, il n'y ot (eut) morts tant de noble gent de Castille comme il y ot (eut) à la besogne de Juberot (Aljubarota) qui fut en l'an de grâce notre Seigneur mil trois cents quatre vingt et cinq, par un samedi, le jour de Notre-Dame de la mi-août.

Quand le roi de Castille entendit et vit que ses

---

(1) C'est-à-dire plus il se faisoit tard. J. A. B.

gens se perdoient ainsi et se déconfisoient et que l'avant-garde étoit toute nettement déconfite sans recouvrier (remède) et que messire Regnault Limousin son maréchal étoit mort et toute la noble chevalerie tant de son royaume comme de France qui là l'étoient venus servir de moult grand' volonté, si fut durement courroucé et ne sçut quel conseil prendre, car il véoit ses gens fuir de toutes parts et eux déconfire et oyoit que on lui disoit: « Monseigneur partez-vous en, il est temps; la chose gît en trop dur parti. Vous ne pouvez pas tout seul déconfire vos ennemis ni recouvrer vos dommages. Vos gens fuient de tous côtés. Chacun entend à soi sauver. Or vous sauvez aussi si vous faites que sage; si la fortune est huy contre vous, une autre fois vous l'aurez meilleur...»

Le roi de Castille crut conseil et changea cheval et monta sur un coursier frais et nouvel que on lui ot (eut) appareillé sur lequel nul n'avoit monté ce jour, lequel coursier étoit grandement bon à la course et léger. Si férit le roi des éperons et tourna le dos aux ennemis et retourna vers Saint-Yrain (Santarem) où retournoient les fuyants et ceux qui se vouloient sauver.

Avenu étoit que ce jour le roi de Castille avoit un chevalier de son hôtel qui s'appeloit messire Martin Harens, lequel chevalier portoit le bassinet du roi auquel avoit un cercle d'or ouvragé sus de pierres précieuses qui bien valoient vingt mille francs; et le devoit le roi porter ce jour et s'en devoit armer. Ainsi l'avoit-il ordonné au matin quand il se partit de Saint-Yrain (Santarem); mais non fit, car quand on dût assembler (attaquer) il y eut si grand' presse entour le roi que il n'y pouvoit avenir et aussi il ne se oyoit point appeler. Si se cessa d'appresser. Assez tôt après il entendit que les leurs se déconfisoient et que les Portingalois obtenoient les champs et puis tantôt il vit fuites de tous côtés. Si se douta à perdre si riche joiel (joyau) que le bassinet du roi qui étoit estimé à tant de florins. Si le mit tantôt en sa custode (étui) que il ne lui fut pris ou happé et rencontré des ennemis. Si se mit à la fuite; mais il ne prit pas le chemin de Saint-Yrain (Santarem), ainçois (mais) prit un autre chemin à aller vers Ville-Alpent (Vilhalpandos). Ainsi fuyoient les un çà et les autres là, comme gens déconfits et ébahis; mais la greigneur (majeure) partie s'en allèrent à Saint-Yrain (Santarem) où le roi vint ce soir tout ébahi et desbareté (troublé).

A la déconfiture des Espagnols qui fut à Juberot (Aljubarota) où les Lisbonnois et les Portingalois obtinrent et gagnèrent la place ot (eut) grande occision et encore y eut-elle été plus grand' si ils les eussent fait chasser et aller après. Mais les Anglois dirent bien, quand ils virent les Espagnols tourner le dos tout haut au roi de Portugal et à ses gens: « Sire roi, commandez aux chevaux et nous mettons en chasse et tous ceux qui s'enfuient, ou la greigneur (majeure) partie, seront pris ou morts et le roi aussi si nous les poursuivons. » — « Non ferons, dit le roi, il doit suffire ce que fait en avons; nos gens sont lassés et traveillés (fatigués) et est noire nuit, si ne saurions où nous irions; et combien que ils fuient si y a-t-il encore entr'eux grand peuple; et espoir (peut-être) le font-ils pour nous traire (tirer) hors de notre place et nous avoir à leur aise. Nous garderons meshuy les morts et demain aurons autre conseil. » — « Par ma foi, dit Hartecelle (Hartsel), un Anglois, les morts sont légers (faciles) à garder; ceux ne nous feront mal, ni en eux n'aurons nous jamais point de profit, car nous avons occis nos bons prisonniers et nous sommes étrangers et venus de loin pour vous servir. Si gagnerions volontiers, quand il est heure, aucune chose sur ces beaux oiseaux qui s'envolent sans helles (ailes) et qui font voler leurs bannières. » — « Beau-frère, dit le roi, qui tout convoite tout perd. Il vaut trop mieux que nous soyons asseur (en sûreté), puisque l'honneur et la victoire est nôtre, et que Dieu la nous a envoyée que ce que nous mettions, en péril, puisque point il ne nous besogne. Nous avons assez, Dieu merci, pour vous faire tous riches. » Cette parole ne fut depuis relevée et demeura en cet état la besogne.

Ainsi advint que je vous ai recordé de la besogne de Juberot (Aljubarota). Le roi de Portugal gagna et obtint la place et la journée, et y ot (eut) là mort bien cinq cents chevaliers et bien autant ou plus d'écuyers. Ce fut pitié et dommage. Et environ six ou sept mille hommes d'autres gens; Dieu en ait les âmes. Toute cette nuit jusques au dimanche à heure de prime se tinrent le roi de Portugal et ses gens en leur place, ni onques ne s'en bougèrent ni ne se désarmèrent, mais mangèrent tout droit ou en séant chacun un petit et bûrent aussi un coup de vin que on leur apporta et amena du village de Juberot (Aljubarota).

Quand ce vint le dimanche après le soleil levant le roi fit monter à cheval jusques au nombre de douze chevaucheurs pour cercher (chercher) et courir les champs et pour savoir et voir si nulle assemblée ni recouvrance se faisoit. Quand ceux eurent chevauché avant et arrière assez, ils retournèrent et rapportèrent que ils n'avoient vu ni trouvé que gens morts. « De ceux-là, dit le roi de Portugal n'avons-nous nulle doubte (crainte). » Adonc fut-il ordonné et publié parmi l'ost de partir de là et de venir au village de Juberot (Aljubarota), et fut dit que là ils se tiendroient la nuit et tout le demeurant du jour jusques au lendemain au matin.

Sur cet état ils se départirent et laissèrent l'église de Juberot (Aljubarota) et les morts, et se retrairent (retirèrent) tous au village, et là se logèrent ce dimanche tout le jour et la nuit ensuivant. Le lundi au matin ils eurent conseil que ils se retrairoient (retireroient) devers Lisbonne. Si sonnèrent parmi l'ost les trompettes de délogement, puis s'ordonnèrent-ils ainsi comme à eux appartenoit de toutes choses et se mirent au chemin devers Lisbonne et vinrent ce jour loger à deux lieues près de Lisbonne, et le mardi le roi entra en la ville atout (avec) grand peuple et à grand'gloire et à grand triomphe. Et fut mené à (avec) grand' foison de menestrels, et à processions de toutes les gens des églises de Lisbonne qui étoient venus à l'encontre de lui jusques au palais. Et en chevauchant parmi les rues, toutes gens et mêmement enfants faisoient au roi fête, honneur, inclination et révérence et crioient et disoient à haute voix: « Vive le noble roi de Portugal, auquel Dieu a fait tant de grâce, qu'il lui a donné victoire sur le puissant roi de Castille, et a obtenu la place et déconfit ses ennemis! »

Par cette belle journée que le roi Jean de Portugal ot (eut) sur le roi Jean de Castille en ce temps que je vous recorde, eschey (arriva)-t-il tellement en la grâce et en l'amour de tout le royaume de Portugal, que tous ceux qui par avant la bataille dissimuloient à l'encontre de lui vinrent à Lisbonne lui faire serment et hommage et lui dirent qu'il étoit digne de vivre, et que Dieu l'aimoit quand il avoit déconfit plus puissant roi que il n'étoit et que bien étoit digne de porter couronne.

Ainsi demeura le roi en la grâce de ses gens et par spécial de toute la communauté du dit royaume.

Or parlons un petit du roi de Castille qui retourna après qu'il fût déconfit à Saint-Yrain (Santarem) regrettant et pleurant ses gens et maudissant la dure fortune que il avoit eu quand tant de noble chevalerie de son pays et du royaume de France étoit demeurée sur les champs. A celle heure que il entra en la ville de Saint-Yrain (Santarem) ne savoit-il pas encore le grand dommage que il avoit eu et reçu, mais il le sçut le dimanche, car il envoya ses hérauts cerchier (chercher) les morts, et cuidoit (croyoit) bien que la greigneur (majeure) partie des barons et des chevaliers que les hérauts trouvèrent morts sur la place fussent prisonniers aux Portingalois, mais non étoient, ainsi comme il apparoît. Or fut-il durement courroucé et tant qu'on ne le pouvoit rapaiser ni reconforter, quand les hérauts retournèrent et rapportèrent les certaines nouvelles des occis; et dit et jura que jamais il n'auroit joie quand tant de noble chevalerie étoit morte par sa coulpe (faute) et que ce ne faisoit point à recouvrer (remédier). « Non, disoit le roi, si je avois conquis tout le royaume de Portugal. »

Au chef (bout) de trois jours que le roi se tenoit à Saint-Yrain (Santarem) vint en la ville et devers le roi son chevalier qui s'appeloit messire Martin Harens et rapporta le bassinet du roi qui étoit prisé vingt mille francs par les riches pierres qui étoient sus; et jà avoit-on parlé en l'hôtel du roi moult largement sus lui; et avoient dit les aucuns par envie que cauteleusement et frauduleusement il étoit parti et que plus il ne retourneroit. Quand le chevalier fut revenu il alla devers le roi et se jeta à genoux et s'excusa de bonne manière tant que le roi et son conseil le tinrent bien pour excusé. Ainsi demeura la chose en cet état, et retourna le roi de Castille, au quinzième jour que il fut venu à Saint-Yrain (Santarem), à Burges (Burgos) en Espagne, et donna à toutes manières de gens d'armes congé. Adonc y ot (eut) moyens et traités entre le roi d'Espagne et le roi de Portugal; et furent prises unes trèves entre eux à la Saint Michel durant jusques au premier jour de Mai à durer entre ces deux rois leurs royaumes et leurs alliés par mer et par terre. Si furent les corps des barons et des chevaliers qui à Juberot (Aljubarota) avoient été occis, ensépulturés (ensevelis) en l'église de Juberot (Aljubarota) et ens (dans) ès églises là environ, et les os de plusieurs rapportés par leurs gens en leur pays.

CHAPITRE XXII.

COMMENT UN MALIN ESPRIT NOMMÉ ORTON SERVIT PAR UN TEMPS LE SIRE DE CORASSE ET LUI RAPPORTOIT NOUVELLES DE PAR TOUT LE MONDE D'HUY A LENDEMAIN.

Grand'merveille est à penser et à considérer de une chose que je vous dirai et qui me fut dite en l'hôtel du comte de Foix à Orthez, et de celui mêmement qui me informa de la besogne de Juberot (Aljubarota) et de tout ce qui avenu étoit sus le voyage, et je vous dirai de quoi ce fut, car depuis que l'écuyer n'ot (eut) comté son conte, lequel je vous éclaircirai ensuivant, certes je y ai pensé cent fois et penserai tant que je vivrai.

« Voir (vrai) est et fut, ce me conta l'écuyer, que à lendemain que la besogne fut avenue à Juberot (Aljubarota), si comme ci-dessus il vous est conté, le comte de Foix le sçut, dont on ot (eut) grand'merveille comment ce pouvoit être ; et le dimanche tout le jour, et le lundi, et le mardi ensuivant il fit à Orthez en son châtel si mate et si simple chère que on ne pouvoit extraire parole de lui; et ne voulut oncques ces trois jours issir (sortir) de sa chambre ni parler à chevalier ni à écuyer tant prochain que il lui fut si il ne le mandoit. Encore avint-il que il manda bien tels à qui il ne parla oncques mot tout les trois jours. Et quand ce vint le mardi au soir il appela son frère messire Ernault Guillaume et lui dit tout bas: « Nos gens ont eu à faire, dont je suis courroucé, car ils leur est pris du voyage oncques (encore) ou ainsi que je leur dis au partir. » Messire Ernault Guillaume qui est un très sage et avisé chevalier et qui bien connoissoit la manière et condition de son frère le comte se tut un petit, et le comte qui désiroit à éclaircir son coraige (cœur), car trop longuement avoit porté son anoy (ennui), reprit encore la parole et parla plus haut que il n'avoit fait la première fois et dit: « Par Dieu, messire Ernault, il est ainsi que je vous dis, et brièvement nous aurons nouvelles, car oncques le pays de Béarn ne perdit tant depuis cent ans sus un jour comme il a perdu à cette fois en Portugal. » Plusieurs chevaliers et écuyers qui là étoient circonstans qui ouïrent et entendirent le comte notèrent et glossèrent ces paroles et devant dix jours après on en sçut le voir (vrai) par ceux qui à la besogne avoient été, et qui recordèrent, premièrement au comte et après ensuivant à tous ceux qui ouïr les vouloient, toutes les choses ainsi comme à Juberot (Aljubarota) elles s'étoient portées, dont renouvela le deuil du comte et de ceux du pays qui y avoient perdu leurs frères, leurs pères, leurs enfants et leurs amis. »

« Sainte Marie, dis-je à l'écuyer qui me contoit son conte, et comment le put le comte de Foix sitôt savoir ni présumer que du jour à lendemain, je le saurois volontiers. » — « Par ma foi, dit l'écuyer, il le sçut bien ainsi comme il apparut. » — « Donc il est divin? dis-je, ou il a des messagers qui chevauchent de nuit avecques le vent. Aucun art faut-il qu'il ait. » Et l'écuyer commença lors à rire et dit: « Voirement (vraiment) faut-il que il le sache par aucune voie de nigromance (nécromancie); point ne savons en ce pays, au voir (vrai) dire, comment il use forsque par imaginations. » — « Eh doux homme, dis-je, les imaginations que vous pensez sus veuilliez-les-moi éclaircir et je vous en saurai gré, et si c'est chose qui appartienne à céler je le célerai bien, ni jamais, tant que je sois en ce pays, je n'en ouvrirai ma bouche. » — « Je vous en prie, dit l'écuyer, car je ne voudrois pas que on sçut que je l'eusse dit. Si en parlent bien les aucuns en requoi (secret) quand ils sont entre leurs amis. »

Adonc me traist (tira)-il à une part en un anglet (coin) de la chapelle du châtel à Orthez, et puis commença à faire son conte et dit ainsi:

« Il peut avoir environ vingt ans que il régnoit en ce pays un baron qui s'appeloit de son nom Raymond et seigneur de Corasse. Corasse que vous l'entendez, est un châtel et une ville à sept lieues de cette ville de Orthez. Le sire de Corasse pour le temps dont je vous parle avoit un plait (procès) en

Avignon devant le pape pour les dîmes de l'église de sa ville à l'encontre d'un clerc de Cathelongne (Catalogne) le quel clerc étoit en clergé très grandement et bien fondé, et clamoit à avoir grand droit en ces dîmes de Corasse qui bien valoient de revenue cent florins par an; et le droit que il y avoit il le montra et prouva, car par sentence définitive pape Urbain V en consistoire général en détermina et condamna le chevalier et jugea le clerc en son droit. Le clerc de la derraine (dernière) sentence du pape leva lettres et prit possession, et chevaucha tant par ses journées qu'il vînt en Béarn et montra ses lettres et se fit mettre par la vertu des bulles du pape en possession de ce dîmage. Le sire de Corasse ot (eut) grand' indignation sus le clerc et sus ses besognes et vint au devant et dit au clerc: « Maître Pierre ou maître Martin, ainsi comme on l'appeloit, pensez-vous que pour vos lettres je doive perdre mon héritage. Je ne vous sçais pas tant hardi que vous en levez ni prenez jà chose qui soit mienne, car si vous le faites vous y mettrez la vie. Mais allez ailleurs empetrer (obtenir) bénéfice, car de mon héritage vous n'aurez nient (rien), et une fois pour toutes je vous le défends. » Le clerc se doubta (effraya) du chevalier, car il étoit crueux (cruel), et n'osa persévérer. Si se cessa et s'avisa que il s'en retourneroit en Avignon ou en son pays, si comme il fit; mais quand il dut partir il vint en la présence du seigneur de Corasse et lui dit: « Sire, par votre force et non de droit vous me ôtez et tollez (ravissez) les droits de mon église, dont en conscience vous vous méfaites grandement. Je ne suis pas si fort en ce pays comme vous êtes, mais sachez que au plus tôt que je pourrai je vous envoierai tel champion que vous douterez (craindrez) plus que vous ne faites moi. Le sire de Corasse qui ne fit compte de ses menaces lui dit : « Va à Dieu, va, fais ce que tu peux ; je te doute (crains) autant mort que vif. Jà pour tes paroles je ne perdrai mon héritage. »

Ainsi se partit le clerc du seigneur de Corasse et s'en retourna, je ne sais quel part, en Casteloigne (Catalogne) ou en Avignon, et ne mit pas en oubli ce que il avoit dit au partir au seigneur de Corasse ; car quand le chevalier y pensoit le moins, environ trois mois après, vinrent en son châtel de Corasse là où il se dormoit en son lit de-lez (près) sa femme, messagers invisibles qui commencèrent à bucher et à tempêter tout ce qu'ils trouvoient parmi ce châtel, en tel manière que il sembloit que ils dussent tout abattre ; et bûchoient les coups si grands à l'huys (porte) de la chambre du seigneur que la dame qui se gisoit (couchoit) en son lit en étoit toute effrayée. Le chevalier oyoit bien tout ce, mais il ne sonnoit mot, car il ne vouloit pas montrer courage (cœur) d'homme ébahi ; et aussi il étoit hardi assez pour attendre toutes aventures.

Ce tempêtement et effroi faits en plusieurs lieux parmi le châtel dura une longue espace et puis se cessa. Quand ce vint à lendemain, toutes les mesgnies (domestiques) de l'hôtel s'assemblèrent et vinrent au seigneur à l'heure qu'il fut découché et lui de-

demandèrent: « Monseigneur n'avez vous point ouy ce que nous avons à nuit (cette nuit) ouy? » Le sire de Corasse se feignit et dit: « Non; quelle chose avez-vous ouy? » Adonc lui recordèrent-ils comment on avoit tempêté aval son châtel, et retourné et cassé toute la vaisselle de la cuisine. Il commença à rire et dit que ils l'avoient songé et que ce n'avoit été que vent. « En nom Dieu, dit la dame, je l'ai bien ouy. »

Quand ce vint l'autre nuit après ensuivant encore revinrent ces tempêteurs mener plus grand'noise que devant et bûcher les coups moult grands à l'huis et aux fenêtres de la chambre du chevalier. Le chevalier saillit sus en-my (milieu) son lit et ne se put ni ne se volt (voulut) abstenir que il ne parlât et ne demandât: « Qui est-ce là qui ainsi buche en ma chambre à cette heure? » Tantôt lui fut répondu : « Ce suis-je, ce suis-je. » Le chevalier dit: « Qui t'envoie ci? » — « Il m'y envoie le clerc de Casteloigne (Catalogne) à qui tu fais grand tort, car tu lui tols (ravis) les droits de son héritage, si ne te lairay (laisserai) en paix tant que tu lui en auras fait bon compte et qu'il soit content. » Dit le chevalier: « Et comment t'appele-t-on, qui es si bon messager? » — « On m'appele Orton. » — « Orton, dit le chevalier, le service d'un clerc ne te vaut rien, il te fera trop de peine si tu le veux croire; je te prie, laisse-le en paix et me sers, et je t'en saurai gré. »

Orton fut tantôt conseillé de répondre, car il s'en ammoura du chevalier et dit: « Le voulez-vous? » — « Ouil, dit le sire de Corasse; mais (pourvu) que tu fasses mal à personne de céans je me chevirai bien à toi et et nous serons bien d'accord. «—« Nennil, dit Orton, je n'ai nulle puissance de faire autre mal que de toi réveiller et destourber (troubler), ou autrui, quand on devroit le mieux dormir. »—« Fais ce que je dis, dis le chevalier, nous serons bien d'accord et si laisse ce méchant désespéré clerc. Il n'y a rien de bien en lui fors que peine pour toi et si me sers. » — « Et puis que tu le veux, dit Orton, et je le vueil (veux). »

Là s'enamoura tellement cil (ce) Orton du seigneur de Corasse que il le venoit voir bien souvent de nuit, et quand il le trouvoit dormant il lui hochoit son oreiller or il hurtoit grands coups à l'huis ou aux fenêtres de la chambre, et le chevalier quand il étoit reveillé lui disoit: « Orton, laisse-moi dormir, je t'en prie. »—« Non ferai, disoit Orton, si t'aurai ainçois (auparavant) dit des nouvelles. » Là avoit la femme du chevalier si grand paour (peur) que tous les cheveux lui dressoient, et se muçoit (cachoit) en sa couverture. Là lui demandoit le chevalier: « Et quelles nouvelles me dirais-tu, et de quel pays viens-tu? » Là, disoit Orton: « Je viens d'Angleterre, ou d'Allemagne, ou de Hongrie, ou d'un autre pays, et puis je m'en partis hier, et telles choses et telles y sont avenues. » Si savoit ainsi le sire de Corasse par Orton tout quan (autant) que il avenoit par le monde; et maintint bien cette ruse cinq ou six ans; et ne s'en put taire, mais s'en découvrit au comte de Foix par une manière que je vous dirai.

« Le premier an, quand le sire de Corasse venoit

vers le comte à Orthez ou ailleurs, le sire de Corasse lui disoit : « Monseigneur, telle chose est avenue en Angleterre, ou en Écosse, ou en Allemagne, ou en Flandre, ou en Brabant, ou autres pays, et le comte de Foix qui depuis trouvoit ce en voir (vrai), avoit grand' merveille dont tels choses lui venoient à savoir; et tant le pressa et examina une fois que le sire de Corasse lui dit comment et par qui toutes telles nouvelles il savoit et par quelle manière il y étoit venu. Quand le comte de Foix en sçut la vérité il en ot (eut) trop grand' joie et lui dit : « Sire de Corasse, tenez-le à amour, je voudrois bien avoir un tel messager; il ne vous coûte rien et si savez véritablement tout quan (autant) que il avient par le monde. » Le chevalier répondit : « Monseigneur, aussi ferai-je. »

Ainsi étoit le sire de Corasse servi de Orton et fut un long temps. Je ne sais pas si cil (ce) Orton avoit plus d'un maître, mais toutes les semaines de nuit, deux ou trois fois, il venoit visiter le seigneur de Corasse et lui recordoit des nouvelles qui étoient avenues ès pays où il avoit conversé, et le sire de Corasse en escrisoit (écrivoit) au comte de Foix lequel en avoit grand' joie, car c'étoit le sire en ce monde qui plus volontiers oyoit (entendoit) nouvelles d'étranges pays. Une fois étoit le sire de Corasse avec le comte de Foix; si gangloient (causoient) entr'eux deux ensemble de Orton; et chéy (tomba) à matière que le comte lui demanda : « Sire de Corasse, avez-vous point encore vu votre messager? » Il répondit : « Par ma foi, monseigneur, nennil, ni point je ne l'ai pressé. »—« Non, dit-il, c'est merveille; si il me fut aussi bien appareillé comme il est à vous; je lui eusse prié que il se fut démontré à moi; et vous prie que vous vous en mettez en peine, si me saurez à dire de quel forme il est, ni de quel façon. Vous m'avez dit qu'il parole (parle) le Gascon si comme moi ou vous. »—« Par ma foi, dit le sire de Corasse, c'est vérité; il le parle aussi bien et aussi bel comme moi et vous; et par ma foi je me mettrai en peine de le voir puisque vous le me conseillez. »

Avint que le sire de Corasse, comme les autres nuits avoit été, étoit en son lit en sa chambre, de côté sa femme laquelle étoit jà toute accoutumée de ouïr Orton et n'en avoit mais nulle doubte (crainte). Lors vint Orton et tire l'oreiller du seigneur de Corasse qui fort dormoit; le sire de Corasse s'éveilla tantôt et demanda : « Qui est cela? » il répondit : « Ce suis-je voire (vraiment) Orton. » — « Et dont viens-tu? »—« Je viens de Prague en Bohême; l'empérière (l'empereur) de Rome est mort. » — « Et quand mourut-il? »—« Il mourut devant hier. » — « Et combien a de ci en Prague en Bohême ? » — « Combien, dit-il, il y a bien soixante journées. »— « Et si en es si tôt venu? »—« M'ait (aide) Dieu voire (vraiment), je vais aussitôt ou plutôt que le vent. » — « Et as-tu ailes? »—« M'ait (aide) Dieu, nennil. »— « Et comment donc peux-tu voler sitôt ? » Répondit Orton : « Vous n'en avez que faire du savoir. »—« Non, dit-il, je te verrois volontiers pour savoir de quelle forme et façon tu es. » Répondit

Orton: « Vous n'en avez que faire du savoir. Suffise vous quand vous me oyez et je vous rapporte certaines et vraies nouvelles. » — « Par Dieu, Orton, dit le sire de Corasse, je t'aimerois mieux si je t'avois vu. » Répondit Orton: « Et puisque vous avez tel désir de moi voir, la première chose que vous verrez et encontrerez demain au matin quand vous saudrez (sortirez) hors de votre lit, ce serai-je. » — « Il suffit, dit le sire de Corasse. Or, va, je te donne congé pour cette nuit. ».

Quand ce vint au lendemain matin le sire de Corasse se commença à lever, et la dame avoit telle paour (peur) que elle fit la malade et que point ne se leveroit ce jour, ce dit-elle à son seigneur qui vouloit que elle se levât: « Voire (vraiment), dit la dame, si verrois Orton. Par ma foi je ne le veuil (veux), si Dieu plaît, ni voir ni encontrer. » Or dit le sire de Corasse: « Et ce fais-je. » Il sault (sort) tout bellement hors de son lit et s'assiéd sur l'espoude (bord) de son lit, et cuidoit (croyoit) bien adonc voir en propre forme Orton, mais ne vit rien. Adonc vint-il aux fenêtres et les ouvrit pour voir plus clair en la chambre, mais il ne vit rien chose que il put dire: « Vecy Orton. » Ce jour passa, la nuit vint. Quand le sire de Corasse fut en son lit couché, Orton vint et commença à parler ainsi comme accoutumé avoit. « Va, va, dit le sire de Corasse, tu n'es que unbourdeur (trompeur); tu te devois ai bien montrer à moi hier qui fut, et tu n'en as rien fait. » — « Non, dit-il, si ai, m'ait (aide) Dieu. » — « Non as. » — « Et ne vîtes-vous pas, ce dit Orton, quand vous sausistes (sortîtes) hors de votre lit, aucune chose ? » Et le sire de Corasse pensa, un petit et puis s'avisa. « Oil, dit-il, en séant sur mon lit et pensant après toi, je vis deux longs fétus sur le pavement qui tournoient ensemble et se jouoient. » — « Et ce étois-je, dit Orton ; en cette forme là m'étois-je mis. » Dit le sire de Corasse : « Il ne me suffit pas : je te prie que tu te mettes en autre forme telle que je te puisse voir et connoître. » Répondit Orton : « Vous ferez tant que vous me perdrez et que je me tannerai (lasserai) de vous, car vous me requérez trop avant. » Dit le sire de Corasse : « Non feras-tu, ni te tanneras (lasseras) point de moi : si je t'avois vu une seule fois, je ne te voudrois plus jamais voir. » — « Or, dit Orton, vous me verrez demain ; et prenez bien garde que la première chose que vous verrez quand vous serez issu (sorti) hors de votre chambre, ce serai-je. » — « Il suffit, dit le sire de Corasse ; or, t'en va meshuy, je te donne congé, car je vueil (veux) dormir. »

Orton se partit. Quand ce vint à lendemain à heure de tierce que le sire de Corasse fut levé et appareillé, si comme à lui appartenoit, il issit (sortit) hors de sa chambre et vint en unes galeries qui regardoient en-mi (milieu) la cour du châtel ; il jette ses yeux, et la première chose que il vit, c'étoit que en sa cour a une truie la plus grande que oncques avoit vu ; mais elle étoit tant maigre que par semblant on n'y véoit que les os et la pel ; et avoit les tettes grandes et longues et pendantes et toutes écartées ; et avoit un musel long et tout affamé. Le sire de

Corasse s'émerveilla trop fort de cette truie et ne la vit point volontiers et commanda à ses gens : « Or tôt, mettez les chiens hors, je vueil(veux) que cette truie soit pillée. » Les varlets saillirent (sortirent) avant et defremèrent (ouvrirent) le lieu où les chiens étoient et les firent assaillir la truie. La truie jeta un grand cri et regarda contremont sur le seigneur de Corasse qui s'appuyoit devant sa chambre à une étaie. On ne la vit oncques puis, car elle s'esvanoyt (évanouit), ni on ne sçut que elle devint. Le sire de Corasse rentra en sa chambre tout pensif et lui alla souvenir de Orton et dit : « Je crois que j'ai huy vu mon messager; je me repens de ce que j'ai huyé(crié) et fait huier (crier) mes chiens sur lui; fort y a si je le vois jamais; car il m'a dit plusieurs fois que sitôt que je le courroucerois je le perdrois et ne revenroit (reviendroit) plus. » Il dît vérité : oncques puis ne revint en l'hôtel du seigneur de Corasse et mourut le chevalier dedans l'an ensuivant.

« Or vous ai-je recordé de la vie de Orton et comment il servit un temps de nouvelles trop volontiers le seigneur de Corasse. » — « Il est vérité, dis-je à l'écuyer qui le conte m'avoit fait et dit. A ce propos pourquoi vous le commençâtes, le comte de Foix est-il servi d'un tel messager ? » Répondit l'écuyer : « En bonne vérité c'est l'imagination de plusieurs hommes en Béarn que oil (oui); car on ne fait rien au pays ou ailleurs aussi, quand il y met parfaitement sa cure (soin) que il ne sache tantôt, et quand on s'en donne le mieux de garde. Ainsi fut-il des nouvelles que il dit des bons chevaliers et écuyers de ce pays qui étoient demeurés en Portugal. Et toutefois la grâce et renommée que il a de ci, lui fait grand profit; car on ne perdroit pas céans une cueillier (cuiller) d'or ou d'argent ni rien qui soit que il ne le sçut tantôt. »

Atant (alors) pris-je congé à l'écuyer et trouvai autre compagnie avec laquelle je m'ébattis et déportai; mais toutefois je mis bien en mémoire tout le conte que il m'avoit dit ainsi comme il appert.

Je me souffrirai un petit à parler des besognes de Portugal et d'Espagne et vous parlerai des besognes de la Languedoc et de France.

CHAPITRE XXIII.

Comment le siége fut mis devant Brest en Bretagne et comment plusieurs forteresses Anglesches (Angloises) d'environ le pays de Toulouse furent recouvrées et faites Françoises.

En ce temps que ces avenues se portoient telles, en Castille et ens (dans) ès lointaines marches, fut ordonné de par messire Olivier de Clichon (Clisson) connétable de France à mettre une bastide devant le fort et garnison du châtel de Brest en Bretagne [1], que les Anglois tenoient et avoient tenu long-temps,

---

[1] Les grandes chroniques mettent ce siége de Brest en l'année 1386. J. A. B.

ni point ne s'en vouloient partir, ni pour le roi de France ni pour le duc de Bretagne à qui il en appartenoit; et en avoient plusieurs fois écrit devers le dit duc, le duc de Berry et le duc de Bourgogne et le conseil du roi; car lors, si comme vous savez, le jone (jeune) roi de France étoit au gouvernement de ses oncles; et avoient prié au duc de Bretagne que il voulsist (voulut) mettre cure et diligence à conquérir son héritage le châtel de Brest qui grandemént étoit au préjudice de lui quand Anglois le tenoient. Le duc, tant par la prière des dessus dits nommés que pour ce aussi que il vit volontiers que il fut sire de Brest, car on dit en plusieurs leux que il n'est pas duc de Bretagne qui n'est sire de Brest, avoit une fois mis siége devant, mais rien n'y avoit fait et s'en étoit parti; et disoit que on n'y pouvoit rien faire, dont aucuns chevaliers et écuyers de Bretagne murmuroient en dernère et disoient que il se dissimuloit et que ceux qui le tenoient étoient ses grands amis, et ne voudroit pas pour toutes paix que il fut en ses mains ni en la saisine du roi de France, car si les François le tenoient il n'en seroit point sire mais plus foible, et les Anglois quand ils le tiennent ne l'osent courroucer. Pourquoi, toutes ces choses considérées, il étoit avis au connétable de France que le châtel et la ville de Brest qui là étoient en ferme terre et qui étoient ennemis au royaume de France, au c̃as que le duc de Bretagne le mettoit en nonchaloir (négligence), ne gisoit pas honorablement pour lui ni pour les chevaliers de Bretagne. Si ordonna à mettre siége devant et y envoya grand' foison de chevaliers et d'écuyers de Bretagne, desquels il fit souverains maîtres et capitaines le seigneur de Malestroit, le vicomte de la Berlière, Morfornace et le seigneur de Roche-Durant. Ces quatre vaillants hommes s'en vinrent mettre le siége au plus près de Brest comme ils purent et firent faire et charpenter une très belle bastide (fort) et environner de palis et de portes; et cloirent (fermèrent) à ceux de Brest tantôt leurs aisements et yssues (sorties), fors celle de mer; cette n'étoit pas en leur puissance de clorre. Et vous dis que devant Brest avoit souvent aux barrières des escarmouches et des faits d'armes, car les compagnons qui désiroient les armes tout ébattant s'en venoient jusques aux barrières traire (tirer) et lancer et réveiller ceux de Brest qui aussi les recueilloient aux armes vaillamment, et quand ils s'étoient là ébattus une longue espace, et, tel fois étoit, navré et blessé l'un l'autre, ils se retraioient (retiroient). Mais peu de jours étoient que il n'y eut quelque chose et quelque avenue de faits d'armes.

En ce temps se tenoit en la marche de Toulouse un vaillant chevalier de France, lequel s'appeloit messire Gautier de Passac grand capitaine et bon de gens d'armes. De la nation de Berry et des frontières de Limousin étoit le chevalier; et avoient en devant sa venue le sénéchal de Toulouse messire Hue de Froideville et le sénéchal de Carcassonne messire Roger d'Espagne écrit en France devers le conseil du roi l'état du pays, car il y avoit sur les frontières de Toulouse et de Rabestan plusieurs compagnons aventureux lesquels étoient tous issus de Lourdes et de Châtel Culier, qui faisoient guerre d'Anglois et tenoient les forts qui ci-après s'ensuivent: Saint Forget, la Boussée, Pulpuron, Cremale, le Mesnil, Rochefort, le Dos-Julien, Nazaret et plusieurs autres, dont ils avoient si environné la bonne ville et cité de Toulouse que les bonnes gens ne pouvoient aller hors labourer leurs vignes ni terres ni élongnier (quitter) Toulouse pour aller en leurs marchandises fors en grand péril, si ils n'étoient attrivés (en trèves) ou mis en pactis (composition) à eux. Et de tous ces châteaux étoit souverain capitaine un appert homme d'armes de Vescle (Biscaye), Anglois [1], qui s'appeloit Espagnolet; et vous dis que ce Espagnolet fit grand' merveille, car il prit et échella le châtel de Cremale (Ennaille) endementes (pendant) que le sire, messire Raymond, étoit allé à Toulouse. Et le tint plus d'un an.

En ce terme que il le tint il fit une croute (mine) en terre qui vuidoit hors aux champs et entroit en la salle; et quand elle fut faite il par dessus et y mit les quarriaux (carreaux), et ne sembloit pas que il y eut allée dedans terre.

Endementes (pendant) que on faisoit cette croute (mine) traitoit le sire de Cremale à Espagnolet comment il put pour argent r'avoir son châtel. Quand Espagnolet ot (eut) fait toute la croute, il s'accorda

[1] C'est-à-dire du parti Anglois. J. A. B.

au chevalier et lui rendit pour deux mille francs et s'en partit et toutes ses gens. Messire Raymond rentra en son châtel et le fit remparer et rappareiller ce qui desemparé étoit. Ne demeura pas quinze jours après que Espagnolet avec sa route (troupe) s'en vint de nuit bouter ens (dans) ou (le) conduit dont l'allée répondoit au châtel et s'en vint, et tous ceux qui sieuvir (suivre) le volrent (voulurent), parmi le conduit et croute bouter en la salle du châtel à heure de mie-nuit; et fut de rechef le châtel pris et le chevalier dedans son lit, et le rançonna encore à deux mille francs et puis le laissa aller, mais il tint le châtel et en fit une bonne garnison qui grandement travailloit le pays avecques les autres qui étoient de son alliance et compagnie.

Pour telles manières de gens pillards et robeurs qui faisoient en la marche de Toulouse et de Rouergue guerre d'Anglois fut envoyé messire Gautier de Passac à (avec) une quantité de gens d'armes et de Genevois (Génois) à Toulouse pour délivrer le pays des ennemis. Et s'en vint à Toulouse, et fit là son mandement des chevaliers et écuyers de là environ, et escripsit (écrivit) devers messire Roger d'Espagne le sénéchal de Carcassonne lequel le vint servir, car messire Gautier avoit commission générale sur tous les officiers de la Languedoc, pourquoi cils (ceux) qui escrips (écrits) et mandés étoient venoient à (avec) ce que ils avoient de gens. Si vint le dessus dit messire Roger à (avec) soixante lances et à cent pavois, et le sénéchal de Rouergue à (avec) autant, et messire Hugues de

Froideville autant ou plus. Si se trouvèrent bien ces gens d'armes, quand ils furent tous assemblés, environ quatre cents lances et bien mille portants pavois que gros varlets. Encore y étoient le fils au comte d'Esterach à belle compagnie, le sire de Barbesan, messire Benedict de la Faignole (Fagnoëles) et Guillaume Cauderon Breton et sa route (troupe). Si se départirent un jour de Toulouse et s'en vinrent devant Saint Forget et là s'arrêtèrent; et le tenoit un homme d'armes de Béarn, grand pillard étoit, qui s'appeloit le Bourg de Taillard. Quand ces seigneurs et leurs routes (troupes) furent venus devant Saint Forget, ils se logèrent et tantôt allèrent à l'assaut et commencèrent Genevois (Génois) à traire (tirer) de grand' façon et si fort que à peine ne s'osoit nul des défendants pour le trait démontrer aux murs de la ville et du fort; mais les François ne l'eurent pas ce premier jour pour assaut que ils y fissent. Quand ce vint au soir ils s'allèrent loger et passèrent la nuit tout aise. Ils avoient bien de quoi. A lendemain au matin après boire on se arma parmi l'ost, car les trompettes à l'assaut sonnèrent et puis se mirent les seigneurs en ordonnance pour assaillir et s'en vinrent tout le pas jusques au pied des fossés: qui vit donc gens d'armes entrer dedans et porter leurs targes sur leurs têtes et tâter le fonds à (avec) leurs lances et aller tout outre jusques au pied du mur, il y prit grand' plaisannce. Quand les premiers furent passés, et ils eurent montré chemin, les autres ne ressongnièrent (craignirent) pas, mais les suivirent de grand' volonté car blâme leur eut été si ils se fussent tenus derrière et leurs compagnons fussent devant; et portoient ceux qui secondement alloient pics et hoyaux en leurs mains pour percer et hoyer le mur, et en ce faisant tenoient les targes sur leurs têtes pour recevoir le jet et les horions des pierres qui venoient à la fois d'amont; mris plenté (beaucoup) n'étoit-ce mie: car les Genevois (Génois), qui sur les fossés se tenoient et qui ouniement (à la fois) traioient (tiroient), ensounioient (occupoient) tant ceux qui dedans étoient que ils n'osoient bouter hors leurs têtes aux créneaux, pour eux défendre, car les arbalêtriers Genevois (Génois) sont si justes de leur trait que point ils ne faillent là où ils visent. Si en y ot (eut) de frappés et de blessés de ceux de dedans plus de sept et férus de longs viretons (javelots) parmi les têtes, de quoi leurs compagnons qui aux défenses étoient redoutoient grandement le trait.

Tant dura cil (cet) assaut au châtel de Saint Forget et si bien fut assailli et de si grand' volonté que ceux qui étoient au pied du mur pour hoyer et pour piquer en abattirent un grand pan. Adonc furent ceux de dedans ébahis et se voulurent rendre sauve leurs vies, mais on n'en ot (eut) cure, car ils chéirent (tombèrent) en si bonnes mains que messire Gautier commanda qu'ils fussent tout occis. Depuis cette parole nul ne fut pris à merci, mais furent tous morts, onques nul n'en échappa. Ainsi eurent de première venue les barons et les chevaliers de France qui là étoient venus le châtel de Saint

Forget. Si le rendit messire Gautier au seigneur qui là étoit, lequel l'avoit perdu en l'année par sa folle garde, ainsi que plusieurs châteaux ont été au temps passé perdus en France.

Après la prise du châtel de Saint Forget et que messire Gautier l'ot (eut) rendu au chevalier à qui il étoit devant, lequel le fit remparer, et besoin en avoit car les François l'avoient grandement détruit à l'assaillir et au prendre, ceux seigneurs se départirent et s'en vinrent devant le châtel de la Bouffée (Bassère) duquel Ernauton de Batefol, Gascon, étoit capitaine; et l'avoit refortifié grandement pour la cause des François qui le devoient venir voir, ainsi comme ils firent. Quand on fut venu à la Bouffée (Bassère) on mit le siége environ et avisèrent les seigneurs comment on le pourroit assaillir au plus grand avantage sans moins travailler (fatiguer) leurs gens. Et quand ils eurent bien tout ce avisé ils virent bien lieu; si se ordonnèrent un jour et s'en vinrent cette part où ils le tenoient le plus foible. Là étoient Genevois (Génois) arbalêtriers ordonnés et arrangés pour traire (tirer) par derrière les assaillants; lesquels s'acquittoient vaillamment de faire leur métier, car ils traioient (tiroient) si ouniement (à la fois) et si fort à ceux de dedans que à peine ne s'osoit nul amontrer. Ernauton de Batefol, le capitaine, étoit à la porte où il y avoit grand assaut et là faisoit merveilles d'armes et tant que les chevaliers dirent entr'eux: « Vela un écuyer de grand' volonté et auquel les armes sont bien séants, car il s'en sçait moult bien aider et avoir ; ce seroit bon de traiter devers lui que il rendît le fort et s'en allât ailleurs pourchasser et lui soit dit que si messire Gautier de Passac le conquiert en assaillant nul ne le pourroit délivrer de ses mains que il ne fut mort, car il a juré que tous ceux que à force on prendra ils seront morts ou pendus. » Adonc en fut chargé de par le sénéchal de Toulouse un écuyer de Gascogne qui s'appeloit Guillaume Alidiel, qui bien connoissoit Ernauton, car plusieurs fois ils s'étoient armés et porté compagnie ensemble, que il voulsist (voulut) à lui parler. Il le fit très volontiers, car ennuis (avec peine) eut vu que l'écuyer eut reçu nul dommage tant que de mort, là où par son honneur il y eut eu pouvoir de remédier. Cil (ce) Guillaume Alidiel vint tout devant à l'assaut et fit signe à Ernauton que il vouloit parler à lui pour son grand profit. Ernauton répondit que bien lui plaisoit. Lors se cessa l'assaut de cette part, car toujours assailloit-on à l'autre part. Si dit Guillaume à Ernauton: « Il vous va trop grandement bien. Les seigneurs François m'envoient devers vous et ont pitié de vous; car si vous êtes pris par force, c'est l'ordonnance de notre souverain capitaine, messire Gautier de Passac, que vous serez mort sans nul remède, si comme ont été ceux de Saint Forget. Si vous vaut trop mieux à rendre le fort, et je le vous conseille, que d'attendre telle aventure; car bien sachez véritablement que point ne partirons de ci si l'aurons. » Lors dit Ernauton: « Guillaume, je sais bien, combien que à présent vous soyez armé contre moi, que vous ne me conseilleriez chose qui fut à mon déshonneur; mais sachez que si je vous rends le fort, tous ceux qui ci dedans sont avecques moi s'en partiront aussi sains et saufs et aurons tout le nôtre que porter en pourrons, hors mis les pourvéances; et nous fera-t-on conduire sauvement et sûrement jusques au châtel de Lourdes. » Ce dit Guillaume: « Alidiel, je n'en suis pas chargé si avant, mais je parlerai volontiers pour vous à mes seigneurs. « A ces mots retourna-t-il devers le sénéchal de Toulouse et lui recorda toutes les paroles que vous avez ouïes. Ce dit messire Hugues de Froideville: « Allons parler à messire Gautier, encore ne sçais-je quel chose il voudra faire, combien que j'aie mené le traité si avant; mais je crois que nous lui ferons faire. « Adonc s'en vinrent-ils devers messire Gautier qui faisoit assaillir à une part moult détroitement et âprement et lui alla dire ainsi le sénéchal: « Messire Gautier, j'ai fait traiter devers le capitaine de ce fort; il est en bonne volonté de nous rendre la garnison ainsi comme elle est; mais il s'en veut, et tous ceux qui là dedans sont, partir quittement et sauvement, et être conduits jusques à Lourdes; avecques tout ce, ils en veulent porter tout ce que porter en pourront devant eux. Or regardez que vous en pourrez ou voudrez faire; nous perdrions jà plus si l'un de nos chevaliers ou écuyers d'honneur étoit mort d'un trait ou d'un jet de pierre ou par aucun autre accident périlleux et plus vous en anoieroit (vexeroit) que vous n'auriez de profit à eux mettre à mort quand pris les auriez, combien que encore ne soit ce pas, car ainçois (avant) que nous ayons conquis a Baufée (Bassère) il nous coûtera de nos gens. » — « Il est vérité, répondit le sénéchal de Carcassonn qui étoit de côté lui, on ne peut être en tels assauts que il n'en y ait de morts ou de navrés. »

A ces paroles rpondit messire Gautier de Passac et dit : « Je le ueil (veux) bien, faites cesser l'assaut, encore avon-nous à aller ailleurs ; petit à petit nous faut recoquérir les châteaux que les pillards tiennent. Si maintenant ils se partent à bon marché de nous, une autre fois retourneront-ils par autre parti en nos mains. Si payeront lors une fois pour toutes : les males œuvres amènent à male fin. En mon temps de tels pillards et de tels robeurs (voleurs) j'en ai fait pendre et noyer plus de cinq cents ; encore viendront ceux à cette fin. »

Adonc s'en retournèrent ceux qui s'embesognoient de traiter devers la barrière où Ernauton de Batefol les attendoit. Ce dit Guillaume Alidiel quand il vit Ernauton : « Par ma foi, Ernauton, vous devez, et tous vos compagnons, rendre grands grâces à messire Hue de Froideville, car il a fait votre traité tout comme vous l'avez demandé. Vous partirez sauvement, vous et les vôtres, atout (avec) ce que porter en pourrez et serez conduits jusques à Lourdes. » — « Il me suffit, dit Ernauton, puisqu'il ne peut autrement être. Sachez, Guillaume, que je me pars enuis (avec peine) de mon fort, car il m'a fait moult de biens. Depuis la prise où je fus pris au pont à Tournay dessous Mauvoisin du Bourg (bâtard) d'Espagne, il ot (eut) de moi par rançon deux mille francs. A voir (vrai)dire je les ai bien ci-dedans recouvrés et outre, et grandement. Je aimois cette frontière, car quand je oulois chevaucher, trop souvent je trouvois bonne aventure qui me sailloit en la main d'un marchand de Raestan ou de Toulouse ou de Roddes (Rhodez) : je ne chevauchois sans doute point à feintes (en secret) que je ne prisse quelque chose. » Guillaume répondit « Ernauton, je vous en crois bien ; mais si vous vouez tourner François, je vous ferai tout pardonner et donner mille francs en votre bourse et vous plegerai (garantirai) de tout mon vaillant que vous demeurerez bon François, puisque vous y serez juré. » — « Grand merci, Guillaume, dit Ernauton ; mais ce parti ne vueil (veux)-je pas, car je demeurerai encore Anglois : je ne saurois, si Dieu m'aist (aide), jamais être bon François. Or retournez vers vos gens et leur dites que ce jour toute jour nous ordonnerons nos besognes, et demain à matin nous vous rendrons le fort et nous partirons, et ordonnez qui nous conduira en la ville de Lourdes. »

Atant (alors) se cessa l'assaut du châtel de la Bousée (Bassère), et se retrairent (retirèrent) les François à leur logis et passèrent la nuit à paix et aise, ils avoient bien de quoi. Quand ce vint au matin à heure de tierce que tous furent appareillés en l'ost et que on ot (eut) regardé qui conduiroit les compagnons à Lourdes qui devoient rendre le châtel de la Bousée (Bassère), on envoya messire Hugues de Froideville, le sénéchal de Toulouse, au châtel pour en prendre la saisine et possession. Quand il fut venu jusques à la Bousée (Bassère), il trouva que le capitaine Ernauton de Batefol et les siens étoient tous prêts de partir et avoient troussé tout ce que porter ils en vouloient. Si leur ordonnat-on un chevalier de la frontière de Lourdes lequel on appeloit messire Monnant de Salenges. Cil (celui-ci) les emprit à conduire et mener sauvement, et crois bien que il s'en acquitta.

Ainsi eurent les François le châtel de la Bousée (Bassère). Si fut baillé à un écuyer du pays pour le garder, et toute la terre aussi, lequel s'appeloit Bertran de Montesquieu. Puis passèrent outre les seigneurs et leurs gens et s'en vinrent devers le châtel de Pulpuron que grands pillards tenoient, desquels Augerot et le petit Meschin étoient souverains et capitaines; et avoient fait moult de dommages au pays, pourquoi messire Gautier de Passac avoit juré l'âme de son père que nuls n'en seroient pris à merci ni à rançon, mais seroient tous pendus, ni jà n'auroient autre fin s'il les pouvoit tenir. Tant exploitèrent cils (ces) seigneurs et leurs gens que ils vinrent devant Pulpuron et y mirent le siége. C'est un châtel qui siéd sur une motte de roche tout à l'environ et est moult joli et de belle vue; et là devant eux au siége jura messire Gautier que jamais ne s'en départiroit si l'auroit et ceux de dedans, si ils ne s'envoloient ainsi comme oiseaux. Là ot (eut) plusieurs assauts faits, mais petit y gagnèrent les François, car le châtel est de bonne garde. « Je ne sais, dit messire Gautier, comment les choses se porteront. Le roi de France est riche assez pour tenir droit ci un siége; mais si je y devois demeurer un an, si ne m'en partirai si je l'aurai. » On s'en tenoit bien à ce qu'il avoit dit et juré; et s'ordonnoient tous ceux qui étoient au siége selon ce. Or vous dirai qu'il en avint.

Quand le capitaine vit que ce étoit acertes (sérieux) et que les seigneurs de France qui là étoient ne se départiroient point sans avoir le fort quoique il coûtât, si se doutèrent fortement et avisèrent que, voulsissent (voulussent) ou non les François, ils s'en pouvoient bien sauvement partir quand ils vouloient; car au châtel avoit une croute (mine) qui est en une cave, et cette croute a une allée dedans terre qui duroit plus de demie lieue; et là où elle vide c'est en un bois duquel chemin et ordonnance on ne se donnoit garde. Quand Augerot le capitaine du châtel vit l'ordonnance du siége des François, et que point ne se départiroient sans ce qu'ils eussent eux et le châtel par affamer ou autrement, si se douta et dit à ses compagnons : «Seigneurs, je vois bien messire Gautier de Passac nous a trop grandement chargés en haine, et me doute que par long siége il ne nous affame ci-dedans; et pour ce il ne lui faut que ordonner une bastide et laisser seulement cent lances dedans, car nul de nous ne s'en oseroit jamais partir. Mais je vous dirai que nous ferons: nous prendrons tout le nôtre et de nuit nous nous départirons et nous mettrons en ce conduit dedans terre qui est bel et grand' et cil (celui-ci) nous menera sans nulle faute en un bois à une lieue de ci; si serons hors de tout péril avant que on sache que nous soyons devenus; car il n'y a homme en l'ost qui en sache rien ni qui le suppose. » Tous s'accordèrent à ce conseil, car ils se mettoient volontiers hors du péril; et de nuit, quand ils orent (eurent) tout troussé ce que porter pouvoient, ils allumèrent fallots et entrèrent en cette soubsterrine (souterrain) qui étoit belle et nette, et se mirent au chemin, et s'en vinrent saillir hors en un bois à une demie lieue du châtel: là avoient bien qui les sut conduire jusques à autres forteresses en allant en Limousin et en Rouergue; et les aucuns, quand ils se sentirent hors du péril, se départirent et prirent autres chemins et dirent que jamais ne vouloient guerroyer. Augerot s'en vint lui cinquième à une ville et châtel de Pierregort (Périgord) que on dit Mon-troial. Le seigneur du châtel qui étoit chevalier le recueillit (reçut) doucement et joyeusement, car il, et toute sa terre est Anglesch (Anglois); ni oncques ne se voulut tourner François, quand les autres se tournèrent; Toutevoies il en y ot (eut) plusieurs de son opinion.

Ainsi se sauvèrent et échappèrent les compagnons de la garnison de Pulpuron, ni oncques un seul varlet ils ne laissèrent derrière; et furent tout, ou auques (aussi) près, là où ils vouloient être, avant que on sçut en l'ost que ils étoient devenus. Au tiers jour après cette issue et departement les seigneurs ordonnèrent un assaut; et avoient fait charpenter un engin sus quatre roues, auquel engin avoit trois étages, et en chacun étage pouvoient vingt arbalêtriers

Quand tout fut appareillé on amena et bouta cet engin, que ils appeloient un Passe-avant au plus foible lez (côté) du châtel à leur avis et entrèrent légèrement dedans; et quand l'engin fut là où ils le vouloient mettre, arbalétriers commencèrent à traire (tirer) sus le châtel et nul n'apparoît. Tantôt ils se perçurent que le châtel étoit vide, car nul ne venoit aux défenses. Adonc cessèrent-ils leur trait, car ils ne vouloient pas perdre leurs saiettes (flèches); trop enuis (avec peine) les perdent et volontiers les emploient. Si descendirent jus de leur engin et vinrent aux seigneurs qui là s'arrêtoient, lesquels s'émerveilloient de ce que ils véoient et leur dirent : « Sachez certainement que il n'y a nulle personne au châtel. » — « Comment le pouvez-vous savoir, répondit messire Gautier? » — « Nous le savons pourtant (attendu) que par trait que nous ayons fait nul ne s'est amontré ». Adonc furent ordonnées échelles et mises et appoiées (appuyées) contre le mur: si montèrent compagnons et gros varlets qui étoient taillés de cela faire. Voir (vrai) est que ils montèrent tout paisiblement, car nul n'étoit au châtel; et passèrent les murs et s'avalèrent (descendirent) au châtel et le trouvèrent tout vide. Si vinrent à la porte et trouvèrent une grande hardclée (monceau) de clefs qui là étoient. Si firent et cerchierent (cherchèrent) tant que ils trouvèrent celle du grand flael (fléau) qui clooit (fermoit); si le défermèrent et ouvrirent la porte et avalèrent le pont et ouvrirent les barrières l'une après l'autre. De tout ce eurent les seigneurs grand' merveille et par spécial messire Gautier de Passac; et cuidoit (croyoit) que par enchantement ils s'en fussent allés et partis du châtel et demanda aux chevaliers qui là étoient comment ce pouvoit être. A la parole de messire Gautier s'avisa le sénéchal de Toulouse ; si répondit et dit: « Sire, ils ne s'en peuvent être allés fors par dessous terre; et je crois bien que il y ait aucune allée dedans terre par laquelle ils se sont vidés. » Adonc fut regardé partout le châtel où cette caverne ou allée pouvoit être, on la trouva ens (dans) ès celliers, et l'huis (porte) de l'allée tout ouvert. Les seigneurs la voulurent voir et la virent, dont messire Gautier ot (eut) très grand' merveille et demanda au sénéchal de Toulouse: « Messire Hugues, ne saviez-vous point cette croute (mine) et conduit? » — « Par ma foi, sire, répondit messire Hugues, je avois bien ouï dire que telle chose avoit céans, mais point n'y pensois ni ne m'en donnois de garde que ceux qui s'en sont allés s'en dussent partir par la cave. » — « En nom Dieu, dit messire Gautier, si ont fait ainsi comme il appert. Et sont donc les châteaux de ce pays de telle ordonnance? » — « Sire, dit messire Hugues, de tels châteaux a plusieurs en ce pays; et par spécial tous les châteaux qui jadis furent à Regnault de Montauban sont de telle condition: car quand lui et ses frères guerroyèrent au roi Charlemagne de France, ils les firent ordonner de telle façon par le conseil de Maugin (Maugis)[1] leur

---

(1) La lecture des romans de chevalerie étoit alors générale dans tous les châteaux et l'histoire de Charlemagne attribuée à l'archevêque

cousin ; car quand le roi les assiégeoit à puissance et ils voient que ils ne pouvoient échapper, ils se boutoient en ces croutes (mines) et s'en alloient sans prendre congé. » — « Par ma foi, dit messire Gautier, j'en prise bien l'ordonnance ; je ne sais si je serai jamais guerroyé de roi, ni de duc, ni de voisin que j'aie ; mais, moi retourné en mon pays, j'en ferai faire une dedans terre en mon châtel de Passac ».

A tant finirent leurs paroles et prirent la saisine du châtel et puis ordonnèrent de mettre et laisser dedans gens d'armes et garnison pour le garder, et passèrent outre en entente (intention) de venir devant la ville et châtel de Crimale, dont Espagnolet de Paperan, Bascles (Biscayen), étoit capitaine atout (avec) grand' foison de pillards et robeurs.

Tant exploitèrent les seigneurs, les gens d'armes et leurs routes (troupes) que ils vinrent devant la garnison de Crimale en Rabestan et là s'arrêtèrent

Turpin étoit regardée comme parfaitement authentique. (Voyez les deux ouvrages intitulés *De vitâ Caroli magni et Rolandi et Gesta Caroli Magni ad Carcassonam et Narbonam*, publiés par *Sebastiano Ciampi* à Florence en 1822 et 1823). Ces romans ont fini par prendre toute l'autorité de l'histoire et sont devenus même aujourd'hui des traditions accréditées dans le pays. Les habitants des Pyrénées connoissent tous le nom de Charlemagne et de ses douze pairs. « L'un, dit M. Faget de Baure, (Essais historiques sur le Béarn), vous montre cette montagne que le Paladin Roland entr'ouvroit d'un coup de cimeterre ; on l'appelle encore la brèche de Roland. L'autre vous indique l'endroit où l'hypogriffe s'arrêta, après avoir franchi d'un saut un espace de quatorze lieues, et vous reconnoissez l'empreinte de ses pieds ferrés. Près de Bayonne on rencontre le château du Sarrazin Ferragus et l'on voit à Roncevaux le tombeau des douze pairs. Et qui n'a pas lu dans son enfance le merveilleux livre des quatre fils Aymon et de leur cousin le subtil Maugis. » J.A.B.

et mirent siége tout à l'environ. Là voulut savoir messire Gautier au sénéchal de Toulouse et lui demanda si Crimale avoit été anciennement des châteaux messire Regnault de Montauban. Il répondit: « Oïl. » — « Et donc y a dedans une croute (souterrain) si comme aux autres? » — « En nom Dieu, dit messire Hugues, c'est vérité; croute y a voirement (vraiment), et par croute (souterrain) le prit la seconde fois Espagnolet et le seigneur dedans. » — « Faites venir, dit messire Guichart Daulphin qui là étoit à ces paroles, le chevalier à qui il est. » — « C'est bon, ce dit messire Gautier de Passac; si nous informerons à lui de la vérité. » Adonc fut appelé messire Raymond de Crimale et lui fut demandé de la manière, ordonnance et condition du châtel, et si il y avoit une voie dedans terre croutée, si comme il y a à la Bousée (Bassère). Il répondit: « Vraiment oïl, car par la croute fus-je pris; et l'avois condamnée grand temps à être perdue, mais les larrons qui tiennent mon châtel la remparèrent et me prirent par cette voie. » — « Et sçavez où elle vide ni où elle abouche, dit messire Gautier. » — « Oïl, monseigneur, dit-il; elle vide en un bois qui n'est pas trop loin de ci. » — « C'est bien, » dit messire Gautier; et se tut atant (alors).

Quand ce vint au chef de quatre jours, il se fit là mener, et avoit en sa compagnie bien deux cents gros varlets du pays bien armés; et s'en vint, et messire Raymond de Crimale en sa compagnie, jusques au bois où la croute (mine) se vidoit. Quand messire Gautier vit l'entrée, il la fit découvrir et ôter la terre et les herbes et les ronces qui étoient à l'environ. Quand elle fut bien nettoyée il fit allumer grand' foison de falots et dit à ceux qui ordonnés étoient pour entrer en cette croute: « Entrez là dedans et suivez le chemin; il vous ménera en la salle du châtel de Crimale: vous trouverez un huis (porte), lequel vous romprez à force; vous êtes gens assez pour tout ce faire et combattre ceux du dit châtel. » Ils répondirent: « Monseigneur, volontiers. » Ils entrèrent dedans et cheminèrent tant que la voie les amena au degré prochain de la porte par où on entroit en la salle du châtel. Lors commencèrent-ils à férir et à frapper contre l'huis de grandes guignies (coups de hache) pour dérompre et briser la porte, et étoit ainsi que sur jour faillant. Les compagnons du châtel faisoient bon guet. Si entendirent que on vouloit par la croute entrer au châtel, ils saillirent tantôt sus et allèrent cette part. Espagnolet qui se devoit coucher y vint et donna conseil de jeter bois, pierres et autres choses au pertuis (trou) de la croute pour ensonnier (embarrasser) tellement l'entrée que on ne la put décombler. Tantôt fut fait: autre défense n'y convenoit. Nonobstant, ceux qui ens (dans) ou (le) conduit étoient charpentèrent tant de leurs haches que la porte fut en cent pièces, mais pour ce n'eurent-ils pas délivré l'entrée, ainçois (mais) eurent-ils plus à faire que devant. Quand ils virent que c'étoit impossible d'entrer par là, si se mirent au retour en l'ost et étoit environ mie-nuit. Si recordèrent aux seigneurs quelle chose ils avoient trouvée et comment ceux de Crimale s'étoient perçus de leur affaire et avoient tellement ensonnié (embarrassé) la voie et l'entrée que par là impossible étoit d'entrer au châtel.

CHAPITRE XXIV.

Comment le chatel de Crimale et le chatel du Mesnil, séants ès parties de Bigorre, furent pris par les François et tous ceux de dedans morts et pendus.

Adonc se cessa cet avis et fut mandé l'engin où les arbalêtriers se tenoient pour traire (tirer) quand on vouloit assaillir qui étoit encore à la Bousée [1]. Il fut tout mis par pièces et charrié devant Crimale, et puis remis et redressé sur ses roues, ainsi comme il devoit être et aller; et avecques ce on appareilla encore grand'plenté (quantité) d'atournements (préparatifs) d'assaut; et quand tout fut prêt pour assaillir, messire Gautier de Passac qui désiroit à conquérir le châtel et ville de Crimale fit sonner trompettes en l'ost et armer toutes manières de gens et traire (tirer) chacun en son ordonnance, ainsi comme il devoit être. Là étoit le sénéchal de Toulouse avec ceux de sa sénéchaussée d'un côté; d'autre part étoit messire Roger d'Espagne sénéchal de Carcassonne avecques ceux de sa sénéchaussée. Là

---

(1) Basée ou Barsoins dans le comté de Pardiac. (Voyez l'histoire de Languedoc, année 1384). J. A. B.

étoient le sire de Barbesan, messire Benedic, le sire de Benac, le fils au comte de Esterac, messire Raymond de Lille et les chevaliers et écuyers du pays, et chacun en sa bonne ordonnance. Lors commencèrent-ils à assaillir de grand'volonté et ceux de dedans à eux défendre, car ils véoient bien que faire leur convenoit, pour ce que ils se sentoient en dur parti. Bien connoissoient que messire Gautier n'en prendroit nul à merci, si se vouloient vendre tant comme ils purent durer. Là étoient arbalêtriers Genevois (Génois) qui traioient (tiroient) de grand' manière et tapoient ces viretons (javelots) si au juste parmi ces têtes que il n'y avoit si joli (brave) qui ne les resognât (redoutât), car qui en étoit atteint il avoit fait pour la journée et l'en convenoit du mieux reporter à l'hôtel.

Là étoit messire Gautier de Passac tout devant qui y faisoit merveilles d'armes à son pouvoir et disoit aux compagnons : « Et comment, seigneurs, nous tiendront meshuy cette merdaille ! Si ce fussent jà bonnes gens d'armes, je ne m'en émerveillasse mie, car en eux a plus de fait que il ne doit avoir en tels garçons comme il y a là dedans. C'est l'intention de moi que je vueil (veux) dîner anuit (ce soir) au fort. Or aperra (on verra) si vous avez volonté d'acomplir mon desir. »

A ces mots s'avançoient compagnons qui désiroient à avoir grâce et assailloient de grand'volonté. On prit échelles à foison à l'endroit où le grand engin étoit, auquel les Genevois (Génois) arbalêtriers se tenoient, et furent dressés contre le mur. Lors montèrent toutes manières de gens qui monter purent; et arbalêtriers traioient (tiroient) roidement si ouniement (à la fois) que les défendants ne s'osoient à montrer. Là entrèrent les François par bel assaut en la ville de Crimale, les épées en la main, en chassant leurs ennemis, desquels en y ot (eut) morts et occis je ne sais quant (combien), et tout le demeurant (reste) furent pris. On entra par les portes en la ville. Là fut demandé à messire Gautier que on feroit de ceux qui furent pris. « Par Saint Georges, je vueil (veux) que ils soient tous pendus. » Tantôt son commandement fut fait et Espagnolet tout devant. Si dînèrent les seigneurs au châtel et le demeurant des gens d'armes en la ville; et se tinrent là tout le jour; et rendit messire Gautier de Passac le châtel et la ville au Seigneur de Crimale et puis ordonna d'aller autre part quérir aventure sur leurs ennemis.

Après la prise de Crimale, si comme vous avez ouï, se départirent les seigneurs et leurs routes (troupes) et se mirent au chemin devers un fort que on disoit le Mesnil, lequel avoit porté moult grands dommages et destourbiers (troubles) au pays avecques les autres. Sitôt comme ils furent là venus on l'assaillit. Ceux de dedans se défendirent, mais plenté (beaucoup) ne fut-ce pas, car par assaut ils furent pris, et le fort aussi, et ceux tous morts et pendus qui dedans étoient. Quand ceux de Roies et de Rochefort, deux autres forts d'ennemis, entendirent comment messire Gautier de Passac ouvroit au pays et prenoit les forts, et n'étoit nul pris à merci que il ne fut mort ou pendu, si se doutèrent grandement de venir à cette fin et se partirent de nuit, ne sçais par croute (mine) dessous terre ou autrement, car encore ces deux châteaux, Roies et Rochefort, sont croutés et sont des châteaux qui furent anciennement Regnault de Montauban; et les François les trouvèrent tous vuis (vides), quand ils vinrent devant. Si en reprirent la saisine et les peuplèrent de nouvelles gens et de pourvéances et puis tournèrent leur chemin devers le pays de Toulouse pour venir en Bigorre; car il y avoit sur la Frontière de Tarbe deux châteaux, lesquels étoient nommés l'un le Dos-Julien et l'autre Navaret, que pillards tenoient, qui grandement travailloient (harassoient) le pays et la bonne ville de Tarbe et la terre au seigneur d'Auchin.

Quand messire Gautier de Passac et ces seigneurs de France et de la Languedoc se furent reposés et rafraîchis trois jours en la bonne cité de Toulouse, ils se partirent et prirent le chemin de Bigorre et exploitèrent tant qu'ils vinrent devant le fort que on dit le Dos-Julien; et là s'arrêtèrent et dirent que ils n'iroient plus avant, si en auroient délivré le pays. En la compagnie de messire Gautier de Passac vint là le sénéchal de Nebosan, lequel est et répond au comte de Foix; mais messire Gautier le manda que il venist (vint) là avecques lui pour aider à faire vider les ennemis du pays, car autant bien couroient-ils en la sénéchaussée de Nebosan, quand il leur venoit à point, comme ils faisoient ailleurs; et ce fut la raison pourquoi le sénéchal de Nebosan vint adonc servir messire Gautier et encore fut signifié au comte de Foix qui le consentit; autrement ne l'eut-il point osé faire.

On fut devant le Dos-Julien quinze jours avant que on le put avoir, car il y avoit fort châtel assez et capitaine de grand' emprise un écuyer Gascon qui s'appeloit Bernier de Brunemote, appert homme d'armes durement, et étoit issu (sorti) de Lourdes, quand on vint prendre le dit châtel. Toutefois on ne l'eut pas par assaut, mais par traité; et s'en partirent ceux qui le tenoient sauves leurs vies et le leur, et encore furent-ils sauvement conduits jusques à Lourdes; et les conduisit un écuyer qui s'appeloit Bertran de Mondigeon.

Quand les seigneurs de France eurent le Dos-Julien, ils se conseillèrent quelle chose ils en feroient; si ils le tiendroient ou si ils l'abattroient. Conseillé fut pour le mieux que il seroit abattu pour la cause de ceux de Lourdes qui leur sont trop près. Si pourroit avenir que quand les seigneurs s'en seroient partis, ils le viendroient prendre et embler (enlever) de rechef. Lors fut-il commandé à abattre et arraser; et le fut tellement que encore sont là les pierres en un mont, et n'espère-t-on pas que on le refasse jamais: ainsi alla du Dos-Julien.

Après s'en vinrent-ils devant Navaret, un fort aussi que compagnons aventuriers, qui étoient issus (sortis) de Lourdes, avoient tenu plus d'un an et demi. Mais quand ils entendirent que ceux du Dos-Julien étoient partis, ils se départirent aussi et emportèrent ce que ils purent, et s'en vinrent bouter en Lourdes. Là étoit leur retour et leur garant; car bien savoient que on ne les iroit là point quérir qui ne voudroit perdre sa peine, car Lourdes est un châtel impossible à prendre.

Or prindrent (prirent) ceux seigneurs leur retour, quand ils orent (eurent) fait abattre et arraser le Dos-Julien, vers le fort de Navaret; si le trouvèrent tout vuit (vide). Adonc fut ordonné que il seroit abattu; aussi le fut-il, dont ceux de Tarbe ne furent pas courroucés, car ceux qui l'avoient tenu leur avoient porté trop de dommages et de contraires.

Après ce on vint devant le châtel d'Aust en Bigorre, qui siéd entre les montagnes et sus les frontières de Béarn. Là fut-on environ quinze jours et leur livra-t-on maint assaut. On conquêta la basse cour et tous leurs chevaux, mais une grosse tour séant sus une roche assez haute ne put-on conquerre, car elle n'est pas à prendre.

Quand les seigneurs virent que ils perdoient leur peine et que Guillon de Merentan qui tenoit le fort ne vouloit entendre à nul traité, ni vendre, ni rendre le fort, ils se départirent et s'en retournèrent à Tarbe et là donna congé messire Gautier de Passac à toutes gens d'armes de retraire (retirer) et de aller chacun en son lieu; et furent payés de leurs gages ou bien assignés à leur plaisance ceux qui l'avoient servi en cette armée; et lui même s'en partit aussi et s'en vint rafraîchir à Carcassonne et là environ.

Endementes (pendant) que il séjournoit là, lui vinrent nouvelles de France et commandement de par le roi que il se traist (rendit) devers la garnison de Bouteville en Saintonges sur les frontières de Bordelois et de Poitou, laquelle garnison Guillaume de Sainte-Foix Gascon tenoit. Et avoit on entendu en France que messire Jean Harpedane, sénéchal de Bordeaux, faisoit son amas de gens d'armes à Lisberne (Libourne) sus la Dordogne pour venir lever les bastides que les Poitevins et ceux de Saintonge tenoient et avoient mis devant. Au commandement du roi et de ses souverains obéit messire Gaultier, ce fut raison; et prit sa charge de soixante lances et de cent arbalêtriers Genevois (Génois), et se partit de la bonne ville de Carcassonne, et passa parmi Rouergue et Agen, et costia (côtoya) Pieregorth (Périgord), et s'en vint à Bouteville; et là trouva les sénéchaux, celui de la Rochelle, celui de Poitou, celui de Pieregorth (Périgord) et celui d'Agen et grand'foison de bonnes gens d'armes.

On se pourroit bien émerveiller en pays lointain et étrange du noble royaume de France comment il est situé, et habitué de cités, de villes et de châteaux si très grand'foison que sans nombre; car autant bien ens (dans) ès lointaines marches en y a grand' plenté (quantité) et de forts comme il y a ens (dans) ou (le) droit cuer (cœur) de France. Vous trouverez en allant de la cité de Toulouse à la cité de Bordeaux les châteaux que je vous nommerai, séants sur la rivière de Garonne qui s'appelle Gironde à Bordeaux. Et premier: Langoyran, Riom, Cardillac, Langon, Saint-Macaire, Châtel en d'Orte, Candrot, Gironde, la Réole, Milliant, Sainte-Basile, Marmande, Chaumont, Tonneins,

Lemmas, Dagenes, Mout-hourt, Agillon, Thouars, le Port Sainte-Marie, Clermont, Aghem, Ambillart, Châtel-Sarrasin, le Hesdaredun et Bellemote; et puis en reprenant la rivière de Dordogne qui s'en vient reférir en la Garonne, tels châteaux et fortes villes assez assis d'une part et d'autre : Bourg Fronsac, Liberne (Libourne) Saint-Million (Émilion) Châtillon, La Motte, Saint-Pesant, Montremel, Sainte Foix, Bergerac, Mont Buli, Noirmont et Châtel Toue. Et vous dis que ces châteaux sur ces rivières, les uns Anglois et les autres François, ont toudis (toujours) tenu cette ruse de la guerre, et ne voudroient pas que il fut autrement; ni oncques les Gascons, trente ans d'un tenant (de suite), ne furent fermement à un seigneur. Voir (vrai) est que les Gascons mirent le roi Edouard d'Angleterre et le prince de Galles son fils en la puissance de Gascogne, et puis l'en ôtèrent ils, si comme il est contenu clairement cy dessus en cette histoire. Et tout par le sens et avis du roi Charles de France, le fils au roi Jean, car il r'acquit et attraits (attira) à soi par douceur et par ses grands dons l'amour des plus grands de Gascogne, le comte d'Armagnac et le seigneur d Labreth (Albret); et le prince de Galles les perdit par son hasteresce (impétuosité), car je qui ai ditié (écrit) cette histoire, du temps que je fus à Bordeaux et que le prince alla en Espagne, l'orgueil des Anglois étoit si grand en l'hôtel du prince que ils n'avisoient nulle nation fors que la leur; et ne pouvoient les gentilshommes de Gascogne et d'Aquitaine qui le leur avoient perdu par la guerre, venir à nul office en leur pays, et disoient les Anglois que ils n'en étoient taillés ni dignes, dont il leur anoioit (ennuyoit); et quand ils purent ils le montrèrent, car pour la dûreté que le comte d'Armagnac et le sire de Labreth (Albret) trouvèrent au prince se tournèrent ils François; et aussi firent plusieurs chevaliers et écuyers de Gascogne.

Le roi Philippe de France et le roi Jean son fils les avoient perdus par hastiereté (fièreté); aussi fit le prince. Et le roi Charles de bonne mémoire les r'acquist par douceur par largesse et par humilité. Ainsi veulent être Gascons menés. Et encore a plus fait le roi Charles, afin que l'amour s'entretienne entre ces seigneurs plus longuement et que le seigneur de Labreth (Albret) lui demeure, car la sœur de sa femme, madame Isabel de Bourbon, fut donnée au seigneur de Labreth (Albret) lequel en a de beaux enfants, et ce est la cause pour laquelle l'amour s'entretient plus longuement. Si ouïs une fois dire au seigneur de Labreth (Albret), à Paris où j'étois avecques autres seigneurs, une parole que je notai bien, mais je crois que il la dit par ébattement (raillerie); toutefois il me sembla qu'il parla par grand sens et par grand avis à un chevalier de Bretagne qui l'avoit plusieurs fois servi. Car le chevalier lui avoit demandé des besognes de son pays et comment il le savoit contenir à être François et il répondit ainsi: « Dieu merci je me porte assez bien, mais j'avois plus d'argent, aussi avoient mes gens, quand je fesois guerre pour la partie du roi d'Angleterre que je n'ai maintenant;

car quand nous chevauchions à l'aventure ils nous sailloient en la main aucuns riches marchands de Toulouse, de Condom, de la Réole, ou de Bergerac. Tous les jours nous ne faillions point que nous n'eussions quelque bonne prise dont nous estoufions (fournissions), nos superfluités et joliétés et maintenant tout nous est mort. » Et le chevalier commença à rire et dit : « Monseigneur, voirement (vraiment), est-ce la vie des Gascons; ils veulent volontiers sur autrui dommage. » Pourquoi je dis tantôt, qui entendis cette parole, que le sire de Labreth (Albret) se repentoit près de ce que il étoit devenu François; ainsi que le sire du Mucident qui fut pris à la bataille Aimet [1] et jura en la main du duc d'Anjou que il venroit (viendroit) à Paris et se tourneroit bon François [2] et demeureroit à toujours mais. Voirement (vraiment) vint il à Paris et lui fit le roi Charles très bonne chère; mais il ne lui sçut oncques tant faire que le sire de Mucident ne s'embla (disparut) du roi et de Paris, et s'en retourna, sans congé prendre, en son pays; et devint Anglois; et rompit toutes les convenances (promesses) que il avoit au duc d'Anjou. Aussi fit le sire de Rosem, le sire de Duras et le sire de Langoyran. Telle est la nature des Gascons, ils ne sont point stables, mais encore aiment ils plus les Anglois

---

(1) Aymet est situé entre la Réole et Bergerac. La bataille d'Aym et eu lieu en l'an 1377. J. A. B.

(2) Voyez le chapitre 8 du deuxième livre de Froissart, tome 7 Page 20 et 21 de cette édition. J. A. B.

que les François; car leur guerre est plus belle sur les François que elle n'est sur les Anglois. C'est l'une des principales incidences qui les y incline plus.

FIN DU NEUVIÈME VOLUME.

TABLE

DES

CHAPITRES CONTENUS DANS LE IIIe. LIVRE.

CHAPITRE PREMIER. Comment messire Jean Froissart enquéroit diligemment comment les guerres s'étoient portées par toutes les parties de la France.................. *Page* 217

CHAP. II. Comment après ce que le comte de Foix ot reçu sire Jean Froissart en son hôtel moult honorablement, le dit sire Jean écrivit les faits d'armes que on lui nommoit.......... 221

CHAP. III. Comment le frère bâtard du roi de Portugal fut élu à roi après la mort son frère contre la volonté des nobles...... 224

CHAP. IV. Comment le roi de Castille avecques les Espagnols assiégèrent Lussebonne où le roi de Portugal étoit, et du secours qu'il manda en Angleterre............................ 229

CHAP. V. Comment le princeps et la princepse vinrent voir le comte d'Armagnac et du don que la princesse demanda au comte de Foix..................................... 237

CHAP. VI. Comment la garnison de Lourdes guerroyoit le pays de Bigorre et de la prise de Ortingas.................. 241

CHAP. VII. De plusieurs faits d'armes par ceux de la garnison de Lourdes et comment le comte d'Armagnac et le seigneur d'Alebrest furent pris du comte de Foix..................... 250

CHAP. VIII. Des guerres que le duc d'Anjou fit aux Anglois, et comment il recouvra le château de Mauvoisin en Bigorre qui fut puis donné au comte de Foix......................... 264

CHAP. IX. Comment la garnison du châtel de Lourdes fut ruée jus et déconfite et de la grand' diligence que le comte de Foix fit aussi de recouvrer le dit châtel de Lourdes.............. 274

CHAP. X. Comment le bourg d'Espagne rescouy la proie aux compagnons du châtel de Lourdes et comment ils furent rués jus. . 286

CHAP. XI. Comment le comte de Foix ne voult prendre du roi de France la comté de Bigorre; mais comment il reçut seulement le châtel de Mauvoisin................................ 297

CHAP. XII. De la paix qui fut faite entre le comte de Foix et le duc de Berry; et le commencement de la guerre qui fut entre le comte d'Armagnac et cil de Foix........................ 299

CHAP. XIII. Des grands biens et des grandes largesses qui étoient au comte de Foix et la piteuse manière de la mort de Gaston fils au comte de Foix......................... *Page* 312

CHAP. XIV. Comment messire Pierre de Béarn fut malade par fantôme et comment la comtesse de Biscaye se partit de lui. ... 329

CHAP. XV. De la grand' fête que le comte de Foix faisoit de Saint-Nicolas et des faits d'armes que Bascot de Mauléon conta à sire Jean Froissart........................ 336

CHAP. XVI. Comment plusieurs capitaines Anglois et autres gens de compagnies furent déconfits devant la ville de Sancerre.... 343

CHAP. XVII. Comment un nommé Limousin se rendit François et comment il fit prendre Louis Raimbaut son compagnon d'armes pour la vilainie qu'il lui avoit faite à Brude........ 354

CHAP. XVIII. De l'état et ordonnance au comte de Foix; et comment la ville de Saint Yrain se rebella pour les excès qu'on leur faisoit dont ils en tuèrent plusieurs.................. 362

CHAP. XIX. Ci parle d'une moult merveilleuse et piteuse bataille qui fut à Juberot entre le roi de Castille et le roi de Portugal............................... 384

CHAP. XX. Comment le roi de Portugal et les siens s'ordonnèrent sagement pour batailler sur le mont de Juberot et comment les François furent occis et le roi d'Espagne et tout son ost déconfits............................... 410

CHAP. XXI. Comment le roi de Castille et toute sa grosse bataille furent déconfits par le roi de Portugal devant un hameaux ou village appelé Juberot..................... 418

CHAP. XXII. Comment un malin esprit nommé Orton servit par un temps le sire de Corasse et lui rapportoit nouvelles de partout le monde d'huy à lendemain................. 427

CHAP. XXIII. Comment le siége fut mis devant Brest en Bretagne et comment plusieurs forteresses Anglesches d'environ le pays de Toulouse furent recouvrées et faites Françoises...... 449

CHAP. XXIV. Comment le châtel de Crimale et le châtel du Mesnil séants és parties de Bigorre furent pris par les François et tous ceux de dedans morts et pendus............... 459

FIN DE LA TABLE DU NEUVIÈME VOLUME.

www.ingramcontent.com/pod-product-compliance
Lightning Source LLC
Chambersburg PA
CBHW051622230426
43669CB00013B/2142